"十三五"国家重点出版物出版规划项目

面向可持续发展的土建类工程教育丛书

桥梁工程结构智慧监测
——理论与实践

淡丹辉　著

机械工业出版社

本书以工程结构智慧监测技术为主要内容，以桥梁结构为具体应用对象，从工程结构智慧监测的概念、物质基础、软硬件环境、系统设计方法，以及实现智慧功能的算法支撑层面展开系统论述，并结合目前单体桥梁监测系统、网级中小桥梁监测系统的工程实践，介绍工程结构智慧监测的规划、设计、实施和运维的全过程。本书分为上、中、下三篇，分别为桥梁结构智慧监测的物质基础、桥梁结构集成智慧监测系统的智慧功能实现方法和桥梁工程结构智慧监测实践与探索。

　　本书可作为智能建造专业本科生和研究生的教材，也可作为从事桥梁管养、监测检测方面研究的科研人员、工程技术人员的参考书。

图书在版编目（CIP）数据

桥梁工程结构智慧监测：理论与实践/淡丹辉著. —北京：机械工业出版社，2021.4（2025.1重印）

（面向可持续发展的土建类工程教育丛书）

"十三五"国家重点出版物出版规划项目

ISBN 978-7-111-67713-0

Ⅰ.①桥…　Ⅱ.①淡…　Ⅲ.①桥梁结构－监测－高等学校－教材　Ⅳ.①U443

中国版本图书馆 CIP 数据核字（2021）第 043109 号

机械工业出版社（北京市百万庄大街22号　邮政编码100037）
策划编辑：李　帅　责任编辑：李　帅　舒　宜
责任校对：肖　琳　封面设计：张　静
责任印制：单爱军
北京虎彩文化传播有限公司印刷
2025 年 1 月第 1 版第 2 次印刷
184mm×260mm · 18.5 印张 · 456 千字
标准书号：ISBN 978-7-111-67713-0
定价：59.00 元

电话服务　　　　　　　　　网络服务
客服电话：010-88361066　　机　工　官　网：www.cmpbook.com
　　　　　010-88379833　　机　工　官　博：weibo.com/cmp1952
　　　　　010-68326294　　金　书　网：www.golden-book.com
封底无防伪标均为盗版　　机工教育服务网：www.cmpedu.com

前　言

　　本书作为"面向可持续发展的土建类工程教育丛书"之一，可作为智能建造专业本科和研究生教材，也可作为广大从事桥梁结构智慧监测系统技术研究、系统设计、软硬件系统开发实施，以及建成后的数据分析和处理的人员使用的技术性工具书。

　　结构健康监测的概念自20世纪80年代被提出以后，很快就受到学术界和工程界的瞩目，与之相关的各个研究方向都取得了极大的进展，尤其是在传感技术、通信技术、信息技术等领域，一些研究得到了工程界的积极响应，被应用到监测系统的实践中，尤其是在桥梁结构的监测中。到目前为止，已建成了很多规模不一、目的各异的监测系统。据不完全统计，国际上仅特大型桥梁就有300余座安装了各类监测系统，国内已有近140座桥梁安装了监测系统。应该说，从工程应用的角度来看，形势是喜人的。

　　但是，不能否认的是，从已建成桥梁结构监测系统来看，由于缺乏设计理论的指导，相当数量的已建系统事先没有得到周全、良好的设计；建成后并不能实现承诺的监测目的，监测效果不佳，不能发挥其应有的作用，基本上可归类于盲目建设的工程。其具体不足表现在以下几方面：

　　1）缺少需求分析环节。一些监测系统并没有根据监测对象的结构特点和行为规律、环境作用、荷载规律、桥址所在地区工程或行业的管养习惯和管养制度出发设计监测内容和监测方案，监测系统的针对性不强。

　　2）目标设定不妥当或缺失。这常常体现为两个极端。一个极端是一些监测系统将目标设定得过高，追求理论上都有难度的损伤识别、寿命预测、失效预警等目标，而又没有具体的实施途径，导致目标空洞、不具体、难以实现。另一个极端是一些监测系统将目标设置与结构检测混同，认为监测就是获取结构荷载下的效应，是病害检测，是荷载和作用的测量，越俎代庖，不仅不经济，而且低效。

　　3）采用的监测技术与监测目的相脱节。主要表现为传感技术不是根据监测对象的需求来设计和选择的，精度、分辨率、量程、数据采集制度等都是自说自话，导致不能很好地服务于监测目的。

　　4）缺乏对监测数据的分析利用能力。由于缺乏对监测对象的结构特点和行为规律的了解，监测数据的处理分析多停留在数据的数学处理层面，没有与监测对象的物理、力学系统的运行机制相结合，因此对数据的解释、利用水平很低，不能最终实现承诺的目标，如对结构的状态识别、评估预警等目标。

　　造成上述四个方面问题的主要原因在于：系统的设计者过分聚焦于监测的形式和手段，

而忽略了对工程结构本质的探究；只强调数据的获取，而对得到数据后的计算严重忽视。结构监测系统虽然在形式和手段上是利用传感技术、通信技术、计算机软硬件技术、网络技术等来实现的，但其本质还在于监测对象的结构本质和力学本质。

因此，问题的解决应从完善系统设计和加强算法研究两个维度来进行。对于桥梁监测系统的设计，应该在具体的技术设计之前增加一个概念设计的环节，该环节应从传感技术、通信技术、信息技术的具体技术规划中抽离，只从结构的特点、力学行为规律的分析角度，集中地解决上述四个问题。同时，要清楚地认识到监测系统的优势在于持续、不间断的数据获取能力，及数据分析加工能力，必须建立监测数据的计算机制，桥梁健康监测系统的功能才可得到充分发挥。"测量"和"计算"，或者说"数据获取"和"状态感知"是结构监测系统的两个必不可少的方面。

将监测数据的分析计算过程自动化、程序化、工具化，使其能够成为监测系统的比选组成成分，将是未来工程结构监测系统的发展方向。计算应用于监测系统，不管这种计算是抱有何种目的，采取何种算法，采用何种方式，只要它能替代手工操作，解放技术人员的人力和弥补智力和能力的不足，这种分析过程即可视作智能化。拥有这种计算能力的系统，就成为智慧监测系统。

综上，本书以桥梁工程结构智慧监测技术为主要内容，以桥梁结构为具体应用对象，从智慧监测的相关概念、工程结构智慧监测的物质基础、软硬件环境、系统设计方法、智慧功能的算法支撑层面展开系统论述，并结合目前我国大跨单体桥梁监测系统、网级中小桥梁监测系统的工程实践，介绍工程结构智慧监测的规划、设计、实施和运维的全过程。

书中涉及的内容均来自我和我的研究生近10年来的研究积累。我的团队是国内最早一批从事桥梁结构监测研究的团队。我自1998年攻读博士学位时起，即开始致力于将土木工程结构改造成智能结构的研究探索，2002年6月完成题为《智能土木（桥梁）结构理论及其核心算法研究》的博士论文，2002年起作为技术负责人参与了我国第一座真正意义上的跨海大桥——东海大桥的健康监测系统的规划设计和科学研究工作，先后为近10座大桥、100座单体中小桥梁和8个桥梁群提供过与监测相关的科研咨询服务。2008年起，我和我的研究生开始关注与桥梁监测系统的设计理论和监测数据的分析处理技术，并逐步朝着监测系统智慧化的方向努力探索，尽管水平有限，但也确实积累了不少资料。这些资料是在社会各界的同行和领导的帮助下取得的。为了加强行业内的技术交流，也为了对前期的研究做较为全面的总结，我特将这些资料整理成册。

本书围绕桥梁监测系统的智慧化改造，分为上、中、下三篇。上篇从桥梁结构智慧监测的物质基础开始谈起，内容涉及桥梁结构网级智慧监测的硬件环境和软件环境、大型单体桥梁结构智慧监测系统的标准硬件系统、科学计算支撑环境和科学计算系统平台的搭建。中篇集中讨论大型单体结构集成智慧监测系统的智慧功能实现方法，包括桥梁结构智慧监测系统的标准设计指南、平台架构及科学计算类库、基于模型的监测评估基础——有限元模型智能修正及其平台软件实现等，并介绍了人工智能、基于数字物理系统和数字孪生的云有限元实现，以及监测系统的物联网接入问题等科技前沿话题。下篇介绍团队在桥梁工程结构智慧监测方面的实践与探索工作，包括监测环境下工程结构模态参数的智能化识别、基于计算过程程序化的拉索结构索力智能感知、智能模型修正的工程应用及探索、群索工程结构的工作状态智能感知、基于动应变监测的装配式梁桥远程云端智慧监测、大型单体桥梁结构健康监测系统的前期实践与探索等内容。

　　本书的内容全部来自课题组已发表的期刊论文、会议论文和研究生的学位论文。本书的撰写得到了课题组全体成员的大力协助和支持，他们是赵一鸣、杨通、陈艳阳、贾鹏飞、温学磊、王向杰、郑文昊、葛良福、应宇峰、余学文、许钊源、肖容、徐斌、巩煦鑫、陈祖贺、王千青、郝祥铭、李厚金，以及我在新疆大学的研究生廖霞、景亚彪、姚祖丰、吴丹，在此一并表示感谢！

　　目前，桥梁结构健康监测系统研究和建设已经从开始的科研探索阶段过渡为工程项目大量上马阶段。在现有的传感技术、IT技术、通信技术的应用下，对桥梁结构服役状态的技术数据的获取已经不是难事，只要有足够的经济投入和人力投入，关于桥梁结构的物理、力学量的测量几乎都可做到。桥梁结构监测的瓶颈不是数据获取问题，而是自始至终停留在桥梁工程领域。桥梁结构监测亟须被赋予智慧化的状态感知能力。毋庸置疑，对于数据获取以后的感知问题的解决是要靠数学、力学、桥梁工程结构、工程全寿命维护等学科方向的基础科研支撑的。基于这样的考虑，本书以智慧监测功能的形成为线索安排内容，侧重于对基础问题的探索，兼顾了工程实践的应用探索。期待本书能为从事桥梁管养、监测检测人员提供一些技术借鉴，也期待为从事这方面研究科研人员、研究生提供一些经验参考。

同济大学

2020 年 3 月

目　录

上篇　桥梁结构智慧监测的物质基础

中篇　桥梁结构集成智慧监测系统的智慧功能实现方法

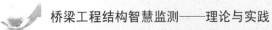

下篇　桥梁工程结构智慧监测实践与探索

第 1 章　绪　　论

■ 1.1　工程结构健康监测概述

土木工程领域的重大工程结构，诸如跨江跨海的超大跨桥梁，用于大型体育赛事的超大跨空间结构，代表现代城市象征的超高层建筑，开发江河能源的大型水利工程，用于海洋油气资源开发的大型海洋平台结构以及核电站建筑等，它们的使用期长达几十年，甚至上百年。环境影响、材料老化和荷载的长期效应、疲劳效应与突变效应等灾害因素的耦合作用将不可避免地导致结构和系统的损伤积累和抗力衰减，从而使抵抗自然灾害，甚至正常环境作用的能力下降，极端情况下引发灾难性的突发事故。另外，土木工程结构在服役过程中也需要大量的人力、物力和财力进行维护。以桥梁结构为例，据美国交通部的统计，美国的近550 万座桥梁中，有三分之一"状态不佳"。每年约有 200000 座桥梁发生性能退化或失效，需要维护或重建。位于纽约的 Brooklin 桥的一次维修就要历时 3 个月，耗资超过 100 万美元。在加拿大，每年平均有 30000 座这样的桥梁需要维护。在我国，很多桥梁都建于 20 世纪七八十年代，属于"老桥"，急需维护和翻建，而 25 年以上桥梁的维护费用一般是新建桥梁维护费用的几倍，而使用 30 年的桥梁每平方米的维护费是 10 年桥梁的四倍多，上述这些问题都迫切需要结构健康监测技术加以解决。

1.1.1　工程结构健康监测发展历史

结构健康监测（Structural Health Monitoring，SHM）是指利用现场的无损传感技术，通过包括结构响应在内的结构系统特性分析，达到检测结构损伤或退化的目的。结构健康监测技术起源于 1954 年，其最初目的是进行结构的载荷监测。随着结构设计日益向大型化、复杂化和智能化发展，结构健康监测技术的内容逐渐丰富起来，不再是单纯的载荷监测，而是向结构损伤检测、损伤定位、结构寿命评估等方面发展。美国于 20 世纪 80 年代后期开始在多座桥梁上布设监测传感器，监测环境荷载和局部应力状态，用以验证设计假定、监控施工质量和实时评定服役安全状态。1989 年，美国 Brown 大学的 Mendez 等人首先提出把光纤传感器用于混凝土结构的健康监测。此后，结构健康监测技术在土木工程结构中的应用就成为一个研究热点。在我国，结构健康监测目前主要在一些重要的大跨桥梁上使用，如香港的青马大桥、上海的东海大桥等。

结构健康监测系统综合现代传感技术、网络通信技术、信号处理技术与分析、数据与挖掘、预测决策理论和结构分析理论等多个领域的知识。一个典型的结构健康监测系统主要包括四个部分（图 1-1）：

1）传感器系统。作为硬件系统，其功能为感知结构的荷载和效应信息，并以电、光、声、热等物理量形式输出，它是健康监测系统的最前端和最基础的子系统。

2）数据采集与处理系统。它是联系传感器系统与数据管理系统的桥梁。

3）数据管理系统。它是结构健康监测系统的核心，承担着健康监测系统的数据管理功能。

4）结构健康状态评估系统。它的主要功能包括损伤识别、模型修正和安全评估与安全预警。

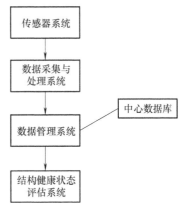

图 1-1　结构健康监测系统结构图

经过多年的积极探索，健康监测领域取得了一些成果，越来越多的大跨度桥梁结构安装了健康监测系统。纵览国内外已有的健康监测系统，可以将其发展分为三个阶段：

1）早期单项健康监测系统阶段。该阶段系统的传感器种类有限，采集设备不安装，间歇性监测。

2）集成监测系统阶段。该阶段系统的传感器种类极大丰富，采集系统完善，连续采集，有数据库管理软件对数据进行管理。

3）集成监测诊断系统阶段。该阶段在第二阶段的基础上强调对数据的处理，并利用数据进行结构检测状态的在线评估、在线预警，为深入的离线评估提供便利；功能更加丰富，无线技术及互联网等技术被用于系统之中。

多年来，结构健康监测技术虽然取得了很大的进步，但是仍然有一些关键问题困扰着研究人员。例如，如何让结构健康监测系统真正对结构的健康状态进行评估，能够识别构件存在的损伤及其严重程度，以及对整个结构健康状态的影响。结构健康状态评估是整个健康监测系统的核心和灵魂。近年来，各国学者在结构状态评估方法上做了大量的基础研究，提出过多种损伤识别和评价的方法，如神经网络法、动力指纹法和模型修正法等。其中，神经网络法是 20 世纪 80 年代以来发展起来的，通过人工神经元网络的学习、训练、测试求解等步骤进行损伤识别，其前期运算量相当大，且不同的桥梁需要分别训练，普适性差；动力指纹法是将结构看作是由质量、刚度、阻尼等结构参数所组成的体系，通过结构模态参数和频响函数的变化来确定反映结构动力特性的相关参数的变化，从而判断结构是否发生损伤，其中常用的动力指纹有频响函数、频率、振型、曲率模态、应变模态、模态保证准则等；模型修正法依赖于有限元模型，需要反演运算，反复修正刚度矩阵，且需要求解逆问题，过程烦琐。上述这些方法要想应用于实际大型桥梁结构健康状态评估，还须做进一步深入细致的研究。

1.1.2　工程结构健康监测基本概念

1. 结构健康

将生命体的健康概念转移到土木结构上来，即，如果结构能出色地保持既定功能，则可以认为该结构是健康的。

这个表述中隐含了三层意思：①结构至少能够保持既定基本功能，即可靠性规定的功能；②还能保持一些人们额外期待（除了基本功能以外）的功能，如出现超常的作用时的安全性、使用性及耐久性，这一点要求正日益得到人们的重视，因为在现代经济发展异常迅速的时代，一座大型基础设施一经建造和投入使用，便往往要遭受超乎设计规范所规定的各种（交通流）荷载作用，超载已经成为非偶然现象；③结构要出色地保持或完成既定功能，这就意味着结构保证这些功能的能力强，各种裕量充足，表现轻松。

结构的基本功能包括：①能承受在正常施工和正常使用时可能出现的各种作用；②在正常使用条件下应具有良好的使用性能；③在正常维护条件下应具有足够的耐久性能；④在偶然性超载或其他偶然激励条件下仍然保持必需的整体稳定性。其中，第①及第④项称为对结构的安全性要求，第②项称为对结构的适用性要求，第③项则称为对结构的耐久性要求，它们统称可靠性要求。结构的额外功能包括两部分：①结构主体超出基本功能要求以外的要求；②辅助或附属部分的安全、使用性好等功能要求。

2. 健康监测与诊断

健康监测和健康诊断的概念各有侧重。与求医问药的经验类比，结构健康监测是指对结构健康状态的内、外在表现及其指标的监测，不涉及对结构最终健康状态的结论的诊断。这里提到的外在表现就是结构损伤或病害，内在通常是结构整体或局部性能的退化。可见，健康监测就是对损伤的监测和对整体或局部性能的监测。

结构健康诊断是要对结构的健康状态得出最终的结论，即得出结构当前是否达到的健康的要求，以及健康的程度如何的结论。健康监测是健康诊断的基础，健康诊断应该是健康监测的目标。健康诊断包括两大任务：①对结构当前状态的识别与判断（也可将其称为健康状态评估）；②结构的趋势跟踪与预测。

3. 结构损伤与性能退化

结构损伤与性能退化是结构不良的原因。在使用过程中，工程结构的理想设计性能会不可避免地发生各种偏离和下降，直接导致结构效应朝着不利的方向发展，进而影响到结构的健康。尽管这些偏离和下降的原因非常复杂，但可以将它们大致分为三类：结构在使用中的各种使用条件退化、本身性能退化及结构的局部损伤。

使用条件主要是指结构在使用时必须满足的条件，如桥梁必须有一定的支撑条件，桥面必须有相当平顺的铺装层等，当这些条件发生与设计不符的偏离和下降（图1-2）时，就可能危及桥梁的健康。

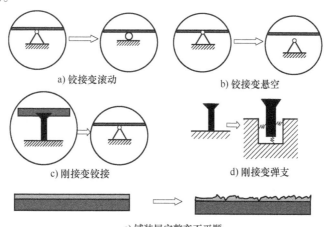

a) 铰接变滚动　　　　　　　　b) 铰接变悬空

c) 刚接变铰接　　　　　　　　d) 刚接变弹支

e) 铺装层完整变不平顺

图1-2　使用条件退化

本身性能的退化是由材料劣化、收缩徐变等原因引起的，常常导致结构特性变化和结构抗力退化，从而危及结构健康。这种损伤往往具有整体、缓慢演变和"温水煮青蛙"的特点，只能从整体上把握它的演变趋势，难以觉察瞬时的变化，难以做到准确的定位和定量识别。桥梁结构中常发生的属于这种损伤的例子有钢筋锈蚀、预应力筋预应力损失、混凝土抗力退化、材料收缩徐变等。本身性能退化如图 1-3 所示。

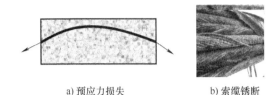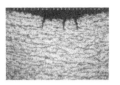

a) 预应力损失　　　　　　　b) 索缆锈断　　　　　　c) 钢筋锈蚀断裂

图 1-3　本身性能退化

常规意义上对应于局部刚度损失的局部损伤也有着复杂的产生机理，有对应于偶然性撞击、爆炸作用留下的突发性局部受力面积缺损导致的刚度损伤，也有因结构局部性能偏离和下降导致的局部缓变刚度损伤，还有因为刚度损伤带来的阻尼损伤，以及结构性能劣化而带来的阻尼损伤。如图 1-4 所示为常规意义上的刚度损伤及阻尼损伤。

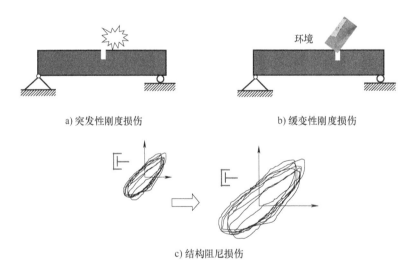

a) 突发性刚度损伤　　　　　　　　　　b) 缓变性刚度损伤

c) 结构阻尼损伤

图 1-4　常规意义上的刚度损伤及阻尼损伤

透过各种复杂的损伤机理，从力学建模角度看，上述各种损伤均可用基本力学特性参数表示，表 1-1 列出各种损伤的力学模型描述。

损伤可以被简化为结构刚度、质量的损失，也可以被归因于阻尼的改变，质量通常被假设不变。将损伤定义为刚度的损失或异常，这是目前结构健康监测研究中的一种通行做法。

表 1-1　各种损伤的力学模型描述

产生机理	具体实例	力 学 模 型	时间尺度	空间尺度
桥梁使用条件退化	支撑条件	边条时变模型：$u\big|_{\partial\Omega}=u(x,t)$	缓变、突变	局部
	铺装	平整度函数时变模型：$r=r(x,t)$	缓变、突变	局部、整体

（续）

产生机理	具体实例	力学模型	时间尺度	空间尺度
桥梁本身性能退化	索缆锈断	索张力时变模型：$T_i = T_i(t)$ $i = 1, 2, \cdots, n$	缓变、突变	局部
	预应力损失	预应力时变模型：$P_i = P_i(t)$ $i = 1, 2, \cdots, n$	缓变	局部、整体
	混凝土抗力退化	抗力退化模型：$R = R(t)$	缓变	局部、整体
	钢筋锈蚀断裂			局部、整体
常规意义的上损伤	突发性刚度损伤	刚度时变：$\boldsymbol{K}_e = \boldsymbol{K}_e(t)$ 或 $\boldsymbol{K}_G = \boldsymbol{K}_G(t)$	突变	局部
	缓变性刚度损伤	刚度时变：$\boldsymbol{K}_e = \boldsymbol{K}_e(t)$ 或 $\boldsymbol{K}_G = \boldsymbol{K}_G(t)$	缓变	局部、整体
阻尼损伤	刚度伴生阻尼损伤	刚度时变：$\boldsymbol{C}_e = \boldsymbol{C}_e(t)$ 或 $\boldsymbol{C}_G = \boldsymbol{C}_G(t)$	缓变、突变	局部、整体
	原生阻尼损伤	刚度时变：$\zeta = \zeta(x, t)$	缓变	局部、整体

4. 损伤和性能退化的识别和健康监测的关系

事实上，回答什么是不健康往往要比回答什么是健康要相对容易一些，只要探测到结构中存在这样或那样的损伤、使用条件退化或自身性能退化，我们就完全可以断定结构遇到了健康问题的困扰。

上述三种影响健康的原因中，有的可以依靠检测手段直接探明，有的需要检测或监测其他物理量间接地识别，有的则既难于直接探测又难于间接识别。

这表明结构健康监测和损伤识别有着密切的联系，但损伤识别仅仅是健康监测任务的一部分，不能将二者等同起来。

常规意义上的损伤识别是对结构刚度异常的识别。结构刚度是一个不易测量的物理量，一般不直接进行结构刚度损失的探测，而是通过测量静力物理量和动力物理量（频率、振型等），依据可测量与结构刚度的物理力学关系，间接地得出结构刚度损失的信息。

■ 1.2 桥梁结构健康监测系统

近年来，随着我国桥梁事业的飞速发展，桥梁健康监测系统得到了广泛的研究和应用。桥梁健康监测系统可以对桥梁的维修、养护与管理决策提供依据和指导，是桥梁结构的"保护神"，具有良好的经济效益和社会效益。目前多数健康监测系统"重硬不重软、重测不重算"——只重视硬件系统建设，不重视软件技术研究，软件系统只重视数据的管理显示，不重视深层次的数据分析计算。由于缺乏科学计算的支撑，现有桥梁健康监测系统的总体软件功能受到极大限制，已成为制约桥梁健康监测系统整体发展的瓶颈；而桥梁领域科学计算研究人员与软件系统工程师之间的技术差异，也成为制约桥梁健康监测系统整体发展的瓶颈。为此，围绕桥梁健康监测系统软件技术展开研究，给出基于 MATLAB 的监测数据处理算法的组件化实现方案，给出一般化的桥梁健康监测系统软件解决框架设计，建立了相应的基于算法组件的科学计算类库，结合 Java EE 平台规范，形成一般化的桥梁健康监测的 Web 智能计算平台解决方案。

1.2.1 桥梁结构健康监测简介

近些年来，随着国民经济的不断发展，为应对日益增长的交通需求，我国逐步建立起庞大的公路及铁路交通运输系统。而桥梁作为重要的交通构筑物，在跨越河道、山谷、海域，承载高速铁路，以及解决城市交通拥堵问题等方面都发挥着不可替代的作用。桥梁的跨径不一，结构形式多种多样，设计使用年限长，所处的地理环境复杂多变，且长期承受动荷载，诸多因素导致了桥梁结构设计、施工以及后期维护难度极大。因此，对桥梁结构进行长期实时的健康监测和诊断，及时发现结构的损伤，评估结构安全性，预测结构的性能变化和剩余寿命并相应做出维护决定，对提高工程结构的运营性能，保障人民生命财产安全具有极其重大的意义，具有很高的经济效益和社会效益，已成为桥梁学科的重要研究领域之一。

实施桥梁结构健康监测研究的目的和意义可归纳为三点：

1）监控与评估。通过对桥梁结构状态的监控与评估，为大桥在特殊气候、特殊交通条件下或桥梁运营状况严重异常时触发预警信号，为桥梁的维护、维修与管理决策提供依据和指导。

2）设计验证。一方面利用监测信息验证结构的设计；另一方面将桥梁健康监测信息反馈给结构设计，可能使结构设计方法和相应的规范标准得以改进，并可能促进新型设计方法的产生。

3）研究与发展。桥梁健康监测系统应能成为桥梁研究的"现场实验室"，通过监测运营中的桥梁结构及其环境获得的信息可以作为理论研究和实验室调查的补充，提供有关结构行为与环境规律的最真实的信息，促进桥梁技术的发展。

鉴于结构健康监测研究在桥梁领域内的重要作用，20世纪80年代中后期国外就开始建立不同规模的桥梁结构健康监测系统，如英国的Foyle桥（总长522m）和Flintshire独塔斜拉桥（主跨194m）、挪威的Skarnsundet斜拉桥（主跨530m）、美国的Sunshine Skyway斜拉桥（主跨440m）、丹麦的Great Belt East悬索桥（主跨1624m）、加拿大的Confederation桥等，我国自20世纪90年代起也在一些大型重要桥梁上建立了不同规模的结构健康监测系统，如香港的青马大桥、汲水门大桥和汀九大桥等，内地的江阴长江大桥、南京长江一桥、南京长江二桥、上海徐浦大桥、上海长江大桥、杭州湾大桥等几十座桥梁。

近年来，随着工程实际的需求增长以及人们对桥梁结构运营安全的不断重视，结构健康监测领域内的研究愈加深入，结构健康监测方面的理念也更加完善。相比于最早及较早实施的桥梁结构健康监测系统，近几年完成的或正在进行中的桥梁结构健康监测系统在各个方面均发生了很大变化。总体上，桥梁结构健康监测系统的发展历史可大致分为三个阶段：

1）第一阶段：仅仅部署少量的传感设备，监测对象种类单一，且监测在时间上是非连续的、间断的。

2）第二阶段：可称为集成式的桥梁结构健康监测系统，其组成包括多传感器子系统，数据采集、传输和控制子系统，以及用于数据储存和数据管理的软件子系统，可实现基本的数据显示和数据处理功能。相比第一阶段，此阶段监测对象更多，数据采集、传输和储存的能力更强，使获得并储存大量宝贵的监测数据成为可能，但是对数据的处理尚不充分，海量数据并未得到有效利用，且数据处理通常以离线人工分析的方式进行，从获得数据到得到数据处理结果需要很长的时间周期。

3）第三阶段：当前桥梁结构健康监测系统的研究正处于此阶段。相比于前两阶段，此阶段在数据的处理和有效利用方面有很大的进步。此阶段预期实现的主要功能包括：通过对实时数据和数据管理系统中历史数据的分析，预测结构的局部损伤、病害，潜在的结构失效以及运营中的异常事件并及时发出预警信号；通过对数据的深入挖掘，准确和即时地对结构或构件的当前性能和剩余寿命进行评估。但是，目前实现上述功能的数据处理算法尚在研究当中，仅部分功能可以实现。

1.2.2 系统的组成及功能

桥梁结构健康监测系统是一个软硬件集成系统，系统的集成程度越高，则健康监测系统的智能化程度也就越高。当前的桥梁健康监测系统的基本组成应包括传感器子系统，数据采集与处理及传输子系统，损伤识别、模型修正及安全评估子系统和数据管理子系统四部分，各个子系统的作用和功能实现总结如下：

1）传感器子系统。传感器子系统是硬件系统，作用是对结构响应和环境信息进行持续性监测，并以光、电等物理量的形式传递给数据采集与处理及传输子系统。传感器子系统是健康监测系统最前端和最基础的子系统，需引起重视的一些问题包括：传感器选型及布设位置的合理性，传感器本身的耐久性等。

2）数据采集与处理及传输子系统。该子系统由硬件系统和软件系统组成，是联系传感器子系统与数据管理子系统的桥梁。通过该子系统，可以将传感器子系统传入的光、电等数字信号转换为模拟信号，对模拟信号进行一定的预处理后，储存在数据管理子系统中。

3）损伤识别、模型修正及安全评估子系统。该子系统主要由损伤识别软件、模型修正软件、结构安全评估软件、可靠度计算软件和实时预警软件等多个软件模块组成，是结构健康监测系统功能实现的核心部分。目前桥梁结构健康监测领域内的研究主要是围绕该子系统展开，存在问题包括海量数据处理困难，损伤识别、模型修正及安全评估的算法尚不成熟，且难以满足工程实际中在线化、实时化和智能化的需求。

4）数据管理子系统。该系统的核心是数据库，承担着结构健康监测系统的数据管理功能。桥梁设计施工及运营的各种资料，结构健康监测系统硬件设备的各项参数，系统采集到的海量数据及数据处理后的结果都应保存在数据管理子系统中。

各子系统之间的关系与流程如图1-5所示。

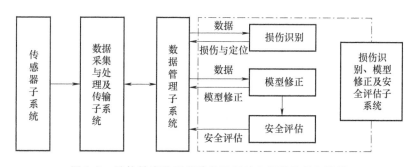

图1-5 结构健康监测系统各子系统之间的关系与流程

一个完整的结构健康监测系统应该集成以上四个子系统：一方面应实现各个子系统独立于其他子系统的功能，各子系统在功能实现上不相重合，具有松耦合性；另一方面使各子系统最大限度地协同工作，同时，它应该是一个实时的在线监测系统。相对于传统检测方法，健康监测系统应该具备实时性、自动化、集成化和网络化的特点。

实现桥梁健康监测系统的实时性和自动化要求，主要目的在于当桥梁结构出现问题时尽早地由系统本身发出预警信号，以及可以定时定期地对当前结构状态和剩余寿命进行正确评估，为桥梁的维护提供科学依据。目前，随着传感技术及计算机硬件能力、网络技术的不断发展，在已建成的健康监测系统当中，传感器子系统、数据采集与处理及传输子系统和数据管理子系统的实施部署均比较完善，也是集成化和网络化要求已经基本满足。但是，作为健康监测系统功能实现的核心部分——损伤识别、模型修正及安全评估子系统仍主要局限在研究所、实验室或桥梁监控室中以人工离线的方式进行，无法满足实时在线自动化监测的要求。这直接影响了桥梁健康监测系统充分发挥其在预警和安全评估方面的功能实现，必须引起我们的重视。解决这一问题，为损伤识别、模型修正及安全评估子系统实时化、在线化提供有效途径，具有比较重要的工程意义。

1.2.3　软件架构选择

在桥梁健康监测系统在线平台设计中，必须要面对的一个问题是：数据处理的操作应该在客户端完成，还是应该在服务器端完成。由前文所述，所有数据都集中存放在数据管理子系统中，而一般情况下数据管理子系统被部署在服务器之中。若使用客户端对数据进行处理，需要对数据管理子系统进行远程的查询、修改或维护等操作，将会提升系统设计的难度，同时需要开发客户端的数据处理软件；而在服务器端进行处理，可直接对数据管理子系统进行相应操作，但是对服务器端应用的开发要求较高。因此，在开发健康监测系统时，必须要考虑以什么方式去操作，这就涉及系统架构的选择。针对上述状况，本节将对目前流行的两种架构进行讨论，包括 C/S 架构和 B/S 架构。

1. C/S 架构

C/S 是 Client/Server 的缩写，即客户机/服务器架构，在网络开发的早期得到过广泛的应用。常见的 C/S 架构的主要特点是把复杂的业务逻辑和界面显示任务集中到客户机（Client）上完成，而服务器（Server）端仅部署了数据库以及一些简单的事务处理解决方案，二者之间通过网络进行通信。客户机上的业务逻辑和界面显示功能往往被打包成一个 GUI 程序（图形界面应用程序），被安装在多个不同的终端之上，终端用户通过此 GUI 程序完成与服务器端数据库的连接和交互。常见的 C/S 架构如图 1-6 所示。

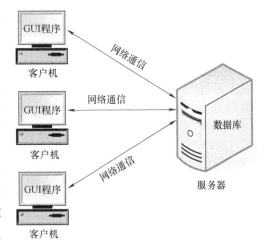

图 1-6　常见的 C/S 架构

C/S 架构可以使用户得到更多的数据信息服务、更易使用的界面和更好的计算能力，但是 C/S 架构存在着一定的缺陷：首先，受数据库系统支持的并发连接数的限制，能够与服务器保持连接的客户端 GUI 程序数目不能太多，当用户较多时，会导致部分用户连接失败；其次，由于业务逻辑和界面显示等功能都部署在客户机，导致对于应用程序的维护和管理非常困难，当有了新的需求时，必须对所有客户机上的不同应用程序进行升级、替换或维护，工作量大，效率低；再次，大量数据的传输使网络负载很大。因此，C/S 架构并不适用于桥梁的健康监测系统在线平台设计。

2. B/S 架构

B/S 是 Browser/Server 的简写，也就是浏览器/服务器架构，它是在 C/S 架构的基础上发展起来的，为 C/S 架构存在的问题提供了很好的解决方案，目前已经得到了广泛的应用。

常见的 B/S 架构采用了三层组件结构：客户端显示层，即安装在客户端的浏览器，用于查看回应和提交请求；应用层，实现功能包括业务逻辑和界面显示等，此层也可以再细分为多层，比如将业务逻辑和界面显示分开为两层；数据层，为上层提供所需的数据服务。常见的 B/S 架构如图 1-7 所示。

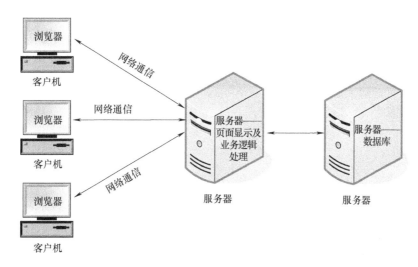

图 1-7 常见的 B/S 架构

B/S 架构的优势在于将整个应用系统（包括界面显示和业务逻辑等）部署在服务器端实现，降低了对于客户端的要求。客户端用户无须像 C/S 架构那样在不同的客户机上安装不同的客户应用程序，而是只需要安装通用的浏览器软件，就可以发送请求给应用服务器，应用服务器调用相关逻辑组件以及与数据库进行交互后，将处理结果以静态页面的形式返回到客户端的浏览器之上展示给用户。因此，B/S 架构实际上就是一个通过浏览器与之交互的网站架构。

相比于 C/S 架构，B/S 架构具有如下优点：

1）基于 B/S 架构的系统易于修改、维护以及更新。因为主要的应用功能模块被部署在应用服务器端，故当用户需求发生变化时，对系统进行修改、维护及更新的工作只需要在服务器进行。当客户端再次通过浏览器访问网站时，网站的所有改变能够实时地展示给用户，不需要在客户端进行任何操作和设置，且无须开发客户端软件。

2）不存在数据库并发连接数量限制的问题。由于客户端不直接与数据库建立连接，而是只有应用服务器与数据库建立连接，故不受数据库并发连接数量的限制。

3）通过对服务器硬件的升级即可以提高整个系统的运行效率，不受客户端软硬件条件限制。

4）网络可以节省用户的时间和开支，并提高准确性。

5）对于用户的培训比较简单，需要较少的专业背景，而 C/S 架构中的客户端软件对于用户的专业背景要求往往较高。

鉴于 B/S 架构相对于 C/S 架构的诸多优点，近些年来，B/S 架构得到了极其广泛的应用。在桥梁健康监测系统在线平台设计中，采用 B/S 架构无疑具有很大的优势：第一，健康监测面向的对象是海量的数据，采用 B/S 架构在服务器端通过局域网对海量数据进行操作，并将结果以静态网页的形式发送给用户会大大减小对 Internet 的负载；第二，随着健康监测研究的不断发展和深入，系统功能的更改和扩展会经常发生，在服务器端进行代码更新会显著提高工作效率；第三，也是最重要的一点，健康监测领域内数据处理耗时长，对计算机硬件要求高，服务器端可以采用高性能计算机分布式运算，但是客户端受软硬件条件限制，即使开发了高效率的客户端软件，运行状况也往往差强人意；第四，采用 C/S 架构监测数据的网络传输会占用大量时间，很难实现在线实时预警机制。因此，在健康监测系统平台设计中建议采用 B/S 架构。

■ 1.3 智慧时代的土木工程

1.3.1 未来 30 年的工程技术特征

卡尔·波普尔的未来时代的"三个世界"哲学观将世界划分为物理世界、心理世界和人工世界，如图 1-8 所示。物质世界是指由物质客体和其他形式的物理能量构成的世界，基本矛盾是资源的不对称，可以采用工业技术予以解决；心理世界是指内心的或心理的世界，包括感觉、思想、决定、知觉与观察所得的世界，基本矛盾是信息不对称，可以采用信息技术予以解决；人工世界是指人类心灵的客观产物的世界，即心理世界的人类部分的产物的世界，基本矛盾是知识到智力的不对称，采用智能技术予以解决。

	过去	当前	未来30年	
	世界	矛盾	解决工具	
卡尔·波普尔的"三个世界"哲学观	世界1：物理世界	资源不对称	老IT技术：工业技术	
	世界2：心理世界	信息不对称	旧IT技术：信息技术	
	世界3：人工世界	从知识到智力的不对称	新IT技术：智能技术	

图 1-8　未来时代的"三个世界"哲学观

现如今我们处于人工世界肇始，可称为智慧元年，在未来 30 年内，三种世界平行并存。未来的工程技术具有以下特征：

1）资源分布继续不对称，应进行物资人员的沟通交流，仍需工业技术（可简称为老 IT 技术，Industrial Technology）进行工程建设。

2）信息继续不对称，需继续辅以信息技术（可简称为旧 IT 技术，Information Technology），对工程结构进行设计、建造和维护管养，以弥补工业技术低效，改善工程品质。

3）知识到智力的不对称，需要借助智能技术（可简称为新 IT 技术，Intelligent Technology），进行桥梁工程的智能规划、智能设计、智能制造、智慧感知、智慧管养，以弥补工程技术人员能力、效率的不足，提高工程的终极品质。

从土木工程技术来讲，过去人类社会已经建立起了一套接近完备的土木工程技术体系。包括土木工程对象的全寿命周期内的规划设计、建造施工、维护管养的环节，利用老 IT 技术，大多数工程问题都能基本解决，然后，随着人类社会对自身生存环境需求的不断增长，老的 IT 技术在效率、效能、环保等方面受到了很大的制约。

自 20 世纪的信息技术爆发式增长以来，人们发现，利用信息技术来改造、辅助传统的土木工程技术不但会提到大大提高生产效率、改善土木工程质量品质，而且有利于人们妥善解决土木工程建造过程、维养的过程的环境不友好问题和成本过高问题。于是，基于信息技术辅助的土木工程技术得到了全社会的普遍追捧。在结构设计理论的长足进步下，人们充分利用计算机软硬件提供的强大工具，实现了计算机辅助设计、结构分析仿真、计算机辅助施工、数字化管养等，也基本建立了土木工程结构在施工和服役期间的技术状态信息的数字化获取，最新的辅助手段包括虚拟现实和 BIM 技术的应用。尽管信息技术与传统土木工程的结合程度还远远不够，但清晰而宏伟的蓝图已经形成：未来，建成任意一项土木工程必然同时会在 Cyber 空间中存在一个与实物结构高度逼近的数字模型，通过这个数字模型人们将更大程度上提高整个土木工程行业的品质和效率。

然而，在建造实物土木工程和数字土木工程过程中，不可避免地需要从业者付出巨大的智力劳动和体力劳动，这不仅限制了生产效率的进一步提升，而且未必会对提高土木工程全寿命周期的品质起到作用。尤其是在现代，人类社会对土木工程的要求更高，土木工程正朝"上天入地、跨水潜海"的方向飞速发展，超级工程、巨量工程群正不断地被设计和建造出来。在此情形下，即便是有信息技术的辅助，人类的工程能力也将因达到智力、体力、知识、经验的边界而显得捉襟见肘。人类的能力和缺陷是可以通过人工智能来弥补的，人类的工程能力也可以借助人工智能来一次质的飞跃。

未来的社会是人工智能的社会，未来 30 年，人类社会在土木工程领域的进步也将体现在智慧特征上。工程技术领域，包括人类改造自然的过程所涉及的工程技术，以及体现为成果的工程对象，均可进行智慧化、智能化和自动化改造。这里涉及智慧与智能两个概念，需对其加以区分，避免混为一谈。智慧的含义及其与智能的区别如图 1-9 所示。

智慧与智能的最主要区别在于，智慧具有意识、自动价值取舍和自动决策的特点，而智能不论是高级还是低级，实际上都是不同程度的自动化，只在自动化的程度，即解放生产力的能力上有着不同程度的递进：初级智能化将过程程序化以及将过程入口参数化；中级智能化能够在有或没有监督的情况下进行学习；高级智能化能够通过自我演绎推理学习，进行自动程序设计，是目前发展的前沿。由此看来智慧可以决定智能的生死，智慧是人类的理性控制，其他智能技术均处于技术层面。当然，人类应避免触碰到人工智能的边界——智能具有意识。

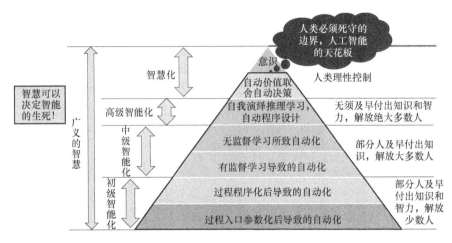

图 1-9　智慧的含义及其与智能的区别

在可以预见的未来，如图 1-10 所示的前沿科技都将拥抱人类社会最传统的工程技术——土木工程。这些前沿科技将最终形成智慧化的土木工程，最大限度地解放人力，未来的土木工程的工地将不再是"风里雨里，工地等你"！

图 1-10　未来智慧化土木工程所需要的前沿科技

1.3.2　桥梁工程的未来、需求策略及技术趋势

在智慧应用的大背景下，人们对桥梁工程产生了新的更高的需求，建造更大跨度、更舒适、更安全、更省心、更耐久、更易于设计及建造、更易于维护管理的桥梁。由此需要制定新策略，即采用新材料、新理论、新技术、新功能、新设备、新工艺应对以上需求。

从以下四个方面开展新材料的研究：提高传统建筑材料的性能，如使用高性能混凝土、高强钢材料；推广使用新型的建筑材料，如 CFRP、高强高分子聚合物；使用新型功能材料提高力学性能，如高阻尼材料、高摩擦材料、自融合材料；使用新型智能材料提高桥梁的自感知性能，例如智能材料的基本材料组元有压电材料、形状记忆材料、光导纤维、电（磁）

流变液、磁致伸缩材料和智能高分子材料等。

新结构的角度方面：对传统桥梁结构形式进行创新，使其更高更长更宽；在高速铁路桥梁建设过程中，桥梁结构可选择范围更广，从简支梁到悬索桥，从几十米固定跨度到千米级跨越，在未来跨度还将继续增长；新的跨越形式将改写桥梁的传统定义方式，例如张弦索空中轨道、水上浮桥、阿基米德桥、沙漠旱浮桥和胶囊列车高架隧道，将深刻改变结构形式。

新理论研究和应用也将带来新的思路：从材料层面来看，可协助定制桥梁工程专用材料，包括材料基因组、纳米材料、复合材料等；桥梁结构设计及分析新理论包括全寿命全概率设计理论、多尺度力学分析、时变力学分析、复杂结构动力分析理论等；桥梁服役期新理论包括，结构力学反分析、大数据结构力学、桥梁全寿命维护理论、结构疲劳分析、参数识别、工程结构监测等，都需要在未来进行进一步的研究与完善。

在勘察、设计、施工和桥梁服役期间采用新技术，也将为应对新挑战做出贡献：勘察阶段可结合遥感技术、光学扫描技术、地理信息系统技术和探地雷达技术等；设计阶段可应用BIM技术、虚拟现实技术、混合仿真技术和有限元仿真技术等；桥梁施工制造阶段可采用基于BIM的施工技术、智能制造技术、3D打印技术、智能监控技术、智能建桥装备技术和机器人技术等；桥梁服役期可采用结构健康监测技术、大数据分析技术、云计算技术、物联网技术、人工智能技术、各种声光电无损检测技术和新材料加固技术等。

1.3.3 智慧规划设计

智慧时代的桥梁工程规划设计，可大幅度提高工作效率。其具有如下特点：

1）全寿命设计。全寿命设计能够精准把握主要结构材料的力学特性的长期演变规律、各种荷载和作用的时间演变规律、各种结构工作性能及其表征指标的长期演变规律、各种设计要素和结构长期性能指标的影响规律以及各种建造、管养维护的成本。

2）全尺度设计。全尺度设计包括微观和细观的材料尺度、构件尺度、结构尺度以及地理尺度。微观的材料尺度主要是材料晶格设计、位错控制和定制化桥梁专用钢；细观的材料尺度主要是纤维编织方案设计、混凝土掺杂设计和FRP材料设计；构件尺度是宏观上的尺度，主要是对各种构件的精细设计；结构尺度仍为宏观尺度，包括对单体桥梁结构的精细设计，对连续节段桥梁设计；地理尺度主要是结合路网的内容，依据路网不同地理位置处道路的交通荷载特点，对各桥梁群进行精准设计。

3）全智慧设计。全智慧设计贯穿勘察规划阶段、方案设计阶段以及施工图设计阶段。勘察规划阶段包括智能化线路规划、智慧化桥隧路必选决策和智慧化桥梁方案设计；方案设计阶段包括智能化荷载设计、尺寸拟定、结构分析计算、验算、配筋设计、材料设计、附属结构设计和附属系统设计；施工图设计阶段包括结合人工智能决策系统的BIM设计和智能化施工图出图。

4）全功能设计。桥梁结构安全性设计需要对抗风、抗震、抗倾覆、防爆进行设计；桥梁结构使用性能设计需对线形、行车平顺性、振动舒适性进行设计；桥梁结构耐久性设计内容有钢筋混凝土防锈蚀设计、钢材防锈设计、钢桥抗疲劳设计；桥梁性能感知系统设计包括桥梁智慧监测系统设计、桥梁智能检测方案设计；桥梁智能运维管养系统设计包括桥梁管养决策系统设计，桥梁智能修复系统设计、智能修复装备系统设计。现阶段的桥梁设计主要以安全性设计为核心，使用性设计和耐久性设计仅仅停留在经验校核层面，是从属地位的设计过程。未来的桥梁是绿色环保耐久的长寿命桥梁，因此使用性设计和耐久性设计过程必须深化并独立存在。未来的桥梁是智能桥梁，因此性能感知系统和智能运维管养系统的设计为必要内容。桥梁的智慧管养系统也可根据桥梁特点、所在地区的环境特点，设计相应的决策管养系统、车载专用的维修平台、无人机系统和爬索机器人等预防性的措施。

1.3.4 智能制造及设备

智能制造特点是以大数据、人工智能等高科技贯穿于整个制造过程，为桥梁施工建设提供了更多的可能性，减少施工的复杂性，减少施工建设者的工作内容，提高工作效率。智能施工组织可应用虚拟现实技术、BIM 技术和智能方案设计等。虚拟现实技术可以让土木工程师以任意的虚拟尺寸和角度，沉浸在桥梁施工现场场景中，排演施工工序，排查施工风险。精细 BIM 技术的组成部分构成了施工组织仿真的操纵对象，人工智能可以科学合理地将精细 BIM 技术和虚拟现实技术结合起来，高效地形成施工方案。智能施工监控中可通过自动获取技术（激光扫描、GNSS、机器视觉）获取结构技术参数、在施工过程中通过智慧感知（力学状态的实时分析、关键参数的识别、施工风险的智能感知等）获取结构状态，对基于监控的施工方案进行自动优化与调整，形成智慧化的桥梁施工方案。

智能装配式桥梁是一种工业化造桥技术，具有高效、质量高，人工用量少的特点。未来30 年可发展至第五代，除预制拼装以及结合新材料、新工艺外，还结合智能化制造、拼装，以及具有长期感知的特性。

3D 桥梁打印技术能够按照桥梁 BIM 模型将桥梁打印成型，简化产品的制造程序，缩短产品的研制周期，提高效率并降低成本。3D 打印技术能够打印出具有骨感与美感、力学合理的桥梁。该技术需要发展桥梁专用的打印机、桥梁专用的材料，以及成型后的力学分析技术。

智能建桥机器人及设备能够突破地形的限制，在深海、高山峡谷、大江大河等地形发展劳力密集型的智能机具，使用钢筋网自动化制作、混凝土搅拌浇筑振捣、精准吊装、紧固机器人等特种施工机械，能够解放人力，减少传统施工中的不安全性。

1.3.5 智慧桥梁：智慧监测、智慧感知及智慧管养

智慧桥梁包含智慧监测、智慧感知以及智慧管养。智慧监测在于获取桥梁基础设施运行参数的数据，通过设置各种传感器及测量设备，对服役期内的桥梁结构的各种技术参数进行测量，包括桥梁的力学响应、几何外形、荷载作用等。狭义上讲，这种测量是实时、在线和自动化的，甚至是智能的。广义上讲，还包括适时的检测手段。到目前为止，全世界已建成500 余个规模不一、目的各异的监测系统，国内已有近 200 座桥梁安装有监测系统。现有的技术已经基本满足对桥梁结构的力学响应监测、桥梁的几何变位监测，对荷载和作用的监测也有了解决思路。

智慧感知能够智能识别与感知桥梁基础设施的运行状态，建立表征桥梁结构健康运行状态的监测指标体系，实时、在线、自动化地从监测数据中分析计算各监测指标，依据各种监测指标，自动辨识桥梁各种性能状态、性能演变历史及未来发展态势，实现结构在线预警及各种预设的指标超阈值事件，表征相应的性能退化或损伤，实现结构健康状态的智能评估。

智慧管养是桥梁基础设施的智慧化运维和健康管理。智慧管养根据预警指标，建立预警

机制和管养预警预案；根据监测指标，建立桥梁智能化评估方案；根据监测指标，建立桥梁结构维修管养决策机制；进行桥梁的智慧化运维和健康管理。

1.3.6 对高层次技术人才的素质和能力要求

对于桥梁工程而言，它的魅力正来自于它的困难，桥梁工程是最受时变性、随机性和非线性困扰的一类土木工程，是最受锻炼和捶打的一类土木工程，也是使建设者最有成就感的一类土木工程。智慧时代的桥梁工程需要研究者以工程实践和科学研究为目的建立工程智能科学体系。

图 1-11 和图 1-12 分别从学习者和研究者的角度给出未来 30 年智慧时代土木工程课程体系和桥梁工程技能体系。

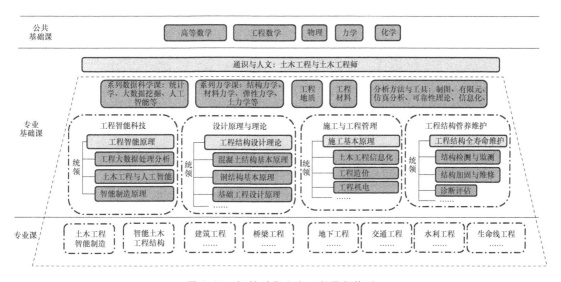

图 1-11 智慧时代土木工程课程体系

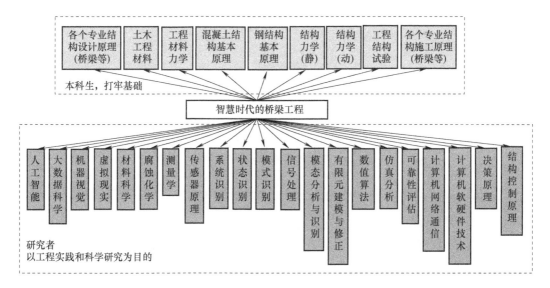

图 1-12 智慧时代桥梁工程技能体系

1.4 工程结构智慧化的关键技术

1.4.1 有限元模型修正的发展概况

精确的有限元建模是大型桥梁风、震响应预测的重要前提，也是结构安全监测、损伤检测及实现最优振动控制的必要的基础。然而，建立结构有限元分析模型时势必要对结构几何、材料和边界条件等进行一定的假定和近似处理。直接建立的结构有限元模型分析预测的结果通常和实际结构或试验结果存在误差，有时这种误差会很大，因此需要对所建立的有限元模型进行修正。同时，作为健康监测系统中损伤识别、模型修正和安全评定与安全预警子系统的重要组成部分，模型修正承担了重要的职能。通常意义上的模型修正是指利用结构现场实测的响应信息修正其结构有限元分析模型，使得修正后结构有限元模型计算的响应值与试验值趋于一致。

结构动力学有限元模型修正技术发展至今，大致可分为三个层次：一是人工修改，计算模型修正（Computational Model Updating，CMU）以及模型确认（Model Validation）。人工修改就是建模人员通过一些工程经验，人工调整理论模型中一些初始参数。人工修改方法不需要复杂的理论推导，但只有在建模人员具有相当丰富的有限元建模工程经验，并对结构的动力学特性有一定了解的前提下，才能得到较高质量的理论模型。二是计算模型修正，简称模型修正，它是指建模人员利用结构动力学理论和某种优化算法编程后由计算机自动完成模型修正过程。计算模型修正一般需要较为复杂的优化计算过程，但随着计算机技术的迅速发展，这些问题大都得到了很好的解决。三是模型确认是近几年提出的一个新概念，它是指通过计算和实验两个方面的分析，对有限元模型在设计空间的响应预报精度进行评价和确认，并在此基础上进行模型修正，为进一步的应用提供精确可信的有限元模型以及响应的计算方法。模型确认的基本步骤如图1-13所示。模型确认是模型修正的最高层次，而计算模型修正是模型确认的一个最重要的环节，目前对于模型修正的研究仍主要集中于计算模型修正。

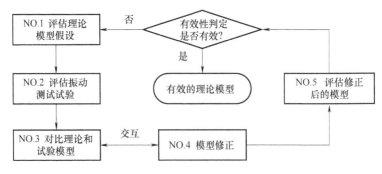

图 1-13 模型确认基本步骤

模型修正方法可以依据不同的准则进行分类。依据试验加载方式和已知响应信息类型的不同，结构有限元模型修正分为基于动力信息（利用频率、振型等信息）和基于静力信息（利用位移、应变和曲率等信息）的方法。根据修正对象的不同，有限元模型修正又可分为矩阵型修正法和参数型修正法两大类。

矩阵型修正法和参数型修正法，其实质大都是利用残差达到极小的优化方算法。矩阵型修正法直接修改结构的总刚度矩阵或总质量矩阵，或者修改其中某些子矩阵。其需要借助质量和刚度矩阵，不适用于大型结构，而且由于修正后的总刚度矩阵和原来的有限元模型中的元素参数失去了联系，有时会出现虚元和负刚度值，没有明确的物理意义而难以应用于实际结构。因此从20世纪80年代末开始，研究重点逐步转移到参数型修正法。修正方法以单元矩阵元素（刚度、质量）或者结构设计参数（边界条件、物理特性及几何特性）为修正对象，修正后的模型物理意义明确。

参数型修正方法是将实测数据看作未知修正参数的隐函数，通过对结构参数的敏感性分析，建立测试/理论值残差的最小化目标函数来修正结构参数的。由于修正参数选择的不确定性以及测试数据的不完备性，因此修正算法常常需要进行优化迭代。因为基于动力测试容易获得数据，所以大多数研究都是将动力模态参数作为目标函数。虽然基于模态参数的参数修正方法取得了很大进展，但是模态参数要经过试验模态参数识别，因而不可避免地将识别的误差代入模型修正中来。某些情况下引发的误差可能超过因理论模型不精确而引起的误差。因此，这类方法的修正精度在一定程度上依赖于用于目标函数的试验模态的精度，这也是基于模态参数模型修正方法的内在弊病。近年来，许多新的理论方法在这一领域得到了应用，如基于敏感性分析、神经网络算法、遗传算法等的模型修正方法，应用这些方法在处理大型复杂结构时，使得速度和精度都有较大提高。

此外，随着模型修正技术的进步，越来越多的研究人员开始致力于模型修正软件的开发，以便工程应用。现阶段，国内外具有模型修正功能的软件有：比利时 LMS 公司增加了优化模块的 LMS Virtual. Lab，该软件提供了与 NASTRAN 进行数据交换的接口，严格来讲属于模型优化；比利时 DDS 公司依托鲁文大学的技术优势，发行了具有有限元分析、模型相关、模型修正等功能的应用软件 FEMtools；法国教授 Balmes 于 20 世纪 90 年代推出了运行在 MATLAB 环境下的结构动力学工具箱 SDTools，该工具箱具有有限元分析、基于模态参数和频响函数的模型修正等功能，然而其单元类型有限，求解规模较小，且操作复杂，不利于工程上的推广与应用；德国 Schedlinski 博士在攻读博士期间，利用 MATLAB 的编程语言，编写了模型确认软件 SysVal，实现了与有限元软件 MSC. Nastran 的有效结合，具有利用模态参数和频响函数修正的功能，已经多次成功应用于汽车界，但目前没有大规模的推广。李效法、何勇均开发出了基于 MATLAB 和 Nastran 的模型修正软件，但修正的方法单一，普适性不佳。目前，像 CAE 软件那样在工业中得到大规模应用的模型修正软件还没有出现。

虽然有限元模型修正研究已经取得了长足的进步，并在一定的领域实现了工程应用，但是仍存在一些问题有待进一步解决：

1）目前大多数的修正方法基本上是针对某一具体问题而言的，适应范围较窄，很难将其推广到一般的普遍性问题。

2）测量数据的不完整导致了修正结果的不唯一性。

3）有许多产生误差的可能性，如离散有限元模型的简化误差、测量中的误差以及模态截断所引起的误差。这些误差对修正结果有着重大影响，但却给修正时的建模误差定位带来了很大困难。

4）修正后的解析模型与试验模型在低阶模态的吻合，不能证明高阶模态是否较原模型也有所改善。

5）软件实现问题。在修正过程中需要不断进行有限元计算和修正优化计算。因此，需要解决修正优化程序和现有工程有限元软件的接口问题。

1.4.2 智能优化算法的研究进展

在科研和实践中，人们经常遇到需要使多个目标在给定区域上均尽可能最佳的优化问题。例如，在设计新产品时，要考虑使产品具有较好的性能，要考虑使其制造成本最低，还要考虑产品的可制造性、可靠性、可维修性等。这些设计目标的改善可能相互抵触，因此须在这些设计目标之间取一个折中的结果。这种多于一个的数值目标在给定区域上的最优化问题一般称为多目标优化问题（Multiobjective Optimization Problem，MOP）。最优化是人们在工程技术、科学研究和经济管理等诸多领域中经常遇到的问题，长期以来一直为人们所关注。传统的数学规划理论成功地解决了部分优化问题，但仍有一些问题比如多目标优化问题缺乏高效实用的解决办法。随着科学进步，工程系统的规模不断增大，而且具有约束条件多、非线性严重的特点，使得传统的数学优化方法显得无能为力。

近十几年来，随着进化计算（Evolutionary Computation）和群智能（Swarm Intelligence）方法的兴起及其在多目标优化中的应用，出现了一批优秀的多目标优化方法。基于人工智能、仿生学的研究进展，人们从不同的角度出发对生物系统及其行为特征进行了模拟，设计出了如进化算法、免疫算法、蚁群算法以及粒子群算法等通用性较强的智能优化方法和模式，并逐步应用到多目标优化问题中。下面分别介绍已经被成功地应用于工程实践中的若干智能优化算法。

进化算法是一种模拟自然进化过程的随机优化算法，它起源于20世纪50年代末，成熟于20世纪80年代。经过不断深入的研究，进化算法产生了四个具有代表性的分支：遗传算法（Genetic Algorithm，GA）、进化策略（Evolutionary Strategy，ES）、进化规划（Evolutionary Programming，EP）和遗传程序设计（Genetic Programming，GP）。尽管这些分支在算法实现方面有一些差别，但它们都是借助生物演化的思想和原理来解决实际的问题。进化算法是模拟由个体组成的群体的集体学习过程，其中每个个体表示给定问题搜索空间中的一点，进化算法从任一初始的群体出发，通过随机选择、交叉和变异过程，使整个群体进化到搜索空间中越来越好的区域。由于进化算法具有高度的并行机制，因此可以对多个目标同时进行优化，在求解多目标优化问题时具有其他方法不可比拟的优势。

早在1967年，Rosenberg就在他的博士学位论文中提到了可用遗传算法来求解多目标优化问题。但直到1985年，才出现了第一个多目标进化算法，即Schaffer提出的向量评估遗传算法（VEGA），其开创了用进化算法求解多目标优化问题的先河。多目标进化算法（Multiobjective Optimization Evolutionary Algorithms）真正具有里程碑式的革命发生在1989年，Goldberg第一次提出了在遗传算法中使用Pareto形式适应度函数的思想，通过比较个体间的Pareto支配关系来为群体中的个体排序，并且依据这个排列次序来实施进化过程中的选择操作，从而使得排在前面的非支配个体将有更大的机会遗传到下一代。如此经过一定代数的循环之后，最终求出多目标优化问题的Pareto最优解。由于多目标优化问题是工程中经常遇到的复杂问题，而且多目标进化算法易于实现，搜索效率较高，能够得到Pareto最优解集，因此在电子学、环保学、金融学、经济学、几何学、物理学信息及资源等众多领域中都得到了成功的应用。

群体智能算法是模拟自然界生物的群体行为来构造随机优化的算法，其始于 20 世纪 90 年代。典型的方法有 M. Dorigo 提出的蚁群算法和 J. Kennedy 与 R. Eberhart 提出的粒子群算法。

蚁群算法（Ant Colony Algorithm）也称蚂蚁算法，是在 20 世纪 90 年代初由意大利学者 Dorigo 提出的，它是根据蚂蚁觅食原理而设计的一种群体智能算法，它的基本思路是受到了蚂蚁的觅食行为的启发。据研究，当蚂蚁找到食物并将它搬回来时，就会在它经过的路上留下一种"外激素"，其他蚂蚁闻到这种激素的"味道"，就沿该路线去觅食，而且还会沿着最短的路径奔向食物。该算法具有很强的发现较优解的能力、鲁棒性强、易于计算机实现等优点，在动态环境下表现出高度的灵活性和健壮性，但也存在着一些问题，如需要较长的搜索时间，搜索速度慢，且容易出现停滞现象，不能对解空间进行全面搜索。人们针对其不足提出了多种改进方法，如文献提出的基于混合行为的自适应蚁群算法，通过引入具有多行为的混合蚂蚁来扩大搜索空间，避免早熟和停滞现象。目前，蚁群优化算法在求解 TSP 问题、分配问题、job-shop 调度问题等方面取得了大量较好的试验结果。

粒子群优化（Particle Swarm Optimization，PSO）算法是 J. Kennedy 和 R. Eberhart 于 1995 年提出的一种高效的群集智能协同优化算法，其基本思想来源于对鸟群社会模型的研究及行为模拟。以个体的协作与竞争来完成对复杂搜索空间内优解的搜索，即所有粒子根据个体经验和群体经验不断调整自己的速度和位置，朝着个体最优和群体最优的目标飞行来完成更新优化。该算法具有概念简单，收敛速度快，可调参数少等优点，非常适用于复杂环境中的优化问题求解。但粒子群算法在后期难以维持种群的多样性，而且易陷入局部极值。自该方法提出以来，很多研究者从参数设置、收敛性、拓扑结构、与其他算法融合等角度对传统 PSO 进行研究，并针对其不足提出了各种改进方法，以提高算法性能。如文献提出的动态离散粒子群优化算法较好地解决了动态环境下离散优化问题。文献提出的并行粒子群优化算法，较好地解决了网络系统中具有异构性和动态性的资源分配优化问题。文献基于混沌思想模糊自适应参数策略的粒子群优化算法，有效提高了算法的收敛速度，改善了多维空间的全局搜索能力。目前，PSO 已经广泛地应用于函数优化、人工神经网络训练、模式识别、模糊控制、车辆调度等领域。

近年来，国内外学者采用各种改进的智能优化算法成功解决了大量实际工程问题。但是智能算法进一步推广还存在一些问题，比如，目前智能算法在各个领域的应用尚处于探索阶段，使用者大都是相关专业人员，相应的使用手段还比较欠缺。鉴于此，建立各种智能算法工具库与其他商业软件通用接口必然能够有效地推进智能算法的研究及使用。

■ 1.5 工程结构智慧监测相关术语

工程结构（Engineering Structure）：为了满足某种功能需求而人工设计并建造的人工结构。

结构健康（Structural Health）：对结构的一种状态属性描述，在此状态下，结构能够很好地满足人们对它预设的功能需求。

结构性能（Structural Performance）：在安全性和适用性方面定性或定量地描述结构的行为。

监测（Monitoring）：利用特定设备对监测对象的某些不确定且具有潜在变动的行为或性能进行侦测，以及时把握其过去、现在和未来状态。监测对象必须是"动"的才有监测的意义和价值，"静"的实物只需一次性检测即可。

结构健康监测（Structural Health Monitoring）：结构健康监测是指对结构健康状态的内、外在表现及其指标的监测。它利用现场的、无损的、实时的方式采集与结构健康状态有关的信息，包括环境信息、结构反应的各种特征，结构因环境因素、损伤或退化而造成的改变信息等，进而实现对结构健康状态的了解和把控。

结构健康诊断（Structural Health Diagnosis）：结构健康诊断是要对结构的健康状态做出判断结论，即做出结构当前是否达到健康的要求，以及健康的程度如何的结论。健康监测是健康诊断的基础，健康诊断应该是健康监测的目标。其包括对结构当前状态的识别与判断（也可将其称为健康状态评估）和对结构的趋势跟踪与预测。

桥梁健康监测（Bridge Health Monitoring）：专门针对桥梁结构运营期的健康状态展开的监测活动，通常包括监测和诊断。

结构损伤和病害（Structural Damage and Disease）：结构的局部在长期使用过程中由于某种原因而导致与原设计的偏离，包括局部的使用条件变化（边界条件）、局部材料或构件缺失而导致的刚度、质量或阻尼特性的变化，包括施工留下的缺陷（defect）等。

结构性能退化（Structural Performance Deterioration）：结构整体性能朝着对原设计不利方向的偏离，主要是由于材料劣化、收缩徐变、几何移位变形和全局型使用条件的变化（如路面铺装层）所引起的，常常导致结构特性变化和结构抗力退化，从而危及健康。其具有整体、缓慢演变的特点，只能从整体上把握它的演变趋势，难以觉察瞬时的变化，难以做到准确的定位和定量识别。

结构损伤和性能演变分析（Evolution Analysis of Structural Damage and Performance）：一类针对服役结构的数值仿真分析，它通过对结构运营期可能的损伤（病害）反生、发展过程及结构性能退化过程的模拟计算来发现和设计最佳信息监测模式，以实现对结构特定监测目标的侦测目的。

健康监测目标（Health Monitoring Target）：为了侦测结构健康状态而设定的监测目标，包括某方面工作性能，某局部损伤或病害，引起结构健康状态重大损失的结构安全事件，以及出于某种研究目的而设定的侦测目标。健康监测目标是影响结构健康状态，且可以被技术手段所监测的一种因素。

健康监测模式（Health Monitoring Mode）：为了揭示结构的某项性能或为了监测某项关切的目标而组织起来的一整套监测方案。完整的监测模式应首先包括健康监测目标、监测指标、支撑监测指标信息测量的基本物理力学量测量网络（逻辑组）、指标识别或抽取计算方案、基于功能函数的状态识别方案（预警和评估）和趋势跟踪预测方案。

传感器逻辑组（Sensor Logical Group）：为了侦测某特定监测指标而组织起来的、在逻辑上划定的传感器网络。

健康功能函数（Health Performance Function）：为了描述结构健康监测目标的建立的函数，其自变量为监测指标和其对应的阈值。通过健康功能函数，可以对结构某方面的状态进行健康属性的判断。

监测指标（Monitoring Indicators）：它是描述结构健康监测目标演变过程的可侦测量

（直接或间接），是健康监测目标的一种数值本征。

结构预警（Structural Earlier Warning）：对结构健康状态属性转变事件的一种提早判断和警告。

结构状态评估（Structural Status Evaluation）：对结构健康状态属性的定性和定量判断，是结构健康诊断的重要内容。

损伤识别（Damage Identification）：利用结构的响应数据来分析结构物理参数的变化，进而识别结构的损伤的过程。

趋势跟踪和预测（Trend Tracking and Forecasting）：通过对监测指标的连续侦测，总结结构状态的演变规律，做出对当前和未来状态的健康属性的判断和预测。

模型驱动健康诊断（Model Driven Health Diagnosis）：依据结构的力学模型的计算结果为主要判断依据的健康状态诊断方法，通常，用于此目的的结构力学模型需要定期被监测数据所修正。

监测信息驱动健康诊断（Data Driven Health Diagnosis）：主要通过监测数据的抽取的指标体系来进行的结构健康状态的诊断方法。通常，判断所用的指标阈值系统或参考趋势需要通过模型分析过程——结构损伤和性能演变分析来给出。

监测环境下的混合计算（Hybrid Computing in Monitoring Condition）：混合计算是一种新的结构研究方法，它利用现代试验测控技术，在线地糅合结构物理模型试验和结构计算分析的混合手段。监测环境下的混合计算在形式上和上述试验内的混合计算方案是类似的，即将安装有结构健康监测系统的实际结构与结构数值模型耦联起来，使结构监测和数值模型计算分析同步、在线化进行，使结构数值模型分析成为监测系统软件的一个有机构成部分。

在线模型修正和确认（Online Model Updating and Verification）：它是监测环境下的混合计算的一项重要内容和步骤。它通过定期或条件触发机制，自动化地修正结构数值模型的参数，使得目标指标的实测值和模型计算值之间的差异消除或降低到允许范围内。

动态车辆称重系统（Weigh-in-Motion，WIM）：动态称重系统是一组安装有传感器和含有软件的电子仪器，用以动态监测交通荷载，得到特定情况下行驶车辆的出现次数及车辆的重量、车速、轴距、车辆类型以及有关车辆的其他参数。

桥梁主动防撞监控系统（Active Collision Monitoring System）：通过视频、AIS系统以及雷达监测系统监控航道船舶轨迹，预测船只通过通航孔的位置以及与桥梁发生碰撞的可能性，并通过声光电方式对船只进行提醒，避免撞船事故的发生，减少生命和财产损失。

施工监测（Construction Monitoring）：体现结构设计思路、保证施工过程安全且为施工控制提供数据的一种手段。

传感器（Transducer/Sensor）：能感受规定的被测量并按照一定的规律转换成可用信号的器件或装置，通常由敏感元件和转换元件组成。

传感器优化布置（Optimal Sensor Placement）：利用尽可能少的传感器，将其布置在结构的适当位置，使其能够达到某一特定目标的过程。

模态分析（Modal Analysis）：通过测量得到的结构动力响应信息，以获得结构模态特性的过程。

模式识别（Pattern Recognition）：对表征结构的各种形式的信息进行处理和分析，以对结构进行描述、辨认、分类和解释的过程。

数据融合（Data Fusion）：在一定准则下对结构的若干观测信息分析、综合，以完成所需决策和评估任务而进行的信息处理。

数据挖掘（Data Mining）：从大量数据中获取有效的、新颖的、潜在的信息的过程，又称数据库中知识发现。

安全性评估（Safety Assessment）：通过各种可能的测试手段，分析结构当前的工作状态，并与其临界失效状态进行比较，评价其安全等级。

剩余工作寿命（Remaining Service Life）：对现有结构通过定期的维护尚能正常使用的期限。

结构管养维护（Structural Maintenance and Management）：为保持结构应有的性能而进行的管理及例行检查修复活动。

■ 1.6　本章小结

作为全书的开端，本章先从工程结构健康监测的概念和发展历史谈起，然后聚焦桥梁结构的监测系统，介绍了其系统组成和功能设置，以及软件架构问题。接着，探讨了未来智慧时代的土木工程的特征、技术趋势等问题，并回顾了未来实现工程结构智慧化的一些关键技术。这些内容将在全书的不同章节中得到体现。

上 篇

桥梁结构智慧监测的物质基础

第 2 章　桥梁结构网级云智慧监测硬件环境

结构健康监测是近二十多年来的研究热点，不仅是在研究领域上取得了长足的进展，而且在工程实践上也突飞猛进，尤其是在桥梁结构的监测实践中，迄今为止，国内外已建成了数百个桥梁监测系统。这些已建成的监测系统多数针对单体大跨度桥梁，包括大跨斜拉桥、悬索桥、拱桥和一些特殊的梁桥；系统的监测的目的多数被设定为确保服役期内结构功能的健康发挥和防止安全性事故发生；多数所选用的监测技术既包括较为成熟的电类传感技术和光纤光栅传感系统，也包括不断进步的分布式传感技术、无线传感技术和非接触传感技术；这些针对单体桥梁所设的监测系统通常布置多种传感器，配备现场数采系统、通信线缆和集中监控系统，实现监测数据的统一存储和管理，一些系统还在监控系统中实现了数据分析处理、在线预警和评估功能，由于构成要素齐全，工程规模大，建设周期长，因此成本不菲，建设难度较大。

作为整个道路网中的重要环节，除了大跨桥梁外，更多数量的桥梁为中小跨度桥梁。从保障整个道路网畅通的角度来讲，这些中小桥梁和前述的大跨桥梁所起的作用是一样的；相比于大跨桥梁的管养措施而言，中小桥梁的管养水平是偏低的，发生病害的可能性要大于大跨桥梁，因此针对中小桥梁的监测也是很有必要的。目前，已经有一些针对中小桥梁的监测尝试，Zhu 和 Shicun 等提出了在健康监测系统中应用云计算的技术。这为近年来中小桥梁的结构健康监测系统的发展奠定了基础。Tao 等提出了中小桥梁健康监测系统的设计准则和系统框架。Zhou Yingxin 提出了对中小桥梁结构健康监测的必要性和特点。但如何从路网级别通盘考虑中小桥梁群的监测的文献尚不多见。

■ 2.1　网级桥梁群监测对硬件环境的需求

一个国家和地区的经济繁荣程度和发展潜力取决于该地区或国家的道路网密集程度，而中小桥梁往往是路网基础设施中数量最大、分布最广的桥梁类型，它们的运行状况直接影响到路网的通畅，进而对整个地区或国家的经济活动产生影响，因此必须确保这些数量巨大、分布广的桥梁处于健康状态。

在我国大陆，仅就公路桥的数量而言，2017 年的数字是 82.3 万座。这些数目巨大的桥梁分布于广袤的国土之上，单体桥梁之间的距离少则几十米，多则几百公里，分布情况极不均匀，一般来说是东部稠密，西部稀疏。这些桥梁绝大多数为中小桥梁，以河北和上海两地为例，其中小桥数目占当地桥梁总数的比例分别为 96.3% 和 98%，其中，技术等级为二类以上的桥梁占比，河北和上海分别为47%和44%（图2-1）。由于这些二类以上桥梁的监测是根据简单的人工检测给出的，很多隐蔽的劣化和早期病害并不能被及早发现，因此结论可靠性不高，需要依赖监测手段真正获知这些桥梁的真实技术状态，这就产生了巨大的监测需求。

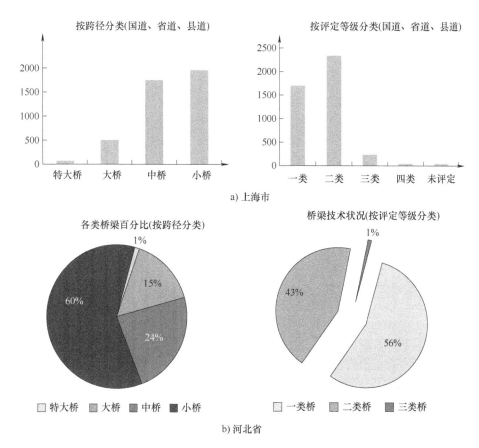

图 2-1　上海市、河北省两地桥梁统计

尽管有着巨大的需求，但路网桥梁的监测却面临着很多不同于单体大跨桥梁监测的困难，首先是数据测点分散，距离远，集中式数据采集模式不再适用，必须采用分布式采集方式；再就是监测数据的通信存在困难，采用专用有线通信光缆方式从现场传输数据到监控中心在工程上难于实现，必须借助于其他通信方式。另外，一些远离居住点的野外桥梁存在供电难的问题，需要采用太阳能、风能或其他环境能量获取方式来供应现场监测设备的电能。

从结构特点上看，路网中小桥梁的相对刚度较大，在交通荷载作用下，其响应幅度偏小，因此对传感器的技术参数要求更高，一些具有高精度、高分辨率、高灵敏度的传感技术更适于中小桥梁上；同时，一些兼顾动静、多功能的监测技术应被用于中小桥，这不仅会以尽可能少的测点得到更多的信息量，而且也会降低成本。

除了拱桥外，多数中小桥梁结构简单，构件少，传力路径简单，结构力学行为规律也相对简单。这就决定了这些桥梁在服役期内的病害发生、发展规律相对简单，病害部位易于预测，如果需要对其加以监测，则很容易形成明确的监测目的和制定具体的监测目标体系。在这点上，中小桥监测不像大跨复杂桥型监测那样，很多监测目标偏大，易于空洞，难于具体化。

以中小桥梁中占比很大的装配式梁桥为例（在上海地区占比达到95%以上），这种桥梁类型包括预制空心板梁桥、预制T梁桥、小箱梁桥，以及其他工厂预制现场拼装的桥型。由于施工效率高，工业化程度高，因此被广泛用于各种类型的道路中。对这类桥梁的长期服役行为的调查统计表明，尽管这类桥梁的病害类型不少，但其最核心的病害类型是预制梁之间的横向协同工作能力（可量化为连接刚度）退化，即单板受力病害，其余几种病害均或果或因地与其发生联系（图2-2）。因此，只需要将监测目标设定为预制梁之间的横向协同工作能力，即抓住了此类桥梁的主要问题，很容易做到监测目的的明确化和具体化；其余不必要的监测目标可视情况予以舍弃，以降低监测成本和保证监测效率。

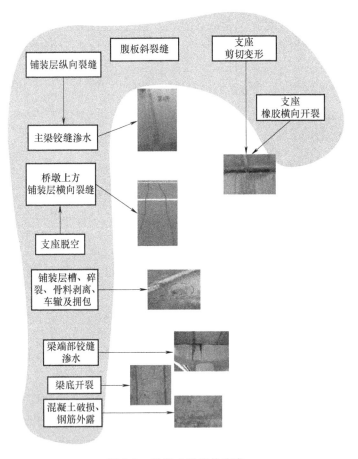

图2-2　装配式梁桥的病害

最后，对于数目众多的路网桥梁群而言，监测系统建设和运营成本是一个重要的制约因素。这不仅需要低成本的、信息量大的多功能传感系统，而且需要低成本的数据采集技术、监测方案、通信技术、共享的集中式数据监控中心软硬件系统，以及需要共享的数据维护、分析技术团队，这样才能平摊费用，降低成本。

与前面提及的配置有监测系统的大跨桥梁不同，路网桥梁具有如下几个明显的特点：

1）桥梁数量多，分布广。据统计，我国的中小型桥梁的数量占了全部桥梁的90%以上，远多于大型桥梁。同时，中小型桥梁的分布范围十分广，几乎涵盖了所有的大、中、小型城市，尤其是各城市高架桥梁的建设，让中小桥梁的分布更加密集、数量更加多。

2）监测的需求大，分布稀疏。由于经济成本的限制，中小型桥梁的监测很难做到覆盖所有桥梁，但是城市桥梁养护的需求又要求尽可能覆盖更多的桥梁，因此选择能够代表一段或者一个区域的几座典型桥梁进行监测以缩减成本进行监测的方案就变得顺理成章。尽管采取这样的方式，但是由于桥梁数量的基数太大，监测的需求也很大，因此造成了监测的桥梁之间的距离很大，分布比较稀疏。

3）现场信号采集条件差。桥梁数量巨大，中小桥梁占绝大多数，个体之间地理分布分散，这就决定了测点总数多，测点分散，距离大，信号采集有难度。

4）通信和供电困难。多数桥梁处于野外地区，监测条件欠缺，信号通信和系统能量供应均存在困难。

5）监测目的单一明确。中小桥梁形式简单，病害损伤类型简单。相比于大型桥梁的梁、塔、拱、索等多种构件组合的复杂结构，中小型桥梁一般形式简单，结构统一。这就使得中小型桥梁的病害发生的位置、状态也比较统一。相比于大型桥梁的监测系统，中小型桥梁可以专注于病害易发生的位置和形式，而不必做到面面俱到。多数中小桥梁结构简单，结构行为规律相对简单，服役期病害规律可预测性强，监测目的明确，目标系统易于确定。

6）测量仪器参数要求高。中小桥梁的刚度比较大。从桥梁的刚度来说，中小桥梁由梁直接传递桥面荷载到桥墩或桥台，因此梁的刚度一般要比大型桥梁大得多，相应桥梁的变形和响应在数量上小于大型桥梁。所以，用于中小型桥梁的监测系统的传感器的精度和准确度的要求都应该高于大型桥梁监测系统的传感器，这对于传感器的研发提出了更高的要求，也提高了成本。同时，应用于大型桥梁的一些频率指标、模态指标由于指标的灵敏性问题不再适用，需要研究新的指标。中小桥梁结构的刚度相对较大，活载效应较小，因此对传感器精度、灵敏度和分辨率要求高。

7）监测的成本有限。多数中小桥梁本身的成本低廉，其运营期的管养费用也不可能花费过多，监测系统必须低成本化。由于需要监测的桥梁数量多，相比于大型桥梁结构的监测，花在每座中小型桥梁的监测预算会少很多。同时，花费在每座桥梁的人力成本也相较大型桥梁要低很多。这是监测系统设计的前提。

针对上面提到的中小桥梁的监测特点，在设计监测系统时，有如下的要求：

1）经济性要求好。监测系统的成本控制要在适当的范围内，对于系统设计、硬件设备、软件开发，都要在满足要求的前提下，尽可能地控制成本，以满足良好的经济性要求。

2）传感器的要求高。相比于大型桥梁的监测系统，中小桥梁的监测系统在传感器的精度、准确度上都提出了更高的要求。针对这个问题，有些学者开始设计研究数据采集技术，如 Wang X 等在 2017 年研究的新型风压传感系统。

3）传感设备分布分散，数据集中。由于中小桥梁的分布广，传感设备的分布一定是分散的，但是，无论是基于成本上的考虑还是分析的需要，都要求数据必须集中存放、集中处理。

4）监测模式简单，数据分析自动化。由于监测数据的数量巨大，数据的分析任务也是巨大的，因此，数据分析的自动化就显得十分必要。而要想让数据分析自动化，监测模式设计的要简单易实现。

5）可复用性和可扩展性。由于中小型桥梁结构健康监测面对的不确定性，无论是监测设备、监测系统，还是监测数据的存储、分析、处理能力，都要在设计之初就考虑到可复用性和可扩展性。

基于上面路网桥梁监测需求分析，本书提出了一种路网桥梁群云监测诊断系统架构。该系统既考虑路网桥梁监测的技术限制和要求，也充分考虑监测系统的建设和运行成本因素，提出适宜的传感技术、采集技术方案、通信方案，以及云端数据存储、管理、分析处理方案。下面予以详述。

2.2 路网级桥梁群监测系统总体框架

图 2-3 所示是一般大型桥梁结构健康监测系统构架，可以发现其构架分为五个层级，每个层级对应不同的主体，每个层级内部都会包含不同的内容和结构，总的系统构架功能齐全，不仅涵盖了监测的内容，也包括了部分检测和养护的任务。从图中可以看出，该系统构架十分复杂，并不适合直接移植到中小型桥梁的结构健康监测系统上。

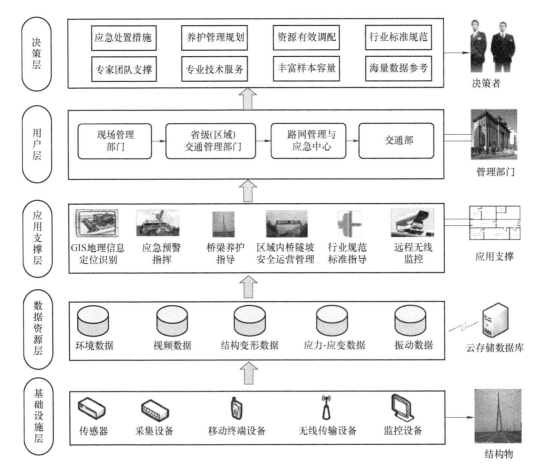

图 2-3　一般大型桥梁结构健康监测系统构架

为此，设计了服务于中小桥梁的结构健康监测系统，如图2-4所示。中小桥梁的结构健康监测系统构架主要包含了采集设备层、数据资源层和逻辑管理层三个层级。相比大型桥梁结构健康监测系统的构架，去除了逻辑业务之外的层级和功能，并调整了业务逻辑，使得整个系统结构简单、清晰、高效。

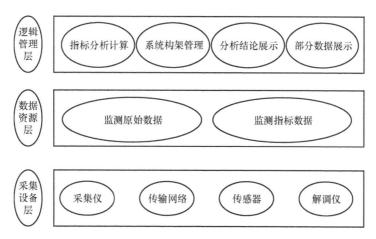

图 2-4　中小型桥梁结构健康监测系统构架

最底层为采集设备层，包含采集仪、传输网络、传感器、解调仪等设备，该层级只包含负责采集和传输数据的硬件设备，主要由硬件服务商和专门的硬件管理人员负责管理，保证所有硬件设备的可靠运行。中间层为数据资源层，包含监测原始数据和监测指标数据。两类数据仅在业务逻辑上有所区分，在存储和管理时并无差别。这一层级由主要的数据管理公司或者人员来管理，保证数据的存储、查询等功能的可靠实现。最上层为逻辑管理层，这一层的主要工作是由健康监测专业人员来完成的，包括监测数据指标分析运算、监测系统构架管理、数据和分析结论展示等功能。

这样的设计将系统的各个相似的功能合并到一起并独立出来，不同的功能互相分离，可以保证各个层级之间功能互相隔离，每个层级都由专业的人士完成专业的任务，是一种高效率的方式。

2.3　路网桥梁群云监测诊断系统架构

2.3.1　系统整体架构

如前所述，针对公路网桥梁群的监测系统，由于技术、成本双重限制条件的制约，其中的每一座单体中小桥梁的测点总数都不会很多，现场数据采集的负荷很小，采集系统的通道应该少，但能同时采集多种传感信号，而且不可能为每座桥梁配置单独的数据监控中心，因此，现场数据采集系统还应该集成远程通信功能，使相距遥远的各个桥梁可以共享数据监控中心。

基于此考虑，对于公路网桥梁群的监测系统而言，最适宜的监测系统架构应该是基于物联网和云计算技术的监测系统。整体云构架框架图如图2-5所示。

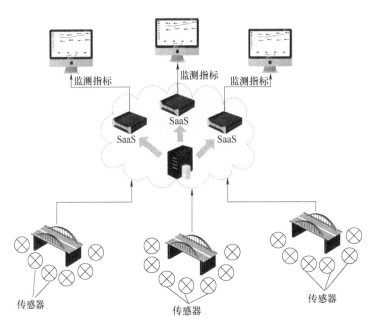

图 2-5　整体云构架框架图

在本方案中，考虑到桥梁监测条件和监测内容的多样性，给出三种不同的现场采集系统解决方案，利用公用通信网将现场采集数据推送至指定地址的云端数据服务器。云端数据服务器上可部署普通数据库和实时数据库系统，实现对监测数据的实时缓存和永久存储。对数据的管理、显示、处理分析在另外的云端应用服务器上进行，这需要在该服务器上部署科学计算环境，方便实现监测数据的分析处理。同时，在云端应用服务器上，部署针对路网桥梁群监测和诊断业务的统一软件平台，以及针对各桥梁的相应数据分析软件小程序，即实现单体桥梁监测预警与诊断，也可实现网级桥梁群的综合评估预警。

2.3.2　现场采集系统

如前述，可采用光纤光栅、4G 无线网关和交通流荷载三种现场采集系统解决方案，以适应路网中桥梁的多种不同情况，可依据待监测桥梁结构特点、所处地区的通信、供电条件、施工难度等因素来选择，具体架构如下。

1. 面向路网的分布式光纤光栅现场采集系统

这种现场采集系统主要针对光纤光栅传感系统，主要是通过集成有 4G 无线网关和光纤接入模块的轻量化光纤光栅网络解调仪，现场采集应变、位移、温度、加速度等物理量，相应的传感器均为光纤光栅类传感器。

从传感器角度而言，以 BOTDR 和 BOTDA 为代表的光纤传感技术属于完全意义的空间分布式传感技术，但由于测量精度差、采样速度不高，因此不适于桥梁监测的需求。光纤光栅（FBG）传感技术是一种准分布式光纤传感技术，它不仅可以利用密集的多栅区串接的方式实现空间上的高分辨率和分布布置，而且其测量精度和采样速度都要远好于前者。因此，对于路网中小桥梁监测而言，FBG 传感技术是一种值得研究和发展的技术。

与已有的 FBG 传感技术对应的是一种集中式数据采集技术，其特点是解调设备产品成熟，通道多，可同时串接的传感器数目多，采用集中光信号解调的方式来覆盖多个单体桥梁的监测测点。由于光纤信号的衰减原因，按每公里信号衰减不应大于 0.5dB 的原则来估算，一般传感器到解调仪之间的距离不宜超过 10km。这显然是不适于路网桥梁的现场信号采集需求的，原因有如下两点：

1）就路网中的每一个单体中小桥梁监测需求而言，人们通常希望用最少的测点获得最有价值的监测数据，因此每个单体桥梁测点数目不多，但桥梁间的距离通常会远大于 10km。

2）已有的 FBG 光纤光栅解调装置技术大多价值不菲，通道多，可串接的传感器数目多，显然不适于路网桥梁监测对成本的限制要求。

为此，本章建议使用一种适于中小型桥梁监测的低成本网络化的分布式 FBG 现场采集技术。该方案的核心是开发一种 FBG 云解调仪，该解调仪可以看作传统的 FBG 解调仪的"瘦身"版和网络版，被设计成拥有最多不超过 4 通道的光路，只可覆盖临近 10km 范围内的单座桥梁或者数个桥梁的传感器，集成网关系统，可将监测数据以 4G 无线通信或高速以太网方式接入云端。整个路网的采集系统由多个这样的解调仪组成，与集中式数据现场采集方式相比，其布置可以不受地理距离的限制，实现整个路网的全覆盖。

2. 4G 无线网关采集系统

除了使用光纤光栅类传感器外，某些情况下路网桥梁群的监测还需使用一些电类传感器，如加速度传感器、振弦式应变传感器、压力变送器（连通管）等。尤其是在环境激励条件下的振动监测，需要很高精度的电类加速度传感器。对于处于野外环境的路网中小桥梁，采用这类传感器时，安装、信号采集、通信、供电等都存在困难。

本章建议的一种基于 4G 无线网关的采集系统，就是针对电类传感器的采集系统，如图 2-6 所示。该现场采集系统的采集节点被设计为仅完成数据的汇集、转发等通信功能，包括采集节点到云端的远程通信功能和各传感器到采集节点的现场通信功能。

前者以 4G 无线网关为主要特征，兼顾高速以太网网关，实现远程通信功能，将现场采集数据直接推至云端。后者则采取多种灵活手段实现现场采集节点到安装在桥梁上的传感器的通信连接，包括带供电缆芯的复合数据网线、WiFi、Zigbee、433MHz、470MHz 等，可根据现场施工难度和通信环境来选择具体形式。

由于电类传感器的数采原理多种多样，难以采用统一的 AD 转换电路实现前述的多功能传感器的采集需求，因此将采集节点的数采任务剥离出去，使其下放到各类传感器端，使传感器自带数采电路和通信模块，形成物联网传感器；也可进一步集成 FPGA、DSP 或 ARM 处理器，形成智慧化的物联网传感器。当然，只需将传感端集成的通信模块更改为 4G 通信模块，即可将这类传感器变成直接入云的物联网传感器，而不需经过采集节点的中转。

3. 基于信息融合的交通流荷载现场采集技术系统

交通流荷载信息是桥梁监测的一项重要内容。通过对交通流荷载的监测，不仅可以实时监控获知路网中的交通情况，而且可以获知作用在桥梁上的交通荷载，并据此进行超载超限监控、结构安全预警、结构状态评估和疲劳寿命评估。目前的车辆动态称重技术已经实现交通视频监控技术和动态称重系统的结合使用，可以识别路面和桥梁上的移动车辆的牌照、车重、轴重、车速、作用车道等信息，并能实时获得路面或桥面的视频图像。

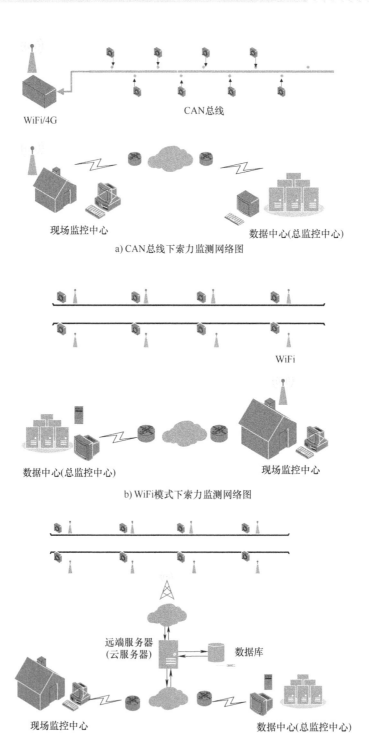

图 2-6　三种无线索力监测系统拓扑图

对于路网桥梁群的监测而言,不仅需要对一些重点桥梁个体的交通视频及交通流荷载加以监控,而且需要总体监控网级交通流荷载分布情况,因此通常会部署多个独立并成套的交通及动态称重系统。此类监测信息也需要进行采集并实时地传输到云端。已有的动态称重系统自带采集功能，能够实时得到数字化的车辆信息和车辆行驶信息，数据量很小，只需配置4G网关即可轻松实现数据的入云。然而，实时交通视频图像信息数据量大，通过4G无线远程传输到云端的成本太大，原始的像素信息也没有必要传输到云端。如何将二者有用监测信息实时、低成本地采集并传输，是路网桥梁群监测面临的困难之一。

为此本章给出一种基于信息融合的交通流荷载现场采集技术，该技术首先利用图像处理技术实时识别指定区域桥面的车辆位置，并将其与动态称重系统同步监测得到的车辆及其行驶参数信息进行融合，进而实现对指定区域桥面的交通车队信息的实时识别。由于融合后的信息均已数字化，因此很容易通过配置的4G网关传输至云端。其次，针对整体路网的交通规划情况，合理布设交通流荷载现场采集信息节点，并利用路网交通监控信息，对融合得到指定区域交通车队信息、各个路段交通流荷载统计信息进行必要的修正。

本章提出的交通流荷载现场采集技术有两个不同的目的，一是针对路网内重点桥梁的交通流荷载监测，主要通过前面提及的采集、识别和融合，获得指定区域内实时的交通车队信息并传输至云端；另一个是针对路网桥梁群的共性交通流荷载监测，它不仅需要将指定区域内的交通车队信息传输至云端，而且还进一步在云端结合路网交通监测信息，进行交通流荷载信息的建模、特征提取、统计、规律泛化等工作，使其可以描述同一路段、同一道路甚至同一路网内的交通流荷载普遍规律。因此，和前两种现场采集技术相比，交通流荷载现场采集技术的最大特点是将例行化的识别计算工作放在现场采集设备里。

2.3.3　现场数据采集策略

在实际工作时，上述三种现场采集系统均可采取两种数据采集策略，具体如下。

1. 连续式监测

采集系统以既定的采样制度进行连续地测量，形成源源不断的监测数据时间序列。这种现场数据采集方式适用于某些需要连续观测的桥梁结构效应监测，或者某些有实时性需要的性能指标的实时在线识别。可以依据这种实时、连续获知的结构效应或性能指标，进一步形成实时预警功能，来保证桥梁结构的某项性能保持在正常设定范围，或者保证行驶在路网桥梁上的正常使用性能。

这种监测方式要求监测设备连续工作，需要持久能源供应，因此对监测软硬件的容量和工作性能要求较高，系统本身运行和维护成本也较高。

2. 间断式监测

采集系统按照一定的触发条件定期进行一小段时间的连续测量，形成一定长度的监测数据时间序列。这种方式可应用于对连续性和实时性要求不高的结构效应或性能指标的监测。对于有些桥梁管养资金有限或者短期内结构发生损伤的可能性不大的桥梁，可以采用间隔式的测量方式。这样可以减少投入，降低成本，也减少了数据存储和分析处理的负担。间断式监测根据触发方式的不同又可以详细分为以下两种：

（1）定时触发式　每隔一段固定的时间自动开始监测，在完成预定的监测任务后进入休眠，等待下一次的唤醒。

（2）事件触发式　通过低功耗的设备对环境进行监测，当达到某些条件（如着火、台风、重载交通等）后，开始进行监测，在完成预定的监测任务后进入休眠，等待下一次被唤醒。

2.4　云监测关键监测硬件

由前文所述，对于路网桥梁群的监测，不仅需要适宜的架构、采集技术和设备、传感技术和设备，而且需要构建适宜的云端科学计算环境。本节将对我们近年来在这些方面的研究工作进行简要介绍。

2.4.1　适于中小桥梁监测的高精度传感设备

在同样的活荷载作用下，由于相对刚度较大的原因，中小桥梁更需要高精度的传感设备。配合前面的两种现场采集技术，作者改造和研发了系列具有高精度、高分辨和高灵敏度的传感器技术，这些技术均可实现动静兼具、多参量兼具的多功能监测，信息量大，成本节约。

1. 光纤光栅类传感器

加速度、动（静）应变、挠度和风载效应是桥梁监测的重要内容，前三者对于中小桥梁来说更加重要。作者先后对已有的 FBG 光纤光栅应变、加速度传感技术进行了改良，提高其精度、分辨率和灵敏度，以适应中小桥梁的需求，同时研发了多参量 FBG 结构表面风压传感器。

（1）低频高精度 FBG 加速度传感器　同济大学于 2005 年提出 FBG 加速度传感器（图 2-7）结构方案，在此基础上进行了进一步的改良工作。

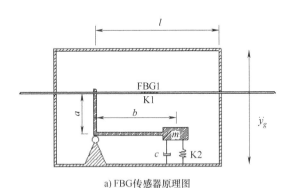

a) FBG传感器原理图　　　　　　　b) 改良后加速度传感器成品图

图 2-7　低频高精度 FBG 加速度传感器

通过两种方式改良已有的 FBG 加速度传感技术：一是优化工艺结构，将该传感器光纤光栅两端直接固定在外壳上，以避免栅区粘贴带来的光纤光栅反射波啁啾或多峰现象，和振子相同振幅时带来栅区较大的变形，使灵敏度提高；二是以精度和低频特性为优化目标优化结构参数，同时使满足下述两个条件：

1）传感器分辨力 ≤50mGal（1Gal = 1cm/s^2）。

2）低频（0.1～1Hz区）线性度≤1% Full scale。

先通过数值仿真计算得到一组最优的传感器设计参数，再制成成品（图2-7b），对成品的测试效果表明，优化后的FBG传感器的低频特性大大提高，精度也在要求范围内（小于0.43mg，分辨力小于0.043mg），灵敏度系数为2.3pm/mg。

研究表明，参数优化后，FBG加速度传感器已经可以在土木工程中监测条件下使用，并可进行桥梁的多种结构效应监测，如加速度、振动特性、索力，也可进一步进行结构动位移的监测。

（2）高精度高分辨率FBG阵列应变传感器　在普通FBG应变传感原理的基础上，组合采取了四种措施来同时提高应变测量值的精度、灵敏和分辨率，即①加长锚固端的距离，使其远大于FBG栅区粘结点之间的距离，可提高灵敏度和分辨率；②基片中间（栅区）的交叉镂空区处刚度急剧变小，使得传感器基片变形主要集中在中间交叉镂空区处；③多个FBG光栅组成平行阵列黏结于镂空区，以多个光栅应变测量值的均值作为传感器的最终测量值，进而提高应变精度；④布置一个松弛的FBG光栅进行同步温度自补偿。图2-8所示为高精度、高分辨率FBG应变传感器设计图及成品。

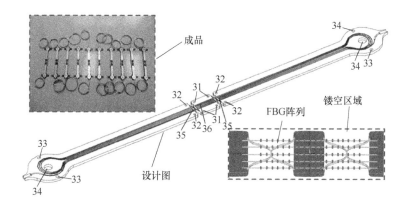

图2-8　高精度、高分辨率FBG应变传感器设计图及成品

由于精度、分辨率和灵敏度的提高，使得该传感器成为一种多功能传感器，可兼具静应变、动应变和结构振动应变模态的测量能力。

（3）FBG风压传感器　及时准确地了解结构的风荷载，对结构的运营期适用性、安全性评估和监控具有重要意义，对风荷载的监测已经成为结构健康监测的一项重要内容，也成为此类研究的瓶颈问题之一。现场表面风压实测是风工程研究中最可靠、最直接、最有效的方法，但是目前尚缺乏成熟的、适于在恶劣环境条件下工作的前端压力传感器技术。

因此我们将光纤光栅传感（Fiber Bragg Grating，FBG）技术应用到结构表面风压测量上来，利用其在灵敏度、稳定性和易用性等方面的优势，研发了一种基于FBG传感技术的新型风压传感器。FBG风压传感器原理如图2-9a所示，球壳结构用于承受风多的压力，其将压力转化为水平推力，使球壳内部的FBG光栅元件感知，进而转化为球壳表面的风压信息。依据该方案制成的传感器成品如图2-9b所示。

通过研究表明，本方案能够满足地球自然气象条件下的结构表面风压测量需要，具有较高的灵敏度，其测量精度可控制 10Pa 以下；可兼具静风、脉动风作用下的现场结构风压监测能力。

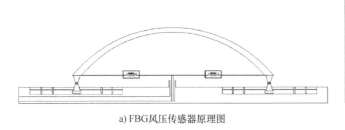

a) FBG风压传感器原理图   b) 传感器成品图

图 2-9 　FBG 风压传感器

2. 基于电类的物联网传感技术

针对前文给出的第二种路网桥梁群监测的采集系统，需要研发与之匹配的末端信息传感技术。按照要求，这种传感技术需要将数据 AD 数采功能和末端通信模块集成到模拟电类传感器中，形成可直接入网、具有独立网络标识的数字化传感器，并可进一步形成直接远程接入云端的网络传感器，或具备一定数据处理能力的智慧型传感器。

对于桥梁结构而言，静止或缓慢变化的效应靠一次性检测即可获知，不应成为监测的主要考虑对象；而动应变、动位移、振动加速度等结构响应包含的信息量更大，更具监测价值，应当成为监测的主要内容。这种"动"的监测方式，不仅对传感技术提出更高要求，而且还会导致传感设备能量消耗大、监测数据通信困难。因此，以"动"测为主的传感器除了应满足更高的测量技术要求外，还必须要考虑供电问题和物联网接入问题。结合路网桥梁群监测的实际需求，本章重点介绍两种基于电类的物联网传感技术，即基于 MEMS 的通用型加速度网络传感器和具有前置计算功能的加速度网络传感器。

（1）基于 MEMS 的通用型加速度网络传感器　为了适应不同的路网桥梁的振动加速度监测需求，研发了一款可以适用于不同通信条件、不同供电模式的通用型加速度网络传感器（Universal Network Accelerator，UNA），该传感器端的模块功能图如图 2-10a 所示。

考虑到路网桥梁振动监测需求特点，通用型加速度网络传感器采用低频特性优良的MEMS（Micro-Electro-Mechanical System）加速度传感器，以两种方式入网，即 UNA 经网线或无线（可以是 WiFi、433MHz、470MHz）接入 ODC（现场数据收集器，Onsite data Collector，ODC），再由 ODC 通过以太网或 4G 的方式接入云端服务器；或者将 UNA 通过以太网或 4G 方式直接接入远端的云服务器。可采用两种供电方式，一种是采用 POE 网线供电，适于跨径较小且可供电的桥梁，另一种需要配置高能电池（High-Energy Battery，HEB），可用于持续时间不长的临时性监测，或者便于定期更换电池的情况。传感端集成微控制器（Microcontroller Unit，MCU）必要的通信模块、电源适配器、现场闪存，以及 NTP（Network Time Protocol）或 GPS（Global Positioning System）时间同步模块。每个传感端均可有自己的独特网络标识。

在上述设想的指导下，我们已开发了两种产品，一种是 WiFi 型网络加速度传感器（图 2-10b），另一种是 POE 网线型网络加速度传感器（图 2-10c），已应用于上海和河北两处路网桥梁群监测系统之中。

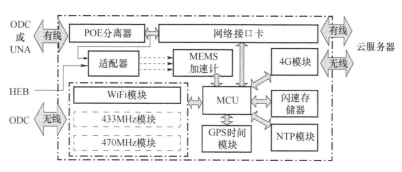

a) 模块功能

b) WiFi型网络加速度传感器

c) POE网线型网络加速度传感器

图 2-10　基于 MEMS 的通用型加速度网络传感器

（2）具有前置计算功能的加速度网络传感器　基于两点原因，路网桥梁群监测对具有前置计算功能的智能型传感器也具有很强的需求，一是由于受桥址附近的通信条件的限制，没有办法将大量的原始监测数据传输到云端监测中心；二是多数云端的监测诊断算法并不直接处理原始监测数据，而是需要处理监测数据的特征指标。因此，可以将考虑将一些具有流程相对固定、可在线化的数据处理流程放在传感端进行，这就是具有前置传感器。

针对中小桥振动监测，我们研发了具有前置计算功能的加速度网络传感器。该传感器由三部分构成：①MEMS 加速度模块，选型为美泰科技 MSA1000D，主要实现加速度模拟前端采集，经过信号调理和模数转换，再进行数据校正处理后经输出接口实现数字信号输出；②SOC 信号处理模块，采用 ALTERA SOC 系列处理器，是 FPGA 与双核 Cortex A9 处理器的单芯片解决方案，实现从 MEMS 加速度模块的数据接收，完成数据预处理、时序控制、算法处理，并可通过外挂的两片大容量存储模块，实现传感端的数据临时存储；③数据网络通信模块，该模块集成 4G 通信模块，实现网络数据的通信及控制，同时上位机用户软件实现硬件功能的控制与数据后台处理。

该传感器的系统框图如图 2-11a 所示，成品内部集成电路和封装盒如图 2-11b、c 所示。考虑到现场安装的方便性，还定制了相应的安装底座。

针对路网桥梁群对动位移监测需要，我们研发了基于递归最小二乘法的加速度二次积分算法，解决了动位移的实时监测问题，该算法被下载到该传感器上，构成了一种多功能的振动监测设备和适于中小桥梁的低成本动位移监测设备。同样的设备，也可运行桥梁结构多参量姿态识别算法、递归的加速度功率谱识别算法、基于单通道的动力指纹识别算法等，形成一系列专用的智能型传感器。

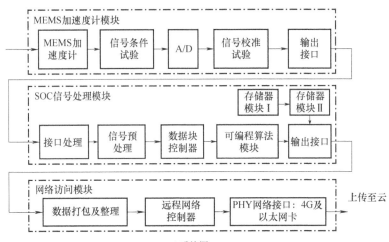

a) 系统图

b) 成品内部集成电路

c) 封装盒

图 2-11　具有前置计算功能的加速度网络传感器

2.4.2　适于中小桥梁监测的现场信息采集节点设备

针对前面提到的三种适于路网桥梁群监测系统的现场解决方案，研发了三种现场信息采集设备，分别是 FBG 云解调仪、多功能监测专用 4G 无线网关数据节点设备和多功能交通流现场采集工作站。前两种现场设备已经实现实际工程应用，将在后面予以详细介绍，第三种设备尚在试验中，略去不提。

1. FBG 云解调仪

已有的 FBG 解调仪是为集中式解调方案设计的，不适于分布式解调方案。本章提出 FBG 云解调仪方案是传统的 FBG 解调仪的"瘦身"版和网络版，被设计成拥有最多不超过 4 通道的光路，只可覆盖临近 10km 范围内的单座桥梁或者数个桥梁的传感器，集成网关系统，可将监测数据以 4G 无线通信或高速以太网方式接入云端。FBG 云解调仪方案及其样机如图 2-12 所示。

按照中小桥梁的解调参数需求，合作单位最终研制出的适于分布式云解调监测方案的低成本 4G 光纤网络解调设备样机的技术参数如下：

1）波长范围：1525～1565nm。

2）测量速率：最高 2kHz。

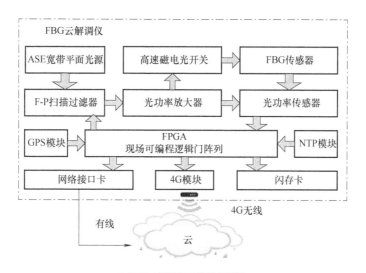

a) FBG云解调仪系统原理框图

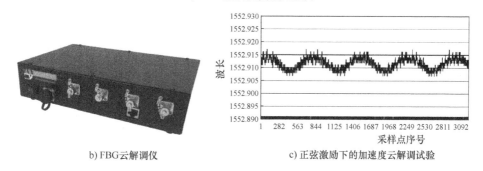

b) FBG云解调仪

c) 正弦激励下的加速度云解调试验

图 2-12 FBG 云解调仪方案及其样机

3）重复性：< ±2pm（1pm = 10^{-12}m）。

4）精准度：2 ~ 5pm。

5）分辨力：1pm。

6）采样通道：4（同步并行）。

与已有的解调方案相比，本项目研制的云解调系统具有如下几点改进：

1）采用低功耗 FPGA 高速采样电路实现对整个解调和传输系统的控制，并在内嵌 DSP 高性能单元实现精准的、具有自主知识产权的光谱峰值识别定位算法。

2）采用光功率放大器，一方面使信号传输距离可扩大到 10km 范围，另一方面使得信号光谱的峰值的信噪比提高，波形更加发育，峰值辨识更易，精度和可靠性也进一步提高。

3）采用峰值记录法使得每一个信号的谱信号不必要在电路中进行转发通信，节省了 RAM 空间，也大大减少 DSP 芯片数据处理任务的负荷，从而使得 FPGA 电路可以腾出计算内力来处理其他任务，节省了机时，也构成了整个硬件成本降低的较大空间，使得低成本解调成为可能。

4）集成了 USB、4G 网关和局域网卡电路，使得解调节点可以方便地接入网络和云端平台，从而使分布式云解调监测方案成为可能。

5）集成的 GPS 模块和网络授时模块，使其适于大地理范围内路网桥梁的分布式监测的地理定位和时间同步管理。

2. 多功能监测专用 4G 无线网关数据节点设备

对于现场采用电类传感器的监测组网需求，可以采用 4G 无线网关采集系统方案来实现，配合该系统的信息采集节点设备可以 4G 无线网关为基础，集成其他数据汇集、转发等通信功能，实现采集节点到云端的远程通信功能和各传感器到采集节点的现场通信功能。

考虑到每座单体中小桥的监测测点相对集中且数目并不多的特点，该节点设备采用包括 4G 和以太网两种远程通信手段，以及可接入 POE 设备的以太网、WiFi、433MHz 和 470MHz。

（1）工作原理　工作原理如下：智能加速度传感器采集到加速度信号并通过网口发送给 4G 网关，4G 网关采集到加速度数据后，进行缓存，然后将采集到的数据处理后发送给远程服务器；远程服务器获取数据后进行采集、显示和存储。

（2）详细技术路线　首先将 220V 电源通过滤波器处理成洁净电源，然后通过 220V 转 12V 模块转化成 DC 12V 的稳压电源为电路供电。选用 MT7620A 芯片为主控芯片，利用 TQM7M90509 负责 WiFi 协议转换，H1102NL 芯片为网卡芯片，负责网卡信号的电平转换。利用 SIM808 芯片负责接收转化 GPS 信号，输出定位信息至主控芯片，SIPEX3232EE 芯片负责 RS232 的协议传输，通过 RS232 可以拓展 433MHz 模块。通过 4G 手机流量卡接收 4G 信号，并进行 USB3.0 与 SD 卡的拓展。电路原理如图 2-13 所示。成品电路板如图 2-14 所示。

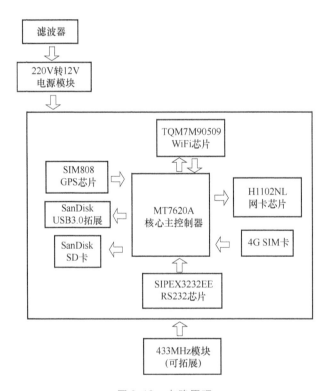

图 2-13　电路原理

（3）主要元器件

1）MT7620A 芯片为主控芯片。

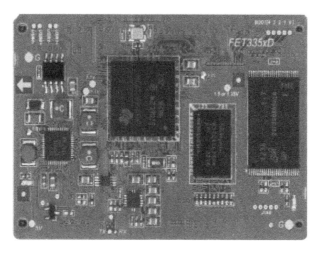

图 2-14 成品电路板

2）TQM7M90509 为 WiFi 芯片。

3）H1102NL 芯片为网卡芯片。

4）SIM808 芯片为 GPS 芯片。

5）SIPEX3232EE 芯片为 RS232 芯片。

（4）仪器参数 4G 网关仪器参数见表 2-1。加速度传感器参数见表 2-2。

表 2-1 4G 网关仪器参数

网络类型	中国移动 4G
网络带宽	10/100MB
网口数量	2
供电电压	220V
天线	4G 天线 ×2；WiFi 天线 ×2

表 2-2 加速度传感器参数

量程	$2g$、$4g$、$16g$ 可调
分辨率	24bit
频带宽度	DC-100Hz
采用频率	100Hz
传输方式	网口

■2.5 关键硬件设备的工程应用

以上海市宝山地区为例，其桥梁分布式 FBG 传感监测现场信息采集方案如图 2-15 所示。该地区共布置三个低成本网络解调仪，覆盖九座待监测的桥梁。使用的 FBG 云解调仪参数和功能如下：

1）每传感器串接光栅数目≤40。

2）采样频率 50Hz 或 100Hz。

3）解调分辨率≤1pm，精度小于 2pm。

4）现场具有 40 个传感器按 100Hz 采样速率连续采集一个月的现场数据存储能力。

5）各通道各光栅时间同步小于 10^{-5}s。

6）具有光纤通信接口、以太网接口、4G 网关等远程通信手段，能方便接入云平台。

7）具有 GPS 定位能力。

8）可串接应变、温度、位移、加速度、倾角等多种 FBG 传感器。

可见，采用分布式 FBG 传感监测模式，可以将硬件成本降低到平均每传感器两千元左右。其分布式云解调监测方案成本比较见表 2-3。

图 2-15 上海市宝山地区桥梁分布式 FBG 传感监测现场信息采集方案

表 2-3 分布式云解调监测方案成本比较

项 目	CFI-1	CFI-2	CFI-3
桥梁数目（座）	3	4	4
FBG 传感器数目（个）	70	95	80
FBG 光栅数目（个）	124	156	136
最大覆盖距离/km	7.8	10.2	13.6
硬件费用估计（万元）	20.3	23.6	23
每桥平均费用（万元）	6.8	5.9	5.75
每传感器平均费用（元）	2900	2484	2875

注：CFI（Cloud FBG interrogator）为低成本少通道分布式 4G 云监测光纤光栅解调仪。

如图 2-15 所示，该种基于云平台的集成监测系统中各种传感器是桥梁监测中直接测量桥梁应变、位移、加速度等信息的基础硬件设备，根据需要布置在桥梁各处。各种传感器测量的数据通过网关直接发送到云端平台，存储在数据库中。云平台的分析器分析桥梁测得的数据后，输出监测指标，反映各座桥梁的健康状态。

图 2-16 是一个面向网级桥梁监测的集成云监测系统图示，该系统包括多座桥梁上的多个监测项目。该监测平台项目概况见表 2-4。

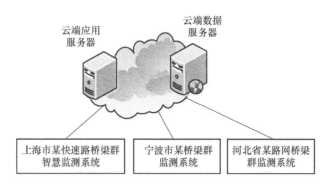

图 2-16　集成云监测系统图示

表 2-4　该监测平台项目概况

地点	普通应变计数量（个）	高精度应变计数量（个）	FBG 加速度计数量（个）	温度传感器数量（个）	监测方式
衡德高速	48	32	24	18	连续式
后岗塘桥	12				间断式
池泾桥			9		间断式
同济路桥	51	17	68	9	连续式

河北衡德高速上某桥梁是一座三跨连续空心板梁桥，预计布置 120 多个传感器对桥梁的横向分布状态和墩顶负弯区的健康状态进行连续式监测。

上海市 G1501 绕城高速上的后岗塘桥和池泾桥上是布置监测系统的另外两座桥梁，两座桥相距十余公里，都采用间断式监测的方式。其中后岗塘桥的监测主要是横向铰缝的研究，涉及桥梁维修前和维修后的监测，通过前后数据的对比，我们可以更加详细地研究桥梁横向铰缝的变化，而池泾桥的监测主要采用加速度传感器。

上海市同济路桥是重载交通的高发地区，在对其进行病害调查分析的过程中，发现其主要的病害就是竖向铰缝破坏和墩顶区的横向裂缝。在交通荷载作用下，这些病害会引起结构更大的损坏，直至破坏，因此需要对其健康状态进行监测。选取了该桥梁中的连续三跨空心板梁翘，布置了多个传感器，进行连续监测，以分析桥梁的健康状态变化。

上面几座桥梁的监测重点都包括桥梁的横向联系，监测的传感器都是应用 FBG 原理，分析方法和计算算法都是相同的。因此将监测数据传输到云端后，可以采用同样的方法分析计算。

案例给出的分布式云解调监测方案适于对路网桥梁进行监测，不仅技术参数满足要求，而且较大程度地降低了经济成本，可以推广使用。研发的低成本分布式 FBG 网络解调仪满足对应变解调分辨率的要求，可以实现网络级监测的需要。

■ 2.6　本章小结

　　本章以路网中小桥梁群的集体化网络化监测为背景，从中小桥梁的监测需求出发，给出一种基于云平台的成套监测技术方案，说明其系统总体架构，以及现场采集系统的两种解决形式和采集策略，并针对路网桥梁群监测的关键硬件需求，给出了适于中小桥梁监测的传感设备和现场信息采集节点设备。

第3章 桥梁结构网级智慧监测的基础软件环境

目前，从软件工程的角度来看，对于结构健康监测系统的研究工作主要体现在一些计算机应用技术、电子通信技术领域。这些从软件工程的角度来设计的健康监测系统，多是软件工程、电子技术、通信技术等在健康监测领域的应用，这些先进的技术进入结构健康监测系统本身是有益的，但是由于对结构健康监测本身理解有限，往往使得技术的应用与需求的更新不匹配，造成低效率和浪费。

■ 3.1 网级桥梁群结构健康监测系统语言

3.1.1 主要目的和功能

为了能够在结构健康监测的软件系统中方便地增加、删除、修改传感设备及其信息、存储设备及其信息、监测数据、监测指标等，需要设计统一的语言来描述整个监测系统。SHMSML（Structural Health Monitoring System Makeup Language）是一种为中小型桥梁结构健康监测系统设计的标记语言。

SHMSML解决的主要问题是中小型桥梁结构健康监测系统的扩展性和伸缩性，它主要有以下功能：

1）对中小型桥梁结构健康监测系统的结构和组成进行统一化的描述。

2）对中小型桥梁结构健康监测系统的数据及其来源进行统一化的描述。

3）对中小型桥梁结构健康监测系统的监测指标及其数据来源进行统一化的描述。

3.1.2 技术来源：XML、XML Schema

图3-1是SHMSML的主要技术来源的图解。可扩展标记语言（eXtensible Markup Language，XML）是基础，它用来描述各种各样的数据。建立在XML之上的是XML Schema，其完全遵循XML的数据定义方式，用来定义XML格式，XSD（XML Schema Definition）是W3C于2001年5月发布的推荐标准，是许多XML Schema语言中的一支。位于最上的是SHMSML，要求其既遵守XML的数据定义方式，又遵循XML Schema的格式要求。

图3-1 SHMSML 的技术来源

1. 可扩展标记语言 XML

XML 是一种流行的标记语言。标记是指计算机能够理解的信息符号，通过标记，计算机可以处理包含各种信息的文本。XML 在 1998 年 2 月 10 日成为 W3C 的推荐标准。与 HT-ML 不同的是，XML 设计之初就是用作结构化储存和传输数据。因此，XML 的标签没有被预定义，需要用户根据需要自行定义。XML 被设计为具有自我描述性，其被广泛用于互联网的各个方面，包括网站的前端经常使用的解释性 JavaScript、后端使用的 Python、PHP、JAVA 等都提供编辑的访问工具包或者库文件。因此，选择使用 XML 作为桥梁结构健康监测系统语言的载体是十分合理和易于使用的。

2. XML Schema 及 XSD 文件

XML 作为数据载体，可以用来描述各种各样的数据。在系统开发中，可以使用 XML 在系统（或不同功能模块）之间传递数据，也可以使用 XML 作为配置文件、数据文件等。

但系统在使用 XML 时需要对 XML 文件本身加以解析，也就是说，系统需要知道 XML 文件的格式是什么。这就是 XML Schema 的由来。

XML Schema 是定义 XML 格式和构造的一种语言。W3C 于 2001 年 5 月发布了 XSD（XML Schema Definition）的推荐标准，指导如何定义形式化描述 XML 文档的元素。XSD 是许多 XML Schema 语言中的一支。XSD 是第一个分离于 XML 本身的 Schema 语言，所以取得了 W3C 的推荐地位。

（1）XML Schema 的作用

1）XML Schema 定义可以出现在文档中的元素。

2）XML Schema 定义可以出现在文档中的属性。

3）XML Schema 定义哪些元素是子元素。

4）XML Schema 定义子元素出现的次序。

5）XML Schema 定义子元素出现的数目。

6）XML Schema 定义元素是否可以为空，或者是否可包含文本。

7）XML Schema 定义元素和属性的数据类型。

8）XML Schema 定义元素和属性的默认值和固定值。

（2）XML Schema 与 DTD 比较　与 DTD 的作用类似，XML Schema 也是用来定义 XML 文档的合法构建模块。由于 XML Schema 具有的以下优点，相信会在大部分网络应用程序中取代 DTD：

1）XML Schema 可针对未来的需求进行扩展。

2）XML Schema 更完善，功能更强大。

3）XML Schema 是基于 XML 编写的。

4）XML Schema 支持数据类型。

5）XML Schema 支持命名空间，扩展性更强。

3. 一个基于 XML 和 XML Schema 的示例

下面是一个 Schema 文件，用来定义订单信息。

```
<?xml version = "1.0" encoding = "ISO-8859-1" ?>
<xs:schema xmlns:xs = "http://www.w3.org/2001/XMLSchema" >
```

```
< xs:element name = "shiporder" >
< xs:complexType >
  < xs:sequence >
  < xs:element name = "orderperson" type = "xs:string"/ >
  < xs:element name = "shipto" >
   < xs:complexType >
   < xs:sequence >
    < xs:element name = "name" type = "xs:string"/ >
    < xs:element name = "address" type = "xs:string"/ >
    < xs:element name = "city" type = "xs:string"/ >
    < xs:element name = "country" type = "xs:string"/ >
   </xs:sequence >
   </xs:complexType >
  </xs:element >
  < xs:element name = "item" maxOccurs = "unbounded" >
   < xs:complexType >
   < xs:sequence >
    < xs:element name = "title" type = "xs:string"/ >
    < xs:element name = "note" type = "xs:string" minOccurs = "0"/ >
    < xs:element name = "quantity" type = "xs:positiveInteger"/ >
    < xs:element name = "price" type = "xs:decimal"/ >
   </xs:sequence >
   </xs:complexType >
  </xs:element >
  </xs:sequence >
  < xs:attribute name = "orderid" type = "xs:string" use = "re-
quired"/ >
  </xs:complexType >
  </xs:element >

  </xs:schema >
```

下面是符合上面 XML Schema 定义的一个订单信息示例文档。

```
< ?xml version = "1.0" encoding = "ISO-8859-1"? >

< shiporder orderid = "889923"
xmlns:xsi = "http://www. w3. org/2001/XMLSchema-instance"
xsi:noNamespaceSchemaLocation = "shiporder. xsd" >
```

```
< orderperson >George Bush </orderperson >
< shipto >
  < name >John Adams </name >
  < address >Oxford Street </address >
  < city >London </city >
  < country >UK </country >
</ shipto >
< item >
  < title >Empire Burlesque </title >
  < note >Special Edition </note >
  < quantity >1 </quantity >
  < price >10.90 </price >
</ item >
< item >
  < title >Hide your heart </title >
  < quantity >1 </quantity >
  < price >9.90 </price >
</ item >
</ shiporder >
```

3.1.3　SHMSML 结构和内容

SHMSML 文档是按照 XML 约定以特殊格式的文本文件的形式创建的。

下面是一个空的 SHMSML 文档。

```
< project >
    <! --this is where the project definitions go-- >
</ project >
```

注意，第二行是在 XML 文档中加入的注释，<! --和-- > 中间的文字只供用户浏览，不会被解析。

SHMSML 文档的组织构架和整洁非常重要，所以最好不要使用 Notepad 文字处理器来开发 XML 文件，建议使用专业的 XML 编辑器来处理，比如 Notepad ++（https://notepad-plus-plus. org/）。

1. 项目组成

SHMSML 文档包含实体组成和非实体组成两种项目组成。实体组成包括工程、桥梁和传感器三类实体项目。非实体组成包括数据中心、数据库、监测数据列、监测指标的非实体项目。每个实体和非实体项目可以包括其他实体、其他非实体、子元素等。子元素是不包含其他项目或者子元素的描述项目某一方面属性或者功能的单位。

（1）工程　每个 SHMSML 文档都是一个完整的结构健康监测系统的工程，且只能包含

1 个工程实体。工程是其他实体或者非实体项目的根目录，包含其他的项目和子元素。

（2）桥梁　桥梁结构健康监测系统一般是对一座或多座桥梁结构的监测系统进行管理，因此桥梁是监测系统中必需的实体。

（3）传感器　传感器是结构健康监测系统中的基本组成单位，是直接测量结构响应和得到监测信息的单元，因此也是监测系统中的重要实体。

（4）数据中心　作为结构健康监测系统中的数据管理的核心组成部分，数据中心是监测系统中重要的结构组成。

（5）数据库　数据库是管理监测数据和监测指标的非实体项目，包含了数据库的访问信息和描述信息。

（6）数据列　监测数据是结构健康监测的基础，没有监测数据其他的一切项目都没有意义。数据列是管理监测数据的直接项目。数据库应该包含若干个数据列项目，以记录传感器监测的数据。

（7）监测指标　数据的分析处理加工是桥梁结构健康监测系统中的重要组成部分。在 SHMSML 文档中应该包含若干个负责监测分析处理的监测指标非实体组成。

2. 组织架构

SHMSML 文件中应该有着严格的组织构架，所有的 SHMSML 文档都应该遵循这样的组织构架。一些规则描述如下：

1）每个 SHMSML 文档中应该包含且仅包含唯一 1 个工程实体，该实体是其他所有实体和非实体项目的根元素。

2）每个工程实体项目中包含 1 个或多个桥梁实体、1 个或者多个数据中心和其他一些描述工程的子元素。

3）每个桥梁实体项目包含 1 个或多个传感器实体和其他一些描述桥梁的子元素。

4）每个数据中心非实体项目包含 1 个或多个数据库和其他一些描述数据中心的子元素。

5）每个数据库非实体项目包含 1 个或多个数据列、1 个或多个监测指标和其他一些描述数据库的子元素。

图 3-2 是 SHMSML 文档的基本结构图。图中用英文表示了各个项目和元素的名称，这不仅有利于国际化，而且有利于在互联网上的传播。从图中可以看出，文件的结构清楚，分类合理，各个层级区分明显，使用十分方便。

同时，每个工程都可以根据各自的特点，每个项目都可以继续扩展，加入独特的属性和功能。

3. 工程实体

工程实体以 < project > 和 </project > 开始和结束，这是 SHMSML 文档的根元素，每个文件中包含且只包含 1 个该元素。

1）工程实体中必须包含且只能包含 1 个子元素 < name > </name >，用来记录工程的名称信息。

2）工程实体中必须包含且只能包含 1 个子元素 < desc > </desc >，用来记录工程的一些描述信息。

3）工程实体中必须包含 1 个或者多个子元素桥梁实体 < bridge > </bridge >，用来记录工程中包含的桥梁信息。

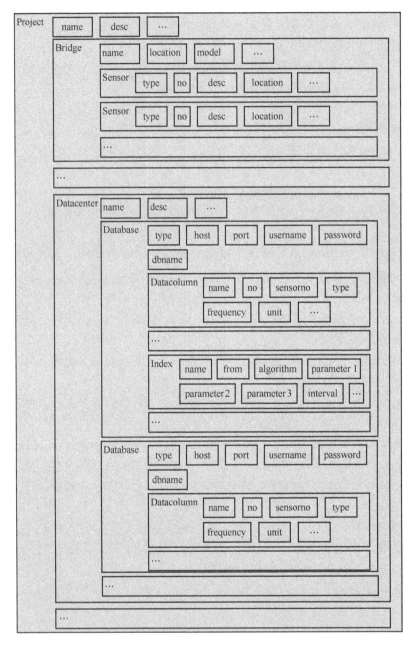

图 3-2　SHMSML 文档的基本结构图

4）工程实体中必须包含 1 个或者多个子元素数据中心项目 < datacenter > </datacenter >，用来记录工程中包含的数据中心信息。

用户也可以定义其他的子元素用来描述工程的其他信息，比如工程的开始时间、结束时间、负责人等。

4. 桥梁实体

桥梁实体以 < bridge > 和 </bridge > 开始和结束，用于记录桥梁实体的各种信息。桥梁实体必须在工程项目中，可以有1个或者多个。

1）桥梁实体中必须包含且只能包含1个子元素 < name > </name >，用来记录桥梁的名称。

2）桥梁实体中必须包含且只能包含1个子元素 < location > </location >，用来记录桥梁的位置信息。

3）桥梁实体中必须包含且只能包含1个子元素 < model > </model >，用来记录桥梁的模型信息。

4）桥梁实体中必须包含子元素传感器实体 < sensor > </sensor >，用来记录桥梁上的传感器信息，传感器可以有0个，也可以1个或者多个。

用户也可以定义其他的子元素用来描述桥梁的其他信息，比如桥梁的环境信息、养护信息、属性信息等。

5. 传感器实体

传感器实体以 < sensor > 和 </sensor > 开始和结束，用于记录传感器的信息。所有的传感器实体必须在桥梁项目下，可以有1个或者多个。

1）传感器实体中必须包含且只能包含1个子元素 < type > </type >，用来记录传感器的类型。类型可以是应变计、加速度计、倾斜仪、位移计、相机等。

2）传感器实体中必须包含且只能包含1个子元素 < no > </no >，用来记录传感器的编号信息，该编号在整个工程文件中必须唯一，用来区分不同的传感器，并作为与数据列连接的属性。

3）传感器实体中必须包含且只能包含1个子元素 < desc > </desc >，用来记录传感器的一些描述信息。

4）传感器实体中必须包含且只能包含1个子元素 < location > </location >，用来记录传感器的位置信息。

用户也可以定义其他的子元素用来描述传感器的其他信息，比如传感器的物理参数、几何参数、模型信息等。

6. 数据中心

数据中心非实体项目以 < datacenter > 和 </datacenter > 开始和结束，用于记录数据中心非实体项目的各种信息。数据中心项目必须在工程项目中，可以有1个或者多个。

1）数据中心非实体项目中必须包含且只能包含1个子元素 < name > </name >，用来记录数据中心的名称。

2）数据中心非实体项目中必须包含且只能包含1个子元素 < desc > </desc >，用来记录数据中心的一些描述信息。

3）数据中心非实体项目中必须包含子元素数据库 < database > </database >，用来记录包含的数据库信息，数据库可以有0个，也可以1个或者多个。

用户也可以定义其他的子元素用来描述数据中心非实体项目的其他信息，比如数据中心的位置信息、管理信息、结构信息等。

7. 数据库

数据库非实体项目以 < database > 和 </database > 开始和结束，用于记录数据库非实体项目的各种信息。数据库非实体项目必须位于数据中心中，可以有1个或者多个。

1）数据库非实体项目中必须包含且只能包含 1 个子元素 < type > < /type >，用来记录数据库的类型。数据库的类型有 MongoDB、MySQL、SQLite、Redis 等。

2）数据库非实体项目中必须包含且只能包含 1 个子元素 < host > < /host >，用来记录数据库的主机地址，应该为 IP 地址或者域名。

3）数据库非实体项目中必须包含且只能包含 1 个子元素 < port > < /port >，用来记录数据库的端口号，应该为一个 1~65535 的整数。

4）数据库非实体项目中必须包含且只能包含 1 个子元素 < username > < /username >，用来记录数据库的用户名。

5）数据库非实体项目中必须包含且只能包含 1 个子元素 < password > < /password >，用来记录数据库的密码。

6）数据库非实体项目中必须包含且只能包含 1 个子元素 < dbname > < /dbname >，用来记录数据库的库名。

7）数据库非实体项目中必须包含子元素数据列 < datacolumn > < /datacolumn >，用来记录包含的数据列信息，数据列可以有 0 个，也可以 1 个或者多个。

8）数据库非实体项目中必须包含子元素监测指标 < index > < /index >，用来记录包含的监测指标信息，监测指标可以有 0 个，也可以 1 个或者多个。

用户也可以定义其他的子元素用来描述数据列非实体项目的其他信息，比如数据列的说明信息、管理信息等。另外，数据列中的子元素可能在某些数据库并不会全部使用，不需要使用的部分设置为空即可。

8. 数据列

数据列非实体项目以 < datacolumn > 和 < /datacolumn > 开始和结束，用于记录数据列非实体项目的各种信息。数据列非实体项目必须位于数据库中，可以有 1 个或者多个。

1）数据列非实体项目中必须包含且只能包含 1 个子元素 < name > < /name >，用来记录数据列的名称。

2）数据列非实体项目中必须包含且只能包含 1 个子元素 < no > < /no >，用来记录数据列的名称。该编号在整个工程文件中必须唯一，用来区分不同的数据列。

3）数据列非实体项目中必须包含且只能包含 1 个子元素 < sensorno > < /sensorno >，用来记录数据列对应传感器的名称。该编号与传感器的编号对应。

4）数据列非实体项目中必须包含且只能包含 1 个子元素 < type > < /type >，用来记录数据列对应数据的类型。数据类型可以是字符型（string）、浮点型（float）、整数型（int）等。

5）数据列非实体项目中必须包含且只能包含 1 个子元素 < frequency > < /frequency >，用来记录数据列对应数据的频率信息。

6）数据列非实体项目中必须包含且只能包含 1 个子元素 < unit > < /unit >，用来记录数据列对应数据的数据单位。

用户也可以定义其他的子元素用来描述数据列非实体项目的其他信息，比如数据列的说明信息、管理信息等。

9. 监测指标

监测指标非实体项目以 < index > 和 < /index > 开始和结束，用于记录监测指标非实体项目的各种信息。监测指标非实体项目必须位于数据库中，可以有1个或者多个。

1）监测指标非实体项目中必须包含且只能包含1个子元素<name></name>，用来记录监测指标的名称。

2）监测指标非实体项目中必须包含且只能包含1个子元素<from></from>，用来记录监测指标的数据来源，对应于数据列中的"no"信息。

3）监测指标非实体项目中必须包含且只能包含1个子元素<algorithm></algorithm>，用来记录监测指标的算法。

4）监测指标非实体项目中必须包含且只能包含1个子元素<parameter1></parameter1>，用来记录数据列对应数据的第1个参数。

5）监测指标非实体项目中的<parameter2></parameter2>和<parameter3></parameter3>，与<parameter1></parameter1>相同。3个参数可以全部使用，也可以只使用部分，其余的值为空，如果参数的个数超过3个，则可以使用数组来解决。

6）监测指标非实体项目中必须包含且只能包含1个子元素<interval></interval>，用来记录监测指标的唤醒间隔。

用户也可以定义其他的子元素用来描述监测指标非实体项目的其他信息，比如数据列的说明信息、管理信息等。

3.1.4　SHMSML 源码和示例

根据上面要求，设计 SHMSML 的 XSD 文件源码如下：

```
#File:sensor.xsd
<?xml version = "1.0" encoding = "UTF-8"?>
<xs:schema xmlns:xs = "http://www.w3.org/2001/XMLSchema">
<!-- ########element sensor######## -->
<xs:element name = "sensor">
  <xs:complexType>
    <xs:sequence>
      <xs:element name = "type">
        <xs:simpleType>
          <xs:restriction base = "xs:string">
            <xs:enumeration value = "strain"/>
            <xs:enumeration value = "应变计"/>
            <xs:enumeration value = "acceleration"/>
            <xs:enumeration value = "加速度计"/>
            <xs:enumeration value = "displacement"/>
            <xs:enumeration value = "位移计"/>
            <xs:enumeration value = "inclinometer"/>
            <xs:enumeration value = "倾斜仪"/>
            <xs:enumeration value = "camera"/>
```

```
            <xs:enumeration value = "相机"/>
            <xs:enumeration value = "光纤式应变计"/>
          </xs:restriction>
        </xs:simpleType>
      </xs:element>
      <xs:element name = "no" type = "xs:string"/>
      <xs:element name = "desc" type = "xs:string"/>
      <xs:element name = "location" type = "xs:string"/>
      <xs:any minOccurs = "0" processContents = "lax"/>
    </xs:sequence>
  </xs:complexType>
</xs:element>

<!-- ########element bridge######## -- >
<xs:element name = "bridge" >
  <xs:complexType >
    <xs:sequence >
      <xs:element name = "name" type = "xs:string"/>
      <xs:element name = "location" type = "xs:string"/>
      <xs:element name = "model" type = "xs:string"/>
      <xs:element ref = "sensor" maxOccurs = "unbounded"/>
      <xs:any minOccurs = "0" processContents = "lax"/>
    </xs:sequence>
  </xs:complexType>
</xs:element>

<!-- ########element datacolumn######## -- >
<xs:element name = "datacolumn" >
  <xs:complexType >
    <xs:sequence minOccurs = "0" >
      <xs:element name = "name" type = "xs:string"/>
      <xs:element name = "no" type = "xs:string"/>
      <xs:element name = "sensorno" type = "xs:string"/>
      <xs:element name = "type" type = "xs:string" >
        <xs:simpleType >
          <xs:restriction base = "xs:string" >
            <xs:enumeration value = "string"/>
            <xs:enumeration value = "float"/>
```

```
              <xs:enumeration value = "int"/>
            </xs:restriction >
          </xs:simpleType >
        </xs:element >
        <xs:element name = "frequency" type = "xs:integer"/>
        <xs:element name = "unit" type = "xs:string"/>
        <xs:any minOccurs = "0" processContents = "lax"/>
    </xs:sequence >
  </xs:complexType >
</xs:element >
<!-- ########element index######## -- >
<xs:element name = "index" >
  <xs:complexType >
    <xs:sequence minOccurs = "0" >
        <xs:element name = "name" type = "xs:string"/>
        <xs:element name = "from" type = "xs:string"/>
        <xs:element name = "algorithm" type = "xs:string"/>
        <xs:element name = "parameter1" type = "xs:string"/>
        <xs:element name = "parameter2" type = "xs:string"/>
        <xs:element name = "parameter3" type = "xs:string"/>
        <xs:element name = "interval" type = "xs:decimal"/>
        <xs:any minOccurs = "0" processContents = "lax"/>
    </xs:sequence >
  </xs:complexType >
</xs:element >
<!-- ########element database######## -- >
<xs:element name = "database" >
  <xs:complexType >
    <xs:sequence >
      <xs:element name = "type" type = "xs:string" >
        <xs:simpleType >
          <xs:restriction base = "xs:string" >
            <xs:enumeration value = "mongodb"/>
            <xs:enumeration value = "mysql"/>
            <xs:enumeration value = "sqlite"/>
          </xs:restriction >
        </xs:simpleType >
      </xs:element >
```

```xml
        <xs:element name = "host" type = "xs:string"/>
        <xs:element name = "port" type = "xs:string">
          <xs:simpleType>
            <xs:restriction base = "xs:integer">
              <xs:minInclusive value = "1"/>
              <xs:maxInclusive value = "65535"/>
            </xs:restriction>
          </xs:simpleType>
        </xs:element>
        <xs:element name = "username" type = "xs:string"/>
        <xs:element name = "password" type = "xs:string"/>
        <xs:element name = "dbname" type = "xs:string"/>
        <xs:element ref = "datacolumn" minOccurs = "0"  maxOccurs =
"unbounded"/>
        <xs:element ref = "index" minOccurs = "0"  maxOccurs = "un-
bounded"/>
        <xs:any minOccurs = "0" processContents = "lax"/>
      </xs:sequence>
    </xs:complexType>
  </xs:element>

  <!-- ########element datacenter######## -->
  <xs:element name = "datacenter">
    <xs:complexType>
      <xs:sequence>
        <xs:element name = "name" type = "xs:string"/>
        <xs:element name = "desc" type = "xs:string"/>
        <xs:element ref = "database" maxOccurs = "unbounded"/>
        <xs:any minOccurs = "0" processContents = "lax"/>
      </xs:sequence>
    </xs:complexType>
  </xs:element>

  <!-- ########element project######## -->
  <xs:element name = "project">
    <xs:complexType mixed = "true">
      <xs:sequence>
        <xs:element name = "name" type = "xs:string"/>
        <xs:element name = "desc" type = "xs:string"/>
```

```
        <xs:element ref = "bridge" minOccurs = "0" maxOccurs = "un-
bounded"/>
        <xs:element ref = "datacenter" minOccurs = "0" maxOccurs = "
unbounded"/>
        <xs:any minOccurs = "0" processContents = "lax"/>
    </xs:sequence>
  </xs:complexType>
 </xs:element>


 </xs:schema>
```

■ 3.2 网级桥梁群监测数据的管理

3.2.1 大数据发展背景

随着人类步入信息社会，数据的产生越来越自动化。现代的工业、农业、医学、天文、市政工程、服务业甚至个人，每时每刻都在产生着巨量的信息，而人类的生活和生产也越来越依赖数据，因此各个行业也越来越倾向于收集关注对象的全量信息，即将我们身边的一切都进行数据化处理。

随着相关技术和产业的发展，大数据（Big Data）的概念越来越被人所熟知。大数据是指无法用常规软件工具在一定时间内对其内容进行抓取、管理和分析处理的数据集合，具有数据量大（Volume）、多样（Variety）、快速（Velocity）、价值密度低（Value）和复杂度大（Complexity）的"4V +1C"的特点。数据量大是指数据量达到 PB 级，甚至 EB 级以上。多样是指数据的来源和格式多样，既包括规则的结构化数据，也包括半结构化或者非结构化的数据，如图片、视频、音频等。快速是指数据产生和增长的速度十分快，要求数据的处理速度也要快。价值密度低是指大数据中真正有价值的数据占比小，单位数据的价值相比传统结构化的数据低。复杂度大是指从庞大的数据中分析发现有价值的结论的难度比较大。

现在已经有许多大数据成功应用的例子。比如，地图软件实时上传机动车的速度和位置信息，经过去噪和分析计算，就形成了覆盖率和准确性都很高的实时路况信息。如果利用传统的人力或者布设大量的传感器，那么成本将是极为庞大而不可接受的，而且准确度也不如现在这样高。某搜索引擎公司利用每天全世界的用户的巨量搜索信息，给每个用户推广个性化的广告，从而达到广告主、用户和公司多赢的局面。苹果、百度、阿里巴巴等众多的科技公司都应用着其在各自领域收集的大数据信息，创造价值并服务客户。大数据已经走进我们生活的方方面面。

3.2.2 中小桥梁结构健康监测数据的特点

监测数据是桥梁结构健康监测系统的所有目标的基础，只有保证监测数据被准确、完整地记录，才会有数据分析、数据展示、结论分析、结论展示等。而桥梁结构健康监测系统中的数据主要有数据量大、数据类型丰富、数据处理要求高、伸缩性要求高四个特点，这些特点基本符合大数据的"4C+1V"的特征,因此需要使用大数据的手段和方法来处理中小桥梁结构健康监测的数据。

1. 数据量要求

与传统的人工定期巡检方式相比,使用了结构健康监测系统获取的桥梁的监测数据量会大幅度增加。

根据《城市桥梁养护技术标准》(CJJ 99—2017),桥梁的养护分为经常性检查、定期检测和特殊检测。经常性检查需要填报"城市桥梁日常巡检日报表"。定期检测分为常规定期检测和结构定期检测,其频率分别为每年一次和根据其等级 1~10 年不等。需要完成"城市桥梁资料卡"和"城市桥梁设备量年报表"。特殊检测只有在桥梁可能受损、安全性不明或者需要加固、改建、扩建的项目中需要完成。检测完成后需要完整的检测报告。在有些桥梁的管养工作完成得比较好的城市,各种表格和报告还需要备份到城市或者区域的桥梁管理系统中。据此估计,对于每座中小型桥梁,每年积累的数据大概有 1~100KB 不等,如果包含有部分图片,则可能会达到几兆字节或者更高。考虑到现在多数城市的桥梁管理的经济投入有限,按照规定管养覆盖的中小型桥梁基本只占很少一部分。总的来说,平均每座中小桥梁积累的数据量十分有限。

桥梁结构健康监测系统的传感器的监测数据则大了很多倍。对于一个常见的频率为 50Hz 的振动传感器,每帧产生一个浮点数据。不考虑数据的压缩和冗余,则每天产生的数据量为 $4Byte \times 50Hz \times 60s \times 60min \times 24h = 17280000Byte = 16.48MB$,每年(按 365 天)产生的数据量为 $6015MB = 5.87GB$。考虑到每座监测的中小桥梁布置的传感器通常在几十个左右,也就是每座桥梁每年产生的直接监测数据就在 100GB 以上。再考虑到可能的视频信息、使用原始监测数据计算出来的监测指标等,每座桥梁对应的数据量还会有几倍的增长。这样每年一座桥梁产生的监测数据可能就比原来一个城市的养护数据还要多。

目前,对于中小桥梁的监测,多是建立统一的城市桥梁监测中心,采用昂贵的服务器设备,进行多座桥梁的统一监测。根据上面的计算,一个监测中心每年新增的数据应该在 TB 级。监测中心不只要快速、准确地将这些来自各个方向的数据正确存储起来,也要能够及时地访问和分析。而随着监测桥梁数量的增多、指标分析计算算法的复杂性提高、指标数目和范围的增多,尤其是视频处理需求的增加,每个数据中心存储、分析、计算的任务也越来越重。而且如果要进行面对全区域或者全城市的桥梁数据的综合分析,则会面对更加复杂的分析处理问题。

因此,数据量大会给数据的存储、提取和分析都带来挑战。

2. 数据类型

《城市桥梁养护技术标准》(CJJ 99—2017)中桥梁的养护任务多是按照规范检查固定的桥梁部件和填写固定的报表,或者是完整的检测报告。这类数据格式严谨,数据类型固定。同时数据量比较小,数据的存储和分析都比较简单。

对于结构健康监测系统中传感器采集的数据,一般监测数据的类型、格式在传感器布置好之后就确定了。数据类型一般也固定在简单的数据列、字符列或二维表格中。而对于图片、视频这种占用大量存储空间的数据,一般将文件直接存储并管理。

而对于现在越来越多的监测指标而言,其数据类型越来越丰富。比如,使用均值算法计算连续的应变数据会得到相同类型的一列数据,使用FFT算法计算连续的振动数据会得到若干行频域数据,计算模态指标会产生若干行振型数据,小波分析会产生若干行时频域信息，其他的还会产生诸如非定长数据、空数据、二维或多维表格、图片等各式各样的数据类型。

在计算监测指标的过程中，随着监测指标算法中某些参数的改变，产生数据的类型和长度也可能发生改变。而随着监测系统的扩展，不断涌现的新指标也可能产生新的数据类型。

同时，为了计算监测指标和进行分析，需要存储一些桥梁的结构数据、位置信息、有限元模型等，这些数据的类型和大小也是不可估计的。

总的来说，现在的桥梁结构健康监测系统需要存储和处理着各种各样类型和结构的数据，甚至有些是在设计中不可预期的。

不规则的数据结构使得监测系统中数据管理的复杂性提高，给数据库的设计和管理带来新的挑战。

3. 数据处理要求

随着结构健康监测系统覆盖的桥梁增多和监测指标的数量和复杂性增加，对数据处理的要求越来越高。首先，数据量和数据处理复杂度的增加会增加计算量，而监测数据的生成通常是不间断的，这就要求监测系统的计算能力必须足够强，能够在固定时间内计算这段时间产生的所有数据，还要保证这些数据的提取和所有需要保存数据的正确、快速地存储。此外，对于那些对实时性要求强的指标，应该保证计算的实时性。比如，桥梁防船撞系统的判别应该在危险发生之前就做出预警，响应处理时间应该在 s 级甚至 ms 级。综上，中小桥梁结构健康监测系统应该保证数据处理的效率和实时性，这对数据库的设计和建设提出了很高的要求。

4. 伸缩性要求

桥梁结构健康监测系统对数据的伸缩性也有着很高的要求，主要表现在以下几点：

1）桥梁结构健康监测系统会运行几十年，初始传感器采集的监测数据的数据增量和监测指标的数据增量一般是可预期的，但是由于时间跨度太大和硬件的更新速度，硬件不可能一步到位，需要在相当长的时间内更新和扩展存储设备。这就要求监测系统在设计之初就考虑到这部分数据的增长情况，使得软硬件可以支持扩展。

2）在桥梁结构健康监测系统的运行过程中，会有新的传感器增加到原监测系统中，这时会产生新的监测数据，另外，由此增加的监测指标数据可能超出原监测系统的冗余量。因此，这部分数据也要求监测系统具有伸缩性。

3）系统中新增的监测指标会产生不可预估数量的数据，这也要求监测系统具有伸缩性。

综上，可以发现在桥梁结构健康监测系统的数据对伸缩性的要求很高，以满足未来数据增长和数据扩展的需求。这不仅对系统的软硬件提出了要求，也提高了系统的管理和维护的难度。

3.2.3　中小桥梁结构健康监测数据的需求

1. 根据监测特点分析需求

由于中小桥梁结构健康监测系统的数据具有数据量大、数据类型丰富、数据处理要求高、伸缩性要求高的特点，不仅需要大数据的分析处理手段，对大数据的管理也提出了要求。数据量达到了 TB 级以后，就要求数据管理系统在数据量足够多之后，依然能够保证数据插入、查询足够高效。因此，需要选择合适的数据管理系统，即数据库。

关系型数据库是建立在关系模型上的数据库，用来处理建立在实体关系模型的数据，通常是规则的二维数据表。而由于需要处理的数据具有数据类型丰富的特点，需要处理各种不同的数据类型和数据长度，因此需要考虑使用非关系型数据库。数据处理要求高和伸缩性要求高要求数据管理和数据分析应该使用分布式的数据库和计算分析平台。此外，还应该保证在监测系统遭遇机械故障、自然灾害等问题时，保证所有监测数据的安全性和完整性。

2. 根据数据分析需求

图 3-3 给出了监测指标与桥梁总体健康状态的关系描述简图。可以看到，里面包括了传感器采集的监测数据、桥梁结构数据、监测指标数据和桥梁结构某方面的健康状态数据。

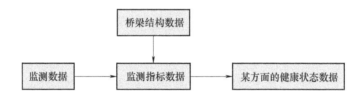

图 3-3　监测指标与桥梁总体健康状态的关系描述简图

通过监测系统中数据的查询频率，可以将以上的数据分为三类：需要频繁查询的数据、很少被查询的数据和静态数据。需要频繁查询的数据包括最近一段时间传感器采集到的监测数据和最近一段时间计算的监测指标和某方面的健康状态数据；很少被查询的数据主要指超过了一定时间的传感器采集到的监测数据和超过了一段时间计算的监测指标和某方面的健康状态数据；静态数据指的是不会随时间变化的桥梁结构数据，包括桥梁结构基本信息和有限元数据等。一定时间主要是根据桥梁等级、监测指标和系统要求设置的频繁查询的时间限制，可以是一个月，也可以是一年。

三类数据有数据存储上的不同要求：对于需要频繁查询的数据，应该着重考虑数据查询的速度和便利性。这部分数据要求能够通过传感器和时间方便地查询到。对于很少被查询的数据，由于时间久远对结构的表征性能差，数据被查询的频率很小，数据取用的速度的重要性就可以降低，更应该保证数据存储的规范性，同时由于这部分数据量巨大，要支持分布式存储。对于静态数据，可以根据数据的格式和数据量，合理选择数据存储位置：在文件中、关系数据库中或者非关系数据库中。

3.2.4　数据管理模式和数据库的选择

1. 数据库简介

数据库是按照数据结构来组织、存储和管理数据的仓库，用户可以根据需要对数据进行新增、查询、更新、删除等操作。目前，数据库一般可以分为关系型数据库（Relational Database）和非关系型数据库（NoSQL）。两种数据库各有所长，下面就对两种类型数据库分别介绍。

关系模型在数据库中比较常见，关系型数据库，或者说关系数据库管理系统（Relational Database Management System，RDBMS）是以集合理论为基础的系统，实现了具有行和列的二维表。结构化查询语言（Structured Query Language，SQL）是用于与 RDBMS 交互的标准语言。数据值具有确定的类型，它可以是数字型、字符型、日子、二进制对象或者其他类型。其中，由于它们的数学基础是集合理论，所以表之间可以连接并转化为新的更加复杂的表。常见的关系数据库有 MySQL、MariaDB、Microsoft SQL Server、Oracle、PostgreSQL 等。

非关系型数据库（NoSQL）是指不同于传统的关系型数据库的数据管理系统的统称，包含多个分类的数据库。NoSQL 的共同特征是数据存储不需要固定的表格模式，这也是与关系型数据库的主要区别。NoSQL 主要分为键-值数据库（Key-Value，K-V）、列型数据库、文档型数据库、图数据库、混合型数据库几类。

键-值数据库使用简单的键值方法来存储数据，将键与值配对，并通过键来添加、查询和删除数据，通常使用哈希表来实现。其优点是查找速度快，适合数据更新缓慢、大量查询的场景；缺点是数据没有结构化，值不能作为查询条件，不能够通过两个或者以上的键来关联数据。常见的键-值数据库有 Redis、Riak、Memcached、Oracle BDB、Amazon DynamoDB 等。

列型数据库是将同一个列族的数据存储在一起的结构。相比于关系型数据库将一行的数据存储在一起，列型数据库在查询方面速度更快，可扩展性更强，允许保存稀疏数据而不增加存储成本，可以方便地增加列，更容易进行分布式存储。相比于键-值数据库，可以搜索所有的列，而不是只能搜索"键"。列型数据库的缺点是功能比较局限，为了提高搜索效率牺牲了部分存储空间和写文件的效率。常见的列型数据库有 HBase、Cassandra、Hypertable 等。

文档型数据库是将数据以文档的形式存储的数据库。每个文档都是自包含的数据单元，是一系列数据项的集合。每个数据项都有一个名称与对应的值，值既可以是简单的数据类型，如字符串、数字和日期等；也可以是复杂的类型，如有序列表和关联对象。数据存储的最小单位是文档。其优势是数据结构要求不严格，表结构可变，不需要像关系型数据库一样需要预先定义表结构。缺点是查询性能不高，且不支持文档间的事务，缺乏统一的查询语法。常见的文档型数据库有 MongoDB 和 CouchDB。

图数据库用以处理高度互联的数据，包含用来存储数据的节点和节点之间的关系。图数据库可以应用图结构的相关算法，比如最短路径算法、N 度关系查找等。但是不适合作分布式的集群，应用的范围比较小。其应用主要在社会关系、科学论文的引文或资本资产定价模型等。常见的图数据库有 Neo4j、FlockDB 等。

混合型数据库是将以上的两种或两种以上的数据库的优点结合起来的混合型的数据库，兼具其优点，但是处理起来也会更复杂。

综上，将各种类型的数据库的特征进行比较，见表 3-1。

表 3-1　各种数据库的特征比较

	基 本 特 征	优 　 点	缺 　 点	常见数据库
关系型数据库	具有确定类型的二维表，基于集合理论	支持复杂查询，支持事务操作，安全性高	可扩展性差，数据结构类型固定	MySQL, MariaDB, Microsoft SQL Server, Oracle, PostgreSQL
键-值数据库	键值方法来存储数据，一般为哈希表结构	搜索速度快	数据没有结构化，值不能作为查询条件，不能够通过两个或者以上的键来关联数据	Redis, Riak, Memcached, Oracle BDB, Amazon DynamoDB

（续）

	基 本 特 征	优 点	缺 点	常见数据库
列型数据库	同一个列族的数据存储在一起	可扩展性强，查找速度快，适合分布式的文件系统	功能相对局限，占空间比键值数据库大	HBase, Cassandra, Hyper-table
文档型数据库	以文档的形式存储的数据库	数据结构要求不严格，表结构可以变化	查询的性能不高，且不支持文档间的事务，缺乏统一的查询语法	MongoDB, CouchDB
图数据库	图结构	适合图结构的相关算法	只适合特定的场景，不适合分布式存储	Neo4j, FlockDB

2. 数据库的选择

城市桥梁管理系统和目前的大型桥梁结构健康监测系统的数据管理一般使用的数据库是关系型数据库。这是由于原来的数据管理系统和大型桥梁结构健康监测系统需要处理的数据主要是建立在关系模型上的规则数据，关系型数据库足以满足应用的需求。

考虑到中小桥梁结构健康监测系统的特点和对数据库及其管理系统的要求，需要调整数据库和数据管理策略。而对于不同的监测需求，应该选择合适的数据库和数据管理策略。

显而易见，对于数据量大、数据类型丰富、数据处理要求高、伸缩性要求高的监测数据，关系型数据库已经不是一个合适的选择，应该选择合适的非关系型数据库。

需要频繁查询的数据包括了一部分需要频繁写入，并且需要按时间和数据查询的数据，键-值数据库和列型数据库明显不能满足搜索和连续写文件的要求，而图形数据库明显不适合监测数据的存储需求，只有选择文档型数据库。MongoDB 作为应用最广泛的文档型数据库之一，在互联网中有着丰富的文档和实例供参考，因此可选择 MongoDB 作为需要频繁查询数据的数据库。

很少被查询数据的数据量会随着时间累计达到很大的数量，因此保证存储的数量和安全性的分布式存储为必要条件，而对查询和写文件的需求降低。因此，可以选择列型数据库作为数据库，提高数据库的可扩展性能。HBase 从诞生至今将近 10 年，在 Apache 基金会的孵化下，已经变成一个非常成熟的项目，诸如 Facebook、小米、网易等大型公司都有应用。因此可选择 HBase 作为很少被查询数据的数据库。

对于桥梁静态数据，由于数据的格式和长度不同，应该根据具体的数据情况来选择文件存储、数据库存储等。考虑到系统的复杂性，可选择 MongoDB 作为存储的主要方案。

3. 数据管理模式

根据中小桥梁结构健康监测系统的数据特点和监测需求，前面提到了两种数据库分别解决不同的需求和问题，一种是存储频繁查询数据和桥梁静态数据的 MongoDB，作为短期查询数据库；另一种是存储很少被查询数据的 HBase 数据库。应该让两种数据库协同运作，以发挥各自的优势，共同完成数据管理的任务。

图 3-4 展示了简易的两级数据库的数据管理模式。数据从传感器采集传入短期查询数据库，在应用服务器计算监测指标，并将结果返回短期查询数据库。定期将不用频繁查询的数

据插入永久存储数据库，并清除短期查询数据库中的相应数据。在需要查询对应的数据时，由应用服务器判断并选择相应的数据库，查询取得对应的数据并返回用户端。

由于涉及分布式存储和计算、多用户、多服务器等问题，实际的数据管理模式和构架要远比图3-4中显示的要复杂得多，为了方便理解仅以图3-4作为参考。

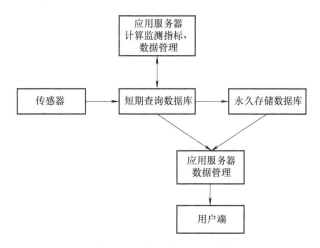

图3-4　简易的两级数据库的数据管理模式

■ 3.3　网级桥梁群智慧监测系统的云计算框架

3.3.1　云计算的发展简介

随着互联网上数据量的高速增长，互联网的数据处理能力不足。同时，相对于服务器更新换代需求加快、费用高昂，互联网上充斥着大量闲置的计算设备和存储设备。而云计算（Cloud Computing）的出现很好地解决了这个问题，云计算实现了资源和计算能力的分布式共享，能够很好地应对当前互联网数据量高速增长的势头。也就是说，云计算就是大数据处理手段和分析方法。

云计算（Cloud Computing）是并行计算（Parallel Computing）、分布式计算（Distributed Computing）、网格计算（Grid Computing）和效用计算（Utility Computing）等的发展融合和在商业化的实现，是一种将计算资源、存储资源、网络资源等可以动态地按需提供给用户的技术。云计算具有超大规模、高可靠性、通用性、虚拟化、高可伸缩性、按需服务、极其廉价等特点。云计算是要将计算机软硬件资源像电厂给用户供电那样按需提供给用户，并按照消耗量计费。

云计算按照部署方式可以分为公有云（Public Cloud）、私有云（Private Cloud）、混合云（Hybrid Cloud）和社区云（Community Cloud）。

公有云是部署在互联网上的服务，弹性扩容能力强，但是风险成本较高。私有云主要服务于内部用户，数据安全和功能扩展性都比较高，但是成本较高。混合云是结合前两者的优势，能够实现个性化的配置，但是学习和配置成本较高。社区云可以看作属于公共云的一部分，专门针对特定的垂直行业（比如政府、医疗保健或金融等行业），提供一系列服务。

云计算按照服务类型大致可以分为 IaaS、PaaS、SaaS 三类。三类服务分别提供用户不同的资源和服务。

云计算的发展很迅猛，谷歌、亚马逊和微软等大公司是云计算的先行者，之后包括 VMware、Facebook、Youtube、阿里云、云创大数据等大量的科技公司迅速崛起。亚马逊的云计算 Amazon Web Service（AWS）率先在全球提供了弹性计算云 EC2 和简单存储服务 S3。谷歌是最大的云计算技术的使用者，谷歌的搜索引擎就建立在分布于 200 多个站点、超过 100 万台服务器的支撑上，而且该数据还在继续增长。现在谷歌也允许第三方在谷歌的云计算中通过 Google App Engine（GAE）运行大型并行应用程序。近几年来，中国的云计算也在崛起，阿里巴巴已经在北京、杭州、青岛、香港、深圳等拥有了云计算数据中心，并提供云服务器 ECS、关系型数据库服务 RDS、开放存储服务 OSS、内容分发服务 CDN 等产品。

3.3.2　云计算

1. 云计算基本概念

云计算（Cloud Computing）是一个近些年来被各行各业青睐的概念，它是一个计算机术语，是一种基于虚拟化和分布式技术的服务。云计算可以通过网络根据需求提供可以动态伸缩扩展的廉价的计算服务，也就是根据需要提供计算力、信息服务、存储空间等服务的商业模式。云计算的"云"指的是可以自我维护和管理的虚拟计算资源，通常是大型的服务器集群。云计算将"云"内的各种资源集中起来，并通过软件实现全自动管理。用户按照用户手册进行简单的配置，就可以动态申请购买一定量的资源，以满足自己的程序要求，而无须了解"云"中基础设施的细节，不必具有相应的知识，不需要直接控制，有利于提高效率、降低成本和进行技术革新。

云计算具有超大规模、虚拟化、高可靠性、通用性、高可伸缩性、按需服务、极其廉价等特点。超大规模是指云服务器的规模宏大，例如谷歌云计算已经拥有了上百万台服务器，这些服务器集合起来共同提供谷歌需要的服务。虚拟化是因为各台服务器的软硬件有许多的种类，各不相同。要想他们共同提供统一的服务，需要将各台服务器提供的资源虚拟化成为统一的资源，以提供给用户在任何场景、使用各种终端都可以获得的统一服务。高可靠性来源于云计算的多副本容错机制和计算节点同构可互换的措施，以提供比本地计算机更高的可靠性。通用性指的是云计算的设计不针对任何特定的应用，在"云"的支撑下可以根据用户的需要构造出不同的应用。高可伸缩性是随着用户和应用的规模增长变化，云服务提供的各种资源也可以动态伸缩。按需服务是指用户可以根据需要购买"云"中的各种资源服务，就好像购买自来水、电和燃气一样。极其廉价是相比于执行任务的超级计算机。通过特殊的容错措施，云计算可以采用廉价的节点来构建云，同时自动化的管理可以降低管理成本，通过出租服务来提高利用率，通过跨区域来降低用地成本和电力资源成本，因此可以大幅降低综合成本，对于用户来说具有很高的性价比。

云计算按照服务类型大致可以分为 IaaS、PaaS、SaaS 三类。

（1）基础设施即服务（IaaS）　IaaS 是将计算资源、存储空间、网络资源和中间件等硬件设备封装成服务提供给用户使用。用户并不需要掌控云基础架构，就可以自己选择操作系统、存储空间、需要部署的应用程序及网络组件（如防火墙、负载平衡器等）。如亚马逊云计算 AWS（Amazon Web Services）中的弹性计算云 EC2（Elastic Computing Cloud）提供计算服务，S3（Simple Storage Service）提供简单存储服务。

（2）平台即服务（PaaS）　PaaS 对资源的抽象更进一步，提供用户应用程序的运行环境。这一层的服务对象主要是应用的开发者而非普通用户。如在 Google App Engine、Microsoft Azure、IBM Bluemix、Sina App Engine 等中，用户可以选择开发所用的环境和软件包。PaaS 提供的云服务包括替用户负责资源的动态管理和容错管理，使用户的应用程序不必过多考虑节点间的配合问题，但是一般会限制用户开发使用特定的环境和语言。

（3）软件即服务（SaaS）　SaaS 是将某些特定的应用软件功能封装成服务，将这种服务而不是资源提供给用户。比如 Google Docs、Office Online 提供给用户在线文档服务，Google、百度等的搜索服务，Gmail 的邮件服务，Salesforce 公司的 CRM（Client Relationship Management）应用等。

总的来说，云计算是计算机发展的又一场巨变，满足了公司和个人发展创新计算机应用的需求，是未来科技和社会的发展趋势。

2. 云计算与大数据的关系

前面提到，大数据是在一定时间内无法用常规软件工具对内容进行抓取、管理和处理的海量数据集合，而云计算就是分析、处理这样大量数据的有效方法，也是目前多数用户处理大数据的首要选择。在中国大数据专家委员会成立大会上，委员会主任怀进鹏院士用一个公式描述了大数据与云计算的关系：$G = f(x)$。其中，x 是大数据，f 是云计算，G 是目标。

大数据具有"4C+1V"的特点，大数据的分析处理给软件平台提出了很高的要求。云计算的超大规模解决了普通计算机算力不足的问题，极其廉价对比超级计算机又极具竞争力，通用性解决了大数据分析技术门槛高、需要掌握大数据平台管理难度大的问题，高可靠性保证了大数据处理的安全可靠，高可伸缩性、按需服务保证了大数据处理的多样性。显然，云计算完全可以解决大数据分析的难点。

3. 常见云计算平台简介

Google、IBM、Microsoft、Amazon、腾讯、阿里巴巴等许多公司都提供便捷的云计算服务，用户可以根据需要了解和选购相应的服务。下面介绍一些常见的云计算平台。

Google 云计算技术包括 Google 文件系统 GFS、分布式计算编程模型 MapReduce、分布式锁服务 Chubby、分布式结构化数据表 Bigtable、分布式存储系统 Megastore 等服务。Google 主要提供了 PaaS 层的服务 Google App Engine（GAE），用户不必接触到涉及底层的操作，可以很容易上手。其基于 Python 语言的操作对用户也很友好，开发人员可以很容易地开发出自己的程序。但是 GAE 也有着自己的局限性——支持的服务有限，仅有 Python、Go、Java 等。

Amazon 云计算服务平台 Amazon Web Service（AWS）提供的服务主要包括弹性计算云 BC2、简单存储服务 S3、简单数据库服务 Simple DB、弹性 MapReduce 服务、内容推送服务 CloudFront、电子商务服务 DevPay 和 FPS 等。这些服务涵盖了云计算的各个方面，用户可以根据需要从中选取一个或多个云计算服务来构建自己的应用程序。AWS 主要提供的是 IaaS 层的服务，用户可以在其上快捷地构建应用程序，并且方便地进行部署和管理。

微软云服务 Microsoft Windows Azure 属于 PaaS 模式，一般面向的是软件开发商，其包括了底层核心 Windows Azure、关系型数据库服务 SQL Azure、基于 Web 的开放服务 Windows Azure AppFabric 和提供在线服务的 Windows Azure Marketplace。基于这些核心服务，微软为用户提供了数百种服务。

目前市面上不仅有多种商业公司提供的云服务可供选择，还有一个开源组织 Apache 下的开源框架 Hadoop，用户可以在自己的计算机集群中搭建自己的私有云计算。Hadoop 体系构架包括分布式文件系统 HDFS（Hadoop Distributed File System）、并行计算模型 MapReduce、列式数据库 HBase、数据仓库 Hive、数据分析语言 Pig、数据格式转化工具 Sqoop、协同工作系统 ZooKeeper 等。图 3-5 所示是一个 Hadoop 系统构架图。

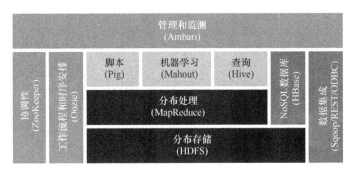

图 3-5　Hadoop 系统构架图

国内诸如阿里巴巴、腾讯、百度等公司也有各自建设的云计算平台，提供计算、存储、云数据库、网络、CDN 与加速等服务。国内各个平台虽然发展得比较晚，但是由于国内的市场广阔、发展迅速，目前都发展到了一定的规模。

3.3.3　中小桥梁监测与云计算

1. 为什么使用云计算

对于大型桥梁结构健康监测系统，由于成本预算很足，因此建设监测中心可以有效地管理桥梁的数据和方便投入监测人员进行维护管理，不必要在云计算平台建设监测系统。

而对于中小桥梁的监测，由于中小桥梁监测的特点和有限的成本，显然云计算平台是一个有效的解决方案。云计算的超大规模保证了桥梁结构健康监测系统的计算效率，高可靠性保证了监测系统运行的稳定性，高可伸缩性保证了监测系统未来在数据和计算能力的可扩展性，按需服务避免了一次性大幅投入，极其廉价的特征降低了桥梁监测的成本。同时，使用云计算平台，用户不用花费人力和财力维护服务器的软硬件环境，可以将这些维护工作交给专业的服务商来完成，从而将更多的资源投入到监测工作中。

2. 监测系统云计算平台

中小桥梁结构健康监测系统应该服务于桥梁的监测、管理和养护人员，这些人员是领域内的专业人才，他们需要的服务是直接的 SaaS 的服务。而监测系统本身应该是建立在 IaaS 或 PaaS 层上，并向上提供 SaaS 服务。PaaS 提供成熟的软件开发平台，便于开发人员使用，但是各个 PaaS 云计算平台只提供有限的开发组件和功能。如果 PaaS 平台提供了开发监测系统需要的所有功能，那么可以利用 PaaS 平台继续开发。但是如果监测系统的功能很多，

PaaS 开发平台不能完全覆盖，那么应该租用 IaaS 平台，开发监测需要的功能，然后提供 SaaS 服务给监测、管理和养护人员使用。

对于 Hadoop 3.0 这样的开源开发软件，由于需要从头构建整个云计算平台，难度较大，对于桥梁结构健康监测系统开发来说，也不必要了解云计算平台的细节，只要能够使用云计算技术开发和使用监测系统就可以了，因此，选择成熟的 IaaS 云计算平台，如 AWS、阿里云服务器、腾讯云服务器，在其上开发中小桥梁的结构健康监测系统，是一个十分合理的选择。

以阿里云提供的服务为例，图 3-6 是目前阿里云服务器的功能，包括云计算基础、安全、大数据、人工智能、企业应用、物联网、开发与运维等多类服务模式，精细划分可达数百种。

图 3-6　阿里云服务器的功能

3. 中小桥梁监测系统的框架图

基于商用的云计算平台，作者设计了一套云监测系统框架图，如图 3-7 所示。底层传感设备将采集的数据传入云端，用户直接在云端获取服务，没有传统的数据中心，用户只需在网上维护监测系统和现场维护采集设备的功能，而不需要维护和管理实体的服务器。

在云端，数据服务器、计算服务器和应用服务器分别负责数据的管理、指标的计算和应用服务的提供，这些服务一旦设定好就可以完全自动运行。数据服务器负责数据的管理、查询和调用，计算服务器负责指标的计算和分析，应用服务器负责管理桥梁的监测设备和为用户提供服务。

在开发过程中，工程师在云计算平台可以不必考虑复杂的大数据处理、并行计算等功能，只需进行监测功能的开发即可。

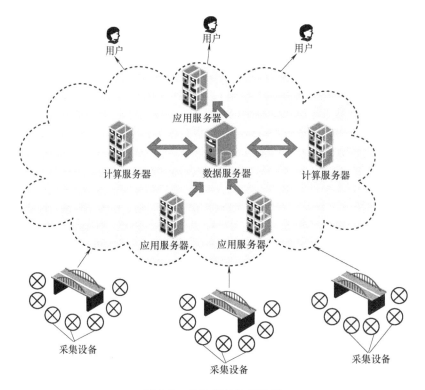

图 3-7 云监测系统框架图

■ 3.4 本章小结

本章从土木工程师角度，给出一套适合于桥梁结构网级智慧监测的软件环境构建方案，包括数据库环境、平台软件环境、科学计算支撑技术。首先，根据对桥梁监测系统组成的全面总结和梳理，介绍了一种一般化的中小型桥梁结构健康监测系统设计的标记语言 SHMSML（Structural Health Monitoring System Makeup Language）。然后介绍了监测数据的管理方法，并说明了监测系统的云计算框架。

第 4 章　单体桥梁结构智慧监测的硬件系统

第 2、3 章分别给出了适于网级桥梁群的智慧监测系统的物质基础条件，包括硬件技术和软件技术。本章将针对大型单体桥梁的智慧监测系统的硬件物质基础条件进行说明。不同于网级桥梁群的监测系统，大型单体桥梁往往采用在桥梁附近设置监控系统的做法，也就是利用主干通信网络将监测信息从现场数据采集站传输到监控中心的计算机网络中。由于该监控中心配置有足够的算力资源，因此这类监测系统的智慧功能将主要发生在监控中心的计算机网络之中。本章先介绍这类监测系统的硬件条件。

■ 4.1　单体桥梁结构监测系统的硬件标准构成

大桥结构健康监测系统首要任务是为桥梁的管理养护服务，设定系统的主要目标为：通过实时监测手段，对大桥的整体性能和工作条件进行监测；保证大桥全线结构的安全性和正常使用性能；为大桥的维护管理提供全面的科学数据和决策依据。

系统的总目标体现为下面三个层次。层次一为监测项目的选择和传感器的布设以满足桥梁结构性能监测的需要和满足日常管养为目标；层次二为数据处理和在线评估、预警以满足对结构的安全状态和正常使用状态的判断为目标；层次三为对数据的知识挖掘和离线评估预案的设计以满足桥梁的管养和科学研究需要为目标。

4.1.1　结构健康监测系统的构成

单体大桥结构智慧监测系统的硬件系统包括传感器子系统、数据采集子系统、数据传输子系统、数据存储子系统、数据处理与控制子系统五个部分，其中传感器子系统将结构响应和环境因素调解为各种电、光信号，数据采集与数据传输子系统能够将这些电、光信号解调为各种数据信息，并通过传输网络将这些数据信息传输到监控中心的数据处理与控制子系统内，数据处理与控制子系统实现监测数据的存储、显示、处理、管理以及结构评估等功能，从而达到对结构状态的准确把握。

健康监测与安全评价系统构成如图 4-1 所示。

该系统具有如下特点：

1）具有长期、实时、同步、连续地进行数据采集的能力。

2）具有强大的数据传输、处理、显示、存档和远程共享能力。

3）具有自检、校准、控制功能。

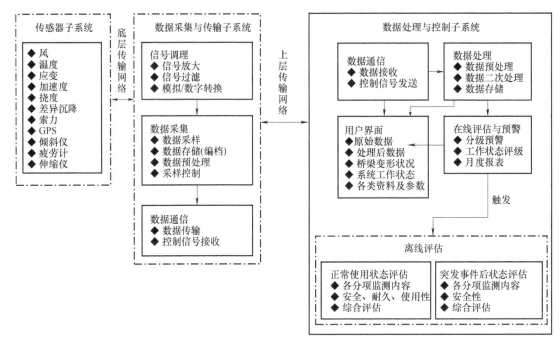

图 4-1 健康监测与安全评价系统构成

4）具有正常状态评估和突发事件评估的能力。

5）具有良好的开放性，能够融合不同方式获得的数据。

6）具有良好的可更换性和升级能力。

7）具有良好的人工巡检界面，满足电子化人工巡检系统的需求。

8）满足长期稳定工作的要求。

4.1.2 传感器子系统

桥梁结构健康监测内容的确定首先考虑典型桥梁结构形式的特点，针对不同桥型选取不同侧重点的监测内容。另外，从运营期养护维修的角度出发，考虑提供详细必要的数据给养护管理系统，为养护需求、养护措施采用决策提供科学依据，确保结构安全运营，真正做到预防性养护。确定监测内容还需根据监测系统的自身要求来选择适合的监测项目，主要考虑到测试手段的可行性、分析方法的可靠性等因素。桥梁实时监测内容在考虑结构形式的基础上，主要考虑以下三方面的因素：环境方面，结构响应方面，桥梁易发事故或者病害方面。

大桥主要监测部位及监测内容见表 4-1。

表 4-1 单体桥梁监测系统常用传感器

监测类别	监测项目	传感器类型	监测内容
环境监测	风速风向	风速仪	平均风及阵风风玫瑰图
	大气温度	空气温湿计	大气温度
	大气湿度		大气湿度

（续）

监测类别	监测项目	传感器类型	监测内容
结构响应监测	整体线形	GPS	各种荷载环境（如风、温度、车辆等）下的整体位移、桥面及索塔位移
	振动	加速度传感器	荷载作用下的桥梁振动状况、频谱等
	索力		荷载作用下的索的振动状况、频谱、索力等
	地震、船撞		地震、船撞等特殊状态下的响应
	应力应变	应变传感器	荷载作用下的应力-应变分布及变化状况、不同应力水平下的雨流循环计数、疲劳分析等
	塔柱倾斜	倾斜仪	荷载作用下的桥梁塔柱倾斜状态等
	竖向变形	挠度仪	荷载作用下的桥梁箱梁竖向变形等
	位移	位移传感器	监测桥梁特殊构件的位移状况，如鞍座、伸缩缝
	温度	温度传感器	钢结构有效温度变化状况

4.1.3 数据采集与传输子系统

数据采集与传输子系统的重点和难点有以下几点：需要考虑传感器的布设位置、类型、抗干扰能力等方面的因素，合理布设数据采集工作站的位置以及工作站内的采集模块的配置；需要设计具有良好冗余性和鲁棒性的数据传输网络，保障数据传输的稳定性；需要考虑不同工作站间的数据同步。

1. 子系统功能

数据采集与传输子系统应具有以下功能：

1）系统具有自动对各个传感器信号进行实时采集、同步传输、自动存储和便于查询的功能。

2）系统具有识别传感器与子系统故障和自动报警的功能。

3）各监测项目在现场具有数据的缓冲存储和数据处理功能。

4）系统具有对所监测数据进行自检、互检和标定的功能。

5）系统具有单点故障不影响控制网络其他部分的功能。

6）系统具有一个或几个部件在发生临时断电时，系统的每个部件能自行重新接通和保证同步的功能。

7）系统具有基于无线网络的远程异地控制功能。

8）系统具有良好的兼容性、可扩展性和开放性。

9）数据的初期报警功能，当数据发生异常时应向监控中心报警。

10）精确的同步校时功能，各个工作站应能进行精确同步、校时，在统一的时间频率里工作。

2. 常用采集设备

依据传感器类型，单体桥梁监测系统的常用采集设备见表4-2。

3. 采集节点布置

对于大型单体桥梁，由于各监测项目的传感器分散布设在各桥梁段，通常需要多个采集点。为了便于数据传输，需要在传感器相对集中的断面上设置适当的数据采集汇聚节点。图 4-2 和图 4-3 所示分别为左汊悬索桥和右汊斜拉桥数据采集节点。初步考虑布设 6 个数据采集节点，其中左汊悬索桥上布设 4 个采集节点，右汊斜拉桥上布设 2 个采集节点。

表 4-2　单体桥梁监测系统的常用采集设备

监测内容	传感器	信号调理器	输出特性	接口类型
风速仪空气流速	风速仪	自带处理器	数字信号	RS232 或 RS485
空气温湿度	温湿度传感器	自带处理器	数字信号	RS232 或 RS485
空间变形	GPS	自带处理器	数字信号	RS232 或 RS485
结构加速度	加速度传感器	动态数据采集仪	模拟信号	10MB/s 以太网
吊杆索力	加速度传感器	动态数据采集仪	模拟信号	10MB/s 以太网
主缆索力	加速度传感器	动态数据采集仪	模拟信号	10MB/s 以太网
拉索索力	加速度传感器	动态数据采集仪	模拟信号	10MB/s 以太网
地震、船撞	温度传感器	光纤光栅解调仪	光信号	10MB/s 以太网
鞍座位移	鞍座位移计	自带处理器	数字信号	RS232 或 RS485
结构应变	应变计	光纤光栅解调仪	光信号	10MB/s 以太网
结构温度	温度传感器	光纤光栅解调仪	光信号	10MB/s 以太网
路面温度传感器	红外温度传感器	自带处理器	数字信号	RS232 或 RS485
桥墩挠度	压力变送器	自带处理器	数字信号	RS232 或 RS485
伸缩缝位移	伸缩缝位移计	自带处理器	数字信号	RS232 或 RS485
索塔倾角	倾角计	光纤光栅解调仪	数字信号	10MB/s 以太网

图 4-2　左汊悬索桥数据采集节点

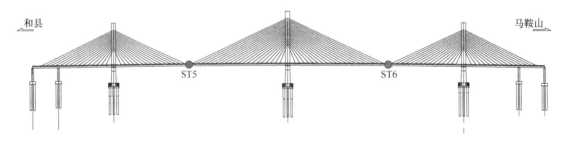

图 4-3　右汊斜拉桥数据采集节点

4. 常用数据采集制度

依据健康监测系统总体设计思想和桥梁的结构特性，对于各种传感器拟定采用如表 4-3

所列的采集制度。可以根据用户需要调整采集制度，在突发事件时应增大采样频率。

表 4-3　单体桥梁监测系统常用采集制度

传感器	采集数据项	单位	采样频率	采集方式
风速仪	风速，风向	m/s，°	1Hz	全天
空气温湿度传感器	温度、湿度	℃，%RH	1次/10min	全天
GPS	空间位移	mm	5Hz	全天
加速度传感器	加速度	m/s²	50Hz	全天
锚索计	索力	kN	1次/min	全天
鞍座位移传感器	位移	mm	10Hz	全天
应变计	应变	10^{-6}	20Hz	全天
结构温度传感器	温度	℃	1次/min	全天
路面温度传感器	温度	℃	1次/10min	全天
压力变送器	位移	mm	5Hz	全天
伸缩缝位移传感器	位移	mm	10Hz	全天
倾角仪	倾角	°	1Hz	全天

　　数据传输网络将现场采集到的数据实时地传输给监控中心的关键组件，选择合理的控制网络类型是子系统研究设计的重点问题。应结合桥梁的实际需求，选用光交换机和环网交换机作为通信传输设备。

4.1.4　数据存储子系统

　　为了最大限度地提高设备利用率、减小数据损失的风险，数据存储采用分布/集中式存储结构。分布式存储方式是指在数据采集系统中每个采集工作站的本地硬盘均作为数据存储介质，用于存储本工作站采集的数据。由于本地硬盘的大小限制，因此数据按时间滚动存储。集中式存储方式是指所有的监测数据，包括自动监测数据和传感参数器配置文件都按约定标准集中存放。为了保证后续数据二次处理、数据融合的性能要求，监测数据优先存储在一级存储设备即磁盘阵列上，根据服务器端请求或定时将历史监测数据转存到服务器的存储设备上。整个服务器存储设备上按就近时间至少保存一年的原始数据。

4.1.5　数据处理与控制子系统硬件部分

　　数据处理与控制子系统硬件部分通常由服务器、存储系统、工作站、网络控制设备等构成。常用的两种实施模式包括：①客户端/服务端实施模式，如图 4-4 所示；②客户端/中继端/服务端实施模式，如图 4-5 所示。

　　数据处理与控制子系统硬件部分设计的重点和难点有以下几点：

　　1）快速的在线数据处理方法的选择和实现。

　　2）结构状态预警阈值以及预警方法的选择。

　　3）结构状态评估方法的设计，以便获得结构状态实时的评估结果。

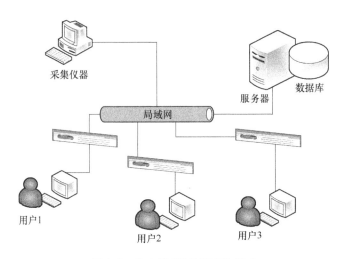

图 4-4　客户端/服务端实施模式

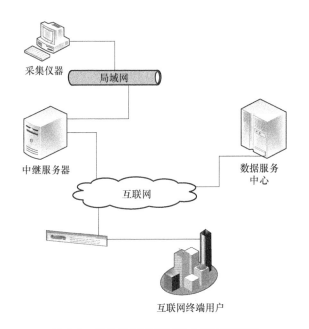

图 4-5　客户端/中继端/服务端实施模式

　　一个桥梁健康监测系统工程实例：其数据处理与控制子系统硬件部分采用 1 台数据服务器完成对采集到的数据的实时传输和存储服务，1 台数据处理服务器完成监测数据处理和结构状态在线评估，另外有 1 台数据库服务器、1 台磁盘备份阵列、2 台应用台式机、UPS 以及相应的配套设备。

■ 4.2　单体桥梁监测系统硬件选型技术标准

　　单体桥梁监测系统硬件选型总体设计主要包括如下内容：

1）监测内容和测点的优化布置方案设计。

2）传感器子系统的设计（包括技术参数选型和工作参数设计）。

3）数据采集与传输系统设计。

4）数据存储与中央数据处理系统设计。

在进行硬件系统设计时，对于监测内容和传感器测点的优化布置方案，应该围绕概念设计阶段形成的指标的测量，形成兼顾经济和信息量的测量内容和测点布置方案。优化过程应在管养因素、结构因素、力学因素、数学因素等多个层次的约束条件下进行，纯数学、力学上的测点优化不应该成为测点布置的唯一指导原则。硬件系统的设计还应该注意兼顾技术成熟度和尽可能采用先进、经济的技术及设备。物联网无线监测等技术可以纳入考虑范围；监测系统的能源供给技术需要给予足够重视。

4.2.1 传感器子系统

1. 传感器子系统的功能要求

根据以桥梁健康监测系统概念设计得到的监测模式，确定其传感器技术方案，其功能要求如下：

1）传感器模块应采用先进的技术、实现自动化，通过对传感器模块的采集分析及时准确地了解各个实时监测区段的桥梁建筑物的结构动静力状态。

2）整个桥梁测点比较分散、监测区域大，监测对象是整个桥梁集群，且地处野外恶劣环境，所以必须全方位地考虑整体提高传感器模块的防腐蚀、防雷击和抗干扰能力。

3）考虑到工程的传感器数量种类众多，要求建成的健康监测系统具有稳定可靠、使用灵活、维护方便、扩展性能强的特点。

4）监测仪器和监测系统的性能要求应是低故障率、高可靠性。基于所选择的传感器模块建成的系统应当是实用的、能够长期稳定运行的系统。

2. 技术选型原则

根据监测项目的特点和需求，传感器选型必须要考虑耐久性、可靠性、经济性、适用性好，便于组网和可更换性好。设备选型原则主要如下：

（1）先进性原则　根据监测要求，尽量选用技术成熟、性能先进的传感器，设备技术指标应符按前述的监测系统的功能要求。

（2）可靠性原则　保证系统在施工和使用环境下安全可靠运行，经济实用。

（3）实用性原则　传感器应有很强的实用性，方便安装和使用，设备性价比高。

（4）耐久性原则　选用耐久性好和抗干扰性强的传感器和传输线。

（5）可维护、可扩展原则　传感器易于维护和更换。

（6）精度选择原则　精度应适中，在满足监测要求的前提下考虑经济性，选择合适精度的传感器。

（7）冗余性原则　在满足监测要求的前提下，适度增加传感器的数量，保证传感器数量具有一定的冗余度。

（8）强大的技术支持能力　设备生产商/供货商需具备强大的技术支持能力和长期快速维护能力。

3. 可供选择的监测用传感器

监测用传感器及相关仪器类型主要包括以下几类：

（1）环境监测类传感器及仪器

1）温度监测。

① 接触式：热电偶、热敏电阻、电阻温度检测器、半导体温度传感器、膨胀式温度计、光纤温度计。

② 非接触式：红外测温仪、光学温度计。

2）湿度监测：电子湿度计。

3）风速监测：机械式风速仪、超声风速仪、多普勒雷达、多普勒 SODAR。

4）风压监测：FBG 风压传感器、压电式风压传感器、密闭空腔风压监测系统。

5）地震监测：地震仪、强震仪。

（2）几何监测类传感器及仪器　位移计、倾角仪、全球卫星定位系统（GPS）、电子测距器（EDM）、全站仪。

（3）结构反应监测类传感器及仪器

1）应变监测：电阻应变计、振弦应变计、光纤应变计。

2）位移监测：百分表、连通管、线性可变差动变压位移传感器（LVDT）、电阻电位计、激光测距仪、综合型加速度计（位移档）、微波干涉仪。

3）转角监测：倾角仪。

4）加速度监测：压电加速度计、伺服式加速度计、电容式加速度计、雷达测速仪、激光多普勒速度仪（Laser Doppler Vibrometer，LDV）。

5）速度监测：综合型加速度计（速度档）。

6）内力监测。

① 应变式压力传感器：筒式应变测压传感器、活塞式应变压力传感器、平膜片式应变压力传感器。

② 压电式压力传感器。

③ 压阻式压力传感器：膜片式压电压力传感器、固态压阻式压力传感器。

④ 磁弹性仪。

⑤ 剪力销。

⑥ 索力传感器：压力传感器、压力环、磁通量索力计、加速度计。

（4）外部荷载监测类传感器及仪器

1）车速监测：雷达测速仪、激光测速仪、红外线视频测速仪、超声波测速仪、感应线圈测速仪、磁传感器测速仪、视频测速仪。

2）车载：石英压电传感器、光纤称重传感器、压电薄膜传感器、弯板式称重系统、动态称重系统。

（5）材料特性监测类传感器及仪器

1）锈蚀监测：钢筋锈蚀仪、埋入式钢筋混凝土腐蚀检测系统。

2）裂缝监测：裂缝数显显微镜、裂缝宽度测试仪、裂缝深度测试仪。

3）疲劳监测：混凝土疲劳计、钢结构疲劳计。

4. 传感器主要性能参数

传感器常用的性能参数定义如下：

（1）量程　传感器能测量的物理量的极值范围。

（2）最大采样频率　传感器每秒从实际连续信号中提取并组成离散信号的采样最大个数。

（3）线性度　传感器的输出与输入呈线性关系的程度。

（4）灵敏度　传感器在稳态下输出量变化对输入量变化的比值。

（5）分辨率　传感器能够感知或检测到的最小输入信号增量。

（6）迟滞　在相同测量条件下，对应于同一大小的输入信号，传感器正反行程的输出信号大小不相等的现象。

（7）重复性　传感器在输入量按同一方向做全量程多次测试时所得的输入-输出特性曲线的一致程度。

（8）漂移　传感器在输入量不变的情况下，输出量随时间变化的现象。

（9）供电方式　传感器采用直流电供电还是交流电供电。

（10）寿命　传感器的有效期。

5. 常用传感器的基本参数要求

常用传感器的基本参数要求如下：

（1）应变类传感器

1）埋入式：精度和分辨率均宜达到1。对于动态测量，采样频率宜设置为 50 ~ 100Hz，量程宜不小于 2000×10^{-6}。

2）外贴式：分辨率均宜小于0.2，精度宜小于等于1。对于动态应变，采样频率宜设置为 50 ~ 100Hz，量程宜不超过 100×10^{-6}。

（2）位移类传感器　量程因测量部位或用途而异。分辨率及精度建议在 0.1 ~ 1mm。

（3）加速度类传感器

1）测量范围：$\pm 0.5g$（单向及双向加速度计）；$\pm 2.0g$（承台顶三向加速度计）。

2）灵敏度：$\pm 2.5V/g$。

3）采样频率 50 ~ 100Hz。

4）建议搭配16位以上采集卡，以便获得足够的分辨率。

4.2.2　数据采集子系统

数据采集与传输模块设计的主要依据有：集约化设计的监测模式规定的传感器输出信号类型；信号电缆的类型和长度；采样频率以及测试精度。

数据采集与传输模块完成传感器数据的采集、信号调理与数据传输。各种不同类型的传感器采用不同的信号调理模块，数据采集模块完成对调理后的传感器信号的处理与转换，最终形成统一的数字信号；数据传输模块将经过采集模块获得的传感器监测参数的数字信号调制成为可供远程传输的信号，并完成信号的远程传输及解调的任务。数据采集与传输子系统也应作为向传感器发送采集指令的载体与通道。

1. 采集工作站总体要求

采集工作站是为户外运行而设计的，与在实验室和工业环境条件下使用的系统不同，采集工作站完全在纯自然的环境下工作，所以系统要具备在温度变化范围大、湿度高的环境下工作的能力，同时具有抗风吹日晒和抗击振动的能力。

现场采集工作站允许工作条件如下：

1）允许工作温度范围：−20＋60℃。

2）防水，防潮，防尘，满足防护IP65工业标准。

3）抗主要的化学腐蚀，特别是盐的腐蚀。

4）工作站中的电源系统应具有强大电源净化和电力后备功能，保证系统在恶劣的电网环境下正常工作。

2. 功能要求

数据采集子系统的基本功能要求如下：

1）系统应具有与其安装位置、功能和预期寿命相适应的质量和标准。通信协议、电气、机械、安装规范应采用相应国家标准或兼容规范。

2）系统具有自动对各个传感器信号进行实时采集、同步传输、自动存储和便于查询的功能。

3）系统应能在无人值守条件下连续运行，采集得到的数据可供远程传输和共享，采样参数可远程在线设置，系统具有基于因特网的远程异地控制功能。

4）外场工作站宜采用成熟稳定的产品，确保系统的稳定性、耐久性和高精度，能连续采样，并能在报警状态下（台风、地震、船撞等）进行特殊采样和人工干预采样。

5）工作站应具有适当的数据预处理能力和充足的缓冲存储器容量，以保存一定时段的采样数据。

6）系统具有良好的兼容性、可扩展性和开放性。

数据采集子系统其他要求还包括以下几点：

1）系统具有识别传感器与子系统故障和自动报警的功能。

2）系统具有对所监测数据进行自检、互检和标定的功能。

3）系统具有单点故障不影响控制网络其他部分的功能。

4）系统具有一个或几个部件在发生临时断电时，系统的每个部件能自行重新接通和保证同步的功能。

3. 选型原则

数据采集子系统的选型原则如下：

1）设备生产商/供货商需具备强大的技术支持能力和长期快速维护能力。

2）充分考虑系统的稳定性、耐久性和保证高精度。

3）采用世界先进的成熟产品。

4）设备性价比要高。

4. 时间同步

作为一个集成系统，其数据采集过程必须有较好的时间同步设计。所有采集过程应采用单一的时间参照系确定标准时间，从而保证系统具有较高的时间精度，并便于操作。常用的同步方式是在监控中心设置一台基准时钟接收设备，定时接收卫星发布的时间信息，并通过RS232接口与监测中心计算机服务器通信。监测中心作为本系统最高级别的时间控制中心，系统中的所用其他设备都将服从中心的时间更新命令。监测中心服务器将通过应用程序和网络将接收到的基准时间信息发送到各个设备，各个设备根据收到的时间信息校准自己的系统时间，及时更新，以保证系统各个设备更新后的时间具有较高的一致性，因而实现系统的严格同步。时间的发送更新频率可根据需要进行调整和设置（如每半时一次），授时精度＜10μs。

4.2.3　数据传输子系统

数据传输子系统包括传感器与工作站之间的底层传输网络及工作站与服务器间的上层传输网络系统两部分组成。

1. 底层传输网络

底层传输网络的功能包括：连接传感器与专用数字化调制解调仪；连接专用调制解调仪与工作站；连接传感器与工作站。其底层传输网络包括由各类传感器生产厂家提供的传输电缆及相关接口，所用连接方式见表4-4。

表4-4　底层传输网络连接方式

传　输　区　间	信号类型	接　　线	接　　口
传感器与专用数字化调制解调仪	模拟	双绞线、同轴电缆	插接
专用调制解调仪与工作站	数字	多模光缆（2芯）	RS232/485
传感器与工作站	模拟	双绞线、同轴电缆	插接

2. 上层传输网络

桥梁现场工作站（采集站）通过光纤以太网交换机与监控中心的数据服务器连接。建议以选择光纤千兆以太网来实现数据传输通信硬件载体，也可采用无线方式实现。桥梁现场工作站通过光纤串行总线、光纤传感网络及同轴电缆网络将各类传感器监测数据汇集，然后通过光纤以太网交换机将数据无阻塞地上传到监控中心的数据服务器，在监控中心的内部局域网上的各工作站均可以Web方式从数据服务器获取实时的监测数据。

4.2.4　数据存储子系统

数据存储子系统对硬件的要求：①外场、监控中心均应该配备足够的数据存储设备；②监控中心存储设备的容量应根据所有监测模式下数据量的总和来估计；③外场存储设备的容量应该满足至少30天的数据临时存储能力，各个监测项目在现场具有数据的缓冲存储和数据处理功能。考虑到数据量的规模及数据保护的重要性，考虑建立磁盘阵列及磁带库，所有服务器共享磁盘阵列进行存储，并利用磁带库系统进行数据存档。

4.2.5　数据处理与控制系统

1. 系统功能

数据处理与控制系统的主要功能：能管理网络上各个工作站的通信；能控制各个工作站各类参数设置；能实时采集、处理各个工作站上传的数据；具备数据分析、处理、计算能力；能进行结构预警处理分析；能管理存储所有数据（包括图像信息）；具有网络通信能力，支持远程用户访问。

2. 系统构成

数据处理与控制系统必须依托高效、可靠、安全、运行稳定、易于维护的服务器环境，以支持整个项目的可靠运行，确保数据的安全性。整个大桥结构监测巡检养护管理系统会产生大量的并发不间断的数据流，因此建议将整个服务器系统分为：数据接收、数据库、数据处理与分析、应用控制管理服务器、Web 发布服务器几个部分。考虑到有大量数据需要存储及备份，另外建立独立的存储系统，系统内的主要服务器共享存储系统中的磁盘阵列。此外，还应该考虑设置移动工作站和必要数量的工作站终端。

3. 系统选配原则

系统服务器的选择应依据以下原则：

1）无故障平均运行时间（MTBF）。具体要求如下：对于工作站、服务器等，不少于 100000h；对于显示器等，不少于 60000h。

2）具有可更换性，使用功能有预留空间，性价比最优。

对于监控中心机房及设备，设计者应该对机房的场地、供电、接地、照度、净度、通风和空调、消防保安等给出具体设计。应该给出机房设备布置、线缆走向等给出详细设计。

■ 4.3 本章小结

单体桥梁监测系统是各种组成要素齐全的系统，因此也是最为复杂的系统。本章介绍了单体桥梁结构监测系统的硬件标准构成情况，包括传感器子系统、数据采集与传输子系统、数据存储子系统和数据处理与控制子系统的硬件部分。针对这些硬件子系统，还给出了它们各自的硬件选型技术标准。

第5章　单体桥梁结构智慧监测系统的科学计算支撑技术

■ 5.1　智慧监测对科学计算支撑环境的需求

一个完整的结构健康监测系统一方面应实现各个子系统独立于其他子系统工作，子系统在功能实现上不相重合，具有松耦合性，另一方面应使各个子系统最大限度地协同工作，同时，它应该是一个实时的在线监测系统。相对于传统检测方法，健康监测系统应该具备实时性、自动化、集成化和网络化的特点。

实现桥梁健康监测系统的实时性和自动化要求，主要目的在于当桥梁结构出现问题时尽早地由系统本身发出预警信号，以及可以定时定期地对当前结构状态和剩余寿命进行正确评估，为桥梁的维护提供科学上的依据。目前，随着传感技术及计算机硬件能力、网络技术的不断发展，在已建成的健康监测系统当中，传感器子系统、数据采集子系统、数据传输子系统、数据存储子系统、数据处理与控制子系统的实施部署均已经比较完善，即集成化和网络化要求已经基本满足，但是，作为健康监测系统功能实现的核心部分——数据处理与控制子系统（主要进行损伤识别、模型修正及安全评估等）仍主要局限在研究所、实验室或桥梁监控室中以人工离线的方式进行，无法满足实时在线自动化监测的要求。这直接影响了桥梁健康监测系统充分发挥其在预警和安全评估方面的功能实现，必须引起我们的重视。解决这一问题，为损伤识别、模型修正及安全评估子系统实时化、在线化提供有效途径，具有比较重要的工程意义。

实现桥梁健康监测系统的实时化和自动化，本质上是要实现损伤识别、模型修正及安全评估子系统的在线化和智能化。为实现这一目的，需从两方面着手：首先，研究和编写可实现损伤识别、模型修正、安全评估、预警及可靠度计算等功能的算法程序；其次，将上述算法程序集成到 Web 平台之上，并使其能够自动化、智能化地运行。

本章基于选定的科学计算引擎，将网站编程语言和桥梁健康监测领域内的研究人员使用的科学计算语言相结合，使基于科学计算语言编写的算法程序能够依靠科学计算引擎的辅助在分布式 Web 平台上执行，从而实时在线地实现损伤识别、模型修正及安全评估子系统的各项功能，建立起可为桥梁健康监测服务的一般性的 Web 智能计算平台。

5.1.1　在线分析与离线分析的结合

损伤识别、模型修正及安全评估子系统的基础在于对数据进行处理，包括对实时数据的处理和对历史数据的处理。前者适用于预警事件的生成和结构当前安全状态评估，而后者主要用于损伤识别、模型修正以及历史安全状态评估等一些需要长期数据支持的系统功能。针对实时数据的处理，应该保证在很短的时间间隔内完成，如实时预警功能要确保在预警事件真正发生之前实现，实时数据处理结果能够自动通过网络传送到监控室的数据库服务器并记录下来，同时应保证预警结果的准确性。因此，处理实时数据严格要求系统的实时性、在线化和智能化。针对历史数据的处理，应能保证对数据有足够的挖掘深度，不会遗漏重要的信息，同时，不可以有太长的时间滞后，如在某一时间节点建立计划，对之前某一历史时间段的数据进行分析，应能保证在此时间节点自动执行该计划，并将分析结果在数据管理子系统中即时记录下来。达到这种目的的最好方式同样是由 Web 平台在线自动进行，离线分析方式作为后备。

按照数据处理方式划分，目前已建成的桥梁健康监测系统的数据分析处理方式可分为在线分析方式、离线分析方式和两种方式结合。

1. 在线分析方式

在线分析方式是指由人工借助 Web 平台或服务器按照预定计划自动进行的数据处理方式。其数据来源是数据管理子系统，数据无须下载到本地，直接在服务器端调用软件或算法进行处理，并将处理结果返回给相关人员和保存在数据管理子系统中。在线分析方式能够满足实时性和智能化的功能要求，同时由于算法或软件都部署在系统底层且较为完善，无须了解如何实现，故对监控人员的专业背景要求较低，是健康监测系统平台设计的主要发展方向。在线分析方式要求有良好的人机界面，完成处理数据功能的算法或软件稳定性好且效率高。

目前桥梁健康监测系统的在线分析功能部分所能完成的工作主要包括数据的时程曲线显示，数据的统计分析（如计算均值、最大值、最小值、方差等），以及简单的频谱分析、功率谱分析等，并可以从分析后的结论中实现简单的预警功能，如果某时刻的加速度数据超过了从历史数据统计出的正常阈值，则发出报警信号等。

从功能实现可以看出，在线分析虽然能够满足实时和智能化的功能要求，但仅仅是对数据进行一些简单的操作，所能实现的数据处理能力十分有限，远远不能实现损伤识别、模型修正及安全评估子系统所要求的各项复杂功能。

制约在线分析方式发展和应用的因素主要包括三点：

1）数据处理算法实现困难。硬件系统本身缺陷，使监测到的数据可能缺失、遗漏或发生错误；环境因素及测量噪声影响，使数据可靠性降低；作为结构健康监测系统的应用对象——桥梁本身的力学性能极其复杂，兼且受到环境、车辆动载等诸多不确定外因的影响，很难由监测数据准确反映桥梁的真实工作状态。这些因素都导致了数据处理算法很难实现。同时，工程上对数据处理算法的要求很高，成熟完善的算法方可得以实际应用。随着结构健康监测领域内研究的深入，大量成熟完善的数据处理算法会不断涌现，此问题可逐渐得以解决。

2）数据处理算法执行效率低，耗时长，对硬件要求高。在当前桥梁的健康监测系统中，传感器数量和种类较多，产生海量数据，处理困难，同时深入挖掘数据信息的算法往往耗时较长，需要先进的硬件平台。

3）数据处理算法在 Web 平台之上的部署很难实现。数据处理算法的开发往往基于较为高级的科学计算语言，如 MATLAB 语言和 FORTRAN 语言等。要将基于上述语言的算法应用到 Web 平台，一般做法是用开发 Web 平台的网络编程语言重新编写算法。当算法较为简单时，这种做法是可行的，如对数据进行简单的统计分析或做傅里叶变换等；但是当算法较为复杂时，这种做法的效率将会很低。因此，目前对数据进行复杂处理时，主要依赖于离线分析方式，直接在相应的运行环境支持下，利用科学计算语言编写的算法完成数据处理，如在 MATLAB 软件中调用数据处理函数来处理数据。

2. 离线分析方式

离线分析方式是指在研究所、实验室或大桥监控室由研究人员或专业人员编写或调用数据处理算法，对数据进行人工处理的方式，数据处理算法主要由科学计算语言实现，如上文提及的 MATLAB 语言和 FORTRAN 语言。离线分析方式的优点是能够深入挖掘数据中的信息，对数据的处理更准确、可靠，同时由于专业人员的参与，可得出更令人信服的结论。离线分析的基本流程是从数据管理子系统下载数据到本地计算机，然后编写程序或调用已有程序对数据进行处理，最后根据数据处理结果提交相应报告。整个流程完全针对历史数据，与Web 平台无关，与实时性无关。

比较常见的离线分析过程包括结构模态分析、损伤识别、复杂的可靠度计算、模型修正、剩余寿命估计，以及依据数据处理结果进行结构安全评估工作等。

离线分析的缺点是无法建立预警机制，并且人工分析时间周期较长，很难及时地应用到健康监测系统中，无法满足工程实际要求，此外，离线分析对于专业背景要求较高，必须由研究人员或专业人员进行。

3. 两种方式结合

在桥梁健康监测系统中，在线分析与离线分析方式都是必需的，二者缺一不可。前者是健康监测领域内桥梁技术研究成果在工程中得以实际应用的保证和途径，而后者能够促进健康监测领域内技术研究成果的产生，在所开发的算法成熟后，可以部署到 Web 平台上，作为前者的补充，不断地完善前者。

在线分析与离线分析两种方式之间具备一定的耦合性。首先，在线分析的内容绝大部分可以通过离线分析方式进行，但是，仅仅通过离线分析无法实现桥梁健康监测系统在预警及定期评估方面的要求，且有时间上的滞后性，无法满足工程上的实时性要求。其次，在进行离线分析时，往往包含了在线分析的内容，如离线对结构进行模型修正，一般先对数据进行频谱分析，而后者完全可以通过在线分析完成，然后以中间数据的形式反馈给离线分析。

因此，作者希望可以找到二者结合的方式，使二者相互独立，所做的工作不重复，又互为补充，即一方面将在线分析的结果反馈给离线分析，离线分析直接应用在线分析的结果进一步分析，另一方面将离线分析使用的算法修正完善后不断即时应用到在线分析中，从而达到离线分析和在线分析两种数据处理方式的完美结合。

在线分析方式、离线分析方式及健康监测系统组成之间的关系如图 5-1 所示。

5.1.2　网络编程语言与科学计算语言的结合

健康监测系统在线 Web 平台的实现至少要涉及两类计算机语言：网络编程语言和科学计算语言。一般情况下，考虑到平台开发效率和运行效率，开发 Web 平台需要采用网络编程语言，而开发用于健康监测数据处理的各种算法则需要采用科学计算语言。为方便起见，本章将使用网络编程语言的角色统一定义为网站开发者，将使用科学计算语言的角色统一定义为算法开发者。

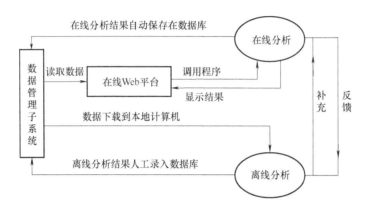

图 5-1　在线分析方式、离线分析方式及健康监测系统组成之间的关系

1. 网络编程语言

桥梁健康监测系统 Web 平台需要实现与用户的动态交互，属于动态网站范畴。目前流行的动态网站开发语言包括 ASP、JSP 及 PHP 等，这些技术可以大大提高网站编程的效率。

ASP 是 Active Server Pages 的缩写，意思是"动态服务器页面"。它是微软公司开发的一种包含 HTML 标记、Script（脚本）与组件技术的服务器端开发环境。ASP 允许用户使用许多已有的脚本语言编写应用程序，由于主要工作环境是微软公司的 IIS 应用程序结构，导致 ASP 的开发基本上局限于微软的操作系统平台之上，因此很难实现跨平台工作。

JSP 是 Java Server Pages 的缩写，是由 Sun Microsystems 公司于 1999 年 6 月推出的基于 Java 语言的技术，在 Servlet 和 JavaBeans 的支持下，可以完成功能强大的站点程序。JSP 的主要优势是具有平台无关性，其编写的程序可以做到一次编写到处运行，不局限于 Windows 操作系统，且秉承了 Java 语言一贯的编程简单的优点，易于开发、维护和管理。

PHP 是 Hypertext Preprocessor 的缩写，即超级文本预处理语言。PHP 在网页编程上应用也很广泛，在此不赘述。

Java 是世界范围内最流行的编程语言之一，被广泛应用在包括金融、运输、电信、传媒和零售业在内的各个领域的基于 Web 应用的开发中。考虑到下一小节提及的 MATLAB 语言提供了与 Java 语言的接口，以及 Java 语言的平台无关性、易于编写性和适合开发网络应用程序等优势，本章选用 Java 语言作为网络编程的基础语言。

2. 科学计算语言

目前桥梁健康监测领域的研究人员使用的科学计算语言主要包括 MATLAB 语言、FORTRAN 语言、C 语言等，其中以 MATLAB 语言为主。MATLAB 源于 Matrix Laboratory 一词，意为矩阵实验室。基于 MATLAB 语言的 MATLAB 软件是一种功能非常强大的科学计算软件，具有良好的开放性和稳定性。MATLAB 语言作为最受欢迎的科学计算语言的优势包括以下几点：

1）MATLAB 具有强大的数值计算能力、符号运算能力及图形处理功能。

2）MATLAB 语言非常简单，允许用户以数学形式的语言编写程序，比 BASIC、FORTRAN 和 C 等语言更接近于书写计算公式的思维方式，初学者很容易掌握。

3）MATLAB 扩充能力强、可开发性强。用户可以方便地看到函数的源程序，并且 MATLAB 集成了大量的各个专业领域的工具箱，内含大量函数可供直接调用，用户也可以生成自己的工具箱。MATLAB 提供了与 FORTRAN、C 等语言的接口，可以充分利用各种资源。通过 MATLAB 也可以调用结构分析软件，如 ANSYS 等。

4）MATLAB 编程效率高，程序易于调试。通过对工具箱中大量函数的调用，用户可以轻松地编写自己的函数，用很少的代码完成复杂的功能。

基于以上原因，研究人员一般选用 MATLAB 作为开发科学计算函数或程序的语言，但是基于 MATLAB 开发的函数或程序一般仅可在本地计算机离线运行，很难集成到网络上以在线方式运行。未来，关于科学计算的支持还应逐步转移到开源软件上来。

3. 两种语言的集成

在基于 Java 语言的 Web 平台上集成基于 MATLAB 语言开发的函数有两种方式：第一种方式是将后者用 Java 语言重新编写；第二种方式是在 Web 平台上直接调用基于 MATLAB 语言开发的函数。事实上，第一种方式是很难实现的，首先在 MATLAB 中编写函数或程序不可避免地会调用工具箱中的大量子函数，若重新编写 MATLAB 算法，必须将用到的所有子函数都同样采用 Java 语言重新编写，工作量极大；其次，网站开发者和算法开发者之间的沟通存在问题，由于缺乏专业理论背景，网站开发者很难真正理解算法开发者的编程意图，在用 Java 语言实现算法时，容易产生各种因沟通不畅导致的问题；第三，利用 Java 语言进行科学计算的效率也会很低，Java 语言的优势在于网络编程，并不擅长科学计算。因此，想要真正实现两种语言的集成，应该采用第二种方式。

在 Java 中直接调用基于 MATLAB 语言开发的函数主要有五种技术：利用 CORBA（Common Object Request Broker Architecture）技术连接、利用 JNI（Java Native Interface）技术和 MATLAB 引擎函数实现连接、利用 MATLAB 的 Com Builder 连接、利用 MATLAB Web Server 技术以及利用 MATLAB 软件的 MATLAB Builder JA 技术等。

利用 CORBA 技术连接，优点是完全遵照技术标准，缺点是开发复杂；利用 JNI 技术和 MATLAB 引擎函数，会使 Java 系统失去平台无关性的优势，并且必须在运行的系统中安装 MATLAB；利用 MATLAB 的 Com Builder 技术，不受操作平台的限制，但是需针对不同的平台生成特定的 COM 组件，通用性较差。

The MathWorks 公司从 MATLAB 软件的 R2006b 版本开始就不再支持 MATLAB Web Server 技术，而是建议采用 MATLAB Builder JA 来开发服务器端的应用。通过 MATLAB Builder JA 技术，并结合 MATLAB Complier（MATLAB 编译器），可以很方便地将基于 MATLAB 开发的函数以组件的形式部署在基于 Java 语言开发的 Web 平台上，从而实现两种编程语言的结合。

采用 MATLAB Builder JA 作为桥梁，实现在 Web 平台上直接调用基于 MATLAB 开发的函数，一方面避免了将科学计算函数以网络编程语言重新编写，节省了时间，有利于加快平台开发进度及降低平台开发难度，另一方面也将算法开发者的职责范围与网站开发者的职责范围分离，算法开发者只需要研究如何根据桥梁健康监测系统需求去编写高效算法函数，而不用考虑算法函数在 Web 平台上的具体实现；类似的，网站开发者也只需要进行网络编程，无须关心平台底层进行数据处理的算法实现。

基于 MATLAB Builder for JA 技术，网站开发者与算法开发者的职责范围如图 5-2 所示。

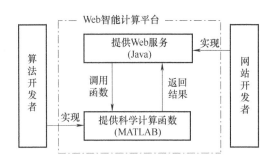

图 5-2　网站开发者与算法开发者的职责范围划分

■5.2　桥梁健康监测 Web 智能计算平台

5.2.1　概述

前文提到了应用 JSP 技术开发动态网页，下面对 JSP 技术进行介绍。JSP（Java Server Pages）是由 Sun Microsystems 公司倡导和联合众多公司共同参与推出的服务器端动态网页开发技术，与 Servlet 技术及 EJB 技术共同组成了 Java EE 规范的核心部分。JSP 通过在静态网页中嵌入 Java 脚本（Scriptlet），实现动态处理用户请求并做出响应，大幅度扩展了静态页面的功能；同时，大量的 Java 脚本可以用 JSP 标签库代替，有效降低了开发网页的难度，从而广泛应用在动态网页的开发中。但是，类似于其他的动态网页技术（如 ASP 等），JSP 未能将业务逻辑和界面显示分离开来。这就意味着在任何时候，开发业务逻辑的小组必须与开发页面显示的小组（一般是网页美工人员）共同工作，每个页面的修改都需要二者同时参与，经常是每修改一处，都要涉及两小组之间的沟通，不仅延长了开发周期，而且使得代码的可读性、可维护性、可扩展性和可重用性大幅降低，不利于后续的开发和维护工作，更无法实现希望网站开发者和算法开发者在平台开发过程中各司其职的目的。

我们希望能够使业务逻辑（在本章中主要指算法开发者编写的算法程序）与页面显示（指动态网站页面）的开发任务相互独立，二者之间通过消息传递机制建立联系。同时，将页面显示实现和业务逻辑实现部署在服务器端，客户端不参与界面显示和业务逻辑的处理，从而降低客户端的负载水平。采用 B/S（Browser/Server）架构，结合流行的 MVC 设计模式，可以极好地满足这一需求。B/S 架构是一种基于浏览器和服务器二者交互的架构，服务器端实现界面显示处理和业务逻辑处理功能，将处理结果以静态网页的形式传递给客户端的 Web 浏览器，展示给用户；MVC 设计模式采用分层化的思想，使业务逻辑从系统服务和界面显示分离出来，它还可提高应用的可维护性、可扩展性、可移植性和组件的可复用性。

作为目前广泛流行的设计模式，MVC 模式可以在基于 Java 语言的 Java EE 平台上得到完美实现。1999 年，Sun Microsystems 公司发布了 J2EE 的第一个版本，直到 2005 年，Sun 公司推出 J2EE1.5，也就是 Java EE。Java EE 是一种为应用 Java 技术开发服务器端程序提供的标准规范，主要为企业级信息平台开发服务，它以 JSP 作为表现层技术，以 Servlet 技术和 EJB 技术等或系列开源框架（如流行的 SSH 组合）作为 MVC 层、中间层、持久层解决方案,并将各层之间以松耦合的方式有机地组合在一起,使 Java EE 应用具有高度的可扩展性、可维护性和可移植性。同时,Java EE 规范在支持基于 B/S 架构的多层 Web 体系结构方面也有极大的优势。事实上,Java EE 的推出与 B/S 架构的广泛应用有很大的关联,Java EE 规范的推出,很大程度上促进了 B/S 架构的推广和应用。

2006 年,美国 The MathWorks 公司发布了 MATLAB R2006b 软件,内含 MATLAB Builder JA 产品的第一个版本。MATLAB Builder JA 可以将基于 MATLAB 语言编写的科学计算函数嵌入到 Java 类(Java Class)中,并打包成组件(Component),作为第三方工具被 Java 应用程序调用。在基于 Java EE 规范开发的桥梁健康监测系统 Web 平台上,上述组件可以直接被用来代替业务逻辑组件,方便地进行业务逻辑的处理。

本章旨在针对基于 Java EE 开发的 Web 平台与基于 MATLAB 语言开发的科学计算函数的具体集成方式展开研究。首先介绍流行的 B/S 架构和 MVC 设计模式,以及基于 B/S 架构和 MVC 设计模式开发 Java EE 应用的相关技术;然后探讨 MATLAB Builder JA 的功能和用法,并用两个算例来论证本章思路的可行性;最后根据实际应用总结了二者集成过程中遇到的主要瓶颈问题。

5.2.2 系统架构选择

在桥梁健康监测系统在线平台设计中,必须要面对的一个问题就是:数据处理的操作应该是在客户端完成,还是应该在服务器端完成。由第 1 章中所述,所有数据都集中存放在数据管理子系统中,而一般情况下数据管理子系统被部署在服务器之上。若使用客户端对数据进行处理,需要对数据管理子系统进行远程的查询、修改或维护等操作,将会提升系统设计的难度,同时需要开发客户端的数据处理软件;而在服务器端进行处理,可直接对数据管理子系统进行相应操作,但是对服务器端应用的开发要求较高。因此,在开发健康监测系统时,必须要考虑以什么方式操作,这就涉及系统架构的选择。针对上述状况,本节对目前流行的两种架构进行讨论,包括 C/S 架构和 B/S 架构。

1. C/S 架构

C/S 架构是 Client/Server 的缩写,即客户机/服务器架构,在网络开发的早期得到过广泛的应用。常见的 C/S 架构的主要特点是把复杂的业务逻辑和界面显示任务集中到客户机(Client)上完成,而服务器(Server)端仅部署了数据库以及一些简单的事务处理解决方案,二者之间通过网络进行通信。客户机上的业务逻辑和界面显示功能往往被打包成一个 GUI 程序(图形界面应用程序),被安装在多个不同的终端之上,终端用户通过此 GUI 程序完成与服务器端数据库的连接和交互。常见的 C/S 架构示意图如图 5-3 所示。

C/S 架构可以使用户得到更多的数据信息服务、更易使用的界面和更好的计算能

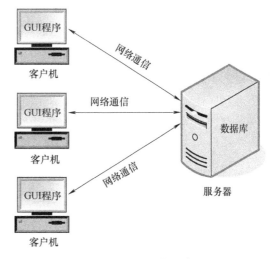

图 5-3 C/S 架构示意图

力。但是，C/S 架构存在着一定的缺陷：首先，受数据库系统支持的并发连接数的限制，能够与服务器保持连接的客户端 GUI 程序数目不能太多，当用户较多时，会导致部分用户连接失败；其次，由于业务逻辑和界面显示等功能都部署在客户机，导致对于应用程序的维护和管理非常困难，当有了新的需求时，必须对所有客户机上的不同应用程序进行升级、替换或维护，工作量大，效率低；第三，大量数据的传输，使网络负载很大。因此，C/S 架构并不适用于桥梁的健康监测系统在线平台设计。

2. B/S 架构

B/S 架构是 Browser/Server 的简写，也就是浏览器/服务器架构，它是在 C/S 架构的基础上发展起来的，为 C/S 架构存在的问题提供了很好的解决方案，目前已经得到了广泛的应用。

常见的 B/S 架构采用了三层组件结构：客户端显示层，即安装在客户端的浏览器，用于查看回应和提交请求；应用层，实现功能包括业务逻辑和界面显示等，此层也可以再细分为多层，比如将业务逻辑和界面显示分开为两层；数据层，为上层提供所需的数据服务。常见的 B/S 架构示意图如图 5-4 所示。

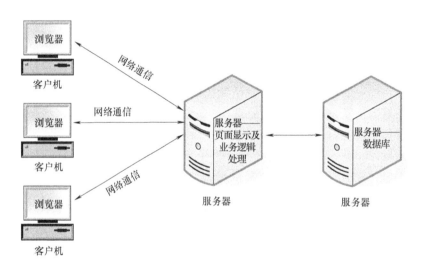

图 5-4 B/S 架构示意图

B/S 架构的优势在于将整个应用系统（包括界面显示和业务逻辑等）部署在服务器端实现，降低了对于客户端的要求。客户端用户无须像 C/S 架构那样在不同的客户机上安装不同的客户应用程序，而是只需要安装通用的浏览器软件，就可以发送请求给应用服务器，应用服务器调用相关逻辑组件以及与数据库进行交互后，再将处理结果以静态页面的形式返回到客户端的浏览器之上展示给用户。因此，B/S 架构实际上就是一个通过浏览器与服务器交互的网站架构。

相比于 C/S 架构，B/S 架构具有如下优点：

1）基于 B/S 架构的系统易于修改、维护以及更新。因为主要的应用功能模块被部署在应用服务器端，故当用户需求发生变化时，对系统进行修改、维护及更新的工作只需要在服务器进行。当客户端再次通过浏览器访问网站时，网站的所有改变能够实时地展示给用户，不需要在客户端进行任何操作和设置，且无须开发客户端软件。

2）不存在数据库并发连接数量限制的问题。由于客户端不直接与数据库建立连接，而是只有应用服务器与数据库建立连接，故不受数据库并发连接数量的限制。

3）通过对服务器硬件的升级即可以提高整个系统的运行效率，不受客户端软硬件条件限制。

4）网络可以节省用户的时间和开支，并提高准确性。

5）对于用户的培训比较简单，需要较少的专业背景，而 C/S 架构中的客户端软件对于用户的专业背景要求往往较高。

鉴于 B/S 架构相对于 C/S 架构的诸多优点，近些年来，B/S 架构得到了极其广泛的应用。在桥梁健康监测系统在线平台设计中，建议采用 B/S 架构，原因如下：第一，健康监测面向的对象是海量的数据，采用 B/S 架构，在服务器端通过局域网对海量数据进行操作，并将结果以静态网页的形式发送给用户，会大大减小对 Internet 的负载；第二，随着健康监测研究的不断发展和深入，系统功能的更改和扩展会经常发生，在服务器端进行代码更新会显著提高工作效率；第三，也是最重要的一点，健康监测领域内数据处理耗时长，对计算机硬件要求高，服务器端可以采用高性能计算机分布式运算，但是客户端受软硬件条件限制，即使开发了高效率的客户端软件，运行状况也往往不尽如人意；第四，采用 C/S 架构，监测数据的网络传输会占用大量时间，很难实现在线实时预警机制。

5.2.3　Java EE 平台规范

1. Java 编程语言及平台

Java 既是一种语言，同时也是一系列平台的统称。首先，Java 是一种高级的面向对象的语言，具有简洁性、健壮性、高安全性、平台无关性及高性能等优点，在 Java 语言中，一切都以对象的形式存在。Java 语言推出后，在网络应用开发领域获得了巨大的成功。其次，针对不同类型的应用程序，Java 为其提供了特定的运行环境，可称为平台。为应对不同的应用需求，Java 技术共提供了四个平台：

（1）Java 平台标准版（Java Platform, Standard Edition, Java SE）　Java SE 的 API 提供了 Java 编程语言的核心功能，它的定义涵盖八大基本类型、引用类型以及用于网络、安全、数据库连接、图形用户界面开发以及 XML 解析的各种高级类，此外，Java SE 的平台包括了 Java 虚拟机（JVM, Java Virtual Machine）、开发工具包、部署技术以及常用的第三方类库和工具包。Java SE 主要用于开发和部署桌面应用程序和名为 Applet 的小应用程序。

（2）Java 平台企业版（Java Platform, Enterprise Edition, Java EE）　Java EE 是在 Java SE 的基础上建立起来的，相对于 Java SE 增加了许多特性，用于开发和部署大型的企业级应用。Java EE 在应用服务器上运行。

（3）Java 平台微型版（Java Platform, Micro Edition, Java ME）　Java ME 是一种高度优化的 Java 环境，是 Java SE 的轻量级版本，主要用于开发针对小型移动设备的应用程序，如手机、数据机顶盒等。

（4）Java FX　此平台旨在开发富互联网应用程序，而这些程序应以设计艺术为导向。基于 Java FX 开发应用程序，可以增强应用程序的界面体验。

2. Java EE 体系结构

Java EE (Java Platform, Enterprise Edition) 是 Sun Microsystems 公司联合多家企业整合推出的用于简化分布式企业级应用开发及部署的规范体系, 已经成为目前 Web 计算环境中开发和运行多层分布式系统的最佳平台之一。Java EE 并非是一个开发平台, 而是一种规范和标准。基于 Java EE 规范提出的体系结构和各种技术, 不同的平台公司可以开发出不同的 Java EE 应用服务器作为 Java EE 的开发平台。同时, 由于各个公司开发的平台都是基于同一个 Java EE 规范, 因此相同的应用可以被部署在不同的平台之上。

针对目前的企业级应用多数以分布式为特点, 以网络技术和组件技术为基础, 以服务器端应用程序开发为核心, 采用松耦合多层机制实现的需求, Java EE 平台采用多层的分布式的应用程序模型, 将业务逻辑从系统服务和用户界面中分离开来, 降低了开发中间层服务的复杂程度, 能够有效简化服务器端应用程序的开发、部署工作和管理相关的复杂问题, 有助于开发和部署基于网络和组件的可移植、可复用、健壮、安全和高性能的企业级应用。此外, Java EE 以 Java SE 作为基础, 继承了 Java SE 与平台无关的优点, 可以做到一次编写, 到处运行。

为提高开发效率和应对不断增长的需求, 各个 Java EE 平台提供或集成了一系列开源框架作为各个功能层的解决方案, 不仅大幅度降低了开发多层次企业级服务的成本和复杂性, 提高了服务的可一致性, 而且保持了 Java EE 应用一贯的高可靠性、可维护性、可扩展性和高安全性的优点。

从企业信息化进程的长远角度来看, Java EE 的技术不仅仅为企业构建信息化平台提供方便, 更重要的是, 它能为信息化平台在未来的功能扩展、与不同平台或系统的整合等需求提供便利。Java EE 提供的跨平台性、开放性及各种远程访问的技术, 为异构系统的良好整合提供了保证。

Java EE 应用程序接口 (Application Program Interface, API) 是由一套构建分布式企业级应用的技术组件和服务组成, 其中包括可以用来建立界面显示和业务逻辑的组件, 用于管理业务事务的 API, 支持应用操作环境的安全和基础结构工具, 以及用于对内和对外集成的工具等。

图 5-5 所示是 Java EE 6.0 的体系结构图, 其从逻辑上展示了基于组件和分层化开发的思想: Java EE 规范中共包含四种容器、分别是 Applet (小应用程序) 容器、Web 容器、EJB (Enterprise Java Bean) 容器以及应用程序客户端容器。容器为应用程序组件提供运行支持, 容器中标明了所支持的应用程序组件以及该组件所依赖的服务及技术, 这些服务和技术均基于 Java SE 的 API。如图 5-5 中所示, Web 容器支持的应用程序组件包括 JSP 和 Servlet, 主要用于开发动态网页显示与交互; EJB 容器支持 EJB 组件, 用于开发支持页面的业务逻辑; JSP、Servlet 以及 EJB 组成了 Java EE 规范的三大技术。组件下方标明了所依赖的各种底层服务。

容器内部的组件和底层服务之间通过该容器建立连接, 允许容器透明地为组件注入必需的服务; 容器之间以及容器与平台服务之间不能直接交互, 只能通过容器的协议和方法来达成它们之间以及它们与平台服务之间的交互, 这就大大降低了组件之间的耦合程度, 不同的开发小组可以专注于各自的组件开发。例如, 应用程序客户端容器与 Web 容器所支持的组件相互访问须通过 HTTP 协议或使用安全套接层 (Secure Socket Layer, SSL)。Web 容器、

EJB 容器与应用程序客户端容器都为自己支持的组件提供了访问数据库的环境，而这种访问是通过数据库连接的 API（JDBC API）来实现的。

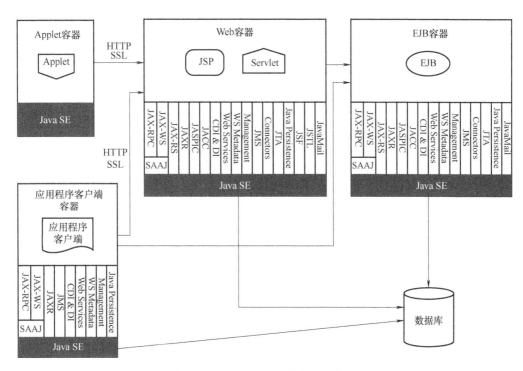

图 5-5　Java EE 6.0 的体系结构图

3. Java EE 的分层模型

Java EE 基于组件技术，采用分层的分布式应用程序模型。应用程序逻辑根据其实现的不同功能被封装到不同组件中，如界面显示组件、业务逻辑组件等，大量的应用程序组件根据所属的层被部署到不同的机器中。Java EE 的经典分层模型如图 5-6 所示。

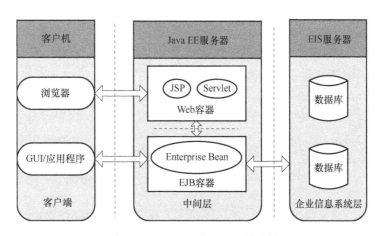

图 5-6　Java EE 的经典分层模型

如图 5-6 所示，Java EE 大致可分为三层，包括客户端（Client Tier）、中间层（Middle

Tier）、企业信息系统层（EIS Tier）。在进行较复杂的企业级应用开发时，中间层也可以进一步细分为两层：Web层（Web Tier）和业务逻辑层（EJB Tier）。下面对上述四层进行简单介绍：

（1）客户端　客户端可以是基于Web应用的，也可以是基于客户端应用程序的。在基于Web的应用中，用户通过客户端系统自带的浏览器与服务器进行交互。在基于客户端应用程序的应用中，用户必须安装该应用的配套软件。

（2）Web层　Web层主要采用JSP技术和Servlet技术，其中JSP技术有助于输出美观丰富的网页页面，而Servlet技术更方便进行流程控制和一般的业务处理，如处理请求和做出响应。一般情况下，都是将二者结合使用。Web层在接收到用户的Web请求时，会由相应的Web组件进行简单的业务处理，然后再将请求转发给业务逻辑层，由相应的业务逻辑组件处理复杂业务逻辑并与数据层进行交互。

（3）业务逻辑层　该层构成了Web应用的业务逻辑规则，是整个应用的核心部分。它将业务划分为一个个独立的逻辑单元EJB。EJB根据用户请求访问数据库，进行业务逻辑处理，将处理结果发送给Web层和客户端，还可以将处理后的数据进行存储。

（4）企业信息系统层　该层为整个应用的数据库提供支持。在桥梁健康监测系统在线平台设计中，可以将本层看作数据管理子系统的实现。

4. Java EE 组件

组件（Component）是独立的、可开发的、可重用的服务的集合。它的目的是将对象（包括其用户界面、对外接口等属性以及对象的功能实现）封装成一个规范的、标准的、可被组件容器操纵和使用的整体，使其成为一个通用、高效的软件部件。

组件技术使得设计人员可以通过对各种各样的组件的使用来方便快捷地生成应用系统，从而进一步提高软件的复用性，缩短软件开发周期，提高开发效率，增加软件开发的规范性。

基于Java EE开发应用系统一般包括以下四个组件：

（1）应用程序客户端组件　该组件被部署在客户端机器上，它可以仅仅是浏览器，也可以是与应用系统配套的图形界面应用（GUI）程序。它的作用是提供与中间层进行交互的用户界面。在本章中该组件指浏览器。

（2）JSP页面　JSP页面由静态的HTML页面和嵌入其中的Java代码组成，Java代码用来处理来自客户端组件的请求：当JSP页面接收到请求时，会通过内嵌的Java代码进行处理，处理后生成静态的HTML页面，返回给客户端组件。

（3）Servlet组件　Servlet是一种小型的Java程序，它扩展了Web服务器的功能。JSP页面编译后的源码就是Servlet，故JSP与Servlet本质上是相同的。Servlet完全是基于Java语言开发的，相对于JSP页面，其使开发过程变得复杂。一般情况下，往往将Servlet与JSP结合使用：当存在大量业务逻辑时，将JSP中的Java代码提取出来，以Servlet组件的方式实现。

（4）EJB组件　它是系统的核心组件，作用是进行逻辑处理。通常，一个业务逻辑对应一次用户操作。Web层的JSP页面或Servlet组件将用户的请求分发到业务逻辑层，找到对应的EJB组件对象，调用对象中的方法，完成业务逻辑的处理。值得注意的是，EJB并不是实现Java EE的唯一途径。由于Java EE的开放性，使得有的厂商能够以一种和EJB平行的方式来达到同样的目的。如 SSH（Struts，Spring，Hibernate）三大框架的组合，就无须 EJB 容器支持，而且可以更方便地实现 Java EE。

5. Java EE 在桥梁健康监测系统平台设计上的优势

相比于普通意义上的企业级应用，桥梁健康监测系统平台开发具有以下三个特殊之处：

1）面向的对象是海量的监测数据，且随系统运营时间增长，数据量不断加大。

2）随着桥梁健康监测领域内研究的深入，用于数据分析处理的算法不断涌现。

3）由于硬件设备的影响，以及对于数据采样率的高要求，使得数据文件容易出现错误，如出现空行、乱码、丢失时间节点记录等，因此系统平台对业务逻辑代码的健壮性要求较高。

Java EE 为搭建具有可伸缩性、灵活性、易维护性的企业级应用提供了良好的机制。基于 Java EE 平台规范开发桥梁健康监测系统平台，具有如下优势：

1）Java EE 是基于组件技术的分层式的平台规范，在物理上逻辑性地分成多层，这使业务逻辑组件可与其他组件分离开，从而使业务逻辑组件有很好的可插拔性能。

2）Java EE 具有适应各种变化要求的可伸缩性。当针对各类桥梁以及不同规模的桥梁开发健康监测系统平台时，可以根据其桥梁具体需求，在原有系统平台的基础上进行增补，即可完成新的平台的开发。

3）基于 Java 语言"一次编写，到处运行"的特点，基于 Java EE 开发的应用可以运行在任何操作系统环境下。

4）基于 Java EE 平台规范，开发者可以专注于支持业务处理的需求，而不需要花时间去创造内部的应用架构。由应用服务器处理一些复杂的问题，如多线程、同步处理、事务、资源分配和生命周期管理等。因而，采用 Java EE 平台可以大幅度提高生产效率。同时，作为一个标准，它能够保证开发的桥梁健康监测系统平台建立在成熟的平台之上。

5）开发者可以开发自己的业务逻辑组件，而本章后面提及的 MATLAB Build JA 技术，为开发自己的业务逻辑组件提供了方便快捷的途径。这可以大幅度降低系统平台开发难度，加快系统平台开发进度。

5.2.4　MVC 设计模式及其实现

1. MVC 设计模式

Java EE 为开发企业级应用提供了四层的分层设计模型，但是，这仅仅是功能逻辑上的分层，并没有给出具体的实现方式，事实上，各层之间通常是混在一起的。MVC 设计模式的诞生为分层设计模型的具体实现提供了解决方式。MVC 设计模式将业务逻辑和界面显示分离，使二者之间通过控制器建立联系，使各功能层之间的耦合达到最小，很大程度上方便了系统的开发、部署和后期维护。

MVC 是 Model-View-Controller 的缩写，中文意思是"模型—视图—控制器"。MVC 将系统划分为三个基本部分：模型层、视图层、控制层。各个基本部分介绍如下：

（1）模型层　这里的模型是指业务逻辑的处理和数据的存储，可分为：业务逻辑模型和数据模型。模型接受视图请求的数据，并返回最终的处理结果。业务逻辑模型，规定了"怎么做（业务处理）"；数据模型是指对数据的持久化，它实现了对视图和模型之间的交互支持，规定了"做什么（业务实体）"。实现模型层，可以将业务处理和数据实体分离开，这样可以实现业务逻辑的重用。对于开发者来说，就可以专注于业务模型的设计。

（2）视图层　视图层主要用来展现用户所需要的数据，它是用户和系统进行交互的界面。这部分工作可以由美工人员来开发和维护，一般可以采用 HTML 页面、XML、Servlet 和 Applet 等技术。一般来说，视图只接受来自模型的数据并显示给用户，然后将用户界面的输入数据和请求传递给控制和模型。MVC 设计模式对于视图的处理仅限于视图上数据的采集和处理及用户的请求，而不包括在视图上的业务流程的处理，业务流程的处理和状态的改变则交给模型层来处理。

（3）控制层　控制层类似于一个中转站，它从用户那里接受请求，并根据用户的请求，将模型与视图匹配在一起，共同完成用户的请求。用户在提交一个表单或者单击一个链接后，控制层接受请求，但它本身并不处理业务信息，而是根据用户的请求类型，把用户的信息传递给对应的模型，告诉模型做什么，等模型处理完毕，再把模型处理后的数据选择符合要求的返回给用户。这样一来，一个模型可以对应多个视图，一个视图也可能对应多个模型。

如果用户通过某个视图的控制器改变了模型的数据，所有其他依赖于这些数据的视图都应反映出这些变化。因此，无论何时发生了何种数据变化，控制器都会将变化通知所有的视图，更新显示。在经典的 MVC 设计模式中，三个基本部分中任意一个的改变都会引起其余两者的改变，这种改变是通过控制器处理的：当模型改变时，控制器将模型的更新转发给对应的视图，使视图产生更新，反之亦然。

在基于 MVC 设计模式的 Web 应用中，情况有些不同。由于 Web 应用多数是基于请求/响应模式的，当用户没有发送请求时，不希望模型将更改发送到视图，当用户发送请求之后，控制器才调用模型数据来更新视图。客户端与服务器之间的交互是由控制器协调控制的：控制器接收到客户端发来的请求，根据请求类型判断应调用的模型，将模型实例化后调用其中的方法进行业务逻辑处理，处理结束后，控制器再将模型的更新转发给视图，引起视图的更新，展示在用户的浏览器之上。

基于 MVC 模式的 Web 应用流程如图 5-7 所示。

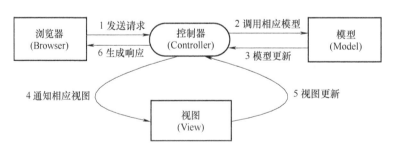

图 5-7　基于 MVC 模式的 Web 应用流程

MVC 是一种很优秀的设计模式：首先，它采用分层概念，将应用整体按照模型层、视图层、控制层进行分解，一方面降低了各层之间的耦合程度，使各层可以单独开发，不同的开发人员能专注于各自的工作，提高了开发效率，同时耦合度的降低还增强了各层的伸缩性和可维护性；另一方面模型与视图之间通过控制层进行协调，不管是模型的改变，还是视图的改变，都会引起另外两部分的改变，三层的合理组合可以使各层之间接口更清晰，应用的整体结构更紧凑。其次，在 MVC 设计模式中，多个视图可以对应同一个模型，不必为每个视图都开发各自对应的模型，这大大减少了代码量，提高了模型的重用性和可维护性。并且，不同的视图和模型通过控制器组合在一起，控制器根据请求类型选择特定的视图和模型，这使得控制器灵活性更强，而且可以包含用户权限的概念。

但是，MVC 设计模式也存在如下缺点：MVC 模式没有明确的定义，在开发不同的应用时，与经典的 MVC 模式都会有些区别，这导致开发人员很难完全理解 MVC；此外，MVC 是一个非常复杂的系统，在应用 MVC 模式时，必须要考虑如何设计应用的结构，达到最佳分层的目的。使用 MVC 设计模式时，一个应用往往被分解为多个部分，这增大了应用开发的复杂程度。但是，目前有很多成熟的框架实现了 MVC 设计模式，降低了开发的复杂程度。

2. MVC 模式在 Java EE 应用中的实现

MVC 模式主要应用于 Web 层的开发。早期的 Java Web 应用经历了 Model1 和 Model2 两个阶段。Model1 并没有实现 MVC 架构，其界面显示、流程控制与大量的业务逻辑都集中在 JSP 页面上完成，很少量的业务逻辑被用来处理数据库连接、数据库访问等操作。在 Model1 盛行的时代，随着需求的增长，在 JSP 页面上嵌入大量的业务逻辑越来越不现实，页面的灵活性、可扩展性及可维护性也非常差，所以 Model1 仅仅可以用来开发小规模的项目。因此，Java EE 推出了 JSP Model2 规范。Model2 引入了 MVC 设计模式的思想，用 JSP 技术实现视图的功能，用 Servlet 技术实现控制器的功能，用 Java Bean 技术实现模型的功能。下面简要介绍一下 Model2 设计模式及 MVC 模式在 Java EE 平台中的应用。

（1）Model2 设计模式 Model2 是基于 MVC 思想推出的设计模式。在 Model2 模式中，用 Servlet 充当控制器，负责处理流程控制，用 JSP 页面充当视图，负责处理显示逻辑，用 Java Bean 充当模型，负责根据用户请求进行具体的业务逻辑处理。通过 Model2 设计模式，使 Web 应用具有了组件化的特点，控制逻辑、业务逻辑和显示逻辑都作为不同的组件来实现。由于组件具有可以重用和交互等优点，因此 Model2 适合于开发大规模的应用，弥补了 Model1 的不足。Model2 设计模式流程如图 5-8 所示。

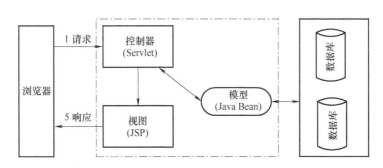

图 5-8 Model2 设计模式流程

这种方式在开发上没有前面以 JSP 为中心的开发模型速度快，实现起来也比较困难，原因如下：

1）必须基于 MVC 组件的方式重新思考和设计应用结构。原来通过建立一个简单的 JSP 页面就能实现的应用，现在变成了多个步骤的设计和实现过程。

2）所有的页面和组件必须在 MVC 框架中实现，所以必须进行附加的开发工作。

3）客户机和服务器的无状态连接。这种无状态行为使得模型很难将更改通知视图。在 Web 上，为了实现对应用程序状态的修改，浏览器必须重新查询服务器。

所以，MVC 并不适合应用在需要快速开发的小型应用程序中。但随着技术的发展，目前出现了很多实现 MVC 的开源框架，如 Spring、Struts 等，开发人员使用比较方便。

（2）设计模式在 Java EE 平台中的应用　MVC 设计模式是一种用于分离数据维护和数据表现的方法，在 Java EE 中引入 MVC 设计模式，有助于把应用划分为合理的组件，从而可以方便地进行系统的开发、维护和扩充。

基于 Java EE 结合 MVC 设计模式的系统模型如图 5-9 所示。

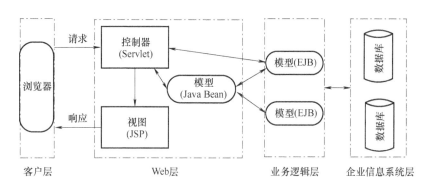

图 5-9　基于 Java EE 结合 MVC 设计模式的系统模型

5.3　MATLAB 与 Java EE 集成技术

MATLAB 软件是目前最流行的科学计算软件，它使用简单，容易掌握，具有良好的开放性和可靠性。早期的 MATLAB 软件是用 Fortran 语言开发的，随着 MATLAB 的发展和 C 语言在数值计算方面的优势，20 世纪 90 年代后，MATLAB 的内核开始基于 C 语言开发，内置的大量工具箱很多都是基于 C 语言作为基础的函数库。MATLAB 中使用的编程语言与 C 很类似，由于有大量的函数库进行支持，MATLAB 的编程语言非常简练，往往短短的几行代码就能完成复杂的功能，因此广受研究人员喜爱。目前健康监测领域内的绝大部分科学计算函数都是基于 MATLAB 软件开发的。

但是，MATLAB 开发的科学计算函数一般仅适用于科学研究，被相关领域研究人员掌握，很难应用到工程实践中。在桥梁健康监测领域内，科研人员针对特定问题，比如整桥的模型修正，开发出一套可行的科学计算函数，当要应用到健康监测系统时，所采取的方式往往是将上述函数改用其他的科学计算语言或网络编程语言进行重新编写，这将耗费大量的时间和成本，从而限制了 MATLAB 在桥梁健康监测领域内的应用。之所以不能将基于 MATLAB 开发的科学计算函数直接应用在工程实际中，原因主要包括两点：

1）MATLAB 软件一般是以本地方式运行，无法直接应用到分布式 Web 平台上。

2）MATLAB 只能在适当的系统环境下才能正常运行。

2006 年，The MathWorks 公司推出了 MATLAB 软件的 R2006b 版本，该版本提供了 MATLAB Builder JA 产品，能够将基于 MATLAB 软件开发的函数编译成为组件，从而实现

Web 平台对其调用。参考 MATLAB 软件产品文档，本节针对 MATLAB 和 Java EE 平台集成技术展开研究。

5.3.1　MATLAB Builder JA 产品及其应用

MATLAB Builder JA 是一项提供代码生成功能（生成 Java 类）的产品，通过 MATLAB Builder JA，可以自动在基于 MATLAB 开发的科学计算函数的基础上生成 Java 类。而这些 Java 类可以作为第三方工具被 Java 应用调用，与基于 Java 语言编写的 Java 类没有本质区别。通过与 MATLAB Complier 的结合，这些类可以被打包成组件，之后轻易地部署在桌面应用或者服务器端应用之上，实现和原来函数代码同样的功能，并且不需要安装庞大的 MATLAB 软件。这些类是可移植并跨平台的，可以在所有支持 MATLAB 的平台上运行。

下面从多个角度对 MATLAB Builder JA 产品进行介绍，本章采用 MATLAB R2010b 版，MATLAB Builder JA 的版本号为 v2.2。

5.3.2　开发环境及科学计算引擎 MCR

健康监测领域内的研究人员仅需要安装 MATLAB 软件以及 MATLAB Complier 和 MAT-LAB Builder JA 等附加产品。

Java 语言编程人员需要安装 JDK（Java 开发工具包）、文本编辑软件或 IDE 工具等，以及 MCR。

MCR 是 MATLAB Complier Runtime 的简写，它是指支持 MATLAB 各种代码文件运行所必需的本地库及组件的一个独立的集合。在机器上安装了 MCR 后，所有基于 MATLAB 软件开发的可执行文件或者组件等都可以得到类似 MATLAB 软件本身的底层运行时的支持，而不需要在机器上安装 MATLAB 软件。换句话说，MCR 可以看作 MATLAB 软件的计算引擎，所有 MATLAB 代码都是基于该引擎得以运行的。总体来说，MCR 具有如下特点：

1）当安装 MATLAB 软件后，MCR 被自动部署到系统中，不需要重新安装；而当 Java 语言编程人员在自己的机器上调用通过 MATLAB Builder JA 产品生成的 Java 类时，就必须安装 MCR，为上述 Java 类提供底层的运行支持。必须有 MCR 支持，是基于 MATLAB Builder JA 生成的 Java 类在应用时与其他第三方 Java 类最重要的区别。

2）当 MATLAB 软件启动时，MCR 自动初始化；而在仅安装 MCR 的机器上，MCR 的启动是在运行需要其支持的可执行文件、类或者组件时自动完成的。在 Java 应用第一次调用基于 MATLAB Builder JA 生成的 Java 类时，会自动生成一个 MCR 的对象，在之后的调用中，不会重新生成，且这个对象在应用关闭前始终存在。

3）MCR 是 MATLAB 软件的本地库和组件的集合，故与 MATLAB 软件版本相关。当在 Java 应用中使用基于 MATLAB Builder JA 生成的类或组件时，必须保证 MCR 的版本与当前 MATLAB 软件中 MCR 的版本相同。

5.3.3　组件开发流程

以 MATLAB Builder JA 为媒介，以 MCR 作为计算引擎，将基于 MATLAB 软件开发的算法和 Java EE 平台结合，其整个开发流程涉及两种角色：算法开发者和网站开发者。在本章中，前者主要是指桥梁健康监测领域内的研究人员，要求对 MATLAB 软件和桥梁结构的各种研究理论比较熟悉；后者是指熟悉 Java 应用开发、Java EE 平台规范和网络技术的程序员。

在上述两种角色人员的协同工作下，可以完成一个整体的 Java EE 应用开发。开发流程及开发环境如图 5-10 所示。

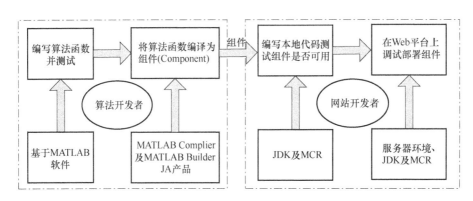

图 5-10　开发流程及开发环境图

1）第一步，算法开发者依据桥梁健康监测研究的具体需求，基于 MATLAB 软件编写算法函数，如常见的 M 代码函数（M-code Functions）。算法开发者至少应保证函数具备两个特征：函数是准确的，不偏离需求目标；函数是可靠的，本地测试能够通过，且函数的输入参数以及内置变量与本地机器无关，在网络平台上可以实现。对于后者的解释是：函数应独立于本地环境，如当函数输入参数是本地文件的绝对路径时，在网络平台上运行就会出错。常见的 M 代码函数格式如下所示：

```
function [output_args] = functionName(input_args)
{function body}
end
```

2）第二节，利用 MATLAB Complier 和 MATLAB Builder JA 产品，在上述算法函数的基础上生成 Java 类，并打包成组件（Component，表现为 *.jar 文件）。此过程可通过两种方式实现：第一种方式是使用 MATLAB 软件自带的 GUI（图形用户界面）工具，第二种方式是使用 mcc 函数。鉴于生成组件的过程与建立桥梁健康监测类库的内容相关，需要引起算法开发者的重视，故对这两种方式进行简要介绍。

第一种方式，使用 GUI 工具。流程如下：

① 在 MATLAB 命令窗口中输入 deploytool，启动 GUI 界面，即 MATLAB Complier。

② 在打开的界面上输入项目名，保存路径，在目标（Target）下选择 Java Package，单击 OK，则新建了一个项目。注意：此处定义的项目名是类的包路径名，而项目名的最后一部分才是 jar 文件的名称。

③ 在 Deployment Tool 对话框中单击 Add class，建立一个新的类文件，输入要定义的类名，一般依据实际意义命名即可。

④ 单击 Add files，选择之前建立的一个或者多个 M 代码文件进行导入。注意：在生成 Java 类文件时，M 代码文件作为类文件的一个或多个方法被类文件封装起来，故可以调用类

对象的以 M 代码文件名命名的某个方法来实现 M 代码文件的功能。

⑤ 选择 Project→Build，则自动编译并生成 jar 文件。

第二种方式，使用 mcc 命令，命令格式一般如下所示：

```
mcc -W 'java:ProjectName,ClassName' [-d Output_Directory] M-code
Files
```

假设项目名是 com. bridge. SHM，类名是 TestSHM，M 代码文件是 shm1. m 与 shm2. m，项目保存路径是 C:\SHM\时，可采用 mcc 命令如下：

```
mcc-W 'java:com.bridge.SHM,TestSHM' -d C:\SHM\ shm1.m shm2.m
```

上述两种方式均可以生成同样的组件，完成同样的编译功能。但相比于 mcc 命令，GUI 工具更直观，且具有更强的操作性能，实际中，一般以采用 GUI 工具为主。当采用 GUI 工具编译成功 com. bridge. SHM 项目后，项目文档结构图如图 5-11 所示。其中 distrib 目录下的内容是供发布给网站开发者使用的，而 src 目录下的内容是编译过程中涉及的所有文件和信息，可以选择是否提供给网站开发者。

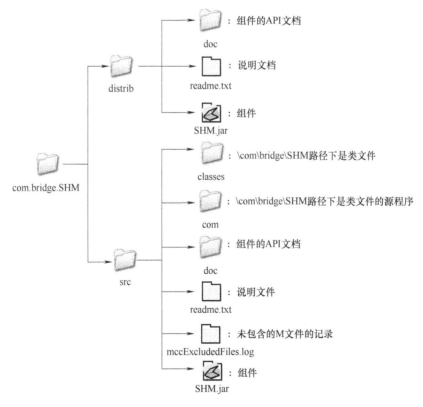

图 5-11 项目文档结构图

在组件 SHM. jar 中的 com\bridge\SHM（即类文件的包路径，与项目名称相同）路径下，可以发现上述过程共生成了四个文件，其文件说明见表 5-1。

表 5-1　文件说明

文 件 名 称	描　　　述
SHM. ctf	组件技术文件（Component Technology File）档案。档案中收集了所有与组件相关的 MATLAB 文件资源（如 M 代码文件，MEX 文件等），而且这些文件资源都是加密的。当算法开发者编写的函数中调用了其他 MATLAB 函数或资源时，所有函数及资源加密保存在 ctf 文件中，未用到的函数被记录在 mccExcludedFiles. log 文件中。ctf 文件是平台相关的，但是可以在编译时排除平台相关性，在此不再赘述
SHMMCRFactory. class	Java 组件，其 newInstance（) 方法用于创建 MCR 的实例对象
TestSHM. class	Java 类，内有多个方法封装了 MATLAB 函数，方法名同函数名相同。这些方法提供了自身与 MATLAB 函数（在 ctf 文件中）的一个接口，通过此接口实现对 MATLAB 函数调用。在本例中，TestSHM. class 中包含 shm1（) 和 shm2（) 方法，分别与 SHM. ctf 中的 shm1. m 和 shm2. m 相对应
TestSHMRemote. class	可远程化的 Java 类，其余描述同 TestSHM. class

3）第三步，将 distrib 目录及其他所需内容发送给网站开发者，网站开发者首先配置开发环境（主要是安装 JDK 及 MCR），然后编写本地 Java 代码测试该组件功能实现是否可行。测试的结果应与算法开发者测试的结果一致。在本例中，测试所用的 Java 代码如下：

```
Object[]result1 = null;                  //用于保存 shm1() 的结果
Object[]result2 = null;                  //用于保存 shm2() 的结果
TestSHM ts = new TestSHM();              //创建 TestSHM 类的对象 ts
result1 = ts.shm1(nargout,input_args);   //执行 ts 的 shm1() 方法
result2 = ts.shm2(nargout,input_args);   //执行 ts 的 shm2() 方法
```

4）第四步，网站开发者编写 JSP 页面、Servlet 或 Java Bean 将该组件部署在 Web 平台之上。

5.3.4　MATLAB 与 Java EE 集成技术

1. 数据类型转换

由前文所述，MATLAB 的内核是基于 C 语言开发的，这使得 MATLAB 与 Java 语言的数据类型存在差异，而这种差异性是导致 Java 语言与 MATLAB 无法直接建立通信机制的主要原因。本小节叙述如何通过数据类型的转换来实现二者之间的通信。

（1）javabuilder. jar　Java 语言与 MATLAB 语言之间的通信是双向的：首先，在 Java 应用中调用 MATLAB 函数，由前者传入后者的参数必然属于 Java 的数据类型，故需进行由 Java 数据类型向 MATLAB 数据类型的转换；其次，当 MATLAB 函数返回计算结果时，返回值应属于 MATLAB 的数据类型，将显示在 Java 应用的视图上，故需进行由 MATLAB 数据类型向 Java 数据类型的转换。

在 Java 语言中，数据类型共包括八种基本数据类型和多种引用类型：八种基本数据类型分别是 byte、char、int、short、long、float、double、boolean，常见的引用类型包括上述八种基本数据类型的封装类，以及 String 类（字符串数组）等。

在 MATLAB 中，常用的数据类型包括 logical、char、int8、unit8、int16、unit16、int32、unit32、int64、unit64、single、double、cell、structure 等。基于上述数据类型的数据可以单独存在，也能以向量、矩阵或多维数组的形式存在。

MATLAB 提供了包 javabuilder.jar 来完成数据类型转换的任务。javabuilder.jar 中提供了一些类，这些类定义了在 Java 和 MATLAB 之间进行数据类型转换所遵循的规则。包中数据类型转换类的层次结构如图 5-12 所示。

如图 5-12 所示，父类 MWArray 是一个抽象类，共有七个子类，从上到下分别对应不同的 MATLAB 数据类型，依次为：数值型、字符型、元胞、结构型、逻辑型、Java 类、函数句柄等。每个子类都提供了多个构造器、私有属性以及公有方法，其中构造器用来根据 MATLAB 函数不同的参数类型来实例化类的对象；私有属性作为相应 MATLAB 数据类型的引用，指向对应的 MATLAB 数据；公有方法可以用来访问对象属性所指向的 MATLAB 数组。总体来说，MWArray 抽象类及其子类为数据转换提供了以下方法，来完成不同的功能：

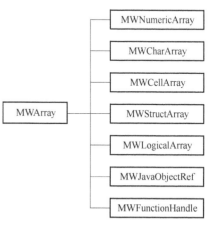

图 5-12　数据类型转换类的层次结构

1）构造器，用来实例化类的对象，并将对象属性指向内存中的 MATLAB 数组；终结器，用来进行垃圾回收，将内存中无用的 MATLAB 数组所占的空间释放。

2）get 和 set 方法，用来读写内存中的 MATLAB 数组。

3）访问内存中数组属性的方法，如访问数组维数、长度等。

4）比较方法，用来比较内存中的数组是否相等。

5）数据类型转换的方法，用来将内存中数组转变为其他 MATLAB 数据类型。

（2）使用 javabuilder.jar 完成数据类型转换　Java 与 MATLAB 之间的数据类型转换可分为两种方式进行：自动转换（Auto Conversion）和手动转换（Manual Conversion）。大部分情况下，无论是算法开发者，还是网站开发者，都无须理解 javabuilder.jar 下的各种数据转换类的用法，因为数据类型之间的自动转换足以满足要求。下面分别就两种方式展开论述：

1）自动数据类型转换。当 Java 应用获得输入参数并调用与 MATLAB 函数相关的方法时，输入参数一般会通过数据类型的自动转换传递给方法：在输入参数被传递给方法之前，会根据输入参数的类型产生 MWArray 抽象类的一个子类对象，并将输入参数作为属性保存在该对象中。当调用对象的方法时，实际上传入方法的参数是 MWArray 类的子类对象，然后对象中内置的输入参数被自动传递给方法对应的 MATLAB 函数。采用自动转换方式，无须关心具体的数据转换细节，Java 代码量少，代码格式简单。以 5.3.3 节中的例子为基准，假设输出参数个数为 1，输入参数是 5，则调用 shm1.m 函数的 Java 代码如下：

```
ts.shm1(1,5);  //第一个参数是输出参数的数目,第二个参数是输入参数
```

2）手动数据类型转换。手动转换方式的过程与自动转换相同，但是，手动转换需要明确所使用的类和对象。以手动转换方式调用 shm2.m 函数的 Java 代码如下所示：

```
    MWNumericArray input_args = new MWNumericArray(new Integer(5),
MWClassID.INT16;                    //实例化 MWNumericArray 对象 input_args
    ts.shm1(1,input_args);    //将 input_args 作为参数传入
```

比较上述两种方式可以发现：手动数据类型转换实际上是将自动数据类型转换显式化，并无不同之处。但是，如果频繁地传递同一个数组，可以采用手动数据类型转换方式将这个数组储存在七种子类之一的对象中，然后将对象作为参数传递，而自动转换在每次参数传递时都会进行数据类型转换，故相比于自动转换，采用手动转换方式可以节省时间，提高应用的性能。故建议这种情况下采用手动转换方式。

在将 MATLAB 计算结果传递给 Java 应用时，并不会发生由 MWArray 子类对象向 Java 数据类型的转换，而是直接以 MWArray 子类对象的形式传递的，这是因为 MWArray 本来就是 Java 的引用数据类型。如果需要将其转换成 Java 的基本数据类型，则可以通过 MWArray 子类对象的 toArray() 方法来完成，toArray() 方法可以使转换后的 Java 数组具有与 MATLAB 数组同样的维度。javabuilder. jar 的包全路径是 com. mathworks. toolbox. javabuilder，在使用 MWArray 类的子类时应引入这些子类，代码如下：

```
    import com.mathworks.toolbox.javabuilder.*;
```

2. 函数不定输入与不定输出的问题

算法开发者在编写 MATLAB 函数时，经常会遇到函数的输入参数或输出结果的数目不明确的情况。MATLAB 软件为这种情况提供了解决方式，函数声明的格式如下：

```
    function [varargout] = functionName(varargin)
    {function body}
    end
```

当运行函数时，可以输入任意数目的参数，同样，也可以获得任意数目的输出结果。

但是，在 Java 语言环境下，类的方法必须声明确定数目和类型的输入参数和输出结果，这就与上述函数的编译产生了矛盾。MATLAB Builder JA 为此问题提供了解决方案：

1）将函数的输入参数和输出结果均作为类方法的输入参数，如前文中的方法调用的第一个参数代表输出参数的数目，第二个参数代表输入参数。

2）在第一条的基础上采用 Java 语言中的方法重载生成多个同名方法。

用上述解决方案，MATLAB Builder JA 会自动生成多个同名的重载方法，适用于任何数目的输入值和输出结果。

3. 函数返回值类型问题

算法开发者在编写 MATLAB 函数时，由于 MATLAB 的变量在使用前无须强制声明，故某些情况下无法确定返回值的类型和维数，如下面的 MATLAB 函数就可能返回标量，二维方阵以及字符串：

```
    ----------------------------------test.m---------------------------------
    function result = test(n)
```

```
if n = =1
    result =n;
elseif n = =2
    result =magic(2);
else
    result ='This is a test!';
end
--------------------------End of function--------------------------
```

但是，在 Java 语言环境下，强制对变量进行声明，必须确定返回值的类型和维数，这就产生了矛盾，可称为返回值类型问题。对于这种问题的解决，主要有三种方案：

1）使用 Java 语言的 instanceof 关键字判断返回值的类型。

2）使用 MWArray 及其子类所提供的方法获得返回值对象的一些信息，如类型、维数等。

3）使用 toTypeArray( ) 方法强制将返回值对象强制转化为其他数据类型，如调用返回值对象的 toDoubleArray( ) 方法将返回值转换为 Double 类型。

4. 本地资源回收

Java 语言的一个特性是垃圾回收机制：Java 类的普通对象在停止使用后，会被 JVM（Java 虚拟机）发现并进行自动的垃圾回收，将其占用的内存空间释放。但是，JVM 不监控 MWArray 类及其子类的对象是否停止使用，故不会对其进行自动的垃圾回收。而如前文所述，MATLAB 数组是作为私有属性保存在 MWArray 类及其子类的对象中，这些对象保存在内存的堆空间内，由于 MATLAB 数组往往比较大，非常耗费系统资源，导致这些对象若始终保存在内存中，很快就会引发内存的崩溃，所以，MWArray 及其子类都提供了对这些对象进行垃圾回收的方法，包括 dispose( ) 方法和 disposeArray（java. lang. Object obj）。

5. 绘图问题

MATLAB 软件的主要特点之一就是其强大的绘图功能，通过编写简单的几行代码，就可以形象地将科学计算的结果绘制出来，同时 MATLAB 有很强大的图形句柄功能，用 MATLAB 绘制的图像具有很强的可操作性。在 MATLAB 软件中，图像是绘制在 Figure 文件中的，文件的扩展名是 .fig。

由于 Figure 图像可以蕴含大量的信息，故很多情况下算法开发者喜欢选择用图像来进行计算结果的显示。但是，Figure 图像的生成需要 MATLAB 的运行环境支持，且只可以在安装 MATLAB 的机器之上显示，这限制了 MATLAB 在 Web 平台上的应用。

MATLAB Builder JA 提供了 WebFigures 服务作为这一问题的解决方案。通过 WebFigures 服务，网站开发者可以很方便地将科学计算结果中的 Figure 图像以 Java 对象的形式嵌入到网页中去。网页中图像的显示效果与在 MATLAB 环境下 Figure 文件中的图像相同。另外，通过客户端的浏览器可以对网页中的 Figure 图像进行旋转、放大、缩小、移动等操作。

WebFigures 服务由函数 f = webfigure（H）实现，其中 H 指 Figure 图像的句柄，而返回值 f 是基于此 Figure 图像生成的 Java 对象，对象类型是 WebFigure。生成此 Java 对象的常见代

码格式如下:

```
function result = testforfigure(input_arguments)
H = figure('visible','off');              % 创建 figure,设置为不可见
{Code Block};                             % 绘图代码块
result = webfigure(H);                    % 产生 webfigure 对象
close(H);                                 % 关闭 figure
end
```

5.3.5 MATLAB 与 Java EE 集成算例

在前面两节中详细研究了 MATLAB 与 Java EE 的集成技术,包括基于 MATLAB Complier 和 MATLAB Builder JA 产品生成科学计算函数组件的整个流程,以及二者集成所必需的关键性技术。为了展示组件的整个开发和部署流程,同时用来验证二者集成在技术上的可行性,本节设计并实现了两个算例,包括数据类型转换及在网页上实现 Figure 图像的显示,具体内容见下文。

1. 数据类型转换

首先建立本算例的需求目标:当用户在页面输入任意一个正整数 N 并提交后,平台将自动产生一个 $1 \times N$ 的随机数 (0~1) 向量,并对该向量进行统计量计算,包括计算其最大值、最小值、均值及标准差。本章通过以下步骤实现此目标:

1)算法开发者编写用于统计量计算的 M 代码函数,代码如下:

```
---------------------------test1.m---------------------------
function result = test1(args)
% args 是输入向量
    result{1,1} = ['Max Value:',num2str(max(args))];    % 最大值
    result{1,2} = ['Min Value:',num2str(min(args))];    % 最小值
    result{1,3} = ['Mean Value:',num2str(mean(args))];  % 均值
    result{1,4} = ['std Value:',num2str(std(args))];    % 标准差
end
-------------------------End of function-------------------------
```

2)算法开发者测试 M 代码函数是否可以正常运行,测试正常后,应用 GUI 工具 deploytool 将其编译为组件。定义项目名 com. bridge. SHM,类名 Test1,并导入 MATLAB 函数 test1. m,最终生成 SHM. jar。

3)算法开发者将 SHM. jar 发送给网站开发者,网站开发者编写 Java 类 SHMTest1. java,对组件功能进行本地测试。

4)本地测试成功后,网站开发者开发 Servlet 或 JSP 页面实现预期功能。本章采用 JSP 页面,包括 index. jsp 和 SHM_Test1. jsp 两个页面。

在 SHM_Test1. jsp 页面中,首先实例化了类 Test1. class 的对象 t1,t1 对方法 test1 的调用,实际上进行的是对 MATLAB 函数 test1. m 的调用。该行代码如下:

```
result = t1.test1(1,input);
```

input 是 MWNumericArray 类的对象，对应于函数 test1.m 的输入向量，返回值 result 的第一个元素 result［0］是函数 test1.m 的返回结果，经过手动数据类型转换，可以将其转换为 MATLAB 的 Cell 数组对应的 MWCellArray 类型，从而可以使用 MWCellArray 类提供的方法，获得其中的返回数据。代码如下：

```
MWCellArray mwc = null;
mwc = (MWCellArray)result[0];手动数据类型转换
```

当用户输入向量中元素的个数 N 为 10 时，本例的用户输入界面如图 5-13 所示，返回结果页面如图 5-14 所示。

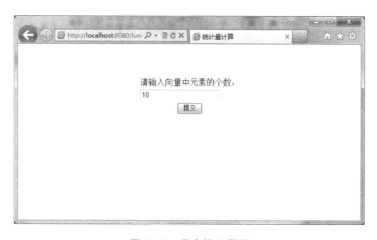

图 5-13 用户输入界面

图 5-14 返回结果页面

2. WebFigure 页面显示

本例的需求目标是在页面上展示由 MATLAB 软件计算得到的 Figure 图像，为此，本章基于 MATLAB 语言，编写了函数 test2.m，返回值为 WebFigure 对象，测试结果如图 5-15

所示。

```
--------------------------------test2.m--------------------------------
function result = test2()
Fs = 50;                                  % 采样频率
L = 10000;                                % 数据长度,200s
t = (1:L) / 50;                           % 采样时间向量
y = sin(2 * pi * 10 * t) + cos(2 * pi * 20 * t) + randn(1,L);
                                          % 模拟信号
f = figure('visible','off');             % 新建 figure,设为不可见
subplot(2,1,1);
plot(t,y);                                % 绘制信号时程曲线
subplot(2,1,2);title('Simulated Signal time-history curve');
xlabel('time(s)');ylabel('Simulated Singal');
cpsd(y,y,512,256,8192,Fs);               % 信号功率谱分析
result = webfigure(f);                    % 获得 Webfigure 对象
close(f);                                 % 关闭 figure
end
------------------------------End of function------------------------------
```

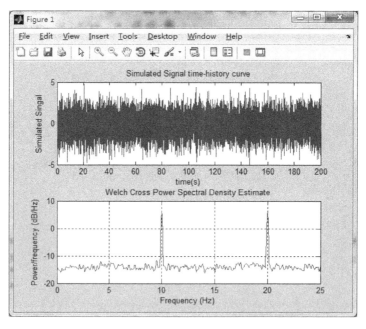

图 5-15　函数 test2. m 测试结果

打开 deploytool, 定义项目名 com. bridge. SHM, 类名 Test2, 并导入 MATLAB 函数 test2. m，最终生成 SHM. jar。网站开发者编写 JSP 页面，实例化 Test2 的对象，调用该对象

的 test2 方法，实际上是调用 MATLAB 函数 test2. m，返回值是 WebFigure 对象，通过自定义标签可以将 WebFigure 对象在页面上显示出来。WebFigure 的网页显示如图 5-16 所示。

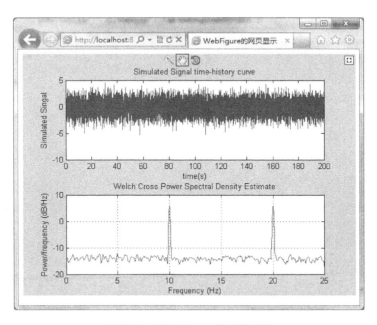

图 5-16　WebFigure 的网页显示

■ 5.4　本章小结

本章构建 Web 智能计算平台的基本思路是基于 Java EE 平台规范，以 MCR 作为科学计算引擎，利用 MATLAB Complier 和 MATLAB Builder JA 技术作为连接 Java EE 和 MATLAB 算法函数的桥梁，将 MATLAB 算法函数集成到 Java EE 网络平台之上运行，从而实现分布式网络化的科学计算。通过本章论证，上述基本思路在技术上是可行的，可以作为桥梁健康监测系统平台设计的解决途径。相比于其他平台设计方案，本章的思路有如下优势：

1）重新设计并优化了系统平台开发的人员角色分配，使算法开发者也作为平台开发人员，与网站开发者一起参与平台开发过程。相比于网站开发者，算法开发者对于桥梁健康监测的各种需求了解更深，对于系统功能的把握也更到位，故算法开发者的参与有利于健康监测系统的高质量完成。

2）算法开发者与网站开发者可以各司其职，同时可以无缝地结合在一起，并行高效地完成开发任务。过去的桥梁健康监测系统平台开发基本上由网站开发者单独完成，由于涉及海量数据的处理，使得平台开发难度大，耗时长，数据处理执行效率低，复杂的算法函数甚至无法在实际中得到应用。采用本章讨论的方式，由算法开发者负责研究算法函数的开发和相关业务逻辑组件的生成，不去关注算法函数在网络平台上的运行，网站开发者负责搭建 Web 平台，以及在 Web 平台上根据用户的请求实现对相应业务逻辑组件的调用，将可以使网站开发者从业务逻辑功能具体实现的繁杂任务中脱离出来。

3）桥梁健康监测系统平台的数据处理功能实现及升级由算法开发者完成，方便快捷，很大程度上加快了平台的开发进度。一方面，数据处理的业务逻辑由算法开发者编写 MAT-LAB 算法函数并生成相应组件完成，因而可以充分利用 MATLAB 软件强大的数值计算、图形处理等特点以及大量函数工具箱支持的优势。另一方面，由于组件实际上是将算法封装起来，故从调用组件的角度上，对数据进行简单处理和复杂处理没有任何差别，算法开发者可以随心所欲地将自己的研究成果封装到组件中；同时，当算法开发者编写了新的函数或对原有的函数进行了修改时，通过封装成组件及部署到系统平台上后，即可完成系统平台数据处理功能的升级，基本上不需要网站开发者对系统平台进行相应修改。

但是在实践中发现，以上述思路为基础搭建的 Web 平台的运营过程中存在一些瓶颈问题，限制了其应用，概述如下：

1）系统平台运行速度无法满足需求，用户从通过浏览器发送请求到能够在浏览器查看结果需要较长时间。

2）系统平台输入、输出需要花费较长时间，且由于海量监测数据的影响，将占用较大的运行内存。

3）系统平台健壮性较差，容易引起服务器崩溃，影响系统平台的总体性能。

本书将在下一章内针对上述瓶颈问题分析原因，并进行相应的关键技术研究。

第6章 科学计算系统平台的性能优化

上一章研究了基于 MATLAB Builder JA 产品和 MATLAB 函数开发科学计算类库的组件化实现方案，以及基于 Java EE 和科学计算类库构建可为桥梁健康监测服务的 Web 智能计算平台的各项技术，并用实例验证了在 Web 智能计算平台上集成 MATLAB 语言强大的科学计算能力的可行性。结果表明，基于 Java EE 平台规范，结合监测数据处理算法的组件化实现方案，对于进行一般化的桥梁健康监测系统平台设计有重要的指导意义和实践意义。

■ 6.1 系统平台运行效能优化

系统平台在开发和正式投入运营时遇到的最主要的瓶颈问题是运行效率及性能的问题，导致此问题的原因可分为两方面：一方面，系统平台的数据处理面向海量的监测数据，当基于 MATLAB 开发的算法函数较为复杂时，耗费时间会很长；另一方面，MATLAB 语言属于解释性语言，执行效率较低。上述两方面因素导致了在用户通过浏览器在向服务器发送数据处理请求后，需等待较长时间才能查看返回的数据处理结果，而这与人机界面的友好直观要求相悖，用户显然不愿意在浏览器端等候很长的时间。针对此问题，本章展开了研究，认为在编写算法函数时采纳如下方案可以在一定程度上提升函数执行速度和性能，避免耗时过长或性能下降。

6.1.1 优化程序代码

在基于 MATLAB 软件进行编程时，应用以下技巧和经验优化程序代码，可以很大程度上提高代码执行性能，减少代码执行时间。

1. 采用向量化操作

在 MATLAB 中，应尽量避免使用循环，循环语句及循环体经常被认为是 MATLAB 编程的瓶颈问题。采用向量化的操作，来代替循环语句及循环体，可以大幅度提高运行效率。

考虑下面的级数求和公式

$$s = \sum_{n=1}^{+\infty} \frac{x}{(x+1)(x+2)(x+3)} \tag{6-1}$$

为了演示效率提升效果，对该级数的前 10^7 项求和，按照常规的编程方式，编写计算函数 fun1.m，代码如下：

```
---------------------------------fun1.m---------------------------------
function s = fun1 ()
% 基于式(6-1),对级数公式的前 1000000 项求和
tic;
s = 0;
for n = 1:1e7
      s = s + n/((n^2 + 1) * (n^3 + 2) * (n^4 + 3));
end;
toc;
end
--------------------------------End of function--------------------------------
```

采用向量化编程方式,编写计算函数 fun1_1.m,代码如下:

```
---------------------------------fun1_1.m---------------------------------
function s = fun1_1 ()
% 基于式(6-1),采用向量化方式,对级数公式求和
tic;
s = 0;
n = (1:1e7);
v = n./((n.^2 + 1).*(n.^3 + 2).*(n.^4 + 3));% 对向量进行操作;
for i = 1:1e7
    s = s + v(i);
end;
toc;
end;
--------------------------------End of function--------------------------------
```

在同一台机器上分别运行两个函数 fun1.m 及 fun1_1.m,函数运行时间对比见表 6-1,从表中可以看出,采用向量化编程方式约可节约近一半时间。

表 6-1 函数运行时间对比

运 行 函 数	运行时间/s
fun1.m	5.727
fun1_1.m	3.263

2. 优先采用内置函数

MATLAB 软件提供了大量的函数工具箱,工具箱中内置了很多已经过优化的函数,这些函数一般是基于更底层的 C 语言构造的,因而直接采用内置函数,往往比自己编写函数运行效率要高很多。因此,在编程时推荐优先采用 MATLAB 软件的内置函数。如 fun1_1.m

函数中的 for 循环代码块，即可以直接采用 s = sum(v) 来完成，不仅减少了代码量，而且运行速度也有所提高。

3. 预分配数组

在 MATLAB 函数执行过程中，若函数中数组的维度未事先确定，则数组会动态地更改其大小，这将耗费一定的时间，若数组维度较大，则耗费时间会相应大幅度增加。因此，建议在使用大维度数组时，事先定义其维度。

考虑下面的求矩阵公式

$$s(i,j) = \frac{i^2 - j^2}{i^2 + j^2} \tag{6-2}$$

若矩阵维度为［10000，10］，按照常规的编程方式，编写函数 fun2. m 如下：

```
---------------------------------fun2.m---------------------------------
function s = fun2()
% 基于式(6-2),求矩阵
% 维度为[10000,10]
tic;
for i =1:10000
    for j =1:10
        s(i,j) = (i^2-j^2)/(i^2 +j^2);
    end;
end;
toc;
end
---------------------------End of function-----------------------------
```

采用事先预分配数组的方式，编写函数 fun2_1. m 如下：

```
---------------------------------fun2_1.m---------------------------------
function s = fun2_1()
% 基于式(6-2),事先预分配数组,求矩阵
% 维度为[10000,10]
tic;
s = zeros(10000,10);
for i =1:10000
    for j =1:10
        s(i,j) = (i^2-j^2)/(i^2 +j^2);
    end;
end;
toc;
```

```
end
--------------------------------End of function--------------------------------
```

在同一台机器上分别运行两个函数 fun2. m 及 fun2_1. m，函数运行时间对比见表 6-2，从表中可以看出，采用预分配数组方式可显著减少运行时间。

表 6-2　函数运行时间对比

运　行　函　数	运行时间/s
fun2. m	4. 541 ~ 5. 121
fun2_1. m	0. 051 ~ 0. 097

对于二重循环和多重循环的特殊问题，还可以使用 meshgrid 函数或 ndgrid 函数构造循环变量的矩阵，这样可以将多重循环体采用向量化的方式实现。其中，meshgrid 函数用于产生二维矩阵，ndgrid 函数用于产生多维矩阵。

采用 meshgrid 函数，编写函数 fun2_2. m，代码如下：

```
--------------------------------fun2_2. m--------------------------------
function s = fun2_2()
% 基于式(6-2),采用 meshgrid 函数,求矩阵
% 维度为[10000,10]
tic;
[i,j] = meshgrid(1:10000,1:10);
s = (i.^2 - j.^2)./(i.^2 + j.^2);
toc;
end
--------------------------------End of function--------------------------------
```

在同一台机器上分别运行两个函数 fun2. m 及 fun2_2. m，运行时间对比见表 6-3，事实上，此处不需要对矩阵 s 进行预分配，在 fun2_2. m 运行时，s 的维度默认与矩阵 i、j 的维度相同，也就是说，meshgrid 函数从另一角度完成了预分配矩阵的任务。

表 6-3　函数运行时间对比

运　行　函　数	运行时间/s
fun2. m	4. 541 ~ 5. 121
fun2_2. m	0. 005 ~ 0. 011

4. 修改内外层循环

当函数中涉及多层循环体（此循环体是不可避免的）时，如果多个循环执行的次数不同，则建议将循环次数最少的循环放在最外一层，循环次数越多的放在靠近的内一层，可以显著提高速度。

将函数 fun2. m 的内外层循环进行修改，编写函数 fun2_3. m，代码如下：

```
--------------------------------fun2_3.m--------------------------------
function s = fun2_3()
% 基于式(6-3),修改内外层循环,求矩阵
% 维度为[10000,10]
tic;
for i = 1:10
    for j = 1:10000
        s(i,j) = (i^2 - j^2)/(i^2 + j^2);
    end;
end;
toc;
end
--------------------------End of function--------------------------
```

在同一台机器上分别运行两个函数 fun2.m 及 fun2_3.m,运行时间对比见表 6-4,从表中可以看出,采用修改内外层循环方式可显著减少运行时间。

表 6-4　函数运行时间对比

运 行 函 数	运行时间/s
fun2.m	4.541 ~ 5.121
fun2_3.m	0.727 ~ 0.891

5. 使用 mlint 函数和 profile 函数

mlint 函数和 profile 函数均是 MATLAB 软件的内置函数。其中,mlint 函数可以对代码进行检查,输出代码中存在的语法错误并给出提升代码运行性能的建议;profile 函数可以监测代码中被调用的各个子函数的运行时间,并输出运行时间的报告。根据运行时间报告,可以有针对性地对耗费时间较长的子函数代码进行修改。

关于 profile 函数的用法,可见函数 fun3.m:

```
--------------------------------fun3.m--------------------------------
function fun3()
% 演示 profile 函数
profile on;% 启动 profiler
s1 = fun2();
s2 = fun2_1();
s3 = fun2_2();
s4 = fun2_3();
profile viewer;% 在 profiler 窗口显示各子函数运行时间
profile off;% 关闭 profiler
end
--------------------------End of function--------------------------
```

profile 函数的输出结果如图 6-1 所示。

Profile Summary

Generated 08-Jun-2012 04:38:58 using cpu time.

Function Name	Calls	Total Time	Self Time*	Total Time Plot (dark band = self time)
fun2	1	4.971 s	4.971 s	
fun2_3	1	0.805 s	0.805 s	
fun2_1	1	0.085 s	0.085 s	
fun2_2	1	0.006 s	0.002 s	
meshgrid	1	0.004 s	0.004 s	

Self time is the time spent in a function excluding the time spent in its child functions. Self time also includes overhead resulting from the process of profiling.

图 6-1 profile 函数的输出结果

从图 6-1 可以看出，fun2 子函数的运行时间最长，需要对其进行修改。因此，在编写代码时，可以利用 profile 函数获得代码中被调用的子函数的具体执行时间，从而有针对性地进行修改。

6. 其他代码优化技术

其他代码优化技术包括：

1）当读取或生成大量的数据时，考虑将数据进行分段，将前一段数据读取或写入硬盘后，清空工作空间，再进行下一段的操作。

2）当矩阵中包含大量的零元素时，考虑用 sparse 函数将原矩阵转换成稀疏矩阵。

3）在建立数值矩阵时，矩阵中每个元素默认采用双精度（double）数值类型，当要采用其他数值类型时，最好先用 repmat 函数生成矩阵。repmat 函数也可用于增大矩阵的大小和维数。

6.1.2 使用 MEX 文件

如前文所述，MATLAB 是一种解释性语言，这使其代码执行效率低，并且很多情况下，不可避免地要使用大量循环。这些因素使得 MATLAB 软件在运行速度方面相比于其他编程语言处于劣势。但是，MATLAB 软件提供了与 C 语言程序交互的应用编程接口（API），通过调用基于 C 语言开发的已编译的 MEX 文件，可以显著地加快函数的运行速度，同时，MEX 文件还具有隐藏算法的优点。事实上，MATLAB 内置的函数很多都是以 MEX 文件的形式存在的。

基于 C 语言的 MEX 文件是一种动态链接子程序（Windows 系统下为 .dll 文件），可以像调用 M 文件一样调用它。MEX 文件主要应用方式如下：

1）鉴于 C 语言在循环迭代方面的运行速度远远超过 MATLAB 语言，故 MATLAB 函数代码中的大量循环迭代部分可以用 C 语言编写为 MEX 文件，提高计算速度。可以直接采用 C 语言编写，也可以使用 MATLAB Complier 或 mcc 命令将 M 文件自动编译。但是，MATLAB 7 之后的版本已经不再支持将 M 函数自动编译成 MEX 文件，而是采用 MATLAB JIT 实现加速。

2）已经开发的 C 语言程序，通过添加入口函数 mexFunction，可以实现由 MATLAB 调用。

MEX 文件在提高运行速度方面具有很大的优势，但是，循环较少的文件一般运行速度已经很快，不建议重新编写为 MEX 文件形式。

6.1.3　采用并行计算方式

基于 MATLAB 软件可以进行并行计算，包括在单个计算机上以及计算机机群（Cluster）上的并行计算。通过并行计算，可以充分利用计算机的硬件资源，使运行速度加快。但是，并行计算方式在使用时有以下两个特点：

1）并行计算方式可以将大规模的任务分解为若干个子任务，再将各个子任务发布给不同的 CPU 或计算机去执行，最后把结果收回。这导致了各个子任务之间必须相互独立。

2）对于循环次数较多但单个循环体执行很快的任务，花费在任务调度上的时间可能要超过通过并行节省的时间，这时不建议采用并行计算方式。但是，对于循环次数较少或单个循环体执行耗时较长的任务，采用并行计算方式将大幅度提升计算速度。

下面对基于多核 CPU 的并行计算和基于计算机机群的并行计算分别进行介绍。

1. 基于多核 CPU 的并行计算

MATLAB 软件提供了并行计算工具箱（Parallel Computing Toolbox）来支持并行计算，常用的并行计算函数包括 parfor、batch、spmd 等。在基于多核 CPU 的并行计算中，一般将本地的 MATLAB 环境作为 Client，而将单个核作为一个 Worker，具体机制是在 Client 上自动或手动进行任务的调度分配，再将子任务发布到多个 Worker 上进行计算。例如，函数 parfor 的运行机制如图 6-2 所示。

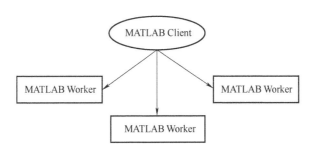

图 6-2　parfor 的运行机制

在 fun1. m 的基础上，应用函数 parfor，代码如下：

```
------------------------------fun2_4.m------------------------------
function s = fun2_4()
% 在 fun1. m 的基础上,应用 parfor
tic;
parfor i = 1:2
    s(i) = fun1();
end;
toc;
--------------------------End of function--------------------------
```

运行时间对比见表6-5。

表6-5 函数运行时间对比

循 环 体	运行时间/s
i = 1	5.722
i = 2	6.206
i = 1&2	6.264

单独运行fun1.m时，其运行时间是5.727s（表6-1），但是，从表6-5中可以看出，由于任务调度耗时的影响，使得每次运行fun1函数的耗时有所增加，但是从总体上看，两次循环体是以并行方式执行，节省了近一倍时间。

2. 基于计算机机群的并行计算

机群是一组独立的计算机（节点）的集合体，节点间通过高性能的互联网络连接。各节点除了可以作为一个单一的计算资源供交互式用户使用外，还可以协同工作表现为一个单一的、集中的计算资源供并行计算任务使用。

MATLAB机群模型如图6-3所示，在机群中利用MATLAB进行并行计算需要安装并行计算工具箱PCT（Parallel Computing Toolbox）与MATLAB分布式计算服务器MDCS（MATLAB Distributed Computing Server）。

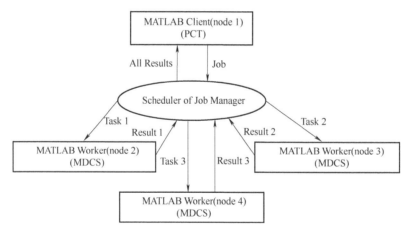

图6-3 MATLAB机群模型

基于MATLAB与计算机机群的并行计算流程可以表述为：首先，在每台参与计算的计算机中启动MATLAB Distributed Computing Engine（MDCE）服务，该服务能够启动参与计算的Worker的MATLAB Session和管理各台计算机Workers的Job Manager。Job Manager对Workers进行管理，给Workers分配计算任务，接收Workers计算后的结果。而Client通过PCT把工作分解为多个任务，然后把任务传递给Job Manager。后者根据Workers的多少和空闲情况，适当地把任务分配给Workers完成。Workers完成任务后，会把各自的计算结果返回给Job Manager。当所有Workers都返回结果后，Client就可以从Job Manager里取回结果。

6.1.4　初始化 MCR

在基于 Java EE 平台规范开发的 Web 平台上调用 MATLAB 软件生成的组件时，MCR 将自行启动，为该组件提供运行环境。但是，MCR 的加载需要耗费一定的时间，一般情况下，几乎等同于启动 MATLAB 软件的时间，尤其是在网络上远程访问服务器时，由于网络延迟等因素的影响，MCR 的启动时间会更长。因此，本章建议将 MCR 的启动与 Web 平台的加载绑定，在加载 Web 平台之后，MCR 即自行启动，这样当用户访问 Web 平台时，MCR 已经处于运行状态。

初始化 MCR 的方式是在 Web 平台上添加一个实现 ServletContextListener 接口的应用程序环境对象（ServletContext）监听器，当 Web 服务器启动时，会自动创建 ServletContext 对象，而监听类捕捉到此对象后，只需调用该对象的 setAttribute 方法，通过初始化任何一个基于 MATLAB 软件生成的组件对象，就可以完成 MCR 的初始化。

■ 6.2　系统平台输入输出优化

系统平台的输入主要包括以下内容：

1）用户的请求信息，指用户填写在页面上的参数配置信息，如进行傅里叶变换时用户需要在网页上指定采用的信号滤波器、关心的频带范围及需要的频率分辨率等。

2）保存在数据库中的信息。如传感器的各项参数，包括采样频率、部署位置等。

3）数据文件，主要是指监测到的原始数据文件，按照桥梁健康监测系统的组成划分，应保存在数据管理子系统中，在本章中，数据管理子系统部署在数据库服务器。

系统平台的输出主要包括以下内容：

1）用户关心的结果应输出到客户端浏览器上，供用户查看。

2）用户配置的一些参数信息，若有必要，应保存在数据库中，如用户更改了在线评估功能的评估指标阈值，新的阈值应自动替换数据库中旧的阈值。

3）重要的数据分析结果，应自动保存在数据库服务器中，以文件的形式保存。

因此，系统平台的输入输出内容可划分为两类：一是用户自定义及数据库中的参数配置信息，特点是简单、占用内存空间较小；二是文件，包括原始数据文件和数据处理结果文件，较之前者更为复杂，占用内存空间很大。将输入输出内容进行合理优化，可以提升系统平台的运行速度，减少占用的内存空间，从而增强系统平台的整体性能。

6.2.1　参数配置信息的优化

按照前文介绍的数据类型转换的概念，参数配置信息先被转换成 MWArray 类及其子类类型，然后传给基于 MATLAB 软件生成的组件。数据类型的转换需要耗费一定的时间，且需要占用内存空间。因此，可参考如下建议：

首先，在将用户自定义的或数据库中的参数配置信息提交时，应事先对这些信息进行编号，尽量以单个数值的形式进行数据类型的转换，避免使用数组或字符串等，后者的转换需要耗费更长的时间及占用更多的内存，而在 MATLAB 算法函数编程中，采用 Switch 关键字将不同编号值对应不同的参数信息。如在进行傅里叶变换时，页面上不同的信号滤波器选项可以设置为与编号（1，2，3，4，5，…）等一一对应，当选择第一个信号滤波器时，传递给基于 MATLAB 软件生成组件的输入参数是数值 1 对应的 MWArray 子类对象，而组件对应的算法函数直接根据编号 1 对应的滤波器进行计算。

其次，采用配置文件的方式代替部分参数配置信息。实际上，在进行数据处理的算法函数编程时，经常存在多种数据处理方法，每种处理方法对应不同的配置参数，这些配置参数一般是较多的，但往往比较固定，不需要进行修改，或者需要专业的研究人员来修改，因而也不需要保存在数据库中。这时，建议采用配置文件的方式设置这些配置参数，可以保存在 MATLAB 的 *.mat 文件中，当调用组件内的方法需要上述参数时，直接在底层的算法函数中采用 load 函数加载 *.mat 文件即可。采用这种方式有两个优点：第一是通过配置文件加载的参数不需要进行数据类型的转换，节省运行时间和内存空间；第二是研究人员可以很方便地通过修改配置文件实现自己的目的。

6.2.2 文件访问的优化

原始数据文件一般占用内存空间较大，当基于 Java 语言读取原始数据文件并传给基于 MATLAB 软件开发的组件时，面临大量原始数据的类型转换问题，这将耗费较多的时间。因此，当出现上述情况时，可以通过系统平台上的 Java 应用自动将原始数据文件复制到组件所在的机器上，并传给组建该文件的路径字符串，经过数据类型转换后，组件底层的 MATLAB 算法函数根据数据文件路径读取数据文件并进行处理。采用这种方式，就避开了大量原始数据的类型转换问题，节省了时间和内存空间。

对于数据处理结果文件，也可以采用上述方式，避开大量数据类型的转换。首先组件底层的 MATLAB 算法函数将数据处理结果写入文件，并保存在所在机器上，然后通过 Java 应用读取该文件，并将该文件上传到数据库服务器中。

■ 6.3 系统平台健壮性

在编写程序时，程序的健壮性是一个很重要的问题，尤其在本章建议的模式下，将基于 MATLAB 软件开发的算法函数集成到网络平台时，单个函数的健壮性甚至关系到整个平台的稳定性，更应该引起足够的重视。

系统平台在投入运营后，有两方面因素将导致函数在运行时会出现错误，首先是开发阶段的错误，主要是编程时没有考虑到所有可能出现的情况，函数本身存在漏洞，或者函数已经比较成熟，但集成在系统平台上运行时却会出现问题；其次运行阶段的无法预料的错误，如监测到的数据文件经常存在各种未知的问题，如存在空行、时间节点错误，数据格式不正确，文件中有乱码等，这些问题无法事先预料，较难应对。

对于函数本身存在的漏洞，需要算法编程者多次对函数进行测试，将能考虑到的所有情况反映到函数代码中，此外，算法编程者在编写函数时应保持一定的灵活性，函数代码中不应包含与本地路径相关的信息或者全局变量、静态变量等，若必须包含此类信息或变量，则应以最终组件的部署机器为准，此时就需要算法编程者与网站编程者加强沟通。

对于本地测试正常但是在系统平台上运行出现的问题，需要算法开发者和网站开发者协同解决。当基于算法函数生成组件之后，算法开发者将组件发布给网站开发者，网站开发者应对函数进行多次不同情况的测试，以确保组件在系统平台上能够正常运行。

对于数据文件有误导致的问题，可以应用 MATLAB 中的 try…catch…end 语句块来解决。该语句块表述如下：

```
try
    函数执行的代码段；
catch exception  % 捕捉异常
    对异常事件进行处理操作的代码段；
end；
```

可以将读取数据文件的操作放在 try 关键字之后的"函数执行的代码段"中，当该操作出现错误（或称异常事件）时，会跳过"函数执行的代码段"，但不会终止函数的运行，而是用 catch 关键字捕捉到该异常事件，并运行 catch 关键字之后的"对异常事件进行处理操作的代码段"。因此，算法开发者可以通过 catch 关键字之后的代码段对原数据文件进行修改，进而重新进行数据文件的读取操作，或者直接返回错误信息。try…catch…end 语句块不仅可以应用在与数据文件相关的代码编写中，也可以广泛应用在函数体中容易出现漏洞的代码段中。使用该语句块，对于增强函数的健壮性极有帮助。

增强算法函数的健壮性是一项任重道远的工作，除本小节中介绍的内容外，实际中还有很多解决方案，限于篇幅，不再赘述。

■ 6.4　本章小结

MATLAB 数据处理算法函数在 Web 平台上的组件形式集成，取代了原有的基于 Java 语言的业务逻辑组件，不可避免地将对整个平台的运行性能产生影响，导致诸多瓶颈问题的出现，包括平台的运行速度、输入输出及平台的健壮性问题等。解决这些问题是实际工程中为保证良好人机界面性能的必然要求。本章就这些瓶颈问题，分析其产生的原因，并提出相应的解决方案，作为实际工程中具体应用的参考。为方便起见，本章中提到的系统平台皆指基于 Java EE 和科学计算类库的桥梁健康 Web 智能平台，其中，科学计算类库基于 MATLAB 科学计算函数生成。

中篇

桥梁结构集成智慧监测系统的
智慧功能实现方法

第7章 桥梁结构智慧监测系统标准设计方法

长期以来，对桥梁健康监测系统的设计多是以传感器系统、IT技术的角度进行的，包括近年来陆续出台的各种规范指南，多数并没有考虑桥梁结构的监测需求和特点，因此这些规范只能起到指导监测数据获取功能的作用，并不能发挥进一步的数据分析处理和利用功能的设计、开发和实施的作用，不能指导智慧化的工程结构监测系统设计。

■ 7.1 总体设计

本节从一些基本概念的定义和解释出发，说明和阐述桥梁智慧监测系统的总体目标、服务对象和一般化设计流程。

7.1.1 桥梁智慧监测系统目标和服务对象

1. 桥梁智慧监测系统的总体目标

桥梁智慧监测系统的目标可以分成四个层次，一是保证桥梁正常运行期内的整体性能状态的正确侦测、判断；二是侦测、监控、判断结构预测区域的病害的发生、发展及其对结构整体健康状态的危害程度；三是监控结构整体或重要部件是否发生极端安全性事件；四是掌握结构某些特定方面的行为规律。

结构监测系统不应以识别结构局部损伤为目的，而是应该以识别结构整体性能、病害、安全事故、特定行为规律为目的。力学特性上易损的部位不一定是实际病害易发的部位，只有同时满足在力学上和使用荷载模式下在概率意义上易于发生的损伤才可称为病害，才具有监测的必要性和实际意义。

2. 健康监测目标体系

针对所设定的总体目标，结合监测对象的具体结构特点、荷载特点等因素，对总体目标进行细化设计，每个细化的监测目标反映结构的某个方面的工作性能、某种病害程度、某种极端安全事件的程度发生可能性，或者某种特定探索性监测目的。

一个定义良好的健康监测目标，应该被有物理意义的函数所描述和度量，称为功能函数。功能函数的自变量应该是具体、有意义的指标量和对应的指标阈值，这些量应与结构的荷载、响应、物理力学特性和几何构型有关。不论该函数本身是否能被测量，指标应该是能被直接或间接测量的。

对于结构监测目标的发展演变过程中的特定状态，应该有唯一的功能函数取值与之对应，这些与特定状态对应的功能函数值唯一划分了该结构监测目标的演变空间。不同的结构监测目标对结构健康状态的描述能力是不同的，可以用加权和的方式汇总单个监测目标的函数值，得到反映结构最终的健康状态，以供决策。不同的结构监测目标之间可以不考虑信息冗余各自独立存在。

3. 结构健康监测系统服务对象

桥梁智慧监测系统的服务对象首先应该是桥梁管养部门，即应为桥梁管养维护决策提供数据和信息支持，为桥梁管养及维护的效果提供客观科学的评价数据；其次的服务对象才是具有探索和研究目的的设计者和研究者。

结构监测系统通过对整体性能的监测与诊断，为管养部门制定总体管养维护方案提供依据；对于病害的监测，为桥梁的大、中、小修决策、方案和效果评判提供依据；对于结构安全性或使用条件下某些性能状态超越极限值事件的监测及监控，可以为桥梁的交通管理、日常管理、灾害时的快速评估提供依据。

7.1.2 一般设计流程

桥梁智慧监测系统一般化设计流程包括三大部分，即桥梁智慧监测系统概念设计、技术方案设计、实施方案设计，如图7-1所示。

1. 桥梁智慧监测系统概念设计流程

桥梁智慧监测系统概念设计的主要目标是解决系统建设的必要性、主要工作方向和基本技术路线问题。根据桥梁智慧监测系统目标，概念设计需要回答为什么监测（why）、监测什么（what）、如何监测（how）的问题。工作内容和顺序下：

（1）监测需求分析 根据结构特点、荷载和作用特点，对运营期桥梁的管养决策过程和依据进行梳理和了解，总结出其对所需信息的需求，对这些信息的可监测性进行论证分析，总结、设计出合理的结构监测目标体系。

（2）结构损伤（病害）及性能演变分析 根据合理设计的结构监测目标体系，对服役期结构可能的损伤（病害）演变过程、整体性能退化过程进行仿真分析，预测特定结构监测目标的结构行为变化规律。

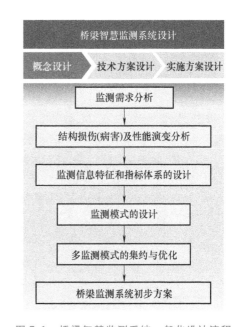

图7-1 桥梁智慧监测系统一般化设计流程

（3）监测信息特征和指标体系的设计 根据结构损伤（病害）及性能演变分析所揭示的结构行为规律，在既定的结构效应、指标中比选表征结构监测目标演变过程的最佳指标，必要时可从结构监测目标演变过程中计算出的力学效应场中构造、设计出最佳表征指标。将对应于不同监测目标的指标体系进行集成，形成完备的指标体系。

（4）监测模式的设计 根据每一个指标设计最佳监测模式，包括确定指标与可测量的数学关系，确定监测内容和测点布置方案，确定监测技术类型和传感设备的技术参数，确定从监测数据中抽取识别指标的方法，以及根据指标进行结构健康诊断和状态判别的方法。

（5）多监测模式的集约与优化　结构通常需要多个监测目标，每个监测目标有一个监测模式，当结构需要同时设置多个监测模式时，还需要将它们进行集约化再设计。这包括：

1）使从属于不同监测模式的测点最大程度共用互联。

2）采用最大公约数的方式选择监测技术和设定设备技术参数。

3）采用数据格式统一，以便同一测点为不同监测模式使用。

4）尝试对指标抽取识别和结构健康状态判别的算法加以通用化处理，以便采用同一种程序来处理不同的监测模式。

桥梁智慧监测系统的概念设计如图7-2所示。

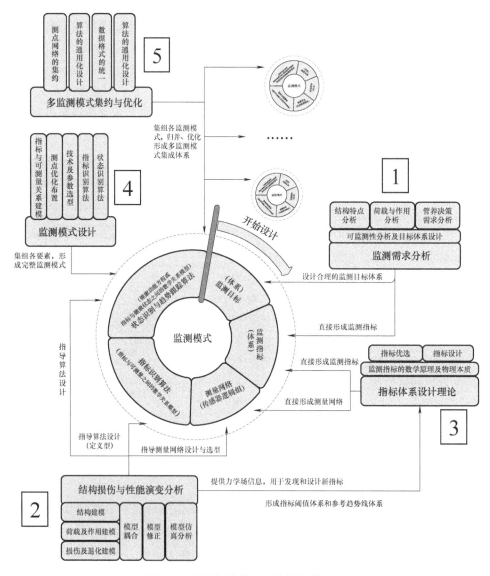

图7-2　桥梁智慧监测系统的概念设计

桥梁智慧监测系统的概念设计者在此阶段需要一些人员进行信息收集、集成、分析的工作，包括与桥梁的结构设计方协同工作，了解结构的特点和设计者关切的问题；与桥梁施工单位协同工作，收集桥梁施工工艺过程、施工材料、施工细节的处理等关乎成桥运营期结构工作状态的信息；与桥梁管养单位及检测单位协同工作，了解桥梁管养决策对支持信息的需求、了解检测技术的难点和短板等信息。

根据上述信息，概念设计者需要确定健康监测系统的确切目标，合理分解总体目标并设计具体化的目标体系，然后根据具体化的目标体系，组织进行结构损伤（病害）和性能演变分析，根据分析成果进行如下工作：

1）设计并建立监测指标体系、指标的阈值体系和预警评估体系。

2）根据监测指标体系，设计监测内容、测点布置，确定传感设备的技术参数需求。

3）确定监测系统硬件方案和软件方案的总体框架。

2. 桥梁智慧监测系统技术方案设计流程

桥梁智慧监测系统技术方案设计是概念设计的具体化，主要解决详细技术路线的问题。工作内容和设计流程如下：

（1）硬件系统设计　主要针对设计好的监测模式或集约化的监测模式群，统一设计监测所需的硬件系统，包括传感设备、数据采集设备、通信传输设备、数据存储管理设备、数据分析处理设备、数据展示发布媒介设备等一系列的内容。

（2）软件系统设计　针对设计好的监测模式或集约化的监测模式群，统一设计监测所需的软件系统，包括监测系统软件平台、采集驱动程序或模块，数据传输、通信控制软件，数据信号调理和预处理软件、应用分析软件模块等。

（3）计算方案及算法设计　针对设计好的监测模式或集约化的监测模式群，研究合理的数据调理算法、数据初步处理和常规数据挖掘算法、基于力学分析模型的特征指标抽取和识别算法、数据驱动的在线预警算法、数据驱动的健康状态评估诊断算法、模型驱动的结构健康状态评估诊断算法。此外，对于监测数据的科学显示和发布算法也是一个重要的设计内容。

（4）专项监测设计　系统对于一些特殊的单个监测目的，要进行单项、独立、自治的监测系统设计。

（5）施工期监测的纳入　对于某些要求包括施工监测和成桥期监测在内的全寿命期监测的系统，还需要专门对施工期监测设计和实施方案进行特殊设计，以便实现监测设备的共用和监测数据的历史延续。

（6）系统的物联网接入　对于网络化或区域集中管理需求的多个桥梁监测系统，还需要设计单个桥梁智慧监测系统的网络接入和整合方案。

3. 桥梁智慧监测系统实施方案设计流程

桥梁智慧监测系统实施方案是对桥梁智慧监测系统技术设计方案的实施过程进行详细规划的重要环节，工作内容和设计流程如下：

（1）硬件系统的安装与保护　对传感器、设备的安装、电磁保护、气温控制、防水、防雷、防盗、安全供电等环节进行设计。

（2）软件系统开发、部署和联调　对软件开发工程中的质量控制、文档管理、代码编制与调试，多学科联合开发办法等加以规划，对软件的部署方案、软硬件联调方案进行设计。

（3）系统运行参数的优化与校验　包括试运行期硬件、软件的运行参数的优化设置办法，系统运行状况的认定办法，监测数据的有效性校验方案。

（4）监测系统的成果输出与发布方案　桥梁结构健康监测系统的运行状况、系统监测数据及其分析结果等，应该以定期或非定期报告的形式予以输出和发布，系统设计者或实施单位应该给出报告的模板；在试运行期内，对于关键监测模式，还应该给出数据的范式分析报告，以供业主和相关主管使用。

■ 7.2　桥梁智慧监测系统概念设计

7.2.1　监测需求分析

根据结构特点、荷载和作用特点，对运营期桥梁的管养决策过程和依据进行梳理和了解，总结出其对所需测量信息的需求，对这些信息的可监测性进行论证分析，总结、设计出合理的结构监测目标体系。

1. 监测对象的结构特点分析

对于待监测的结构对象，通过咨询结构设计单位或自行分析的方式，对该对象的结构特点和行为特点进行分析，具体包括以下内容：

1）明确结构主要传力路线，找出关键受力位置和关键构件，了解主要受力行为规律。

2）通过力学分析计算，对结构关键位置的效应进行大致了解，对结构动力特性做出预先计算。

3）对结构的构造特点进行分析，了解关键的附属元件或构造措施。

4）根据同类桥梁的经验，判断结构主要病害类型、发生部位和演变规律。

5）根据结构的材料力学性能，判断结构可能的性能演变规律。

在此基础上，初步给出所有感兴趣的、可能的结构监测目标，框定所需测量信息的范围。

2. 监测对象的荷载和作用

桥梁结构的健康状态除了与结构本身特点息息相关外，还与结构承受的荷载、作用紧密相关。监测系统的设计者该对监测对象在不同阶段承受的荷载进行分析，根据地区或城市规划预测桥梁交通荷载趋势；根据历史气象资料总结、预测结构风荷载和温度效应；根据桥址地质水文资料总结和预测结构不均匀沉降趋势和规律，以及冲刷趋势；根据温度、周围水体酸碱度资料研判结构材质和力学性能退化的趋势和规律。

在此基础上，对所有可能的监测目标进行筛选，适当调整量测范围，增加与荷载和作用有关的监测信息。

3. 桥梁的管养决策过程和依据

不同种类、不同用途、不同地区，甚至于不同业主，对桥梁的管养方式均有差异。桥梁管养决策过程和决策依据是因桥而异、具有相当程度个性化的过程。桥梁智慧监测系统的最终目的是为管养决策服务，因此，了解监测对象未来可能的管养决策习惯、过程，了解决策的依据，可以进一步筛选监测目标，并依据监测目标在决策过程中的重要性，对监测目标进行排序。

一般地，可以从如下几个方面考察管养决策对监测的需求：

1）根据监测、检测得到桥梁的局部运行性能数据，如主梁振动幅值数据、伸缩缝跨度、两端转角等，可以对日常维护制度做出科学及时的调整。

2）根据监测、检测得到桥梁的局部运行性能数据，对结构日常安全状态及长期性能趋势进行评估及维修决策。

3）桥梁营运期管理决策：根据对大雾天气中能见度程度的不同情况，及时采取相应的交通管制（限速、限制通行等）措施；根据路面交通车辆的通行监测，当出现交通违规及其他紧急情况时及时处理；根据河道水位的不同，设置引导通航的不同标志防止有关与通航净空有关的险情发生。

4）桥梁智慧监测系统所得的监测数据可用于建立可靠的桥梁结构基准模型，不断更新的响应数据用来更新基准模型的各种参数，从而对桥梁结构的时变可靠度进行评估，对某一阶段的各种维修养护方案的实施进行比较分析，挑选出满足桥梁生命周期成本管理原则的当前最佳实施方案。

4. 信息的可监测性分析

对前文得到的所需侦测的信息进行评估，首先从信息的测量方式、技术手段方面将这些信息加以分类（检测类、监测类），对于检测类信息，不在本监测范围内。对于监测类信息，继续根据可监测性（包括监测技术的成熟度、难易度和经济性），将这些信息建议排序。应该优先采用可监测型号的监测信息和目标。

5. 结构监测目标体系设计

综合前文给出的所有监测目标和信息，进一步设计完善这些监测目标，具体如下：

1）判断每一个具体监测目标的归属类型。

2）确定与每一个具体监测目标关联且需要侦测信息，给出其可监测性判断。

3）为每一个具体监测目标确定一个表征量，初步建立描述其发展演变过程的完整描述，依据该表征量，将该监测目标序列化。

4）初步确定描述该监测目标发展演变的功能方程形式。

7.2.2　结构损伤（病害）及性能演变分析

结构损伤（病害）及性能演变分析的主要目的是为桥梁智慧监测系统的合理设计和运营服务，是通过在运营期对结构的力学模型进行仿真分析，寻找、发现或设计与结构整体性能、局部病害、极端安全事件的发生或者结构特定行为有关的最佳信息监测模式，包括监测指标、内容、测点、测量方式、信息处理和利用方式。其核心工作内容包括三部分，一是面向运营期桥梁的数值建模；二是损伤（病害）及性能演变的仿真分析；三是监测模式设计。

监测模式是指为了揭示结构的某项性能或为了监测某项关切的目标而组织起来的一整套监测方案。一个完整的监测模式应包括监测目标、监测指标、支撑监测指标信息测量的基本物理力学量测量网络（逻辑组）、指标识别或抽取计算方案、基于功能函数的状态识别方案（预警和评估）和趋势跟踪预测方案。

1. 面向运营期桥梁的数值建模

首先根据健康监测系统设定的目标体系，建立目标结构的合理的力学分析模型，然后针对结构运营期的各种荷载和作用，以及结构的材质退化、合理的损伤和病害，建立合理的预测模型。这部分工作可以总结为三种建模：结构建模、荷载/作用建模、损伤/性能退化建模。接着，根据健康监测系统设定的目标，对上述三种模型进行合理耦合，形成初始模型；然后，通过合理的信息反馈，对初始模型进行模型确认或修正，使其能够正确描述结构使用现状。

2. 损伤（病害）及性能演变的仿真分析

首先根据桥梁智慧监测系统的目标体系，选择适宜的结构性能退化模式、损伤（病害）演变模式，将退化演变过程系列化；选择合理的荷载或作用组合，将荷载或作用划分为多个等级；然后将指定的荷载或作用水平加载在结构模型上，依次将系列化的退化会演变模型应用在结构模型上，进行结构力学分析，计算结构指定点或区域的动静力特性、动力响应水平、静力效应水平，以及反映结构行为的有关指标量。

7.2.3 监测信息特征和指标体系的设计

1. 特征指标的确定原则

评估指标的确定一般应遵循以下原则：

（1）客观性原则　评估指标要求不同桥梁之间具有可比性和通用性，避免因各方利益冲突而造成评估结果的差异。

（2）代表性原则　在具体对某一对象进行评估时，既要全面分析其相关因素，又要抓住主要矛盾选择最能反映对象水平的因素，使评估指标具有代表性。

（3）完备性原则　评估指标应尽可能完整、全面地反映和度量桥梁的安全性与耐久性。

（4）相对独立性原则　在设计评估指标时，往往有些指标彼此具有一定程度的相关性，因此要采用科学的方法处理指标体系中彼此相关程度较大的因素，尽可能使各个指标之间相互独立，避免相互包容。

（5）简洁性原则　在满足完备性原则的前提下，应尽可能减少指标数量。次级指标应能够量化，评估指标的取得应简单易行，便于操作，技术上可行，经济上合理。

2. 特征指标及其阈值的设计方法

根据结构损伤和性能演变分析的计算结果，提炼、总结和发现结构的如下规律：

1）特定结构性能退化模式、损伤（病害）演变模式下的结构动静力特性发展规律、关键效应的发展规律、反映结构行为的有关指标量的发展规律。寻找最佳的指标量来表征上述规律，建立用该指标表达的结构性能退化模式、损伤（病害）演变模式，并根据结构退化演变的关键状态，决定这些指标的状态空间划分和阈值体系。

2）根据不同的结构退化演变水平下的结构效应计算结果，探索和设计新型指标（不包含在已有知识体系内的量）来表征结构退化演变过程，并根据结构退化演变的关键状态，决定这些指标的状态空间划分和阈值体系。

3）不同荷载水平下结构关键效应、反映结构行为的有关指标量的发展规律，寻找或设计最佳的指标量来表征结构整体或局部的安全性，并根据一些关键结构荷载水平来决定这些指标的状态空间划分和阈值体系。

7.2.4　监测模式的设计

根据前文形成的每一个指标设计最佳监测模式，一般化过程如下：首先确定指标与可测量的数学关系，然后确定监测内容和测点布置方案，以及监测技术类型和传感设备的技术参数；最后确定从监测数据中抽取识别指标的方法，以及根据指标进行结构健康状态判别的方法。

1. 特征指标与可测量的数学关系建模

一般而言，描述结构健康状态的指标不可直接测量，或者直接测量的代价要远大于其他间接方式，这时就需要建立指标和可测量之间的数学关系，以便用可测的物理力学量来间接地估计这些指标。

上文罗列的一些已知的描述结构健康状态的指标，其与有关可测量的数学关系可以分为如下几种类型：

1）若指标是一些可测量的显式函数，则可直接组织对这些可测量进行监测，间接得到待测指标。

2）若指标与一些可测量存在复杂的函数关系，很难显式地给出其关系式，则可尝试通过数值试验或实际模型试验的方式生成指标与可测量的数据模式对比，尝试用简化的替代函数或其他数学模型来替代建立其关系，这包括曲线拟合、响应面函数、神经网络、模糊推理系统、支持向量机等。

3）指标与一些可测量不存在函数关系，但却与可测量的某种变换形式存在联系，比如结构的模态频率是通过结构的加速度的时域测量信息转换成频域形式，然后通过极值定位得到的。对于这些指标，可以以某种适当的方式组织对相关可测量的监测，通过一套计算方案来得到。

4）还有一些指标量兼顾上述三种情形，比如复杂缆索体系的索力识别，也可按类似的方式建立其数学关系。

此外，部分在上文中罗列的描述结构健康状态的指标本身就具有可测性，因此对这类指标就不存在数学建模问题。

2. 监测内容及测点布置方案

每一种待监测的指标都是和若干可测量相联系的，所以每一个监测指标所需的监测内容就可以确定下来。尽管指标和可测量的数学关系模型已经建立，但是若要利用尽可能少的监测资源得到尽可能高质量的指标，还必须对测点进行最优化布置。常用的测点优化布置方案是遵循如下原则取得的：

（1）识别（传递）误差最小准则　该方法的要点是连续对传感网络进行调整，直至识别（传递）目标的误差达到最小值为止。不少学者以此准则建立了优化设计方法，其中最为著名的是 Kammer 提出的有效独立法（Effective Independence Methods），其基本思想是逐步消除那些对目标变量的独立性贡献最小的自由度，以使目标的空间分辨率达到最佳程度；以及 Liu 和 Tasker 提出的采用扰动分析法推导传感器位置与识别误差的关系，从而使配置的传感器网络所获得的目标识别误差最小。该准则既适于静力作用下的结构参数识别，也适于动力作用下桥梁的模态识别。

（2）模型缩减准则　在模型缩减中常常将系统自由度区分为主要自由度和次要自由度，

缩减以后的模型应保留主要自由度而去掉次要自由度。将传感器配置于这些主要自由度上测得的结构效应或响应，应能较好地反映结构的动力、静力特性。用于模型缩聚常用方法有 Guyan 缩聚法、改进缩聚法（Improved Reduced Method）等。

（3）插值拟合准则 有时传感器优化配置的目的是利用有限测点的效应（对动力而言为响应）来获得未测量点的响应，这时可采用插值拟合的方法获得目标点（未测量点）的响应，为了得到最佳效果，可采用插值拟合的误差最小原则来配置传感器。

（4）模态应变能准则 其基本思想是具有较大模态应变能的自由度上的响应也比较大，将传感器配置于这些自由度所对应的位置上将有利于参数识别。这一方法需要借助有限元分析法。

3. 监测技术及其参数选型

桥梁智慧监测技术选型应该遵循如下原则：

1）传感技术应该首先应满足对监测指标的测量需求，其次要兼顾技术成熟度、经济性、实施难易程度等方面的要求。

2）数据采集系统、数据通信、存储及处理系统的技术选型应该与监测目标、监测模式和指标匹配，同时要兼顾同一个监测系统中的多种传感设备，尽可能实现采集设备共用，以节省成本。

3）传感设备的技术参数选择：应该根据结构损伤和性能演变分析的计算结果，合理选择传感设备的量程、分辨率、精度等参数；应该根据指标的识别算法，来合理选择传感设备的采样频率、动态性能等参数。

在前文规定的损伤（病害）及性能演变的仿真分析中，一个重要的分析内容即结构在极端设计荷载下的效应分析，通过这些分析结果的范围、变化规律，可以为传感器的最大量程、分辨率等的设定提供依据；根据前文规定的指标情况，以及前文规定的指标抽取识别算法的具体设计原则，可以为传感设备采样频率、动态性能等参数的设定提供依据。

4. 状态空间的属性划分——指标阈值设计

结构状态空间属性划分方法的关键是指标临界值或阈值。由结构损伤（病害）及性能演变分析的计算结果，设计得到指标的阈值可作为结构状态属性判断的依据。

每一个具体的监测目标均代表了桥梁结构的某一方面性能，因此对该方面的性能状态的描述可以用对应的功能函数来进行。这种描述方式可以分为确定性描述、概率性描述和可靠度描述三种形式。

1）确定性描述方式通常是将功能函数取值与监测目标的特定状态（临界状态）相对应的功能函数取值比较进行判断。对于单临界状态的监测目标，通常将其临界状态对应于功能函数等于零的状态，并定义功能函数大于零的状态为健康状态，小于零的状态为不健康状态。对于多临界状态的监测目标，可以通过与这些临界状态对应的功能函数的取值大小，将结构的健康状态进行多级评定。

2）概率性描述方式是将构成功能函数的指标及其阈值视作随机变量，并将临界状态与功能函数的特定取值相关联，从概率的角度表达结构的状态。对于单极限状态的监测目标，可以定义一个临界概率 P_H，当功能函数的大于零的概率大于 P_H 时，结构为健康状态，否则为不健康状态。对于多临界状态的监测目标，也可以定义出系列概率 P_I，P_{II}，P_{III}，…，根据概率大小来划定结构的健康状态等级。

3）可靠度描述方式与概率性描述方式基本过程类似，不同的是用可靠性指标来取代概率来描述结构健康状态。

5. 状态演变过程的参照系统

由结构损伤（病害）及性能演变分析，可计算得到与状态演变过程对应的指标趋势，可用作实际监测得到指标趋势线的参照，据此做出趋势变化健康与否的判断。依照指标的趋势规律也可对结构健康状态做出判断。这可以通过如下几种途径达到：

1）判断实测趋势线与参照趋势线的匹配程度，可以据此得出指标的演变是否受某种已知规律的支配的结论。

2）依据实测趋势线与参照趋势线融合模型，比较当前或未来时刻的指标预测值和实测值，可以给出结构状态健康与否的判断或预警。

3）比较参照趋势线的变化速度（时间导数或对某因素的导数）和实测趋势线的变化速度，可以给出结构状态健康与否的判断或预警。

7.2.5 多监测模式的集约与优化

1. 测点网络的集约与测点逻辑组

结构通常需要多个监测目标，每个监测目标有一个监测模式，每个监测模式均有一个独立设计的测点组。设计者需要将这些各自独立的测点组进行归并处理，并进行集约化再设计，使从属于不同监测模式的测点最大限度地共用互联。这包括如下内容：

1）对位置相近且使用同种传感器的情况，尽管每一个测点都在其从属的测点组内是最优化位置，但考虑到经济节约的因素，应该将这些测点归并成一个测点，使其一兼多职。

2）可以使用传感器逻辑组的概念，使分属于不同测点组的传感器组成逻辑上的新的测点组，形成新的监测模式。

3）将所有经过归并化的测点组，组成总体测点网络。建立总体的测点布置原则，然后依据该原则在整个网络范围内进行测点的重新设计，取舍冗余测点，移动测点位置到总体最佳程度。

2. 监测技术及其参数的集约化

从属与不同测点组的测点，在测量相同物理量的情形下，应该尽可能采用同种监测技术，包括采用同样的传感器、数据采集技术、数据控制通信技术等，并且应该尽可能采用相同的技术参数，如采样频率、量程、分辨率等。

3. 数据格式的统一

大型结构监测系统动则拥有数十甚至上百的数据通道。这些数据的采集、传输和存储过程中应该遵循统一的数据格式，包括统一的数据标签规则、统一的时间戳、统一的数据计数法、统一的数据有效位和小数点位数。磁盘介质记录时也应该采用相同的格式（推荐二进制格式）；对于原始监测数据经任何加工处理得到的二次数据，如统计量、特征指标量等，也应该遵循统一的数据格式。

4. 算法的通用化设计

对于原始数据的处理算法，能够通用的尽可能采用通用算法。一般而言，无论是静力效应的测量数据还是动力响应的测量数据，在进行一般意义上的统计处理和例行数据规律挖掘时，其算法可以通用；对于一些指标抽取识别算法，如谱估计、模态参数识别等，应该尽可能设计成通用模式，便于处理不同监测模式下的计算；对于利用监测数据形成的在线预警、在线评估功能的，其算法设计应尽可能通用化，即应该尽可能采用同一个算法框架实现预警、评估等信息加工利用过程。

■ 7.3 桥梁智慧监测系统技术方案设计

7.3.1 软件系统设计

1. 设计原则与总体设计

（1）软件技术选择原则 大桥健康监测系统是一个横跨桥梁结构、工业传感器、工业自动控制、网络传输、信息实时采集、桥梁结构状态分析、信息发布显示、软件集成领域的一个系统集成项目，因此在整个系统的技术实现手段的选择上必须遵循以下原则：

1）采用的技术实现手段必须保证其可靠性、实时性要求。

2）选择成熟的专业软件，并在此基础上进行定制开发。

3）采用的技术实现手段必须有一定的扩展性和移植能力。

（2）软件使用、设计和开发的总体要求 桥梁智慧监测系统软件使用、设计和开发应遵循如下一些基本要求：

1）对于受版权保护的软件，应严格按照供应商许可协议使用。在使用过程中，应验证其可靠性，以及提供当前使用该软件模块的实际用户数量、软件的使用期限。

2）软件应采用模块化形式。所有自行开发的各个软件模块要达到所要求的功能，具有良好的界面。

3）对于自行开发的软件，应具有可维修性、可追踪性、编程适应性和扩展可能性等，并提供详细的研发文档及用户操作软件。

4）应为各个已开发的软件模块和整个系统定义一个软件测试验收计划，以此作为软件质量评估和最终接受的基础。

5）软件在应用于现场之前，还须进行全面的测试。

① 软件系统应具有完备的安全保障体系，应确定该软件系统崩溃的危险性，并在该系统的设计中采用适当的保护措施。

② 大桥监测系统建成后，软件系统的开发方应提供若干（待定）年的系统维护和优化服务。

（3）软件系统一般化结构 软件系统设计，可以包括如下内容：

1）数据采集及传输控制系统。

2）数据库及数据管理系统。

3）以集约化特征抽取为目标的数据分析及处理系统。

4）在线预警及评估系统。

5）在线监测反演仿真系统（运行以获取未测部位结构状态量为目标的在线混合计算方案）。

在进行软件系统总体设计时，可遵循如下原则进行：数据采集及传输系统的设计者应以集成设备供应商为主，设计者需要给出各种不同传感设备的数据采集、传输软件的集成软件解决方案，制定好数据接口、通信协议；制定好统一、高效的数据库管理系统，保证数据的快捷存取和长期保存；构建适用性强、效率高的分析软件集成平台，尽可能利用已有的工程分析软件和数据分析软件，并注重网络化云计算等新的计算模式；以及工程数据的可视化表示方式，利用 BIM 技术、GIS 技术，实现对桥梁监测信息的有效分析和表达，最大限度地支撑桥梁管养决策。

（4）软件部署方案　结构监测系统的软件系统通常由多个复杂的模块或多个独立的软件系统构成，设计者应该给出构成部分在计算机网络中的部署方案。部署的原则包括以下几点：

1）功能相近的构成要素部署在同一个运算节点上。

2）根据数据通信负荷大小决定各运算节点的联通方式，依次可供选择的方式包括：内部总线方式、外部总线方式、局域网方式、互联网方式等。

3）数据采集软件（模块）的功能要求如下：

① 数据采集软件应具有数据采集和缓存管理功能，并能对现场数据进行基本的统计运算，以便显示相应信息。

② 对每个传感器信号提供在线预览、滤波、变换和同步统计处理功能，以便根据实际传感器信号的时域、频域性质合理设置采样参数。

③ 所有用于数据采集的参数应该是可存储、可编辑、可预先定义和可热切换的。

④ 系统具有实时自诊断功能，能够识别传感器失效、信号异常、子系统功能失效或系统异常等。出现故障时，系统应能立即自动地将故障信息上传至数据处理与控制服务器（DPC），并激活警报信息，与此同时，隔离故障传感器或子系统以保障其余部分正常工作。

⑤ 当系统的一个或多个部分暂时断电时，系统的各个部分应无须人为干涉即可自动重新启动、同步校准和继续正确运行，并保留断点信息。

⑥ 数据采集软件应界面友好，便于操作，具有数据捕获、筛选和档案处理功能。

2. 数据传输与通信软件（模块）

数据传输与通信软件模块控制负责各个信息节点之间的数据交换，数据交换内容主要有三类，见表 7-1。

表 7-1　数据交换内容

类别号	传输数据类型	数据特点及传输要求
1	传感器实时采集的原始数据	传输实时性要求高
2	传感器实时采集的历史数据	即正点保存的历史数据，该类数据的传输要求可靠性高
3	其他数据	如 DAU 配置参数、各种策略信息、控制信息、自检信息，该类数据的传输实时性要求高

3. 数据存储管理软件（模块）

（1）需要存储管理的数据类型及存储对策　需要处理及存储的数据可以分为三类，见表 7-2。

表 7-2　需要处理及存储的数据

序号	数据类型	数据特点及存储对策
1	传感器采集的实时原始数据	该类数据的特点是数据量大，可靠性要求高，并且必须保持一段时间。因此在存储上必须特殊考虑，建议以文件方式存储；需要给出明确的文件命名规则
2	原始监测数据的加工后的导出数据	数据量大大减小，但仍与时间相关，建议以数据库方式存储；构建好数据库结构
3	系统参数	与时间无关，该类数据如 DAU 配置参数、各种策略信息、DAU 工作状态信息等，特点是该类数据量小，主要是一些控制信息，存储上可不作特殊考虑

（2）数据存储的基本原则

1）数据存储分为两个操作模式：系统自动保存和人为选择保存。

2）原始采样数据以二进制文件存储，文件名中包含工作站、传感器、采样时间和长度等检索信息。公开文件格式，为用户在结构评估服务器上扩展自定义分析、转换和存储工具提供方便。

3）用户可以在结构评估服务器上通过数据管理与评估软件观察原始数据，并选择参数进行各种实时处理，并保存感兴趣的处理结果。另外，可以考虑将原始数据转换并存储成其他格式的文件。

桥梁智慧监测系统中需要高采样频率进行测量的传感器，如加速度传感器和光纤光栅应变计，其采集的数据约占整个原始数据的 70%～80%。考虑到实施实时采集致使数据量太多，以至于没有足够的人力资源进行处理分析，而且得到的信息中有很多是重复的冗余信息，因此针对加速度传感器将制定采集制度，按照一定的条件定期采集数据，可大量地减少无用信息。

（3）数据管理方式　由于数据来源多样、形式复杂、格式不一，因此对数据管理必须统一规划、分步实施，主要可有以下三种形式：

1）直接以数据文件形式存储原始数据，构造能够记录采集设备、采集时间等必要信息的文件名，以便根据时间、部位检索原始数据。

2）根据系统对海量数据以及不同形式数据的存储与管理需求，应该选择合适的数据库管理系统，实现对桥梁几何数据、监测时间序列数据、图像监测信息和文本信息的统一存储。

3）信息查询子系统应该能为用户提供各种有关桥梁状态的各种历史信息和实时信息的查询。应该提供多线索查询手段，比如时段、结构区域、传感器类别、检查维修记录等。

监测系统可设八个数据库：系统参数数据库、结构信息数据库、结构模型数据库、系统维护数据库、长期监测数据库、健康状态数据库、超阈值事件数据库、管养检查信息库。系统数据库的运用大大提高了系统的效率，系统数据库具有友好的、可视化程度高的人机交互界面，方便多用户的访问。

系统参数数据库由系统参数模块生成，包括基本结构参数，结构与传感器关系参数、传感器采样频率、数据预处理参数等各类可设置参数。桥梁设计、施工、监理信息等存入结构信息数据库。桥梁结构的各监测项目的初始值以及随时间的趋势进化存入结构模型数据库。健康监测系统的定期自检以及事故维修记录存入系统维护数据库。

各种传感器的实时监测数据和定期采样数据、直接加入到长期监测数据库，以便今后对数据进行精确分析、查询及校核。图像监测信息经删选后以图幅方式也存入长期监测数据库。

对于经过预处理的各个监测内容的统计数据的直接加入健康状态数据库，以便专家系统对桥梁的健康状态进行快速而高效的分析和评估。对于超过阈值的各监测内容的原始数据存储在超阈值事件数据库，以便对超阈值事件进行重点分析和评估。事件（损伤、维修记录等）信息存入管养检查信息库。

4. 应用分析软件（模块）

（1）应用分析软件主要的功能　主要数据分析与处理计算方案及算法设计，可以包括如下内容：

1）基本数据的校验。

2）基本数据的净化、野点去除、滤波处理。

3）数据的基本统计分析及基本数据挖掘。

4）特征提取（基于数据本身的特征提取和结合结构力学模型定义的特征的提取）。

5）结构预警计算方案及算法。

6）结构评估评估方案及算法。

7）在线混合计算方案及算法（以获取未测部位结构状态量为目标的，定期以监测量为基准校准模型，然后以监测信息驱动校准后的数值模型，进行在线分析计算，实现对结构未测部位的行为的合理推断，进而获得更加全面的结构健康状态信息）。

计算方案及算法设计的总体原则应该以结构健康监测系统概念设计阶段形成的目标体系、基于监测信息的指标抽取、指标阈值的获取，以及基于指标的评估预警为主要工作内容，应该做到计算目的的明确性，节约宝贵计算资源，保证每次计算的结果都应能够用于对结构状态的了解和判断及对结构行为的解释有帮助。缺乏明确用途的、难于解释或者纯粹数学上的数据加工和处理不应成为占用监测系统宝贵计算资源的主要负担。

（2）应用分析软件设计和开发策略　桥梁监测系统应用软件是实现智能监测诊断目标的最重要一环，目前对这部分的研究、设计和开发还处于初步探索阶段。根据以往的实践经验，软件设计和开发策略的建议如下：

1）数据初步处理包括基本数据的校验，基本数据的净化、野点去除、滤波处理，以及数据的基本统计分析、数据规律挖掘等，建议首先做出筛选，不是非常必要的计算任务，可以不进行软件实现，以节省计算机 CPU 资源。

2）特征提取是应用分析的核心部分之一，建议针对每一个监测模式的具体特点，遵循特征指标与可测量的数学关系，给出详细的流程设计，进而给出其程序实现。

3）结构预警和评估同样是应用分析的核心部分之一，应该根据 7.2 节的方法，给出每一种监测模式下的预警和评估方案，选择适宜的技术予以程序实现。

4）在线混合计算应结合成熟的商用有限元软件及成熟的数据分析软件，及实际开发这些软件的统一调度平台。

7.3.2 计算方案及算法设计

1. 数据调理和净化（Data Condition and Decontamination）

一般的，原始监测数据在正式进行处理前还须进行必要的调理和净化处理，主要的目的在于野值剔除，消除噪声和趋势项。

野值本质上是一种粗大误差，需要在监测系统中予以剔除。目测法只能由人工进行。目前有很多种自动剔除方法主要是依靠一些准则来自动判断某次测量数据是否为野值，包括：莱以特法（准则）、罗曼诺夫斯基准则（t检验准则）、格罗布斯准则、狄克松准则等。

野值剔除准则中，以莱以特准则最为常用，但是利用莱以特准则剔除野值，需要残差满足正态分布，这在测量数据中经常得不到满足。如果将测量数据中的特征变化项作为趋势项提取出来，然后对剩余部分依据莱以特准则进行野值剔除，则会有很好的效果。

测量随机误差，反映在动态数据上就是一种噪声，噪声水平过高时，常常需要对其降噪。除了在采集板卡电路上进行硬件降噪外，还可以进行测量后数据的软降噪。软降噪有两种方式，一种是准实时的数据帧降噪，一种是实时降噪，二者均有多种方法可供选择。

数据帧式降噪是指将多次连续采集的数据集组成数据帧，然后利用各种降噪方法进行数字降噪，包括有限脉冲和无限脉冲类的传统降噪法，以及自适应最小二乘滤波、小波变换、EMD降噪法等新近出现的方法。降噪时，通常需要进行加窗处理。实时降噪法是指一类通过对数据历史的学习而掌握其基本规律而建立的实时数据滤波算法，包括自适应最小二乘滤波、卡尔曼滤波、粒子滤波等。

趋势项的本质是系统误差，可以在测量后对数据修正，达到对趋势项进行减小和消除的效果。去趋势项和降噪类似，也有两种方式：准实时的数据帧方式和实时方式。

准实时的数据帧方式去除趋势项的具体实现方法包括：高通滤波法、平均倾斜法和最小二乘法。当趋势项为低频信号，且频率低于感兴趣的频率时，可采用高通滤波法将趋势项予以剔除；当趋势项是随时间线性变化时，可采用平均倾斜法；当趋势项呈高阶多项式态势时，采用最小二乘法。

2. 数据初步处理

数据初步处理的主要目的是对结构监测数据进行一些进行必要的统计运算、频谱计算或特殊变换，以从总体上了解监测所得的荷载、作用或结构响应的数据特征，发现数据隐蔽结构，进而为监测数据规律的进一步挖掘、特征抽取和识别服务。常用的数据处理方法有三大类：

1）时域统计处理，比如，在设定时段内的计算数据的最值、均值、方差、标准差、变化幅值、自相关、峭度、平坦度等，计算结果可作为初级预警的输入，并用以判定信号是否正常。

2）频域谱估计，包括傅里叶功率谱、幅值谱、相位谱等，计算结果可以用于发现数据潜在规律、能量分布等，进而据此找到结构行为的"模态"。

3）特殊变换处理，通过某些数学映射变换，将数据进行变形、投射、筛选和成分分解和重构，即所谓的"换个角度看数据"。常用的有除了傅里叶变换之外的各种变换、小波变换、希尔伯特变换、希黄变换、梅林变换、频率阻尼二维变换等。由于是换个角度看问题，因此这类数据处理方案通常会起到奇效，可发现数据中一些特殊规律。

数据处理通常仅限于数学概念上的运算，不关心数据的力学和结构工程背景，几乎所用连续监测的数据都可以进行这类分析计算。由于方法现成，易于程序化实现，因此成为很多已建成的桥梁智慧监测系统的数据分析和处理软件的主角。由于计算目的不明确甚至盲目，因此并不能对桥梁监测数据的解释、分析和利用起到较好的作用。建议在初步处理监测数据时一定要秉承实事求是的原则，明确监测目标，摒弃一切雕饰，实现真正有意义的计算任务。

3. 数据挖掘

（1）任务描述　和数据初步处理任务一样，数据挖掘主要也是用来从监测数据中发现结构行为规律的一种处理任务，不同的是，数据挖掘更加关注利用数据挖掘的基本数学工具来发现监测对象的不同物理量、不同指标量内部规律和相互间的关联关系，进而发现隐藏的结构行为规律。挖掘的最主要目标就是利用数据的概化、相关性/相干性分析，找出数据内部结构规律，以及不同数据之间的关联关系、关联强度，利用简单的数学模型来逼近这些关联关系和建立规则，找出结构性能退化过程的数值表述方式。

（2）桥梁监测系统中的重要数据挖掘任务　下述数据挖掘过程对于桥梁智慧监测系统来说是非常必要和有意义的工作：

1）动态应变数据的疲劳应力-应变谱估计及雨流分析。

2）从动态称重系统中分析疲劳荷载谱规律，发现和建立交通流荷载模型及其参数。

3）从风速、风向监测数据中估计风谱，从风压监测数据中估计结构表面风压系数等参数。

4）通过结构效应监测值与结构温度、湿度等监测信息的相关分析，发现、评估结构温度效应，或从结构总体效应中剔除温度效应和湿度影响。

5）通过结构效应监测值与风监测信息的相关分析，发现结构在风荷载下的行为规律。

（3）常用的数学工具　数据挖掘工作仅限于数学概念上的运算，常用的数学工具包括：

1）因子分析（Factor Analysis）和主成分分析（Principal Component Analysis）。

2）多元回归分析（Multiplie Regression）。

3）统计模式识别（Statistical Pattern Recognition）和判别分析（Discriminant Analysis）。

4）聚类分析（Clustering Analysis）。

5）幸存分析（Survival Analysis）。

桥梁或结构的行为复杂，多数行为隐晦不明，是设计者在设计阶段所不能掌握的。利用监测数据进行深度的挖掘工作，有助于掌握已有工程学和已有经验中所不曾掌握的结构、荷载、效应的发展演变规律。

4. 特征/指标的抽取和识别

（1）特征/指标　以监测模式为核心的结构监测系统设计体系，特征或者指标通常是以力学、结构为背景的监测量的导出量，其定义方法已在概念设计阶段（7.2 节）解决了。设计者需要在基本的定义基础上，设计出具体的从直接监测信息到特征/指标抽取算法。特征/指标抽取算法通常是以指标的定义为基础，对从属于同一个监测模式规定的传感器逻辑组的监测数据进行各种加工处理运算。

（2）指标的分类　依据用途不同，指标可以区分为预警指标和评估指标两类。预警指标用于结构的预警，对它的抽取算法必须具有一定的实时性，抽取计算的计算量应该控制在一定程度内，单次计算 CPU 耗时应该小于数据帧的实际持续时间。评估指标可以不受此限制。

预警和结构状态评估的内在机制类似，不同之处就是预警的判别更注重时效性。这些预警指标可以与评估用的状态指标相同，也可以另行定义。选择预警指标的原则如下：

1）物理意义明确。

2）可以从实时监测信息中抽取，算法相对简单，识别或抽取的耗时小，便于实现实时过滤机制。

3）能够对异常的部位、程度给出大致的判断。

4）预警判别算法拟采用统计模式识别算法、模糊推理系统，或神经网络系统。

预警是一种实时化的在线评估，它和普通的评估过程的最大区别就是注重预警过程的时效性。尽管从原始监测信息到最终的预警指标体系是经过特征抽取和选择的，数据的维数大大降低，但由于计算复杂和数据量大，预警指标的抽取和选择的时效性依然占整个预警时效的大部分。因此，为了实现工程意义上的预警实时性和对预警事件的时间定位的准确性，需要研究实时化的预警指标的抽取算法。

（3）指标抽取算法的设计内容　按照 7.2.4 规定的特征指标与可测量的数学关系建模方法，可以给出指标识别算法基本的框架，在此基础上，还须进一步设计连续化的指标识别算法或计算方案，其要点包括以下几点：

1）确定可测量之间的时间同步关系。

2）确定各个可测量的代表值，是选用采用时刻的实测值，还是固定时间区间内的测量值的均值。

3）确定指标抽取计算的时间频度，以及相关联的可测量时间序列的每一帧长度和帧重叠方案。

4）确定测量误差的传递方式，优化算法基本参数，使得指标识别的质量最佳化（偏差最小化、方差最小化）。

5）已提出的时域、时序模型参数及常规频谱特征参数等以外，还可以进行基于时-频分布分析、小波变换、高阶统计量分析及非线性动力学特征量（如 Lyapunov 谱、关联维数等）的特征参数生成。

6）对于生成的众多特征参数，采用模式识别理论的有关类别可分性判据并结合损伤模式分析选择独立、有效的特征。

7）对选择的特征，通过线性映射和非线性映射进行特征提取，获取最敏感的特征，并进一步进行敏感特征的最优组合。

（4）常用指标　要想对结构健康状态进行掌控，首先要设计一套能够真正反映结构当前工作状态的指标体系，其当前值需要从已有的实时监测信息和巡检信息中抽取或识别，然后将该指标体系的当前值与其对应的阈值进行比较，从而给出当前状态的判断和掌控。其中，反映结构内力状态的量将成为指标体系中的重要组成部分，如拉索索力、主梁轴力和弯矩、主塔轴力及弯矩、主缆的张力等，这些力学量大多不能够直接进行测量，需要从其他物理量中进行抽取计算。

除了反映内力状态的指标外，反映结构动力特性的指标，如桥梁的模态参数及其他各种动力学指标，也是反映结构刚度、质量和阻尼特性的重要标志，它们和反映内力状态的指标同等重要。反映结构耐久性状态的指标，如混凝土碳化状态、氯离子浓度、pH、腐蚀电位等，以及反映大桥使用性状态的参数，都应该是评估指标的一部分。

5. 结构自动预警方案

（1）预警概念　第一类预警是指通代表某具体监测目标的指标的历史观测值，对未来的某一时刻的值做出预测，并根据指标预测值，依照某种判别法则对预警事件进行判断。第二类预警的实质是一种实时化的在线评估，即根据结构的状态记录，在尽可能短的时间滞后内，完成对桥梁状态的评估，并将评估结果及时通知桥梁的管理者。有关预警的几点说明如下：

1）有些结构监测系统的预警系统分为初级预警及结构预警两部分，其中初级预警程序能识别、判断并排除结构受损以外的其他因素，包括传感器、采集设备、传输设备等异常的报警。

2）通俗地讲，桥梁智慧监测系统中的第一类预警，是指在桥梁结构可能发生的危及结构安全或改变桥梁结构当前健康状态的异常事件之前，对表征该状态的预警指标体系进行预测和判断，并对预测结果进行报警和定级。

3）以上定义的两类预警有本质的不同，第一类预警的对象是桥梁，目的是防止未来桥梁结构发生不安全事件或桥梁的使用功能受损。第二类预警的对象则是桥梁的管理者，目的是使管理者在最短时间内了解桥梁已经发生的结构不安全状态和使用功能受损状态。

对桥梁而言，有意义的第一类预警实例主要是：①通过对风速的连续观测，预测未来一段时间内桥梁可能遭受的风荷载，并据此判断结构的某种响应是否超限；②通过对桥下通航的目标船只位置、航速、航向的连续观测，预测船通过桥梁下方航道时的路线和姿态，判断是否有船撞可能。目前，桥梁智慧监测系统中普遍装置了风速、风向观测系统，而用于对桥下船只进行定位的装置（如雷达）则很少，因此在现阶段，可以对风荷载展开第一类预警。尽管如此，由于问题的复杂性，欲做到准确地进行第一类预警，尚需进行大量研究。

由于目前健康监测系统普遍安装了多种记录结构响应的传感器，如加速度计、应变计、位移计等，因此目前实现第二类预警更具有技术上的可操作性。本书将集中讨论的是第二类预警技术，即针对桥梁管理者的预警。

（2）预警指标的抽取算法的实时化　如前文所述，为了实现工程意义上的预警的实时性和对预警事件的时间定位的准确性，需要研究实时化的预警指标的抽取算法。对一个实时监测系统而言，预警指标的抽取过程往往需要经过如图 7-3 所示的过程。

图 7-3　预警指标在线抽取流程

图 7-3 中，数据流的时间参量即 t_i，$i = 0,1,2,\cdots$，数据帧的时间特征有帧长度 l、帧结束时间 $t_{(i+l-1)}$，即 $T_i = [t_i, t_{(i+1)}, \cdots, t_{(i+l-1)}]$，预警指标的时间特征与数据帧相同。

影响预警指标计算耗时的主要因素如下：

1）数据帧长度。数据帧的长度直接影响指标抽取的质量：过短的帧会丢失数据信息和原有数据结构，而且由于窗口效应和边界效应，抽取得到的指标在频域和时域将受到污染；过长的帧不利于预警的时间分辨率，易于掩盖或遗漏结构的瞬时异常。因此，需要在帧长度和预警时间分辨率之间进行平衡。

2）指标抽取算法的复杂程度。预警指标要做到对时间的准确定位和快速响应，必须对指标的抽取算法的复杂程度进行控制。一般而言，直接对振动信号进行的时域变换和计算的算法相对简单但易受噪声干扰；而进行频域计算或时频域变换的算法则复杂一些，但由此抽取得到的预警指标质量好。因此，需要在指标质量和算法简单性之间进行取舍。

3）指标抽取算法的运算方式。不管何种指标抽取运算都有两种运算方式，即单次运算和实时运算。单次运算是算法的原始状态，往往不能顾及计算耗时的要求；实时运算是将算法加以改造，以实现连续实时计算的要求。

（3）预警方法（预警引擎） 预警的实质就是一种注重时效的在线评估（第一类预警是对未来时刻的状态评估；第二类预警是对当前时刻的状态评估），评估的实质是指标和其对应的阈值进行比较。根据比较的方式不同，可有如下几种预警方法：

1）简单的比较法：将预警指标与其阈值进行简单意义的比较。

2）统计量评判法：考虑预警指标的随机性，用指标的某种统计量来替代指标本身进行比较。

3）概率评判法：用概率的大小来评判事件的发生可能性。

4）指标趋势判别法：根据指标趋势线的特征来做出预警判断。

5）统计模式识别法：将各测量值集组成模式，利用模式识别理论给出指标和其属性的判别结论。

6）神经网络法：网络的输入层节点为测量值，输出层为指标和其属性的判别结论。

7）模糊推理法：推理机的输入为测量值，输出为指标和其属性的判别结论。

8）其他映射替代法（响应面、支持向量机等）：映射的原像为测量值，像为指标和其属性的判别结论。

预警和评估的方法如下：

1）简单的比较法。将预警指标与其阈值进行简单意义的比较。通常，可以对每一个预警指标的取值空间进行先验分析，划定符合工程意义上的多级别阈值，然后比较实测指标落入哪个区间。基本评判规则如下：

如果
$$[I_{index}]_{i-1} < I_{index} \leq [I_{index}]_i$$

那么当前状态 $\in$ 第 i 级预警状态。

上述简单意义上的比较法只适于确定性强的指标。由于测量的原因，以及系统本身的不确定性，实测得到的指标通常表现为相当程度上的不确定性或随机性，尤其是在预警评估的情形下，预警指标是源源不断地得到的，因此其随机性表现更为明显，在此情形下，需要用考虑信息不确定性的方法来进行评估。

2）统计评判法。考虑预警指标的随机性，用指标的某种统计量来替代指标本身来进行比较，常用指标的期望点估计或指标的置信区间估计来进行比较，指标阈值依然采用确定性方法予以确定。基本判别规则如下：

如果
$$[I_{index}]_{i-1} < \hat{I}_{index} \leq [I_{index}]_i$$

那么当前状态 $\in$ 第 i 级预警状态

这种方法的缺点依然是对指标的随机性考虑不到位。

3）概率评判法。考虑到指标的随机性，也考虑到阈值的不确定性，建立指标的功能函数，然后用概率的大小来评判。

$$Z = [I_{index}] - I_{index}$$

$$P = P\{Z \mid Z < \alpha_i\}, \quad 0 \le \alpha_i \le 1$$

上式表示指标以概率 P 进入 i 级预警状态。可靠度指标其实就是一种特殊的概率指标。也可以说，这种指标的概率判别法是一种泛化的可靠度评估法。

4）统计模式识别法。该方法的主要思想是将多个预警指标合成为模式，然后根据实测模式在整个模式空间的位置来判别结构的状态。

5）神经网络法。利用已知的模式、结构状态对的集合数据来寻两神经网络，使其具有相当的泛化能力，然后在线应用，来判别当前状态。

人工神经网络（Artificial Neural Network，ANN）是由大量仅具有简单行为的神经元广泛互连组成的，可表现出大量复杂行为的巨系统。神经网络用于土工结构损伤识别具有以下优点：可处理带噪声的或不完备的测试数据；结构的损伤机理非常复杂，损伤方式不可预期，而神经网络并不要求事先知道损伤机理和控制方程，只借助样本数据的训练即可表达输入到输出空间的映射，适合于任意非线性问题；实际工程往往会遇到"意外"，而神经网络的自学习、自适应能力可以满足这一要求。

采用 BP 神经网络，针对大桥进行典型损伤的仿真研究，力求较为准确地辨别出损伤位置。

基于神经网络的桥梁结构损伤识别可以分为三个环节：训练样本准备环节；神经网络模型构造环节；损伤识别环节。

① 在训练样本准备环节，首先根据工程实际经验，分析桥梁结构典型的损伤模式，并根据典型损伤模式，利用修正后的桥梁有限元模型进行有限元模拟以获取仿真损伤数据集，然后结合历史实测损伤数据构成完整的训练样本集。

② 在神经网络模型构造环节，首先确定模型的拓扑结构，然后利用训练样本集进行训练，并对训练后的神经网络进行检验，最后在精度检验合格后输出模型。

③ 在损伤识别环节，可将当前实测的数据输入神经网络模型，判断当前损伤状况。

6）模糊推理法。此方法类似神经网络。首先建立基于 ANFIS 的桥梁体系安全性耐久性评估系统的基本框架以及该系统的评估流程、评估输入项目等；然后对本系统的评估输入项与评估结果之间的模糊准则如何确定进行了深入的分析讨论；最终建立了基于 ANFIS 的桥梁缆索体系安全性耐久性状态的评估系统。

（4）预警模式/线程管理　用于预警的监测模式及预警模式，每一个预警模式就是一个值更个体，可以通过合理的调度安排，对拥有多个预警模式的桥梁监测系统进行值更/轮休管理。通常，系统拥有多个预警模式时，可以对指定其中之一为主预警模式（更夫长）。

（5）建议的桥梁常用预警模式　可以根据需要，在系统中设置如下预警模式：环境台风、环境高温、拉索激振、塔体极端变位、塔体激振、地震、梁体激振、桥梁超重车、梁体振动模态频率、塔体振动模态频率、梁竖向模态柔度、梁竖向模态保证因子、桥梁索缆体系内力状态。

6. 监测信息驱动的结构健康状态诊断

（1）基本概念

1）结构健康诊断：对每一个监测目标的监测是一个与时间相关的动态演变过程，对这个过程的认识把握可以从两个方面来进行，一是通过状态评估，了解对象当前时刻的各监测目标的取值和（健康与否）属性；二是通过对状态的历史演变，了解过去、现在，并预测未来，即趋势跟踪与预测，这两种手段构成了结构健康诊断的主要内容。

2）状态空间的表征：监测对象的多监测目标体系构成了多维状态空间，每一个监测目标成为状态空间的一个维度。其进一步的数据表征形式就是一个时变的多维指标向量，其元素就是与每一个具体监测目标和监测模式对应的监测指标。

3）状态空间的属性划分：可以根据结构完成预定工作性能（即待监测的目标性能）的能力将结构工作状态进行属性划分（健康与否，或者健康程度等级的归属）。状态空间的属性划分是进行状态评估的前提和关键，良好的状态空间属性划分是健康诊断和状态评估正确与否的关键。可以用描述监测目标的功能方程来对整个状态空间属性进行合理划分。

4）状态评估：经过对上述几个概念的梳理和定义，状态评估的实质就可以归结为一个指标和指标阈值的比较过程，即依据当前时刻的状态向量的各元素测量值（监测指标），依次或者用某种特殊组织方式与其相应的指标阈值做出某种形式的比较，进而做出结构当前工作状态的属性判断的过程。

5）趋势跟踪与预测：同样的，经过概念澄清和梳理，趋势跟踪与预测的实质可描述为通过状态向量历史演变规律来判断当前和未来的结构状态属性。具体地说，就是利用求导、统计、拟合、建模等数学手段，对监测指标历史连续监测值进行处理，得到指标随时间或随某可变因素的变化规律，通过与7.2.4中建立的指标趋势的参照系进而比较，可得出结构状态演变的判断和预测。

（2）状态评估的技术路线　结构健康监测系统的核心任务是健康状态评估。依据获取评估指标途径的不同，可以将其技术路线分为两类，一类是基于监测数据的状态评估；另一类是基于结构模型的状态评估。监测信息驱动的状态评估就是用某监测模式的传感器逻辑组的监测数据估计指标取值，再对指标进行属性判断。模型驱动的状态评估则是先根据部分监测信息对模型进行校正，然后根据模型计算和监测信息，综合得到评估指标的值，再进行指标的属性判断。

（3）趋势跟踪与预测的技术路线　与状态评估类似，趋势跟踪与预测也可以有两种不同的技术路线，一类是监测数据驱动的趋势跟踪与预测，另一类是模型驱动的趋势跟踪与预测。前者以实测指标的趋势线为对象，将其与参照趋势线进行比较；后者则以进化的模型计算得到的趋势线为对象，将其与实测指标或指标趋势线进行比较。

（4）状态评估算法设计　无论是基于监测信息的状态评估，还是基于结构模型的状态评估，其核心算法包括属性判断和多指标综合评估的组织方案。状态空间的属性判断的方法与预警方法一样，这里不再重复。

对于一个集成监测系统，通常具有多个监测目标、监测模式和监测指标，此时，设计者需要将每一个指标的属性判断结果进行综合汇总，给出结构工作状态的总体评估。这就需要将多个指标的单项属性判别算法组织起来，进行指标层的数据融合，得到最终的总体评估。常用的多指标综合评估组织方案包括以下几种：

1）层次分析法（AHP）：将各个指标按照权值，组成层次树状结构，逐级将属性判别结果向顶层传递融合，进而得到最终的结构总体属性判断结论。

2）统计模式识别法：将各指标测量值集组成模式，利用模式识别理论给出融合的总体结论。

3）神经网络法：网络的输入层节点为指标，输出层为融合的总体结论。

4）模糊推理法：推理机的输入为指标，输出层为融合的总体结论。

5）其他映射替代法（响应面、支持向量机等）：映射的原像为指标，像为融合的总体结论。

（5）趋势跟踪与预测的算法设计　可按如下几种算法框架，给出具体的算法设计：

1）线型匹配法：利用相关性分析，判断实测趋势线与参照趋势线的匹配程度，可以据此得出指标的演变是否受某种已知规律的支配的结论。

2）多因素趋势项分解法：对于由多种因素同时影响的指标演变过程，当每一种因素的影响可以由相应的参照趋势先来描述时，可以通过多因素趋势项分解法，将不同因素对指标趋势线的贡献分离出来，然后进行进一步的分析。

3）预测模型法：首先对实测趋势线和参照趋势线加以融合，用多项式拟合、软计算建模方法建立融合趋势线的数学预测模型，然后比较当前或未来时刻的指标预测值和实测值，可以给出结构状态健康与否的判断或预警。

4）速率判别法：比较参照趋势线的变化速度（时间导数或对某因素的导数）和实测趋势线的变化速度，可以给出结构状态健康与否的判断或预警。

7. 模型驱动的结构健康状态诊断

（1）基本概念　混合计算是近年来被提出工程结构研究的一种新的结构试验研究技术，即利用现代试验测控技术同时在线地揉合结构物理模型试验和结构计算分析的混合手段，用模型试验测量值修正和验证结构计算模型，用结构计算来控制试验、补充测试数据，从而使研究的时效性、深度、广度等大幅提升，实现很多单独使用两种研究手段所无法达到的效果。

监测环境下的混合计算在形式上和上述混合计算方案是类似的，即将安装有结构健康监测系统的实际结构与结构数值模型耦合，使结构监测和数值模型计算分析同步、在线化进行，使结构数值模型分析成为监测系统软件的一个有机构成部分。但在目的上二者有很大不同：监测环境下的混合计算的最主要目的是实现模型驱动的结构健康诊断，它可以利用经监测信息修正了的结构数值模型在线计算，得到任意部位的结构效应和特性信息，弥补监测信息的不足，实现对结构健康的延伸诊断。

（2）模型驱动的结构健康诊断　基本概念部分已经提及，模型驱动的结构健康诊断方案是与监测信息驱动的诊断方案并行的诊断方案，它包括两种技术路线，一是模型驱动的状态评估，二是模型驱动的趋势跟踪与预测。二者的共同基础是实现结构数值模型的在线伺服机制，与监测系统无缝耦合，使监测信息实时在线驱动模型计算，在此基础上进行状态评估和趋势跟踪预测。

（3）主要计算工作内容　监测环境下的混合计算的主要工作内容包括以下几点：

1）在线模型修正：通过定期或条件触发自动化修正结构数值模型的参数，使得目标指标的实测值和模型计算值之间的差异消除或降低到允许程度范围内。

2）异常事件的模型再现：异常事件反生时（通常通过结构预警侦测发现）结构监测系统会记录或处理得到的事故前后、期间的数据及现象描述，将其进行再次处理，一部分成为系统的输入模式（实测输入模式），一部分成为异常事故的表征模式；将实测输入模式输入到修正好的结构数值模型中，在数值模型上进行反复仿真计算，再现异常事件的发生发展过程，使计算得到的表征模式最大程度逼近实测的表征模式；通过计算结果研究异常事件的发生机理，评估对结构的危害和影响。

3）在线结构损伤（病害）和性能退化分析：和概念设计阶段类似，将数值化的损伤和性能退化应用到修正好的结构数值模型上，仿真计算在当前模型下结构的效应、特性等，借此计算结果，进行状态评估和趋势跟踪预测工作。

4）模型驱动的结构状态评估：利用在线模型修正结果，得到感兴趣指标的当前值；利用异常事件再现和在线结构损伤（病害）和性能退化分析，补充评估用指标，以形成深入的评估结论。

5）模型驱动的趋势跟踪与预测：利用在线模型修正结果，得到感兴趣指标发展历程（趋势线）；利用异常事件再现和在线结构损伤（病害）和性能退化分析，补充指标趋势线，进行趋势跟踪和预测。

（4）算法和方案设计的策略　这部分算法尚处于探索阶段，是下一代桥梁智慧监测系统的发展重点。宜在进行研究后形成更为具体的指南建议。

■ 7.4　本章小结

本书作者从2003年起参与我国第一座外海跨海大桥——东海大桥的健康监测系统的科研和设计，期间形成了一些思考和积累。在此基础上，作者提出了一套用于指导桥梁结构智慧监测系统的方法体系。这些方法体系，经过其他近10座大跨桥梁监测系统的设计科研实践，不断得以补充和完善。本章部分成果已经体现在上海市地方建设规范《桥梁结构监测系统技术规程》（DG/TJ 08-2194—2016 J 13534—2016）之中。本章从总体设计、概念设计和技术方案设计三个阶段，介绍形成的这一设计方法体系，旨在将其全部设计思想呈现给读者，以便交流。

第 8 章　桥梁结构智慧监测系统的平台架构及科学计算类库

基于 Java EE 平台，以 MATLAB 软件的 MCR 技术作为科学计算引擎，建立桥梁结构健康监测智能 Web 计算平台，需要对其整体架构进行设计。本章从两个角度出发，建立基于 Java EE 平台的桥梁结构健康监测系统设计的整体架构。

首先，从开发多层 Web 应用的角度出发，按照组件的功能逻辑，可以将不同功能组件分层部署在不同的机器之上，从而形成 Web 平台的物理逻辑架构。此外，由于以 MCR 作为科学计算引擎，必须考虑 MCR 及其相应组件在物理逻辑架构上如何部署。物理逻辑架构是网站开发者进行 Web 平台开发的依据。其次，从满足结构健康监测系统需求的角度出发，需要建立 Web 平台的功能逻辑架构，即依据不同需求，明确所要实现的具体功能。功能逻辑架构是算法开发者编写数据处理算法函数的依据。根据 Web 平台的功能逻辑架构，算法开发者可以编写数据处理算法函数。基于不同的算法函数开发出组件后，再按照一定的结构组合起来，就形成了可用于桥梁健康监测系统的科学计算类库。

8.1　物理逻辑架构

基于 B/S 架构以及 Java EE 平台的四层分布式应用程序模型，可以将不同的组件按照功能实现划分为五种类型：客户端组件、界面显示组件、流程控制组件、业务逻辑组件及提供数据信息服务的组件。基于 MATLAB 算法函数开发的组件的功能是对数据进行处理，应属于业务逻辑组件。各个功能组件按照 Java EE 平台规范的要求分布在不同的机器之上，形成多层分布式 Web 系统。

多层分布式 Web 系统物理逻辑架构如图 8-1 所示。从图 8-1 可以看出，整个系统按部署机器类型被划分为四层：客户端层、Web 层、应用层及企业信息系统层，其中，Web 层和应用层同属于中间层。下面，分别对各层展开介绍。

1. 客户端层

客户端组件部署在客户端层，在 B/S 架构中特指浏览器。客户端只需要安装浏览器，不需要安装其他应用程序，包括科学计算引擎 MCR。用户可以通过浏览器发送请求，并接收服务器返回的页面来查看结果。客户端层与服务器之间的交互是通过 Internet 实现的，遵循 HTTP。

2. Web 层

Web 层属于中间层，部署在 Java EE 服务器上。Web 层所完成的功能包括视图显示以及流程控制。在健康监测系统中，Web 层不涉及海量数据的处理逻辑，故也无须安装 MCR。Web 层接收到客户端发送的 HTTP 请求，将请求中的信息转发给应用层，在应用层中进行海量数据处理，同时，Web 层接收到应用层业务逻辑处理的结果，将结果以网页页面的形式发送给客户端浏览器。

3. 应用层

应用层也属于中间层，同样部署在 Java EE 服务器上。应用层所完成的功能主要是数据处理以及与视图层和 EIS 层的交互。通过 MATLAB Complier 与 MATLAB Builder JA 产品生成的组件均应作为业务逻辑组件部署在应用服务器上，故应用层需要安装 MCR，为上述组件的调用提供运行环境支持。

4. 企业信息系统（Enterprise Information System，EIS）**层**

在桥梁结构健康监测系统中，EIS 层应是数据管理子系统的具体实现，承担整个系统的数据管理任务。EIS 层可分为两部分：首先是桥梁结构信息（如设计、施工、养护资料等）、健康监测系统的软硬件信息（如传感器设备的各项参数）及 Web 平台的配置信息（如用户资料及权限信息等），这部分数据的管理一般通过数据库管理软件实现；其次是系统获得的海量数据文件，一般直接保存在数据库服务器上，通过 FTP 或 HTTP 进行网络访问。

图 8-1 中设置负载均衡的目的是加强网络数据处理能力。在 Web 服务器之前的负载均衡应能将同一时间多个用户的请求分担到多台 Web 服务器之上，从而减少用户等待的时间。在 Web 服务器和应用服务器之间的负载均衡应能将单个业务逻辑任务分担到多台应用服务器上做并行处理，利用 MCR 支持 Cluster 并行计算的特性，大幅度提升数据处理速度。

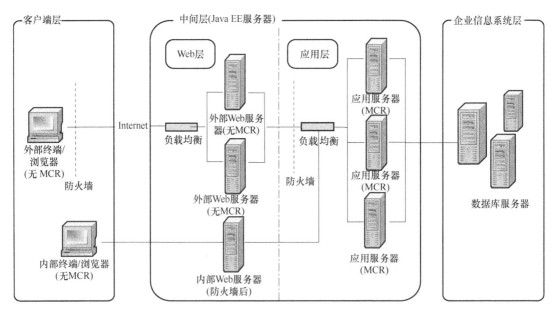

图 8-1 系统物理逻辑架构

Java EE 服务器中视图显示组件与业务逻辑组件位于不同的层上，进而部署在不同的机器上，实现了视图显示功能与业务逻辑功能的分离，二者之间的交互通过前端控制器（Servlet）来协调完成，这实际上是 MVC 设计模式在多层分布式 Web 平台上的实现。在

Web 服务器中，采用 JSP 页面作为视图显示组件，实现视图功能，Servlet 作为控制器，实现流程控制的功能，Java Bean 作为前端的业务逻辑组件，实现模型的功能，可以接收 Servlet 转发来的请求，并对应用层返回的数据处理结果进行进一步的加工处理；在应用服务器中，采用基于 MATLAB 科学计算函数开发的组件实现业务逻辑处理功能，此处的业务逻辑处理仅指对监测数据的计算分析。MVC 设计模式在 Web 智能计算平台上的应用如图 8-2 所示。

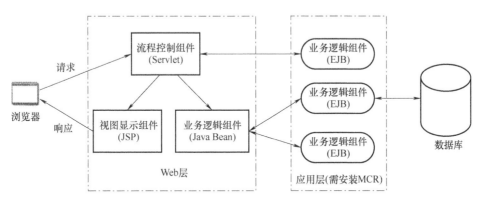

图 8-2 MVC 设计模式在 Web 智能计算平台上的应用

■ 8.2 功能逻辑架构

功能逻辑架构应能明确反映系统所能实现的功能。在桥梁结构健康监测系统 Web 平台设计中，所需实现的功能均是基于对测量数据的操作，在此基础上进一步进行结构损伤识别、模型修正及安全评估等工作。

因此，从处理数据的角度出发，桥梁健康监测系统功能逻辑架构的设计应该遵循以下三个原则：

1）针对不同类型的传感器采集到的数据分别进行处理，如对加速度数据和应变数据应分别采用不同处理方式。

2）根据桥梁健康监测的需求进行分析，明确数据处理的深度和广度。如对结构整体进行安全评估，可能需要对很长一段时间内的数据进行深度挖掘，而对部分构件性能进行安全评估，可能仅仅需要根据刚采集到的实时数据进行简单的分析比较即可得到有效的评估结论。这就需要对健康监测系统的需求有较好的把握。

3）功能架构的设计应具备逻辑性和层次性，且容易被人理解。将实现方式相近的功能统一在一个模块中，功能架构就能具备较强的逻辑性；将简单数据分析的结果储存在数据库中，作为较复杂的数据分析算法执行的基础，功能架构就具备了较好的层次性。

基于上述三条原则，本章设定了一个可行的功能逻辑架构，如图 8-3 所示。

8.2.1 系统基本信息模块

系统基本信息模块应该涵盖以下内容：

1）桥梁结构的信息，包括桥梁设计资料、施工资料、竣工资料、历年实桥检测资料以及人工管养资料等。

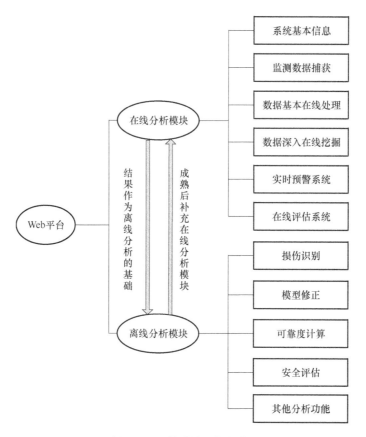

图 8-3　总体功能逻辑架构

2）传感器子系统的信息，包括传感器通道的各项具体参数、功能、安装位置等。

3）健康监测系统的硬件设备资料，包括 Web 服务器、应用服务器及数据库服务器的各项具体参数以及硬件设备的拓扑图。

4）Web 平台帮助信息，包括各个功能模块的操作说明。

该模块的内容应保存在数据库中，通过 Web 服务器中的业务逻辑组件读取后，转交给视图显示组件，并显示在页面上。

8.2.2　监测数据捕获模块

监测数据捕获模块应当涵盖以下内容：

1）实时监测数据的显示。当用户发送查看某一传感器通道的实时数据请求时，应调用 Web 服务器中的业务逻辑组件，读取存储在数据库服务器中的实时数据文件，转交给视图显示组件，显示在页面上。页面应不断刷新，实现数据实时显示的效果。

2）历史监测数据的显示。当用户发送查看某一传感器通道的历史数据请求时，应参照请求中的传感器通道信息和时间信息，调用 Web 服务器或应用服务器中的业务逻辑组件，读取相应的历史数据文件，转交给视图显示组件，显示在页面上。若调用应用服务器中的业务逻辑组件，则可以使用 MATLAB 的绘图方式。

3）历史监测数据文件的下载。以历史数据文件时间点为基准，至少应能提供两种数据文件下载方式：单个文件下载方式及多个历史数据文件打包下载方式，与数据库服务器之间的交互应基于 FTP 或 HTTP。

8.2.3　数据基本在线处理模块

数据基本在线处理模块应面向所有传感器通道数据文件，且涵盖以下内容：

1）所有传感器通道数据的时域统计分析。应包括某时间段内数据的最大值、最小值、平均值、方差计算及统计分布估计等，还可以包括多通道、多个时间段内监测数据的相关性分析，相异测度分析等。通过对数据的时域统计分析，可以反映结构性能在时域上的变化。

2）所有传感器通道数据的时频域转换。可以在此部分提供多种时频域转换方法，如EMD 法、小波变换等。

3）所有传感器通道数据的频域统计分析。基于同一通道若干不同时间段内的数据频谱，可以得出结构某阶频率的时变数据。通过对此时变数据进行统计分析和简单的统计分布分析，可以反映结构性能在频域上的变化。

此部分数据处理功能虽较为简单，但是通过 Java 语言实现并不容易。建议应由部署在应用服务器上的基于 MATALB 软件开发的业务逻辑组件实现，处理结果应保存在数据库服务器中。数据基本在线处理模块的功能结构如图 8-4 所示。

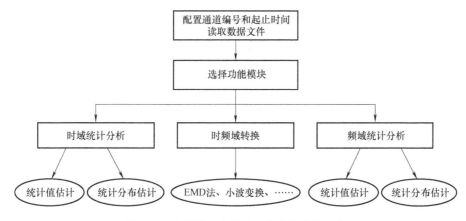

图 8-4　数据基本在线处理模块的功能结构

8.2.4　数据深入在线挖掘

在实际工程中，往往将不同类型的传感器按照其监测数据可实现的功能划分为不同的逻辑组，如将梁体加速度传感器划分在模态分析逻辑组中，将应变传感器划分在疲劳荷载逻辑组等。依据不同的健康监测系统需求，逻辑组的划分主要由研究人员判定，较为自由；单个逻辑组包含的传感器类型可以相同，也可以不同；单个传感器也可定义在多个逻辑组中，对应于不同的数据挖掘算法。本节给出在实际工程中得到应用的一种逻辑组划分模型，作为参考，如图 8-5 所示。

数据深入在线挖掘模块应针对不同逻辑组分别对其数据文件进行处理，应涵盖以下内容：

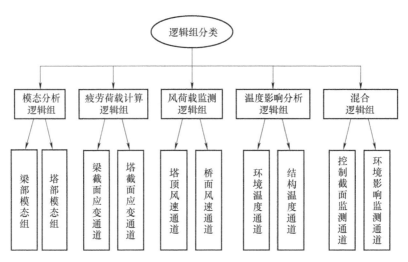

图 8-5　一种逻辑组划分模型

1）模态分析逻辑组。同时读取单个逻辑组内多个传感器通道数据文件，计算结构的各阶频率及对应的各阶振型，进行模态参数识别。

2）疲劳荷载计算逻辑组。依据逻辑组内各传感器通道的应变数据，进行疲劳荷载谱估计。

3）风荷载监测逻辑组。读取该逻辑组内较长时间周期的风速数据文件，计算并得出桥位处的风玫瑰图。

4）温度影响分析逻辑组。读取该逻辑组内各温度通道监测数据，可分析温度对桥梁工作状态的影响。

5）混合逻辑组。混合逻辑组中可以包括多种类型的传感器，根据多种类型的监测数据，综合分析其所代表的物理量对桥梁工作状态的影响。混合逻辑组中的传感器也可对应于其他逻辑组中，如图 8-5 中应变传感器通道可同时包含于混合逻辑组中的控制截面监测通道和疲劳荷载计算逻辑组中。

此部分功能针对单一逻辑组内的多个传感器通道，算法实现较为复杂，需要大量研究成果作为支持。通过调用基于 MATLAB 软件开发的业务逻辑组件，事实上仍是在 MATLAB 环境下进行数据处理运算，可以充分利用 MATLAB 软件在科学计算领域的优势。此部分数据处理的结果建议保持在数据库服务器中，作为离线分析等其他功能模块的基础。以基于梁部加速度传感器通道数据文件，进行梁的模态参数识别为例，深入在线挖掘模块的功能加速度传感器通道模态分析流程图如图 8-6 所示。

8.2.5　实时预警系统模块

实时预警系统模块应建立起一套完善的预警指标体系。针对不同的预警指标，设计和编写相应的预警算法。

1. 预警指标的选取

预警指标应包含两层含义：可用于预警的测量值和基于该测量值的阈值体系。预警指标的选取流程如下所述：

1）根据监测数据所蕴含的信息提取可用来预警的指标。从原始监测数据出发，可定义桥位处风速、梁体加速度、塔顶位移、跨中挠度等物理量作为预警指标；从原始监测数据的处理结果出发，可定义梁体模态频率变化、部分截面弯矩等物理量作为预警指标。

2）按照各预警指标对结构运营状态影响程度对其进行分级，选取影响性较大的指标作为预警体系的组成部分。

3）针对每个预警指标，结合较长时间内的历史数据和桥梁结构特性，建立预警指标的阈值体系，从而完成预警指标体系的建立。

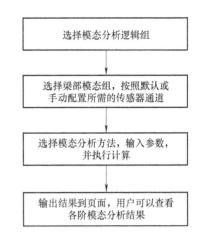

图8-6　加速度传感器通道模态分析流程

2. 预警算法的设计

从原始监测数据出发，一般采用各预警指标的监测数据，与阈值体系进行简单比较，即可以形成预警机制。从原始监测数据的处理结果出发，应先对原始监测数据进行一定程度的处理，完成原始监测数据至预警指标的转换后，通过与阈值体系进行比较，获得预警结果。

为应对桥梁结构运营时的各种异常事件，预警系统模块对实时性的要求很高。在实际工程中，可针对每个预警指标设定各自的标准时间周期，在时间周期的起止节点处自动调用预警组件，完成针对每个预警指标的预警功能。时间周期的长短应与该预警指标的重要程度相关，对于重要的预警指标，时间周期相应要短一些。

因此建议基于MATLAB软件编写预警算法并生成组件，部署在应用服务器上，供实时预警系统模块调用。预警结果为危险的预警事件应保存在数据库服务器中，供人工查看。

8.2.6　在线评估系统模块

在线评估系统模块与实时预警模块类似：首先也应建立起一套合理的评估指标体系，对各指标按其重要性分级之后，确定其阈值体系；其次，针对各评估指标设计和编写评估算法。

为应对工程实际的需求，在线评估应能以定时自动评估和即时人工评估两种方式进行。

1）定时自动评估。系统应能在预定的时间节点上自行启动评估任务，针对所有评估指标进行计算，自动生成评估报告，保存在数据库服务器中。

2）即时人工评估。网站维护者或用户在需要对桥梁结构状态进行评估时，可以从评估指标体系中手动选取评估指标，启动评估任务，针对选取指标进行计算，生成评估报告。

建议基于MATLAB软件编写评估算法并生成组件，部署在应用服务器上，供在线评估系统模块调用。评估报告应保存在数据库服务器中，可供下载和查看。

8.2.7　离线分析模块

针对不同类型桥梁，离线分析模块可设定为以下功能的单个或多个组合：损伤识别、模型修正、可靠度计算、安全评估及其他分析功能。但是，目前上述功能实现均处于研究阶段，算法函数尚不成熟，执行效率低，结果也不甚理想，不能完全应用在工程实际中，故将其统一归纳在离线分析模块。

之所以加入离线分析模块，基于以下几点考虑：

1）在针对指定桥梁进行结构健康监测系统方案设计时，可以结合桥梁特定需求，将需实现的数据处理功能划分为"当前可实现"和"当前尚无法实现"两类，前者置入在线分析模块，后者置入离线分析模块。离线分析模块前瞻性地规定了健康监测系统必须完成但目前无法通过在线方式完成的内容，由科研人员以离线方式进行，虽有一定程度的时间滞后性，但仍可满足实际需要。

2）随着研究的深入，当离线分析的功能算法较为完善后，可以基于 MATLAB 将算法函数开发为组件，部署到在线分析模块中。如离线分析模块中的安全评估功能可作为在线分析模块中在线评估系统的补充和来源。因此，离线分析模块的设立有利于系统平台在未来的升级。

3）在离线分析系统中，可以设置向 Web 平台上传及下载文件的接口程序。当科研人员以离线分析方式处理数据得到结果时，应通过此接口程序将结果上传，保存在数据库服务器中，用户可通过此接口程序下载分析结果，实现文件的共享。

■ 8.3　科学计算类库

大跨径斜拉桥健康监测系统的监测对象一般包括：应变、索力（加速度）、变形（挠度、倾角等）、环境（温度、湿度、风速等）、动力特性（梁体加速度、塔加速度）、交通流荷载等。

以 com. bridge. SHM 为包路径，基于上述监测对象及前文所述的功能逻辑架构（图 8-3），建立起科学计算类库，如图 8-7 所示。

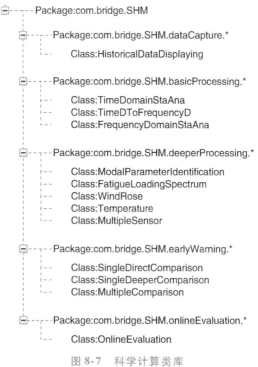

图 8-7　科学计算类库

科学计算类库应由 MATLAB 软件生成，其功能实现均基于以 MATLAB 语言编写的算法函数。类库可作为第三方业务逻辑组件部署在应用服务器上，完成数据处理功能。科学计算类库中类的功能说明见表 8-1。

表 8-1 科学计算类库中各 Java 类的功能说明

类 名	所属组件	功能描述
HistoricalDataDisplaying	dataCapture.jar	绘制并显示历史数据时程曲线
TimeDomainStaAna	basicProcessing.jar	各通道监测数据时域统计分析
TimeDToFrequencyD	basicProcessing.jar	各通道监测数据时频域转换
FrequencyDomainStaAna	basicProcessing.jar	各通道监测数据频域统计分析
ModalParameterIdentification	deeperProcessing.jar	基于加速度通道监测数据的结构模态参数识别
FatigueLoadingSpectrum	deeperProcessing.jar	基于应变或应力监测数据的疲劳荷载谱计算
WindRose	deeperProcessing.jar	基于风速监测数据的风玫瑰图
Temperature	deeperProcessing.jar	基于温度监测数据计算温度对桥梁结构的影响
MultipleSensor	deeperProcessing.jar	基于多种监测数据进行处理，分析影响
SingleDirectComparison	earlyWarning.jar	单一通道监测数据与预警指标阈值直接进行比较，实现预警
SingleDeeperComparison	earlyWarning.jar	单一通道监测数据经深度处理后，或多通道监测数据映射为单一预警指标值后，与预警指标阈值进行比较，实现预警
MultipleComparison	earlyWarning.jar	基于重要性程度，多个通道监测数据与各自预警指标阈值进行比较，实现预警
OnlineEvaluation	onlineEvaluation.jar	依据各通道监测数据及评估指标对构件或整桥进行安全评估，注意此处仅定义一个安全评估类，若有多种安全评估方法，应基于每种评估方法生成相应的类

■ 8.4 本章小结

本章从物理逻辑和功能逻辑两个方面分别介绍了可用于构建 Web 智能计算平台的两种一般性架构。在物理逻辑架构中，结合科学计算引擎 MCR 的安装，论述了各个物理逻辑层的作用及各个功能组件在对应物理逻辑层的具体部署。在功能逻辑架构中，依据桥梁健康监测系统的具体需求，将整体功能划分为多个功能模块分别实现，并依次阐述了各功能模块的具体内容。最后，基于一般性的功能逻辑架构给出了一般性的可用于桥梁健康监测系统平台设计的科学计算类库，并对其中各个 Java 类的功能进行了详细的描述。

第 9 章　基于模型的监测评估路线——基准有限元模型的智能修正

有限元模型是进行结构分析、损伤识别和健康状态评估的基础，因此模型的准确性至关重要。然而，由于实际结构的复杂性，在建立有限元模型时通常需要对相关的材料、几何和边界条件进行简化，直接建立的有限元模型和实际结构之间通常存在一定的误差，因此需要进行有限元模型修正，使其能够反映真实结构。模型修正法根据所采用的数据信息的来源不同可以分为基于静力信息的模型修正法、基于动力信息的模型修正法以及基于静动力的模型修正法；根据修正对象的不同可以分为矩振型修正法和参数型修正法。20 世纪 80 年代以来，研究的重点转向了参数型修正法，修正后的参数物理意义明确。本章采用的方法为基于实测数据参数型模型修正法，实测数据包括振动测试所得的试验数据以及由健康监测系统测得的静动力数据，采用结合灵敏度分析和工程实际来选择修正参数，并结合智能优化算法来修正有限元模型。所采用的模型修正流程如图 9-1 所示。图中，Error 为模型修正误差，ξ 为阈值。

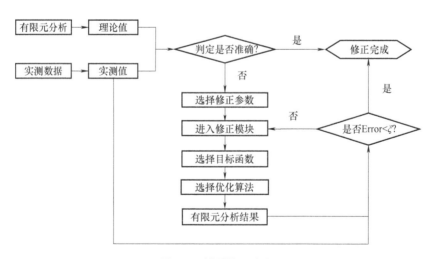

图 9-1　模型修正流程

在图 9-1 中，基于模型的监测评估的核心在于建立自动化的有限元模型修正操作流程。这首先需要根据理论分析值与实测值的相关性分析判定模型的准确性；其次，采用灵敏度分析方法并结合工程实际来选择需要修正的参数，忽略灵敏度较低的参数；第三，进入修正板块，迭代的过程由目标函数及优化算法来控制，优化算法产生的参数经过有限元分析得到与实测值对应的物理量（包括静力位移、动力特性等），通过计算目标函数值来判定模型误差是否达到最小，并确定是否继续进行迭代，否则修正过程结束。本章主要介绍基于实测数据的有限元模型修正的关键技术。

■ 9.1 基于振动监测的结构模态参数识别

9.1.1 系统识别

结构发生振动时，基于自身结构体系，对相应的外界影响（力、声波等）有相应的输出。一般结构体系虽然在机理上存在差异，但几乎均可用动力系统描述，即激励、结构体系本身（包含描述其特性的各种参数）和响应，控制理论中称为输入、系统和输出。一般振动问题的组成如图9-2所示。

图 9-2 一般振动问题的组成

一般振动问题可以分为以下基本类型：

1）已知激励和振动结构，求系统响应。这是振动的正问题，称为系统动力响应分析。求解系统动力响应最成功、最实用的方法莫过于有限元分析法（FEM）。

2）已知激励和响应，求系统参数。这是振动问题的一类反问题，称为系统识别。解决这类问题的途径是根据实测到的激励（输入）与响应（输出），通过目标函数最优化来确定结构系统的动态特性，这是结构动力学中的一种逆问题。参数识别的目的是通过寻求结构系统的最优模态参数，来保证结构系统的最优物理参数及其匹配，并为动力学分析计算的正确建模提供依据。

3）已知系统和响应，求激励。工程上称为荷载识别，也是结构动力学中的一种逆问题。

系统识别属于结构的动力学问题中的第二类问题，就是通过观测到的系统输入、输出数据，给系统确定一个数学模型，使这个数学模型根据某一估计准则尽可能精确地反映系统的动态特性。根据识别目标的不同，系统识别可以分为三类：第一类，物理参数识别。以物理参数模型为基础，物理参数识别为目标的系统识别方法。第二类，模态参数识别。以模态参数模型为基础，模态参数识别为目标的系统识别方法。第三类，非参数识别。非参数识别一般指根据激励和响应确定系统的频响函数（或传递函数）和脉冲响应函数。在系统识别中，由于模态参数识别的参数量远小于物理参数识别中的参数量，故很多工程中对系统的识别往往采用识别模态来得到系统的固有频率、振型和阻尼比等模态参数。

9.1.2 模态参数识别

模态参数识别按外界激励可以分为频响函数法和环境激励法。传统的模态参数识别法即为频响函数法，它是利用频域的频响函数或时域的脉响函数进行估计。该方法需要激振设备进行激振来获得频响函数或脉响函数，故对大型复杂结构而言，代价巨大。采集数据过程不仅影响结构正常使用，无法进行实时监测，同时激振设备受外界因素影响，影响响应数据的质量。利用环境激励输出信息识别结构的模态参数，进而进行结构损伤识别和健康状态评估已经成为结构健康监测领域的研究重点。环境激励法，即基于环境激励的模态参数识别方法，是指利用系统的响应数据估计出模态参数的方法，其本质是一个输入未知的系统识别问题。

根据处理域的不同，基于环境激励的模态参数识别方法可以分为频域识别方法和时域识别方法两类。频域法是一种谱分析的方法，只要进行正弦激振力扫描，利用振动系统的共振特性，就可以激励出系统各阶主模态，从而确定各阶频率、阻尼比以及振型等模态参数。常见的频域法有峰值拾取法（Peak Picking）、频域分解法（FDD）等。时域法是直接利用系统响应的时间历程曲线来识别结构的模态参数，它的原始数据是系统响应的时间历程（如自由响应、脉冲响应）。常见的时域法有：时间序列法、随机减量法、自然激励法（Natural Excitation Technique，NEXT）、特征系统实现算法（ERA），以及随机子空间方法（SSI）等。下面简要地介绍几种基于环境激励的模态参数识别方法。

1. 峰值拾取法（Peak Picking）

频域识别的峰值拾取法和传统的基于输入和输出的模态参数识别方法有紧密的关系，此方法在土木工程领域得到了广泛的应用，是一种最简单的识别结构模态参数的方法。它的基本思想是：对时域响应信号进行傅里叶变换得到系统频响函数频幅曲线，由于系统在固有频率激励下会出现共振现象，因此系统频响函数在固有频率处会出现峰值，据此可以估计出系统的固有频率。当激励频率在结构的自振频率时，频响函数有峰值，峰值的出现成为特征频率的良好估计。对于受环境激励的系统，不能准确测量系统的输入，此时频率响应函数失去意义，利用环境振动响应的自谱和频响函数的相似关系，将由环境振动响应信号的自谱取代频率响应函数，基于结构响应信号的自谱进行参数识别。用离散傅里叶变换将实测的加速度数据转换到频域后可以求得功率谱密度。对环境振动峰值法而言，由于此时输入是未知的，传递函数并非结构响应与输入的比值，而是响应相对于参考点响应的比值，每一频响函数相对于参考点就会给出一个振型分量。这里隐含了峰值时的动力响应仅仅是由一种模态决定的假定，如果模态可以很好地分离且阻尼较低，那么这种假定是合适的。峰值拾取法由于操作简单、模态参数识别速度快在工程实践中得到了广泛应用，可选择峰值拾取法作为拉索监测数据的模态参数识别方法。

2. 特征系统实现法（ERA）

特征系统实现法（ERA）以由多输入多输出（MIMO）得到的脉冲响应函数为基本模型，通过构造广义的 Hankel 矩阵，利用奇异值分解技术得到系统的最小实现，从而得到最小阶数的系统矩阵，以此为基础进一步可识别系统的模态参数。由于使用了现代控制理论中的最小实现原理，计算量大大减小。该方法理论推导严密、技术先进、计算量小，至今仍是最完善、最先进的方法之一。

下面接单介绍一下 ERA 的基本原理。

n 维线性系统，有 m 个输入 $U(k)$，p 个输出 $Y(k)$，离散时间状态方程为

$$\begin{cases} X(k+1) = GX(k) + BU(k) \\ Y(k) = CX(k) \end{cases} \tag{9-1}$$

式中　$X(k)$——状态变量；

　　G、B、C——分别为系统矩阵、控制矩阵和观测矩阵。

系统响应数据的结构为

$$Y(k) = CG^k B \tag{9-2}$$

对初始状态问题，$B = [\overline{X}_0 \ \overline{X}_1 \ \cdots \ \overline{X}_{m-1}]$，$\overline{X}_i (i = 0, 1, \cdots, m-1)$ 为系统的 m 个初始状态。ERA 算法可利用多个初始状态的响应数据识别密频和重频模态。

构造 Hankel 矩阵

$$H_n(k) = \begin{pmatrix} Y(k) & Y(k+1) & \cdots & Y(k+s-1) \\ Y(k+1) & Y(k+2) & & Y(k+s) \\ \vdots & & \ddots & \vdots \\ Y(k+r-1) & Y(k+r) & \cdots & Y(k+r+s-2) \end{pmatrix} \tag{9-3}$$

式中　r——矩阵的行数；

　　s——矩阵的列数。

对 $H_n(0)$ 奇异值分解，P、V 分别为左右奇异向量矩阵，D 为对角阵，对角元从大到小排列，

$$H_n(0) = PDV^{\mathrm{T}}$$
$$D = \mathrm{diag}(d_1, \cdots d_n, d_{n+1}, \cdots, d_l), \quad l = \min(rp, ms) \tag{9-4}$$

设

$$E_\rho^{\mathrm{T}} = [I_\rho \ O_\rho \ \cdots \ O_\rho]$$
$$E_m^{\mathrm{T}} = [I_m \ O_m \ \cdots \ O_m] \tag{9-5}$$
$$D_n = \mathrm{diag}(d_1, \cdots, d_n)$$

n 由奇异值截断阈值确定，最小实现矩阵由下式得到

$$G = D_n^{\frac{1}{2}} P^{\mathrm{T}} H_n(1) V D_n^{\frac{1}{2}} \tag{9-6}$$

$$B = D_n^{\frac{1}{2}} V^{\mathrm{T}} E_n \tag{9-7}$$

$$C = E_\rho^{\mathrm{T}} P D_n^{\frac{1}{2}} \tag{9-8}$$

最后对矩阵 G 特征值分解，并求取系统的模态参数。

虽然 ERA 应用较广，但尚未发现有关该算法对位移和加速度信号识别特性的比较研究。传统的 ERA 仅适用于自由响应数据，对由不满足采样定理引入的混叠频率不能有效判别，为了减小噪声的影响，限制了 ERA 算法的推广。应用 1988 年 Juang 将数据相关（Data Correlation，DC）技术应用于 ERA 中形成 ERA/DC 方法。数据的信噪比较低且噪声不是白噪声时，ERA/DC 算法的运用就要受到限制。为了提高 ERA/DC 的识别精度，有关文献提出了选择小波去噪方法，对脉冲响应数据进行去噪处理。此外，有关文献结合 ERA 算法的高速识别特点及滑动时间窗技术，研究了算法对振动水平的跟踪能力，并在此基础上提出了识别混叠频率的方法。可使用 ERA 方法对某连续梁的振动测试数据进行模态参数识别。

3. 随机子空间方法（SSI）

随机子空间方法（Stochastic Subspace Identification，SSI）是 1995 年以来国内外模态分析方面的专家和学者讨论的一个热点。该方法基于离散时间状态方程，是直接处理时间序列

的时域方法，输入由随机白噪声代替，适用于环境激励条件下结构模态参数识别。SSI 方法有两种形式，分别为基于协方差（Covariance Driven）的 SSI 方法和基于数据（Data Driven）的 SSI 方法。基于协方差的 SSI 方法主要是对由输出数据的协方差组成 Toeplitz 矩阵进行奇异值分解（SVD），由此得到隐藏于矩阵行和列空间中的扩展的可观测矩阵和逆向扩展的可控制矩阵，利用扩展的可观测矩阵的推移不变特殊性质得到系统的动力方程的参数，进而得到结构的模态参数。基于数据的 SSI 方法主要是将输出数据直接组成 Hankel 矩阵，对该矩阵进行正角三角（QR）分解，得到将来输出向过去输出的投影，通过对投影矩阵进行奇异值分解（SVD），得到扩展的可观测矩阵和系统状态的卡尔曼滤波，进而得到系统的状态向量和输出向量，根据动力线性方程组，可求得系统相关矩阵，从而得到结构的模态参数，其基本原理见相关文献。

同经典的识别方法相比，随机子空间法不需要对模型预先参数化；一系列基本的线性代数运算，如正交三角分解、奇异值分解，避免了传统方法因非线性迭代引起的数值的"病态"，尤其处理高阶多变量系统能像处理单入单出系统一样简单；从逼近理论来看，随机子空间方法是以尽量少的阶次来描述系统的振动特性，减少了计算量；从信号处理的角度来看，随机子空间方法相当于对数据进行了一次滤波处理，剔除了与输入输出无关的随机噪声，从而使其识别具有一定的抗干扰能力。目前，随机子空间方法主要向着抗噪性和稳定性两个方面发展，基于环境激励的随机子空间方法逐渐成为结构健康监测系统中损伤识别和健康状态评估的关键技术之一。

■ 9.2　基准有限元模型的校验

9.2.1　概述

一般情况下，进行模型修正前必须要先确定合理的分析模型，因为一个完全脱离实际主要特征的有限元模型无论如何修正也不能得到正确的结果。建立结构有限元分析模型时势必要对结构几何、材料和边界条件等进行一定的假定和近似处理，因此直接建立的结构有限元模型分析预测的结果通常和实际结构或试验结果存在误差。Mottershead 和 Friswellt 曾总结有限元模型误差产生的原因和方式，主要有以下三种：

1）模型结构误差：结构的有限元模型不能真实地反映结构原有的特性，通常与所选择的数学模型有关。分析中的数学模型通常是对实际模型的一种简化，略去了次要因素的影响。例如，将结构模型取为线性数学模型就忽略了非线性因素对实际结构的影响。

2）模型参数误差，主要是指有限元模型的设计参数误差，如初始有限元模型物理参数（密度、弹性模量、截面面积等）因环境的变化和生产制作等原因存在误差，边界条件和连接条件的简化、几何尺寸和本构关系不准确，系统阻尼必须人为引入等。

3）模型阶次误差，即有限元离散化带来的误差。建立有限元模型时，对结构的离散化是有限的，并且离散化程度通常不会太高，这是计算效率的需要，而实际结构模型是连续的，拥有无限自由度。

在参数型模型修正时做了一个假设，即初始有限元模型仅含参数误差，或者其误差可以通过对设计参数的修改而减小。因此，初始有限元建模应该尽可能消除有限元模型的结构误差和阶次误差，提供一个仅含参数误差的初始模型，这就要求对所建立的初始有限元模型进行准确性判断。初始有限元模型准确性判断包括两个方面。

一方面，对于模型阶次误差，有限元模型是建立在结构离散化假设的基础上，离散网格的疏密对于初始有限元的精度有显著影响。然而，受到计算能力的限制，有限元模型的网格可能太密，当有限元模型规模过大时，会导致计算效率低下。因此，可以在初始建模环节中以有限元模型的网格收敛性为准则来考察离散程度是否合适。另一方面，结构误差较难控制，尚没有非常有效的手段来排除模型的结构误差，这也是基准有限元模型判定的一个难点。目前，进行基准模型准确性判断的方法主要分为两种，即先验方法和后验方法。

9.2.2　先验方法

先验方法依赖对物理本质的了解，包括刚度的建模、阻尼建模、边界条件的模拟、损伤的建模等。

1. 刚度的建模

以斜拉桥的拉索为例，在斜拉索的建模分析中通常只考虑弹性刚度，它服从胡克定律，索伸长与拉力之间的关系取决于弹性刚度。事实上，由于拉索存在一定的垂度，故其弹性模量也存在一定的下降或损失，从而间接地影响索力的测定。考虑垂度影响后的索体弹性模量变为

$$E_1 = \frac{E_0}{1 + \dfrac{l_0^2 \gamma^2 E_0}{12\sigma}} \tag{9-9}$$

式中　E_1——考虑拉索垂度修正后的弹性模量；

$\quad\quad E_0$——不考虑拉索垂度影响的弹性模量；

$\quad\quad \gamma$——拉索单位体积重量，$\sigma = \dfrac{T}{A}$；

$\quad\quad T$——拉索索力（N）；

$\quad\quad A$——拉索的横截面面积（m^2）；

$\quad\quad l_0$——拉索的水平投影长度（m）。

使用 E_1 替换 E_0，就可以得到考虑垂度效应的弹性刚度。

此外，拉索通常作为受拉构件，所以一般工程中往往忽略掉其抗弯刚度的特性，众所周知，拉索并不是完全柔性的，它同样具有一定的抗弯刚度。赵一鸣研究了斜拉索抗弯刚度对面内、面外的一阶及高阶固有频率的影响，结果表明：斜拉索抗弯刚度对面外固有频率比值的影响大于面内；对面内固有频率比值的影响随着长度和初张力的增加呈钟罩形变化，对面外固有频率比值的影响随着长度和初张力的增加而递减。引起面内、面外变化趋势不同的原因是面内受到斜拉索垂度的影响，而面外则没有这一因素作用。抗弯刚度对固有频率的影响随着振型阶数的增加而变大。由此可以看出，简单地忽略抗弯刚度的影响会导致分析结果出现较大的误差。

2. 阻尼的建模

在针对某些特定结构的动力分析中，常常需要建立精确的结构动力有限元模型。建模的精度不只限于刚度和质量，而且还涉及阻尼。目前，研究者提出的多种阻尼模型中，按照阻尼阵生成方法的不同，其可以被归结为四种类型，即总体 Rayleigh 阻尼比法、单元 Rayleigh

阻尼比法、总体阻尼比法和单元阻尼比法。总体 Rayleigh 阻尼比法、Clough 广义阻尼比法等都是将系统假设为比例阻尼来处理的，其对阻尼的建模没有摆脱少数振型精度尚可、大多数振型精度失控的困境；Bermann、Nagy 等研究了非经典阻尼的建模问题；董军提出了一个基于单元层次的阻尼阵生成方法；淡丹辉给出了一种单元阻尼比阻尼模型，并且提出了评价阻尼建模优劣的评价方法和评价指标。

阻尼是反映结构体系振动过程中能量耗散特性的重要参数，由于实际结构的耗散机理的复杂性，常常难以采用精确的方法对阻尼加以建模。淡丹辉提出了对均匀阻尼特性的简单结构阻尼建模的评价方法。对均匀阻尼特性的简单结构，设模态阻尼比有频率范围为 $[\omega_m, \omega_n]$，结构落在次频率范围内的模态阶次为 m 到 n 阶，模态阻尼比为 ζ_m，$\cdots$，ζ_n，以此为阻尼设定值，生成阻尼阵，并进行复特征值分析，得到结构的模态阻尼比计算值 ζ'_i，便可以定义阻尼模型的评价指标，表达式如下：

$$d = \sqrt{\frac{1}{n-m}\sum_{m}^{n}(\zeta_i - \zeta'_i)^2} \tag{9-10}$$

d 值反映了阻尼比计算值与设定值之间的接近程度，d 值越大，说明二者离差越大，计算的准确性就差，相应的阻尼模型就越不精确。阻尼模型的一般评价流程如图 9-3 所示。

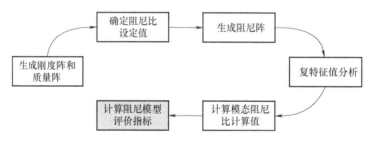

图 9-3　阻尼模型的一般评价流程

3. 边界条件的建模

边界条件的建模是初始有限元建模中值得关注的问题。在合理建模的前提下，边界条件中的不确定性可以作为参数误差处理，否则有可能引起结构误差，导致初始有限元模型在性质上偏离真实结构。例如，平面简支梁结构建模问题，其边界应采用弹簧单元表达两个转动自由度的约束，并将弹簧刚度作为设计参数进行修正，如直接简化成自由或刚性节点必然产生结构误差。

4. 损伤的建模

如何模拟局部缺陷和损伤对结构的影响是进行结构健康状态评估和损伤识别的主要难题之一。针对这一问题，面向损伤的结构有限元建模是一个非常有效的解决思路。首先，有损伤的结构模型可以模拟出任意可能的结构不健康状态的性能表现与损伤信息，帮助人们寻找二者之间的关联机制。其次，它不仅可以为结构提供一个全寿命期基准状态，还可以为结构的发展演变提供阶段性基准状态。经典的损伤建模思路是，结构损伤时质量保持原状，而局部损伤只用刚度阵的部分元素的改变来表示，损伤与阻尼无关，这种质量不变的假设是合理的，但不考虑阻尼损伤的处理方式显然是不符合物理事实的。阻尼特性反映了结构耗能的性质，显然损伤能改变结构振动能量的分布，自然也将改变结构耗能行为的分布。淡丹辉研究了结构损伤有限元建模中的阻尼问题，经过研究表明，局部刚度损伤与局部阻尼特性存在着密不可分的关系，前者必将导致伴生阻尼损伤的发生，最终的结构损伤应为刚度损伤阻尼损伤的累计。因此，经典的不考虑阻尼损伤的模型是不符合结构动力学特性的。

9.2.3　后验方法

后验方法主要依赖测试数据，通过模型的泛化能力、相关和相干性分析来判断模型的准确性。

1. 模型的泛化能力

模型的泛化能力主要包括四个方面：①模型能重现振动测试频带以内的测试数据；②模型能估计振动测试频带以外的测试数据；③模型可以估计不同加载条件下的频响函数；④模型可以估计结构变化以后的测试数据（如添加质量、添加子结构或者改变边界条件）。同时，模型的泛化能力是模型确认的基本步骤。

2. 静力相关性分析

静力特性的相关性，主要是实测的位移和应变与有限元计算的位移和应变之间的相关性，一般是通过它们的误差百分比来定义的。设静力特性的测试值为 x_t，有限元计算值为 x_a，则它们的相关程度可以如下式表示

$$e = \frac{(x_t - x_a)}{x_i} \times 100\% \tag{9-11}$$

3. 模态相关性分析

模态相关性分析主要包括以下几个方面：

（1）频率相关　固有频率通常是动力分析的最基本参数，而且比较容易测量。测量频率 ω_t 与计算频率 ω_a 之间的相关程度如下式所示

$$f = \frac{\omega_t - \omega_a}{\omega_a} \tag{9-12}$$

（2）振型相关　衡量振型的相关性，通常采用模态置信准则（MAC），MAC 是解析振型与试验振型的相关系数。如式（9-13）所示，$\boldsymbol{\phi}_a$ 和 $\boldsymbol{\phi}_t$ 分别是解析振型和试验振型，MAC 取值区间从 0 到 1，值越大，表示两者的相关性越好。

$$\mathrm{MAC}(i,j) = \frac{(\boldsymbol{\phi}_{ai}^{\mathrm{T}} \boldsymbol{\phi}_{tj}^{\mathrm{T}})^2}{\boldsymbol{\phi}_{ai}^{\mathrm{T}} \boldsymbol{\phi}_{ai} \times \boldsymbol{\phi}_{tj}^{\mathrm{T}} \boldsymbol{\phi}_{tj}} \tag{9-13}$$

（3）交叉正交性相关　这是判定计算模态与试验模态间相关性最终要的一项准则。

$$\mathrm{COM} = \boldsymbol{\phi}_a^{\mathrm{T}} \boldsymbol{M} \boldsymbol{\phi}_t$$
$$\mathrm{COK} = \boldsymbol{\phi}_a^{\mathrm{T}} \boldsymbol{K} \boldsymbol{\phi}_t \tag{9-14}$$

式中　$\boldsymbol{M}$——质量矩阵；

$\boldsymbol{K}$——刚度矩阵。

在相关较好的情况下，这些正交矩阵的非对角元素的值相对于对角元素来说是很小的。处理后使对角元素等于 1，则非对角元素的绝对值应当不超过 0.1。实际应用中，解析矩阵的缩聚或试验数据的扩展常常会给正交性带来一定的误差。

（4）频响函数的比较　频响函数的包含的信息比从中提取出的模态数据更能真实地反映结构的实际特性。因此将试验频响函数与相应的解析频响函数比较，就可以得到模型与结

构的相关性。但对于大型结构，采用激振的方法获取频响函数代价过高，因此比较频响函数的方法仅适用于小规模的简单结构。

4. 自由度匹配

试验模型的自由度由测点的数量决定，而有限元模型的自由度与离散化程度有关。一般来说，有限元模型的自由度远大于试验自由度，而大多数模型修正方法要求解析自由度与试验自由度具有一一对应关系。因此，在进行模态相关性分析之前通常要进行自由度匹配。通常有两种做法，一是有限元解析自由度缩聚，而是试验模型自由度扩展。大多数扩展技术都采用有限元模型数据来扩充试验数据，然而试验数据与有限元分析数据的差别正是模型修正的基础，因此，必须保证不能偏离由试验给出的信息。通过试验数据直接进行差值也可以进行扩展，但扩充过程保留了原有的试验误差，甚至有可能放大试验误差。基于以上原因，在工程应用中，缩聚方法应用较为广泛。下面简单介绍一下缩聚方法的原理。

有限元模型缩聚就是把理论模型的自由度缩聚到试验模态自由度数。最常用的方法是Guyan静力缩聚方法，此外还有O'Callahn的改进缩聚系统方法（IRS法）和SEREP法等。缩聚法需要保证缩聚前后，有限元模型与实验模型的若干低阶频率和振型一致。

对于一个自由度为 n 的有限元动力模型

$$M\ddot{x} + C\dot{x} + Kx = F \tag{9-15}$$

式中 M——质量阵；

C——阻尼阵；

K——刚度阵；

F——外力。

所谓的有限元模型缩聚，是构造一个变换矩阵 $T \in \mathbf{R}^{n \times r}$，将物理位移向量 $x \in \mathbf{R}^n$ 表达为

$$x = Tq \tag{9-16}$$

其中 $q \in \mathbf{R}^r$ 是广义位移向量。将式（9-16）代入式（9-15），并左乘变换矩阵 T 的转置，得到缩聚后的动力系统模型

$$\widetilde{M}\ddot{x} + \widetilde{C}\dot{x} + \widetilde{K}x = \widetilde{F} \tag{9-17}$$

其中，

$$\begin{cases} \widetilde{M} = T^{\mathrm{T}}MT, \ \widetilde{K} = T^{\mathrm{T}}KT \\ \widetilde{C} = T^{\mathrm{T}}CT, \ \widetilde{F} = T^{\mathrm{T}}F \end{cases} \tag{9-18}$$

把结构自由度 x 分为保留的自由度 x_m 和缩减的自由度 x_s，对应的模态 ϕ 分为保留的模态和缩减的模态。根据式（9-16）有

$$\begin{cases} x = Tx_m \\ \phi = T\phi_m \end{cases} \tag{9-19}$$

■ 9.3 修正参数选择

9.3.1 一般化方法

参数型修正方法的修正对象主要是结构建模过程中某些不确定的物理参数，如有限元模

型中的弹性模量、几何参数、质量密度等，使修正后模型的计算结果与试验测试数据的误差在合理的范围之内。在建立结构初始有限元模型时，往往对结构的几何特性、材料性质、边界条件以及所处环境等多种参数进行简化和假设，这就导致了模型与实际结构存在一定的偏差。这些参数都是以变量的形式存在于初始有限元模型中，影响参数变量大小的因素包括施工情况、时间历程和偶然因素等。比如，材料的离散性会使混凝土的实际强度值与按规范取的强度值不同；随着时间的推移，混凝土材料的强度也会发生变化。由于这些差异的存在，初始有限元模型的计算结果与试验测量结果往往存在不同程度的误差，使得有限元模型实用性不高。因此，要充分利用有限元模型，就要取出有限元模型中与实际情况存在误差的参数进行修正，使其更符合实际状况，最终得到修正后的有限元模型并用于健康监测、识别损伤等领域。

结构待修正参数的选取，可以看作模型修正过程中的第一个关键环节，参数选择的准确性，直接影响到后期修正工作的效率和合理性。在大型有限元分析模型中，可选择的修正参数范围很广，将所有参数都进行修正是不可行的，甚至会出现错误，单凭经验又不能准确地选择待修正参数。还有一类参数，例如结构性能退化导致的某部分刚度的下降，在修正之前不清楚发生性能退化的部位，因此有必要对结构的每一个单元进行刚度识别，从而确定性能蜕化究竟发生在哪里。如果这样做的话，所要付出的计算代价是相当大的。利用参数分组化技术，在不修改已知有限元模型特性的情况下，将多个相似的参数归并为一个参数，可以减少模型的待识别参数的总数，此外还应当根据工程经验或者监测资料来对已分组的参数进行筛选，以减少计算量。因此，在进行模型修正时，必须通过切实可行的分析计算选取与实际情况存在一定程度差异且对模型计算结果影响较大的参数进行修正优化，才能科学有效地得到修正后的能用于工程实际的结构有限元模型。待修正参数的选取应遵循以下三个原则：

1) 选择的参数不能太多，因为结构实测的模态信息有限，很容易造成求解的病态。

2) 要选择对结构计算影响较大且能够反映结构损伤位置的参数，当选择灵敏度低的参数时，会导致修正的结果由其他灵敏度更高的参数引起，造成有限元模型修正的误差。

3) 灵敏度最大的参数并不一定就是误差最大的参数，因此还必须根据工程经验和结构监测及检测资料来筛选所需修正的参数。

9.3.2　推荐方法

基于前文所述的三个原则，下文就待修正参数的选择提出三类基本的方法：经验选参法、经验及监测资料选参法和灵敏度分析法。

所谓经验选参法，其过程就是个人根据施工图及施工状况，凭借经验，选择能够反映误差位置且对计算分析结果有较大影响的结构参数作为修正对象。但是，一方面由于经验的局限性以及实际工程项目中影响结构体系变化的因素众多且关系复杂，仅仅通过经验来判断误差参数，有时是盲目的，甚至会带来相反的效果；另一方面，进行有限元建模的人员不同，可能带来经验上的不同甚至较大差异，选择的参数同样不一定是引起桥梁变化的实际或主要因素。

经验及监测资料选参法是在经验选参的基础上，考虑监测资料。这种方法能够排除一部分可能性较小的参数，但是同样存在不可靠等问题，因此该方法很少被采用。

灵敏度分析可以简单地理解成结构响应对结构参数的导数。从其含义上来看，灵敏度分析法是一种度量，是一种评价因设计变量（参数）的变化而引起结构响应特性（位移、频率等）变化率的方法。已知结构的有限元模型共有 n 个设计参数，其中前 m 个为待修正的参数，则设计参数可以表示为

$$\boldsymbol{p} = (p_1, p_2, p_3, \cdots, p_m, \cdots, p_n) \tag{9-20}$$

结构的总体刚度阵和质量阵可以表示成设计参数 p 的函数表达

$$\begin{cases} \boldsymbol{K} = f_K(p) \\ \boldsymbol{M} = f_M(p) \end{cases} \tag{9-21}$$

则对应的特征量可以表示为设计参数的函数：

$$f = F(\boldsymbol{K}, \boldsymbol{M}) = F(f_K(p), f_M(p)) = f_p(p) \tag{9-22}$$

则特征量对设计参数的灵敏度矩阵可表示为

$$\boldsymbol{S} = \frac{\partial f_p}{\partial p}\bigg|_{p=p_0} \tag{9-23}$$

式（9-23）中 p_0 代表设计参数初值，从数学意义上讲，可以定义更为广泛的灵敏度概念。在结构模型修正中，f 可以代表任何动态或静态特性，p 既代表物理参数，亦可表示结构参数（几何尺寸、材料性质等）。当 f 为特征值或特征矢量时，相应的灵敏度称为特征灵敏度；当 f 为响应时，相应的灵敏度称为响应灵敏度；当 f 为频响函数时，相应的灵敏度称为频响函数灵敏度。

结构系统灵敏度的研究是一个很特别的领域，它是当前计算力学和结构工程领域的主要研究方向之一。实际上，在确立结构优化、可靠性评估和参数识别时，结构灵敏度分析是一个主要的先决条件。灵敏度分析的方法按计算策略可分为离散法和变分法，如图 9-4 所示。其中离散法可从两大方面考虑：一方面基于理论公式，包括直接法和伴随法；另一方面基于有限元理论，有解析法、有限差分法、半解析法和随机有限元法。而变分法有直接法和伴随法两种。基于实验数据的方法有回归法和概率法。

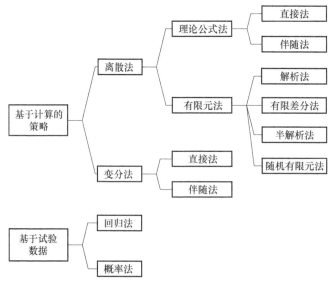

图 9-4 灵敏度分析方法

对于大型结构工程体系，其结构响应的显示表达式一般是很难求得的，所以要想利用显示表达式求解灵敏度，通常来说都是极为困难的。因此，利用基于理论公式的方法及有限元方法中的解析法都是不切实际的。鉴于上述原因，大型结构参数的灵敏度分析中，基于有限元方法的半解析法和有限差分法应用较为广泛；半解析法涉及求解结构的刚度矩阵等，对于大型的复杂结构体系，当试验工况、初选参数和有限元模型划分的单元数目较多时，要想利用半解析法完成各个参数的灵敏度分析也是非常困难的。基于前文所述各类方法的特点，在待修正参数的选择上，可先利用经验及监测资料选参法，初选出在实际工程中容易或已经发生变化及对结构体系有较大影响的参数，然后采用灵敏度分析法，合理地筛选出关键的误差参数。其中灵敏度分析采用向前有限差分法，挠动量采用相对值的形式。有限差分法的基本原理如下：

有限差分法的基本思想是使设计变量有一微小扰动，结合有限元分析来计算结构响应，由差分法计算它们对设计变量的近似导数。在工程计算领域应用较多的有限差分法主要有向前差分法和中心差分法两种。

设结构特征量为 $f(x)$，设计参数为，$x = \{x_1, x_2, x_3, \cdots, x_i, \cdots, x_n\}$，则向前差分法的基本公式为

$$\frac{\partial f}{x_i} = \frac{f(x') - f(x)}{\Delta x_i} \tag{9-24}$$

$$x' = \{x_1, x_2, x_3, \cdots, x_i \pm \Delta x_i, \cdots, x_n\} \tag{9-25}$$

上式的截断误差与 Δx_i 同阶，Δx_i 代表设计变量的扰动。

中心差分公式为

$$\frac{\partial f}{x_i} = \frac{f(x^+) - f(x^-)}{2\Delta x_i} \tag{9-26}$$

$$\begin{cases} x^+ = \{x_1, x_2, x_3, \cdots, x_i + \Delta x_i, \cdots, x_n\} \\ x^- = \{x_1, x_2, x_3, \cdots, x_i - \Delta x_i, \cdots, x_n\} \end{cases} \tag{9-27}$$

由式（9-26）可以看出，中心差分公式的截断误差与 Δx_i^2 同阶，因而计算精度高于向前差分公式。相对于向前差分公式，使用中心差分公式每求解一次灵敏度都要多求一次结构响应值，这就意味着要多进行一次有限元分析，因此向前差分公式应用较为广泛。尽管如此，由于有限元软件的介入，多进行一次计算对整个计算效率的影响不大，并且为了得到较为精确的结果，本章选用中心差分公式。

采用差分法计算灵敏度时，可以按以下方式给定扰动量：

1）采用绝对值，给所有变量相同的扰动量 Δx。

2）采用相对值，可以是变量初始值的 $\Delta x_i(\%)$，也可以是变量区间的 $\Delta x_i(\%)$。

有限差分法的优点在于物理意义明确，公式简单，易于理解，且适合计算机实现，不需要知道目标函数（或约束）对设计变量的显示关系式，这一点使它具有非常大的优势；缺点在于计算效率太低，对于大型复杂的、多设计变量的模型，计算时间较少，主要表现在如下方面：

1）计算工作量十分巨大。当设计变量个数为 n 时，向前差分至少需要进行 $n+1$ 次结构分析，而中心差分则至少需要 $2n+1$ 次结构分析。

2）设计变量的微小摄动难以确定。取值过大，会产生截断误差，取值越小，设计灵敏

度越精确,但舍入误差占优势,同样会使灵敏度失真。

3)各个设计变量对结构响应的敏感性不一样,故要求的摄动不一样增加了分析的难度。

■ 9.4 目标函数

9.4.1 一般化形式

模型修正实际上是一个系统识别问题,它需要解决的是在已知结构性能变化或给定静动态响应的情况下求出结构参数的变化。这显然是一个逆问题,解答不唯一。因此,模型修正问题在大多数情况下归结为一个约束优化问题,而且一个比较好的修正方法往往将修正问题转化为一个带有等式和不等式约束的非线性优化问题。参数型修正法的基本思想与结构优化理论类似,其通过构造待修正模型与实际结构之间在同一激励下的响应的误差(目标函数),选择一定的修正量在一定的约束条件下使该误差满足最小化来达到修正的目的。优化的过程就是使目标函数最小化的过程,因此目标函数的选择是模型修正效率和精度的关键。目标函数是描述理论模型特性与试验模型特性相关程度的表达式,由结构的几何和力学特性参数组成,表示了试验模型与理论模型之间的误差。优化的过程就是求解出使试验模型与理论模型之间的误差达到最小的待修正参数现值。一般情况下,目标函数 F 都可以广义的用式(9-28)表示

$$\begin{cases} \min F = F(f, f_t, \lambda) \\ f = (f_1, f_2, \cdots, f_n)^T \\ f_t = (f_{1t}, f_{2t}, \cdots, f_{nt})^T \\ \lambda = (\lambda_1, \lambda_2, \cdots, \lambda_n) \end{cases} \tag{9-28}$$

式中 F——响应计算值 f 与实测值 f_t 误差的函数;

λ——响应对应的权重值。

式(9-29)是目标函数的约束条件

$$\begin{cases} g_1 = |f - f_t| \leq b \\ u \leq g_2 = a \leq l \\ b = (b_1, b_2, \cdots, b_n)^T \\ u = (u_1, u_2, \cdots, u_m)^T \\ l = (l_1, l_2, \cdots, l_m)^T \end{cases} \tag{9-29}$$

式中 g_1——结构响应的约束函数;

b——给定的限值;

g_2——待修正的参数;

u 和 l——分别代表待修正参数的上、下限值;

f 和 f_t——既可以代表静力的位移和应变等指标,也可以代表动力的频率、振型等指标。

根据状态变量类别的数目,目标函数可以分为单目标函数和多目标函数。由于多目标函数求解比较麻烦,因此工程计算中通常将多目标函数通过分配权重系数来转化成单

目标函数。杜青等运用混合罚函数法，将针对结构自振频率的带约束的目标函数转化为一个无约束的单目标优化问题，并对实际桥梁结构进行模型修正，取得了较好的效果。

根据结构响应的静动力特性，目标函数可以分为静力目标函数、动力目标函数和静动力联合目标函数。静力目标函数主要以静力试验中可以测试的结构响应（包括位移、应变等）作为指标，基于静力测试的数据具有更加准确和受噪声干扰小等优点。近年来，动力目标函数所应用的动力学参数主要包括模态参数（频率振型）、频响函数以及动力学响应等。静动力联合目标函数综合了静力目标函数和动力目标函数的优点，常用的做法是通过分别对静动力目标函数分配权重来组合成静动力联合目标函数。

下面将介绍几类应用较多的目标函数。

9.4.2   基于静力的目标函数

静力试验中，可以测试的结构响应包括位移、应变等。应变的测量通常会受到诸如临时设施、施工调整、进度、仪器测试精度等的影响，因而其测量结果往往不够准确；位移相对而言是比较容易得到精确测量结果的，位移测量具有静力测试的普遍优点，诸如受噪声干扰小，测量方便等，从有限元计算结果中提取出节点位移也比较简单。因此，基于位移目标函数的有限元模型修正是静力模型修正中应用最为广泛的一类。应用较多的一种基于静力位移的目标函数如式（9-30），式中，u_i 代表位移计算值，u_{it} 代表位移实测值，λ_i 代表 u_i 对应的权重值，n 是节点的数目。

$$f = \sum_{i=1}^{n} \lambda_i \left(\frac{u_i - u_{it}}{u_{it}} \right)^2 \tag{9-30}$$

9.4.3   基于模态参数的目标函数

1. 固有频率

无阻尼自由振动的特征方程为

$$(\boldsymbol{K} - \omega^2 \boldsymbol{M}) \phi = 0 \tag{9-31}$$

式中 $\boldsymbol{K}$——结构刚度矩阵；

$\boldsymbol{M}$——质量矩阵；

ω——结构频率；

ϕ——振型矩阵。

由式（9-31）可以看出，频率和振型直接与结构刚度有关系，因此频率经常被作为模型修正和损伤识别的首选目标函数，常见的基于固有频率的目标函数有以下几个：

（1）频率变化的平方比

$$f = \sum_{i=1}^{n} \lambda_i \left(\frac{f_i - f_{it}}{f_{it}} \right)^2 \tag{9-32}$$

式中 f_i——理论计算频率；

f_{it}——实测频率；

n——频率的阶数；

λ_i——相应的权重。

（2）频率平方变化比

$$f = \sum_{i=1}^{n} \lambda_i \left(\frac{f_i^2 - f_{it}^2}{f_{it}^2} \right) \tag{9-33}$$

式中符号含义同式（9-32），频率平方具有与频率类似的特点，但从理论分析可知，频率平方更能直观地反映结构刚度的变化。

2. 振型

振型也是结构的另一个具有特定物理含义的动力指标。同固有频率一样，振型只与结构的刚度有关。振型（特别是高阶振型）对局部刚度变化比较敏感，它不仅能对结构的局部损伤进行定位，而且还能够确定损伤的程度。直接用振型数据进行损伤识别的有关文献较少，常常采用与振型相关的指标，如模态保证准则（Modal Assurance Criteria，MAC）（式9-22）、坐标模态保证准则（Coordination Modal Assurance Criteria，COMAC）等进行损伤识别。由于振型在实际测量中精度较低，因此受环境噪声的干扰较大。对于复杂的结构，其低阶的振型也很难准确测量。振型在动力测试中的困难大大限制了它在实际工程中的应用。

$$\text{MAC}(i,j) = \frac{\left[\boldsymbol{\phi}_i^{\mathrm{T}} \boldsymbol{\phi}_{it}^{\mathrm{T}} \right]^2}{\boldsymbol{\phi}_i^{\mathrm{T}} \boldsymbol{\phi}_i \times \boldsymbol{\phi}_{it}^{\mathrm{T}} \boldsymbol{\phi}_t} \tag{9-34}$$

式中　$\boldsymbol{\phi}_i$——理论计算的振型矩阵；

　　　$\boldsymbol{\phi}_{it}$——实测的模态振型矩阵。

$$\text{COMAC}(k) = \left[\sum_{j=1}^{m} | \boldsymbol{\phi}_{jk} \boldsymbol{\phi}_{jk}^{t} | \right]^2 \times \left[\sum_{j=1}^{m} | (\boldsymbol{\phi}_{jk})^2 (\boldsymbol{\phi}_{jk}^{t})^2 | \right]^{-1} \tag{9-35}$$

式中　k——坐标点；

　　　m——模态总数；

$\text{COMAC}(k)$ 用于判断两组振型在每一点的异同，取值区间为 $[0 \sim 1]$。

常用的基于模态振型的目标函数有如下两种形式：

$$f = \sum_{i=1}^{n} \lambda_i \left(\frac{1 - \sqrt{\text{MAC}_i}}{\text{MAC}_i} \right)^2 \tag{9-36}$$

$$f = \sum_{i=1}^{n} \lambda_i (1 - \text{MAC}_i)^2 \tag{9-37}$$

3. 联合固有频率和振型的目标函数

联合式（9-34）和式（9-36），构成一种常用联合固有频率和振型的目标函数，见式（9-38）。同理，也可联合式（9-34）和式（9-37）来构建目标函数。

$$f = \sum_{i=1}^{n} \alpha_i \left(\frac{f_i - f_{it}}{f_{it}} \right)^2 + \sum_{i=1}^{n} \beta_i \left(\frac{1 - \sqrt{\text{MAC}_i}}{\text{MAC}_i} \right)^2 \tag{9-38}$$

9.4.4　联合静动力的目标函数

联合式（9-30）和式（9-38）可构成联测静动力的目标函数为（符号含义同上）

$$f = \sum_{i=1}^{n} \lambda_i \left(\frac{u_i - u_{it}}{u_{it}} \right)^2 + \sum_{i=1}^{n} \alpha_i \left(\frac{f_i - f_{it}}{f_{it}} \right)^2 + \sum_{i=1}^{n} \beta_i \left(\frac{1 - \sqrt{\text{MAC}_i}}{\text{MAC}_i} \right)^2 \tag{9-39}$$

近年来，随着模型修正技术研究的发展，越来越多的反映结构动力特性的动力指纹

（例如柔度矩阵、应变模态、模态曲率以及频响函数等）被发现并应用于模型修正技术中，并且取得了良好效果。针对不同的问题，应选择合适的动力指纹作为目标函数，这成为模型修正成功与否的关键。

本章提出一条搭建通用模型修正平台的方法建议，即建立各种目标函数的标准接口，针对具体的问题可以灵活地选择合适目标函数的功能。

■ 9.5 模型修正的优化算法

目标函数构造完成之后，模型修正问题实际上转化为一个约束优化问题。其基本过程是，将理论动力学特性表示为设计变量的多项式，进而构成模型修正的目标函数，在迭代过程中不断加入前一次的修正结果，逐步提高多项式的阶数，最终获得设计变量的修正值。优化问题问世以来，人们一直对优化问题的求解进行研究，并不断地提出各种求解优化问题的新方法，主要分为两类：

1）解析法。该方法的一个特点是利用优化问题所具有的性质特点（如导数为 0 的性质），建立起问题所对应的方程或方程组，求解方程或方程组，而后得到问题的最优解。

2）数值法。利用优化函数的性质，设计合理的符合函数性质的迭代算式，在给定初值的情况下，通过迭代式的多次大量递归运算最后得到优化问题的解。

一般情况下，利用解析法求解复杂优化问题时，由于问题条件达不到解析解的假设条件要求，要求解几乎不可能，因此，在对待复杂优化问题上数值法有无可比拟的优势。例如，牛顿法、共轭梯度法、线性规划法、非线性规划法等是一些传统的数值迭代算法。20 世纪 80 年代以来，新颖的优化算法，如遗传算法、模拟退火算法、蚁群算法、粒子群算法、人工免疫算法及其混合优化策略等，通过模拟或揭示某些自然现象或过程而得到发展，为那些传统优化技术难以处理的组合优化问题提供了切实可行的解决方法。

本节的主要思路是搭建一个智能的模型修正平台，充分利用优化问题的研究成果，在面对不同的问题时既能选择传统的优化算法（例如序列二次规划法），也能选择现代智能优化算法（例如粒子群智能算法、进化算法等），使模型修正更加灵活高效，以便在工程实际中应用。

下面分别介绍一下序列二次规划法和粒子群算法的基本原理。

1. 序列二次规划法

序列二次规划（SQP）法最早来源于 1963 年 R. B. Wilson 提出的 Newton-Lagrange 方法，当时就认为该算法是处理非线性约束优化问题很有效的一种方法。其主要思路是：利用原来非线性约束优化问题的有关信息来构造某一简单的近似优化问题，通过求解它来给出对当前迭代点的修正，主要用一系列的线性规划或二次规划来逐次逼近原非线性规划问题。最早的序列二次规划法存在着子问题可能不可行和马洛托斯效应等不足，经过科研工作者们对其不断改进和优化，目前序列二次规划法已成为求解非线性约束优化问题的一类非常有效的算法。它既可以求解等式约束优化问题，又可以求解不等式约束问题，具有整体收敛性且保持局部超一次收敛性，被公认为是当今求解光滑的非线性规划问题的最优秀的算法之一。

一般的有约束的最优化问题可表示为

$$\min f(x) \tag{9-40}$$

$$\begin{cases} g_i(x) = 0, & i \in E = \{1, 2, \cdots, n_e\} \\ g_i(x) \geqslant 0, & i \in I = \{n_e + 1, \cdots, n\} \end{cases} \tag{9-41}$$

设 x_k 是当前问题的迭代点，通过求解二次规划子问题

$$\min \nabla f(x_k)^{\mathrm{T}} d + \frac{1}{2} d^{\mathrm{T}} H_k d \tag{9-42}$$

$$\begin{cases} g_i(x_k) + \nabla g_i(x_k)^{\mathrm{T}} d = 0, & i \in E \\ g_i(x_k) + \nabla g_i(x_k)^{\mathrm{T}} d \geqslant 0, & i \in I \end{cases} \tag{9-43}$$

得到一个搜索方向 d_k，然后经过线搜索求得步长 a_k，于是下一个迭代点

$$x_{k+1} = x_k + a_k d_k \tag{9-44}$$

以上就是 SQP 算法的一般方法。

2. 粒子群算法

粒子群（Particle Swarm Optimization，PSO）算法是在 1995 年由美国社会心理学家 James Kennedy 和电气工程师 Russell Eberhart 共同提出的，其基本思想来源于鸟群觅食过程中的迁徙和群聚行为。通过对这些行为模拟和仿真，提出的一种基于群体智能的全局随机搜索算法，即粒子群算法。PSO 算法是一种基于群体的随机优化技术，它与其他基于群体的进化算法均初始化为一组随机解，通过迭代搜寻最优解。不同的是：进化计算遵循适者生存原则，而 PSO 模拟社会。PSO 将每个可能产生的解表述为群中的一个微粒，每个微粒都具有自己的位置向量和速度向量，以及一个由目标函数决定的适应度。所有微粒在搜索空间中以一定的速度飞行，通过追随当前搜索到的最优解来寻找全局最优解。

在一个 n 维搜索空间里，假设有 s 个粒子组成粒子群，每个粒子都以一定的速度在空间中飞行。设 $X_i = (x_{i1}, x_{i2}, \cdots, x_{in})$ 为粒子 i 的当前位置；$V_i = (v_{i1}, v_{i2}, \cdots, v_{in})$ 为粒子 i 的当前飞行速度；$P_i = (p_{i1}, p_{i2}, \cdots, p_{in})$ 为粒子 i 所经历的最好位置，即粒子 i 所经历的具有最好适应值的位置，称为个体最好位置。设 $f(x)$ 为优化的目标函数，一般优化问题可以转化为 $f(x)$ 的最小化问题，那么粒子 i 的当前最好位置由下面的方法决定

$$P_i(t+1) = \begin{cases} P_i(t), & \text{若} f(x_i(t+1)) \geqslant f(P_i(t)) \\ X_i(t+1), & \text{若} f(x_i(t+1)) < f(P_i(t)) \end{cases} \tag{9-45}$$

对于粒子群体，所有粒子经历过的最好位置为 $P_g(t)$，称为全局最好位置，由下式确定

$$P_g(t) = \underset{P_i(t), i=0,1,\cdots,s}{\arg\min} (f(P_i(t))) \tag{9-46}$$

基本粒子群算法的进化方程可以描述为

$$\begin{cases} V_{ij}(t+1) = V_{ij}(t) + c_1 r_{1j}(t)(p_{ij}(t) - x_{ij}(t)) + c_2 r_{2j}(t)(p_{gj}(t) - x_{ij}(t)) \\ x_{ij}(t+1) = x_{ij}(t) + V_{ij}(t+1) \end{cases} \tag{9-47}$$

式中　　　　　j——粒子的第 j 维；

　　　　　　　i——第 i 个粒子；

　　　　　　　t——进化到第 t 代；

　　　c_1、c_2——分别为加速常数，通常在 $[0,2]$ 之间取值；

r_1，$r_2 \sim (0,1)$——分别为两个相互独立的随机函数。

从式（9-47）可以看出，粒子的速度进化由三部分构成：原先的速度项 $V_{ij}(t)$；考虑该粒子历史最好位置对当前位置的影响而进行的修正 $c_1 r_{1j}(t)(p_{ij}(t) - x_{ij}(t))$，称为个体认知；

考虑粒子群体历史最好位置对当前位置的影响而进行的修正 $c_2 r_{2j}(t)(p_{gj}(t) - x_{ij}(t))$，称为社会认知，速度的进化由这三部分共同决定。

在初始化阶段，在设定种群规模 s 后，可以在搜索空间 $[-x_{max}, x_{max}]$、$[-V_{max}, V_{max}]$ 内按一定规律（如服从均匀分布等）得到初始种群位置和初始速度，一般的，$V_{max} = kx_{max}$，$0.1 \leqslant k \leqslant 1.0$。如果能预估最优解的取值，则可以取该预估值作为粒子群的种子，生成一个比较靠近或包含最优解的种群位置。这样做可以节省搜索计算时间，使算法很快收敛到最优解。

与传统的基于梯度的优化算法相比，粒子群算法具有以下优点：

1）对优化目标函数的模型没有特殊要求，对问题定义的连续性也没有特殊要求，甚至可以将传统优化方法无法表达的问题描述为目标函数，使得算法应用更具有广泛性。

2）没有中心控制约束，个别个体的障碍不影响整个问题的求解，即算法更具有鲁棒性。

3）采用非直接的信息共享方式实现合作，算法具有扩充性。

4）由于粒子群算法的随机搜索本质，使得它更不容易陷入局部最优。同时，基于适合度概念进化的特征保证了算法的快速性。因此，粒子群算法对于复杂的，特别是多峰高维的优化计算问题具有很强的优越性。

由于粒子群算法对目标函数要求低，操作简单，且在某些情形下具有高效的寻优能力，因此其自出现以来，就在随机搜索类优化算法中表现出强劲的发展潜力。近年来，粒子群算法也逐渐被推广到模型修正的技术中。

■ 9.6 本章小结

有限元模型是进行结构分析、损伤识别和健康状态评估的基础。基于振动监测信息，可以实现对结构振动模态参数的识别，在模态参数识别的基础上，可以依据识别值与有限元模型模态分析值之间的差异来进行模型修正，进而可依据修正结果对工程结构的健康状态进行评估，这就是基于模型的监测评估技术路线。本章围绕此目的，对基于振动监测的模态参数识别、基准有限元模型建模与校验、修正参数选择、目标函数的设计以及模型修正的优化算法等进行了全面论述。

第 10 章　智能化模型修正平台的软件实现

近年来，由于计算机技术、传感器技术和信息传输存储技术的发展，结构健康监测技术发展的瓶颈不再是硬件系统，而集中在软件方面。如何正确利用监测数据，实现结构损伤识别和健康状态评估成为当务之急。同时，对于大型复杂结构来说，精确的有限元模型是进行损伤识别和健康状态评估的基础，因此模型修正技术成为近年来的一个研究热点。首先，模型修正的理论研究取得了很大进步，模型修正的思想已经深入人心，但也存在一定的问题。其次，越来越多的科技工作者在模型修正的软件实现方面进行了探索，但已出现的软件还具有很大的局限性，这也限制了模型修正技术的工程应用。

基于上述原因，本章的主要研究内容是根据当前模型修正的基本理论，结合计算机技术，说明模型修正软件实现问题，以期推进模型修正在现代结构健康监测系统中的应用。

■ 10.1　智能化模型修正平台的科学计算支撑软件

一般地，智能化模型修正的主要思路是：以基于灵敏度分析的参数模型修正理论为基础，结合数值计算软件 MATLAB 和商用有限元软件 ANSYS，编写具有一定通用性的模型修正软件。其通用性主要体现在：①优化算法和目标函数是模块化的，针对不同的问题，可以选择不同的优化算法和目标函数；②具有一定的扩展性，优化算法和目标函数可根据需要按照一定标准自主添加。下面介绍一下软件的开发环境。

10.1.1　MATLAB

MATLAB 是 MathWork 公司推出的一套工程计算及数值分析软件。由于其功能强、易使用，因此在工业、电子、医疗和建筑等领域得到了广泛应用。MATLAB 集可靠的数值运算、图像与信号处理、图形显示、可视化图形用户界面于一体。MATLAB 同时具有强大的二次开发功能及用户界面编程功能。MATLAB 的编程语言采用类 C 语言，简单易懂，稍微具有 C 语言知识的人员经过简单的培训就可以很快上手。并且该语言不像 C 语言和 FORTRAN 语言那样要求使用者去编写源程序，然后对其进行编译、连接，最终形成可执行文件，这给使用者带来了极大的方便。

MATLAB 还具有以下优点：

1）齐全的函数库：常见的向量运算、矩阵运算；常见的数学函数，如三角函数运算、指数运算等；基本的绘图函数，这极大地节省了用户进行相同工作的时间。

2）MATLAB 中含有许多专业性质的工具箱（Toolbox），且用户自定义函数可以通过设置路径将其增加到软件中，易于查找和使用。

3）便利的数据的导入和保存：MATLAB 支持多个格式的文件读写。

4）扩充能力强、可开发性强。MATLAB 能发展到今天这种程度，它的可扩充性和可开发性起着不可或缺的作用。MATLAB 本身就像一个解释系统，对其中的函数程序的执行以一种解释执行的方式进行。这样最大的好处是 MATLAB 完全成了一个开放的系统，用户可以方便地看到函数源程序，也可以方便地开发自己的程序，甚至创建自己的"库"。另外，MATLAB 可以方便地与 FORTRAN、C 等语言接口，以充分利用各种资源。

基于以上原因，本章选择 MATLAB 来作为编写软件的基本语言，整个软件的流程由 MATLAB 来控制，模型修正所需要的优化算法和目标函数也编写成 M 文件的形式以供调用。这样一来，一方面，可以充分利用 MATLAB 强大的数值计算能力；另一方面，也可以利用 MATLAB 与有限元软件的接口，实现对有限元软件 ANSYS 的调用。

10.1.2　ANSYS

ANSYS 软件作为一种大型通用有限元软件，能够用于结构、热、流体、声学等学科的研究中，被广泛地应用于土木工程、地质矿产、交通运输等领域的设计和研究工作中。在世界范围内，ANSYS 软件已经成为土木建筑行业 CAE 仿真分析软件的主流。ANSYS 在钢结构和钢筋混凝土房屋建筑、体育场馆、桥梁、大坝、隧道以及地下建筑等工程中得到了广泛的应用，它可以对这些结构在各种外荷载条件下的受力、变形、稳定性及各种动力特性做出全面分析，从力学计算、组合分析等方面提出全面的解决方案，为土木工程师提供了一种功能强大且方便易用的分析方法。目前，比较常见的通用有限元软件有很多，例如 ABAQUS、SAP2000、NASTRAN、MIDAS 等，与它们相比，ANSYS 具有以下优势：

1）强大的建模能力。大型复杂机构的特点就是单元的数量和种类较多，利用 ANSYS 的 APDL 语言可以较方便地建立有限元模型。另外，大型复杂结构经常出现一些复杂的节点，因此工程中为了保证节点的安全工作，必须对节点进行受力分析，ANYS 方便的实体建模模块与其他 CAD 软件如 AutoCAD、PRO/E 等绘图软件有良好的接口程序，可以方便地进行实体建模。

2）强大的求解能力。ANSYS 11.0 提供了多种求解器，主要类型有迭代求解器、直接求解器、特征值求解法、并行求解器等，用户可以根据问题类型选择合适的求解器。

3）强大的非线性分析能力。可进行几何非线性、材料非线性、接触非线性和单元非线性分析等。

4）具有多种接口能力。ANSYS 提供了与多数 CAD 软件及工程计算数值分析软件的接口程序，可实现数据的共享和交换，例如 MATLAB。这也是本章选择 ANSYS 作为软件中有限元求解器的一个最为关键的原因。

5）强大的后处理能力。可获得任何节点和单元的数据，具有列表输出、图形显示、动画模拟等多种数据输出形式，便于进行扩张研究。

6）强大的数据统一能力。ANSYS 使用统一的数据库存储模型数据和求解结果，实现前后处理、分析求解及多场分析的数据统一。

7）强大的二次开发能力。可利用 APDL、UPFs、UIUL 等进行二次开发，几乎可以完成用户的任意功能要求，这点是很多软件所不及的。

8）支持多种硬件平台和操作系统平台。

由上述原因可以看出，ANSYS 非常适合作为模型修正软件的有限元求解器，其不但能够满足针对各种结构问题的分析需要，而且能够满足软件对扩展性以及普适性的需求。

■ 10.2 MATLAB 与 ANSYS 的数据通信及控制技术

10.2.1 MATLAB 调用 ANSYS 的方式

ANSYS 虽然比较强大，但是不能自定义模型方程。在某些情况下，必须用当前操作步的解作为条件，根据某些物理条件来改变单元的材料属性以及载荷，作为下一个操作步的初始条件。ANSYS 自带的 APDL 可用于一般的流程控制，如果要实现特定的复杂物理模型就比较困难，而且速度极慢。可行的办法就是在 ANSYS 运行中把每一个操作步的结果传给外部程序，用来计算下一步的载荷和单元属性，这也是本章选择使用 MATLAB 编写主控程序的原因。

虽然 MATLAB 与 ANSYS 之间没有现成的接口，但是 MATLAB 中提供了一些调用外部程序的通用方式，例如，"！"、dos、system 等。"！"和 dos 函数可以调用外部程序执行 Windows 系统下给定的 DOS 命令，system 函数可以执行操作系统命令并返回结果，三者调用 ANSYS 的格式基本相同，如下：

```
!D:\Ansys\v110\ANSYS\bin\intel\ansys110-b-p ane3fl-i input file-o
out file;
    Dos 'D:\Ansys\v110\ANSYS\bin\intel\ansys110-b-p ane3fl-i input
file-o out file';
    System 'D:\Ansys\v110\ANSYS\bin\intel\ansys110-b-p ane3fl-i input
file-o out file'.
```

其中"D:\Ansys\v110\ANSYS\bin\intel\ansys110"是 ANSYS 程序的安装路径，三种调用方式都要求安装路径中没有空格，否则调用不成功；"-b"代表 batch 的调用模式。"-p"是产品输入代码，为非必要选项。"-i"和"-o"分别代表输入和输出路径，其中输入的一般是命令流文件，而输出文件则保存着计算过程和结果。以上三种方式中，除第一种之外都有返回值，如果计算成功完成返回值为 0，否则返回值非 0。

10.2.2 MATLAB 与 ANSYS 的数据交换

MATLAB 与 ANSYS 之间没有直接的数据交换系统，因此数据的交换必须通过第三方软件来完成。对 MATLAB 来说，可以选择的范围比较广泛，例如文本文件、excel 文件等，并且 MATLAB 具有相当数量的函数可以实现对不规则数据的有效读取。ANSYS 虽然也支持多种格式的数据文件，但是自带的函数较少，只能对比较归一化的数据实现有效读写。综合上述，本章选择文本文件作为数据交换的中介。一方面，文本文件具有简单但数据存储能力强的特点；另一方面，两种软件都提供了足够多函数用以实现文本文件的读写。

尽管如此，ANSYS 读写文本文件还存在不少问题，下面分别从读和写两个方面进行

介绍:

ANSYS 读文本文件所使用的命令是 vread,其使用格式如下:

```
*VREAD,ParR,Fname,ext,,label,n1,n2,n2,NSKIP
```

其中 ParR 代表读入数据的赋值对象数组,其必须是已经存在的数组参数;Fname 指代路径的文件名(允许至多 250 字符长度),缺省为工作目录,文件名缺省为 jobname;ext 是文件的扩展名(至多 8 字符长度);Label 是取值顺序标识字 IJK、IKJ 等,缺省标识 IJK;n1、n2、n3 对应于 label,例如 label = KIJ 时按照格式 $(((ParR(I,j,k),k=1,n1),i=1,n2),j=1,n3)$ 读入数据;NSKIP 代表读入数据文件时需要跳过的开始行数,缺省值是 0,标识从第一行读入。使用 vread 命令主要的问题是必须知道数据的格式和大小,这个问题可以通过事先规格化数据文件的格式来解决,此外还需在数据中加入数据规模的参数。

ANSYS 写文本文件所使用的命令有 vwrite 和 mwrite。vwrite 命令使用格式如下:

```
*CFOPEN,Fname,ext,,Loc  ! 打开文件
*vwrite,par1,par2,par3,…,par19  ! 写入数据
(F8.9,E9.2)  ! 数据格式
*CFCLOS  ! 关闭数据文件
```

Loc 代表打开文件的方式,缺省代表覆盖源文件,append 表示采用追加的方式写入数据,其他参数同 vread。vwrite 使用按列写入的方式,每次最多写入 19 列数据。

mwrite 命令则无须打开文件,其格式如下:

```
*mwrite,parR,Fname,ext,,label,n1,n2,n3  ! 相关参数同 vread
(E12.3)  ! 数据格式
```

vwrite 的 mwrite 主要不同在于,mwrite 默认只有覆盖的写入方式,而 vwrite 可以选择追加的方式进行写入,这在数据规模较大时具有一定优势。

10.2.3 流程控制

MATLAB 允许用户以数学形式的语言编写程序,相比其他语言更接近于书写计算公式的思维方式。MATLAB 是一种交互式的语言,所谓交互式语言,就是指给出一条命令,立即就可以得到命令的结果,这给使用者带来极大的方便。此外,MATLAB 的程序流控制语句同 C 语言差别甚微,非常易于掌握。基于以上原因,MATLAB 完全能够胜任整个软件的流程控制工作。

尽管如此,在 MATLAB 调用 ANSYS 计算的过程中仍然存在一些问题,例如程序之间的通信问题。在程序相互调用的过程中,被调用的程序运行完成后,需要通过一个 flag 文件来告知主控程序,以便主控程序决定是否进行下一步计算。本章的主要技术路线是 MATLAB 负责优化和控制流程,ANSYS 负责有限元计算,由 MATLAB 优化模块产生的数据传递给 ANSYS 进行结构分析,然后返回优化模块。这就需要建立一个 flag 文件,通过在 MATLAB 程序中读其内容来判断 ANSYS 是否在运行,在 ANSYS 运行完时,改变 flag,告诉 MATLAB 当前运行结束,可以进行下一步计算,否则必须等待。使用 system 或 dos 函数调用 ANSYS

的格式如下：

```
[status,result] = system('D:\Ansys\v110\ANSYS\bin\intel\ansys110-
b-i ansys/ansysconcle-o output.out')
```

ANSYS 计算完成后，则 status 返回 0 值。

因此可利用 status 返回值，编写 flag 文件如下：

```
Function flag(status)
if status = =0
    out =objfunt4;  % objfunt4 为目标函数
end
```

■ 10.3　参数化有限元建模

10.3.1　参数化建模的概念

参数化技术最早是 CAD 在实际应用中提出的课题，是该应用领域内的一个重要的，且正在蓬勃发展的研究课题。参数化技术是指先用一组参数来定义几何图形尺寸数值并约束尺寸关系，它的主要思想是用几何约束、数学方程与关系来说明产品模型的形状特征，从而得到一组在形状或功能上具有相似性的设计方案。近年来，参数化技术被广泛地应用于工业产品的设计中。一方面，在实际设计任务中，经常会遇到系列产品的设计工作。这些产品结构上基本相同，但由于使用场合、工况的差别，在结构尺寸上有些许不同。对于这一类产品，如果逐一进行建模分析，则重复性工作很多，严重降低了工作效率。另一方面，在工业设计中，很多产品需要反复修改、优化，这一过程中需要经历反复的建模及分析，也会严重影响设计分析的效率。然而，通过参数化的建模手段，模型的参数可以进行批量的修改、替换，这样就可以节省重复建模的时间，极大地提高设计分析效率。参数化设计与传统方法相比，最大的不同在于它存储了设计的整个过程，能设计出一簇而不是单一的产品模型。

近年来，参数化的思想逐渐被应用到工程结构的有限元分析中，大多数商业有限元软件都增加了优化模块，在结构优化设计和模型修正方面取得了很好的效果。基于结构参数化的有限元分析方法的基本步骤如下：

1）利用参数化设计思想，根据模型的几何结构抽象出描述模型的特征参数，并对分析模型在不影响精度的情况下适当简化。

2）用 ANSYS 的命令流文件建立包含实体建模、分析过程、结果处理过程的有限元分析流程。

3）用 APDL 将抽象出的特征参数代替建模中的参数，构成可变参数的有限元分析流程。

4）根据设计分析要求，将参数赋予具体的特征值，并进行有限元计算分析获取结果。

在使用 APDL 语言的参数化在各个领域建模时，常用的计算方法及建模方法应该系统化、模块化，以节省常规计算和建模的时间。本章的有限元分析服务于模型修正，因此使用参数化的建模方案有利于反复迭代计算以实现自动化。下面介绍一下 ANSYS 的 APDL 语言。

10.3.2   APDL 语言

ANSYS 软件提供了用于自动完成有限元分析操作的参数化设计语言 APDL，即 ANSYS Parameter Design Language，该语言是一种类似于 FORTRAN 的解释性语言，它由 1000 多条与 ANSYS 菜单操作对应的命令以及一些 APDL 编程命令组成。APDL 命令是一种真正的脚本命令，它可以向用户提供参数、向量、循环等一系列功能，它同时是 ANSYS 软件提供的批处理分析的最高技术。APDL 语言主要包括以下几个部分：参数和参数系统、数据的读写、流程控制、数据库数据调用以及宏文件。

1. 参数和参数系统

参数是指 APDL 中的变量，在 ANSYS 中参数的形式有两种，一种是标量参数，一种是数组参数。其中，标量参数包括数值型和字符型两种类型，数组参数包括数值型、字符型和表三种类型。参数的命名必须遵循以下原则：

1）参数名称必须以字母开头且长度不超过 32 个字符。

2）参数名称内只能包含字母、数值和下划线。

标量参数的定义与赋值可以使用 * SET 或 " = " 的方式，数组参数的定义使用 * dim 命令，赋值同标量参数。需要注意的是，在命令流中重复使用 * dim 定义同一个变量会导致程序运行中断。

APDL 语言数据的读写使用的命令主要有 * vread、* vwrite、* mwrite，使用格式见本章第 2 节的介绍。由于本章所用方法没有涉及数据库数据的调用，故在此不进行介绍。

2. 流程控制

APDL 语言控制流程的命令主要有 * if 条件分支和 * do 循环。* if 条件分支的使用格式如下：

```
* if,val1,oper1,val2,base1,val3,oper2,val4,base2
...              ! 执行语句
* elseif,val1,oper1,val2,conj,val3,oper2,val4
...              ! 执行语句
* else
...              ! 执行语句
* endif          ! 结束行
```

其中，val1、val2、val3、val4 代表给定数值的参数，oper1、oper2 是比较运算符。只有一个比较条件时，base1 = then。当存在两个比较条件时，base2 = then，base1 = and（两个条件都为真），or（任意一个条件为真），xor（两个条件都为假）。

此外与 * if 配合使用命令有，* else、* elseif、* endif，其中 * elseif 的用法同 * if。

* do 命令的使用格式如下：

```
* do,par,ival,fval,inc
...          ! 执行语句
* enddo      ! 结束行
```

其中，par 是循环控制变量的名称。ival 和 fval 分别是循环控制变量的初始和终止值，inc 是循环控制变量的增量，默认为 1。

3. 宏文件

ANSYS 的宏实际上是由一系列的 APDL 控制语句组成的集合。把一系列 ANSYS 命令语句存到一个文件中，并将扩展名定义为 ＊mac，即可形成一个宏文件。宏文件内可带有宏输入参数、内部变量，也可以在内部直接引用总体变量。宏的调用可以使用 ＊use，使用格式如下：

```
*use,name,arg1,arg2,…,arg9,ar10,ar11,…,ar18
```

name 是包含路径的宏名称以及扩展名，如果在执行 ＊use 命令之前先用 ＊ulib 制定宏库文件，则可以只写文件名，arg、ar 是执行宏的参数。

此外，宏文件存在于宏搜索路径中时，可以当作自定义的 ANSYS 的命令进行使用。利用这一点可以实现宏文件的嵌套调用，实质是采用在宏文件中执行带输入参数的宏命令。在嵌套调用宏时，最多可以向调用宏中传递 19 个输入变量，如果宏中使用的变量较多，则也可以采用在宏中使用全局变量的方法。在参数化有限元建模时，可以利用宏嵌套调用方法实现对模型分组化和模块化的建模，具体的使用方法见下一节的介绍。

10.3.3 参数化模型基本结构

一般的有限元分析过程包括前处理的几何模型生成，材料属性定义，荷载和边界条件加载、计算，后处理的结果提取和显示。参数化有限元分析与前者主要的不同点就在于，前处理的几何模型、材料属性和荷载、边界条件等都是参数化的，在进行计算之前必须对参数赋值。其基本流程如图 10-1 所示。

按照参数化有限元分析基本流程，可以将一般的有限元模型化分成对应的模块，参数化有限元模型基本结构如图 10-2 所示。其中，Ansysconsole 是模型的主控模块，它负责有限元分析的流程控制；文本文件 Inf、Para 是参数化模型初始参数文件，Inf 记录模型的计算类型和基本参数等，Para 记录由优化算法产生的试算数据，MCF 和 MCS 是有限元分析的结果文件，前者记录模态频率，后者记录模态振型。以上四个文件构成了模型的数据模块，是与 MATLAB 交互的关键部分；Model、Loading、D&D、BC 共同组成基本模型文件，其中 Model 是初始模型，Loading 对荷载条件进行模拟，D&D 可以模拟结构损伤和性能退化，

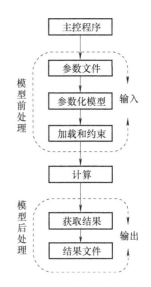

图 10-1 参数化有限元分析基本流程

BC 是模型的边界条件，此外还可以按照固定的格式添加特定模块；最后，Cal_m 是模型的计算核心，承担模型的分析任务。

按照以上思路，针对某连续梁结构建立了参数化的有限元模型。

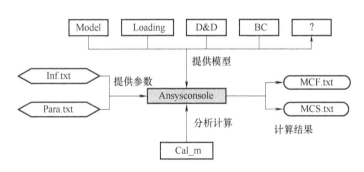

图 10-2　参数化有限元模型基本结构

■ 10.4　目标函数库设计

目标函数是描述理论模型特性与试验模型特性相关程度的表达式，由结构的几何和力学特性参数组成，表示试验模型与理论模型之间的误差。优化的过程就是求解出使试验模型与理论模型之间的误差达到最小的待修正参数值。由前面的介绍可以知道，用于模型修正的目标函数包括基于静力的目标函数，基于动力的目标函数以及联合静动力的目标函数。下面以基于固有频率的目标函数（objfund-f1）为例介绍一下目标函数库建立的方法。

基于固有频率的目标函数，由此可以编写目标函数 objfund-f1，其主要功能包括获取主控程序传递的参数、获取优化算法产生的数据，以及计算目标函数值。

由于智能算法产生的数据只是所需要修正的初始参数，而目标函数所需要的数据是对应的结构响应，因此在智能算法和目标函数之间还必须建立一个接口函数——parafinder。其主要功能包括：传递主控程序提供的参数、传递优化算法提供的参数、初步处理优化算法提供的参数、选择目标函数，以及将目标函数值返回优化算法。

目标函数库调用示意图如图 10-3 所示。

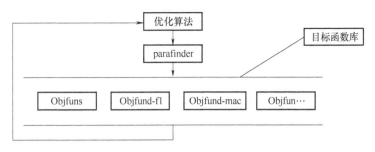

图 10-3　目标函数库调用示意图

图 10-3 中，Objfuns、Objfund-f1、Objfund-mac 代表不同的目标函数。

也可以按照以上的步骤，将其他的静动力指纹编制成目标函数类库（表 10-1），以便调用。

常用目标函数的输入、输出规定见表 10-2。

表 10-1　目标函数库

目标函数类型	特　　性	名　　称	函 数 名
基于静力		静力目标函数	Objfuns
联合静动力		静动力目标函数	Objfunsd
基于动力	传递特性	频率	Objfund-f1
			Objfund-f2
		振型	Objfund-mac1
			Objfund-mac2
		应变模态	Objfund-strain
		频响函数	Objfund-response
	传递曲率	模态曲率	Objfund-mcurvature
	传递曲率	柔度曲率	Objfund-fcurvature
	特征参数	频带能量谱	Objfund-spectrum
		子带能量谱	Objfund-subspectrum
	复杂函数	联合频率及振型	Objfund-fmac
		柔度矩阵	Objfund-fmatrix
		模态应变能	Objfund-starinenergy

表 10-2　目标函数的输入、输出规定

目标函数	备　　注	输　　入	输　　出
Objfund-f1	频率变化二次方比	f_{ai}, f_{ti}	式（9-32）计算值
Objfund-f1	频率二次方变化比	f_{ai}, f_{ti}	式（9-33）计算值
Objfund-mac1	模态保证准则	$\boldsymbol{\phi}_{ai}, \boldsymbol{\phi}_{ti}$	式（9-34）计算值
Objfund-mac2	模态保证准则	$\boldsymbol{\phi}_{ai}, \boldsymbol{\phi}_{ti}$	式（9-35）计算值
Objfund-fmac	联合固有频率和振型	$f_{ai}, f_{ti}, \boldsymbol{\phi}_{ai}, \boldsymbol{\phi}_{ti}$	式（9-36）计算值
Objfuns	静力目标函数	u_{ai}, u_{ti}	式（9-37）计算值
Objfunsd	联合静动力	u_{ai}, u_{ti}	式（9-38）计算值

表中，f_{ai}、f_{ti} 分别代表计算频率和测试频率，$\boldsymbol{\phi}_{ai}$、$\boldsymbol{\phi}_{ti}$ 分别代表计算振型向量和测试振型向量，u_{ai}、u_{ti} 分别代表计算静力位移和实测位移。

■ 10.5　智能算法库设计

在建立好目标函数后，模型修正问题就转化为多目标函数的约束优化问题，本节所需要解决的主要问题是给模型修正问题提供求解器，即优化算法。随着优化问题研究的深入，研究者们不断地提出各种各样的优化算法，例如序列二次规划法等。近年来，现代土木结构朝着大型化和复杂化的方向发展，这也导致了相应优化问题更加烦冗和复杂。因此，单纯地依赖传统的优化算法显然不切实际。目前，在优化领域，出现了一批基于生物行为模拟的智能算法，在复杂非线性目标函数的求解中取得了较好的效果。本节的主要目的就是在当前智能优化算法研究已经取得成果的基础上，建立智能算法的 MATLAB 类库，将其作为模型修正软件的求解工具。下面将以序列二次规划法和粒子群算法为例介绍智能优化算法类库的建立和使用方法。

10.5.1 序列二次规划法

关于序列二次规划法（SQP）的原理，可参考相关文献，不再累述，这里仅介绍一下序列二次规划法的使用方法。MATLAB 最优化工具箱中提供了求解非线性规划的 fmincon 函数，在 fmincon 中有四种算法可以选择，分别是：interior point、SQP、active set 和 trust region reflective。可以通过定义 options 来选择 SQP 算法。

1. fmincon 调用方法

函数 fmincon 的约束条件为

$$\min f(x) \rightarrow \begin{cases} c(x) \le 0 \\ ceq(x) = 0 \\ A \cdot x \le b \\ Aeq \cdot x = beq \\ lb \le x \le ub \end{cases} \tag{10-1}$$

其中，x、b、beq、lb 和 ub 是矢量；A 和 Aeq 为矩阵；$c(x)$ 和 $ceq(x)$ 返回矢量的函数；$f(x)$、$c(x)$ 和 $ceq(x)$ 是非线性函数。调用函数的基本格式为

```
x = fmincon(fun,x0,A,b,Aeq,beq,lb,ub,nonlcon,options)
```

其中 fun 是目标函数，x0 是初值，lb 和 ub 分别为下限和上限，当输入参数不包括 A、b、Aeq、beq 时，可定义为"[ ]"。nonlcon 为约束函数，options 为定义算法基本参数的函数，定义通过 optimset 函数

```
options = optimset('Display','iter','MaxFunEvals',1000000,'MaxIter',
1000,'TolFun',1e-25,'TolCon',1e-5,'TolX',1e-5,'Algorithm','sqp')
```

其中，Display 是显示选项，MaxFunEvals 是函数允许估值的最大值，MaxIter 是最大迭代次数，TolFun 是迭代的终止误差，TolX 是终止迭代的 x 值，Algorithm 用来选择算法。此外，为了定义输出选项可如下进行

```
[x,fval,exitflag,output,lambda,grad,hessian] = fmincon(…)
```

其中，fval 是目标函数值，exitflag 描述计算有效性，output 返回包含优化信息的输出函数，lambda 是 Lagrange 乘子，它体现哪一个约束有效。grad 表示目标函数在 x 处的梯度，hessian 表示目标函数在 x 处的 Hessiab 值。

2. 接口设计

由于 MATLAB 最优化工具箱中提供了 fmincon 函数，因此可以按照上述格式直接调用。然而，建立优化算法库的目的在于简化主控程序对算法的调用，因此还必须提供一个连接主控程序和优化算法的接口——byfmincon。Readyforfmincon 函数的主要功能有三个：①传递主控程序提供的参数；②为 fmincon 提供初始参数；③调用 fmincon 函数。fmincon 函数的输入

是由 byfmincon 提供的初始参数和目标函数返回值，输出的是试算参数，其调用示意图如图 10-4 所示。

10.5.2 PSO 粒子群智能优化算法

PSO 算法是从生物种群行为特征中得到启发并应用于求解优化问题的，算法中每个例子都代表问题的一个潜在解，每个粒子对应一个由适应度函数决定的适应度值。粒子的速度决定了粒子移动的方向和距离，速度随自身及其他例子的移动经验进行动态调整，从而实现个体在可解空间中的寻优。

图 10-4 fmincon 函数调用示意图

1. PSO 调用方法

PSO 算法的调用格式如下：

```
d_shown = [ ];% PSO 绘图的参数。
D = ;% 输入的维度。
mv = 60;% 最大的粒子速度。
VR = [ ];% 搜索范围。
PSO = [10 300 20 3 3 0.9 0.9 100 1e-25 2000 1e-5 1 1 1e-5 10 10.0];% PSO 的
基本参数
seed = ;% 初始值
[optOUT, tr, te, bestpos] = pso_Trelea_vectorized ('parafinder',
D, d_shown, mv, VR, 0, PSO, 'goplotpso', seed);
```

其中，parafinder 是 PSO 算法和目标函数库之间的接口函数。

2. 接口设计

与序列二次规划方法基本相同，调用 PSO 算法也需要提供一个接口函数——Bypso。Bypso 函数的主要功能如下：

1）传递主控程序提供的参数。

2）为 PSO 提供初始参数。

3）调用 PSO 算法。

PSO 算法调用示意图如图 10-5 所示。

PSO 算法的输入及输出与 SQP 基本一致，所不同的是 PSO 输入和输出的是种群数据，而 SQP 算法输入和输出的均是单个个体的数据。对于 PSO 算法、遗传算法等这一类智能优化算法，还有一种处理方法，就是编译成 MATLAB 标准化工具箱。但是，采用工具箱的形式会导致主控程序和优化算法分离，不利于软件的封装。

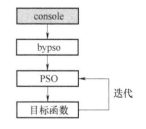

图 10-5 PSO 算法调用示意图

10.5.3 智能优化算法库

参照 SQP 算法和 PSO 算法的调用方法及其接口函数的建立方式，编制包括其他常用智能优化算法标准库，见表 10-3。表中，输出的参数中 X_N 是 N 维的试算向量，N 是参数的个数；$A_{M \times N}$ 代表 $M \times N$ 维的试算矩阵，M 代表种群个数，N 代表参数的个数；输入的参数中，a 代表最大迭代次数，b 代表收敛误差，c 代表种群个数，d 代表算法类型，e 代表扰动值，f 代表个体长度，g 代表代沟，h 交叉概率，i 变异概率，j 代表最大觅食试探次数，k 代表感知距离，l 代表拥挤度因子，m 代表移动步长，n 代表信息素重要程度因子，o 代表启发函数重要程度因子，p 代表信息素挥发因子，q 代表记忆库容量，r 代表多样性评价参数，s 代表配送中心数，t 代表降温速率，u 代表初始温度，v 代表终止温度，w 代表链长。

表 10-3　智能算法标准库

类型	名　　称	接口函数	输　　入	输　　出
传统算法	序列二次规划法（SQP）	byfmincon	SQP = [a, b]	X_N
智能算法	粒子群优化算法（PSO）	Bypso	PSO = [a, b, c, d, e]	$A_{M \times N}$
	遗传法（GA）	Byga	GA = [a, c, f, g, h, i]	$A_{M \times N}$
	鱼群算法（AFSA）	Byaf	AFSA = [a, c, j, k, l, m]	$A_{M \times N}$
	蚁群算法（ACA）	Byaca	ACA = [a, c, n, o, p]	$A_{M \times N}$
	免疫算法（IA）	Byia	IA = [a, c, h, i, q, r, s]	$A_{M \times N}$
	退火算法（SA）	Bysa	SA = [t, u, v, w]	$A_{M \times N}$

10.6　智能模型修正平台的集成方案

本章使用的方法是基于实测数据的参数型模型修正。基本步骤是：第一，根据理论分析值与实测值的相关性分析判定模型的准确性；第二，采用灵敏度分析方法并结合工程实际来选择需要修正的参数，忽略灵敏度较低的参数；第三，进入修正板块，迭代的过程由目标函数及优化算法来控制，优化算法产生的参数经过有限元分析得到与实测值对应的物理量（包括静力位移、动力特性等），通过计算目标函数值来判定模型误差是否达到最小，并确定是否继续进行迭代，否则修正过程结束。从第三步起，即本节所需要解决的主要问题。模型修正技术方案——基本流程如图 10-6 所示。

按照图 10-6 的思路，整个软件执行的详细流程如图 10-7 所示。第一步，console 是整个程序的主控文件，start 为主控文件提供初始参数，包括问题类型，修正目标物理量，优化方法和目标函数的类型；第二步，通过 bypso 为 PSO 算法准备参数，并启动 PSO；第三步，PSO 产生的数据经过 parafinder 的处理，然后写入 para 文件；第四步，启动 ANSYS 分析得到结果文件 MCF 和 MCS；第五步，结果文件导入目标函数求值并返回优化算法；显然，优化算法的迭代寻优过程就

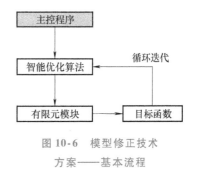

图 10-6　模型修正技术方案——基本流程

是由第三到第五步循环往复。ANSYS 分析模块详图如图 10-8 所示，图中各个模块在本章第 3 节已做相应介绍，在此不再累述。

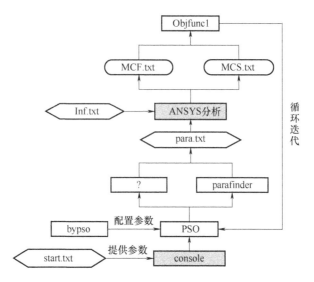

图 10-7　模型修正技术方案——软件执行的详细流程

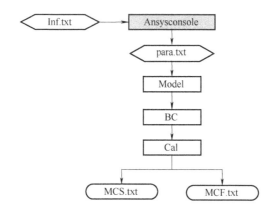

图 10-8　ANSYS 分析模块详图

■ 10.7　本章小结

本章从智能模型修正的软件实现技术角度，对其科学计算支撑软件的需求进行介绍，然后重点展开对两种支撑软件在修正过程中的数据通信和指令控制技术的介绍，接着针对商用有限元软件的参数化建模问题，以及目标函数和优化算法的软件实现展开说明，最后对智能模型修正的集成平台进行了阐述，给出了平台的软件流程设计方案。

第 11 章　桥梁工程结构智慧监测的前沿技术

本章将探讨人工智能、云计算、数字物理系统、数字孪生等前沿技术在桥梁智慧监测中的应用情况，还将介绍桥梁监测系统的物联网接入技术。这部分研究均是目前最新的前沿科技，这些技术的本身还在不断发展进步中，在桥梁结构智慧监测的应用也将随着本身技术的进步而不断走向成熟。本章仅将其初步的应用成果做简要介绍，意图以此揭示这些前沿技术在桥梁结构智慧监测中的广阔应用前景。

■ 11.1　人工智能在全桥面交通流荷载监测中的应用

交通流荷载的异常分布直接威胁桥梁结构的运营安全，其统计规律是进行桥梁结构长期性能评估的重要基础。对交通流荷载进行实时监测，包括对全桥面范围内所有移动车辆的荷载大小、即时位置和车辆空间信息等多个参数的连续侦测和识别，不仅解决了长期困扰桥梁健康监测领域的活荷载未知的难题，而且对桥梁、道路的长期荷载观测、桥梁结构超载、超限监控等任务来说也具有非常重要的意义。为了支持上述监测目的，交通流荷载监测不仅应该实时地进行，而且应该持续、长期地进行。因此，寻找一种兼具实时计算能力和稳定识别效果的精确移动荷载识别方法就成为关键问题。

本节介绍一种全桥面交通流荷载识别的技术。该技术是淡丹辉于 2019 年提出的，它集成了动态称重系统和机器视觉的优势。在该方法中，车辆的荷载值由动态称重系统测量获得，车辆位置由机器视觉方法计算得到，两者通过时间信息融合。

因此，在已有的全桥面移动荷载实时识别算法基础上，提出一种新的基于 You Look Only Once version 3 （YOLO-v3）的桥面移动荷载改进识别方法。该方法在前文建立的投影几何模型基础上，利用 YOLO-v3 算法在光照鲁棒性和识别准确性方面的长处，实现对车辆的整体和尾部的同步高质量光学检测，给出同时精确识别车辆位置和估算车辆宽度和长度的方法，从而最终实现全桥面交通流荷载的实时精确识别。

11.1.1　全桥面交通流荷载监测系统框架

为了实现对全桥面交通流荷载的实时识别，系统需要有覆盖全桥面的探测范围、实时的数据分析处理系统；并且，为了实现长期、持续进行交通流荷载的监测，还应该有配套的数据存储、管理、和挖掘分析能力。为此，将所构建的全桥面交通流荷载监测系统分为硬件子系统和软件子系统。下面分别予以说明。

硬件子系统分为现场硬件系统和云端控制系统。现场硬件系统的核心由路面动态称重系统和视频监控系统两部分构成。路面动态称重系统布置于桥梁入口处,它利用埋置于各条车道铺装层中的压电线圈获得上桥车辆的车重、车速、车轴数量、通过时间等信息。视频监控系统用来获取交通流视频,它由沿桥布置的多个高清相机组成,相机的拍摄方向与交通流方向一致。为了实现全桥面监控覆盖的效果,沿桥的多个截面位置均布置龙门架,对于多车道情况,各个龙门架上布置多台相机,每台相机可负责监测两个车道。对于桥梁入口附近的相机,须保证 WIM 线圈在相机视野中可见。纵桥向相邻的相机的监控区域应存在重叠区域。现场设置信息采集和传输系统负责将现场数据传输至云端。云端控制系统设置数据服务器及应用服务器,数据服务器负责长期监测数据的存储与管理,应用服务器则部署实时荷载识别算法和长期交通监测数据的挖掘分析的软件系统。现场布置了信息采集和传输系统用以将数据传输至云端。移动荷载识别系统现场硬件布置如图 11-1 所示。

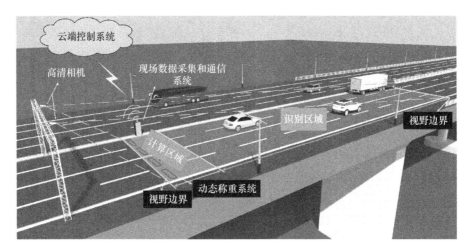

图 11-1 移动荷载识别系统现场硬件布置

桥面的监测区域可分为计算区域和识别区域。计算区域距离相机较近,识别区域位于视野的远端。移动荷载识别算法按照车辆进入计算区域和识别区域的先后,完成不同任务:首先,动态称重系统的传感线圈布置于计算区域的始端,一旦车辆完全进入计算区域,WIM测得的车重信息和视频中被检测车辆就会依据时间同步完成匹配。然后,对计算区域中车辆,依据车辆及车尾的检测边框计算长和宽,并依此计算修正过的车辆的中心位置。最后,对识别区域的车辆,依据车辆检测边框计算车辆中心位置。

11.1.2 YOLO-v3 车辆及车尾检测模型

YOLO-v3 是一种单阶段的目标检测深度卷积神经网络,它是由 YOLO 和 YOLO-v2 改进而来的。与 Faster-RCNN 方法不同,YOLO 网络不需要一个建议区域,而是通过回归直接获得边界框的坐标和每个种类的概率。这大大提高了目标检测的速度,更加适应桥面移动荷载实时监测的需求。

如图 11-2 所示,YOLO-v3 将训练集中图片分为 $S \times S$ 个格子($S = 13$)。如果某个物体 ground-truth 的中心位于某个格子,这个格子就负责这个物体的检测。每个格子负责预测 B

个边界框和它们的置信度，以及 C 个物体的类别概率（本章 $C = 2$）。置信度定义为

$$\text{Confidence} = p_r(\text{Object}) \times IoU_{\text{pred}}^{\text{truth}}, p_r(\text{Object}) \in [0, 1] \tag{11-1}$$

当物体在格子中时，$p_r(\text{Object}) = 1$，否则为 0。$IoU_{\text{pred}}^{\text{truth}}$ 是预测边框与 ground-truth 边框重叠区域与并集区域的面积之比。在目标检测时，综合目标类别概率 $p_r(\text{Class}_i \mid \text{Object})$ 即可得到每个预测框的 class-specific confidence score（CSCS），即

$$\text{CSCS} = p_r(\text{Class}_i \mid \text{Object}) \times p_r(\text{Object}) \times IoU_{\text{pred}}^{\text{truth}} = p_r(\text{Class}_i) \times IoU_{\text{pred}}^{\text{truth}} \tag{11-2}$$

CSCS 同时衡量了物体分类和定位的准确度，当多个边界框检测到同一物体时，据此进行非极值抑制即可得到最优的边界框。类似于 Faster RCNN，每个网格通过 k 均值聚类确定 9 个预选边界框。

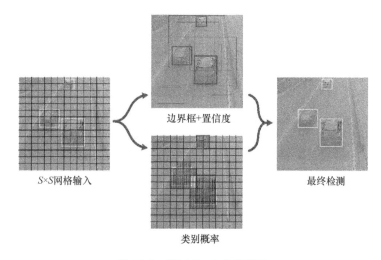

图 11-2　YOLO-v3 检测原理

图 11-3 展示了 YOLO-v3 的网络结构，它包括了 53 个卷积层和 23 个残差层。53 个卷积层采用 1×1、$3 \times 3/2$ 和 3×3 三种不同尺寸的卷积核依次提取图像特征，确保模型具有良好的分类和检测效果。网络结构残差层有效避免了梯度爆炸，确保了模型的收敛。此外，YOLO-v3 通过 3 次下采样检测融合了 3 个尺度的特征图（52×52，26×26，13×13），使模型具备细粒度特征，即可同时检测同一物体的不同部分。对于本章中同时检测车辆和其尾部而言，细粒度特征是十分重要的。

为了验证本章中检测模型对于光照的鲁棒性，选取不同时间段交通流视频进行车辆和车尾的识别。图 11-4 展示了在下午 3 点（白天）和夜间 11 点左右（夜间）的车辆-车尾检测模型检测结果，模型以边界框的形式给出了指定目标位置及其所属类别的概率。不难发现，不论是在正常光照条件（白天）还是低光照条件（夜间），模型均能对车辆及其尾部进行准确识别，识别结果也不受阴影的影响。此外，对于部分模糊目标的识别（如夜间模糊的车尾），此模型也具有良好的鲁棒性。

通过 YOLO-v3 改进的车辆检测算法能够有效克服光照强度变化和阴影的不利影响，然而，以全车轮廓的中心作为车辆质心，当车辆距离相机较近时，横向位置识别会存在较大误差，尤其是对非相机所在车道的车辆。因此，为了修正车辆横向位置的识别误差，本章提出了一种估算车辆几何参数的方法。

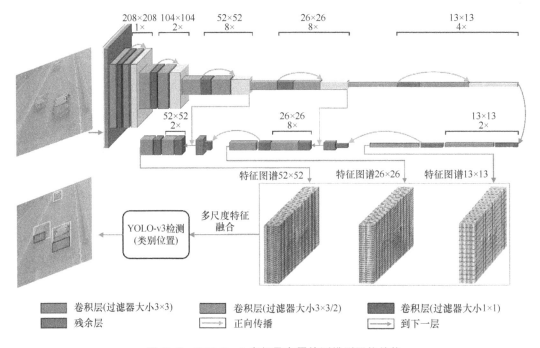

图 11-3　YOLO-v3 车辆及车尾检测模型网络结构

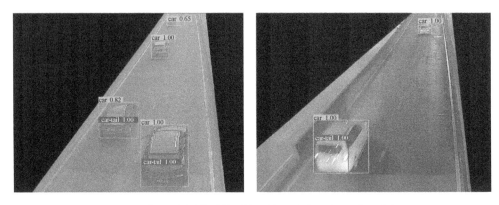

图 11-4　车辆-车尾检测模型检测结果（左：白天　右：夜间）

11.1.3　荷载分布精确识别实桥应用

应用混合高斯模型（GMM）计算车辆中心位置以获得桥面荷载分布，并已证明当车辆距离相机较近时该方法存在较大的横向识别误差。为了进一步分析横向识别误差的特点，针对实际使用的实测视频，以全车检测边框的中心点来表征车辆位置，分别应用 GMM 方法和YOLO-v3 跟踪并识别车辆位置。在该段视频中，先后有 6 辆车进入视野计算区，用上述两种方法连续计算了前 20 个计算帧内这 6 辆车的横向位置识别结果，结果如图 11-5 所示。

从图中可见，两种方法识别的横向位置在前 10 个计算帧都表现出了偏离，但本章建议的方法不仅更靠近估计的稳定轨迹，而且在第 8 帧起即进入稳定状态，要比 GMM 方法更早。其原因在于，GMM 方法是基于全车轮廓来估计位置的，因此对横向位置的识别会受到车侧面成像因素和阴影的影响。这可以通过车辆 5 的横向位置识别情况加以佐证：相比于其他车辆，车辆 5 位于相机所在车道，其侧面在图像中几乎不可见，因此其横向位置识别结果没有明显的偏离。

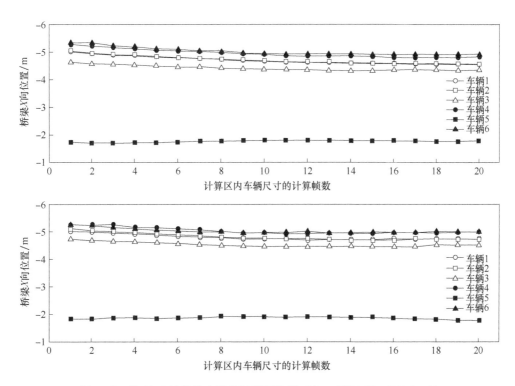

图 11-5　前 20 个计算帧车辆位置识别结果（上：GMM 下：YOLO-v3）

利用动态称重系统和视频监控系统融合技术对桥面交通荷载进行实时监测，不仅需要准确识别全桥面内所有移动车辆的重量，而且需要精确识别各车在桥面的加载方式，包括位置和轴重分布。对于多数应用场合而言，问题的关键在于如何利用机器视觉精确估计车辆重心位置和车辆外形尺寸。本章提出的基于 YOLO-v3 网络的桥面交通荷载双目标探测模型，可实现更紧致、更精确的整车和车尾的轮廓探测。在此基础上发展出更精确的车辆重心位置和轮廓尺寸估计方法，并利用建立的光学测量方案，实现对车辆加载方式的精确、实时识别。

■ 11.2　桥梁智慧监测的数字孪生技术

伴随着桥梁结构性能退化、车辆超载等问题，桥梁的安全性得不到保障，确保桥梁在运营阶段的安全有着重要的意义。车辆荷载是公路桥梁所承受的主要的可变荷载，随着我国交通行业的快速发展，桥面实际的移动荷载与设计阶段车道荷载有很大的不同。超载车辆和异常交通车队已经成为影响桥梁运行安全和缩短桥梁寿命的主要原因。因此，准确识别桥面移动荷载的大小和位置对于桥梁结构健康监测与安全评估非常重要。此外，传统的健康监测系统的测点数量有限，不能得到桥梁结构的全部力学响应，只能得到离散点上的监测数据，在对结构的安全性判断和预测上具有明显的局限性。

实际上，桥梁的结构响应是遵循其本身的力学规律的，它有一个较明确的力学模型，利用有限元计算是可以获得全桥信息的。因此，可以将有限元与移动荷载识别结合在一起，在云端构建与实桥对应的在线有限元模型，通过云计算与大数据的技术，结合识别到的移动荷载，实时地计算桥梁结构响应，判断结构是否安全，并利用车辆到达前方桥梁的时间差，对桥梁可能发生的灾害进行预警。

本节建立了面向实时监测的云端有限元模型，研究了它的关键技术，结合识别的移动荷载，实现了实时计算全桥结构健康状态、预警危情发生的目的，并将其与桥梁群的健康监测结合在一起。有限元采用 OpenSees 建立，通过动态称重和交通视频监控信息的融合识别桥面车辆荷载，用 Python 将有限元模型部署到云端，实现在线计算的功能，利用网络化管理方式对桥梁群的安全状况进行监测与预警。并以某斜拉桥为例，展示了云有限元对于桥梁结构安全状况的监测与预警的有效性。

11.2.1 数字孪生的概念及应用

数字孪生的概念最初由 Grieves 教授于 2003 在美国密歇根大学的产品全生命周期管理课程上提出，并被定义为三维模型，包括实体产品、虚拟产品以及二者间的连接，但由于当时技术和认知上的局限，数字孪生的概念并没有得到重视。直到 2011 年，美国空军研究实验室和 NASA 合作提出了构建未来飞行器的数字孪生体，并定义数字孪生为一种面向飞行器或系统的高度集成的多物理场、多尺度、多概率的仿真模型，能够利用物理模型、传感器数据和历史数据等反映与该模型对应的实体的功能、实时状态及演变趋势等，随后数字孪生才真正引起关注。

一种更通用的定义，数字孪生是以数字化方式创建物理实体的虚拟模型，借助数据模拟物理实体在现实环境中的行为，通过虚实交互反馈、数据融合分析、决策迭代优化等手段，为物理实体增加或扩展新的能力。作为一种充分利用模型、数据、智能并集成多学科的技术，数字孪生面向产品全生命周期过程，发挥连接物理世界和信息世界的桥梁和纽带作用，提供更加实时、高效、智能的服务。

数字孪生越来越得到广泛、高度的关注，由于其交互和互融的特点，它能为许多问题的解决提供新的技术手段。在产品设计方面，针对复杂产品创新设计，达索公司建立了基于数字孪生的 3D 体验平台，利用用户交互反馈的信息不断改进信息世界中的产品设计模型，并反馈到物理实体产品改进中；在生产制造方面，西门子基于数字孪生理念构建了整合制造流程的生产系统模型，形成了基于模型的虚拟企业和基于自动化技术的企业镜像，支持企业进行涵盖其整个价值链的整合及数字化转型，并在西门子工业设备 Nanobox PC 的生产流程中开展了应用验证；在故障预测与健康管理方面，美国国家航空航天局将物理系统与其等效的虚拟系统相结合，研究了基于数字孪生的复杂系统故障预测与消除方法，并应用在飞机、飞行器、运载火箭等飞行系统的健康管理中。美国空军研究实验室结构科学中心通过将超高保真的飞机虚拟模型与影响飞行的结构偏差和温度计算模型相结合，开展了基于数字孪生的飞机结构寿命预测。由于数字孪生能实现物理对象和虚拟模型间的双向联系，故其在土木工程结构健康监测领域也有着巨大的应用潜力。

11.2.2 基于 Opensees 的斜拉桥云端有限元模型及其云端部署

某斜拉桥建于 1992 年 5 月，是沟通某市内江北、江东两区的一座城市桥梁。主桥为 105m + 97m 不等跨的预应力混凝土独塔双索面斜拉桥，为塔、墩、梁固结体系，主桥桥面总宽 26m，其中车行道宽 15m，两侧人行道各宽 3m，车行道和人行道之间设有 2.25m 的护索带。

依据实桥的实际尺寸，先利用 MIDAS 有限元商业软件构建了三维有限元模型。桥塔、主梁和横梁采用梁单元，索用桁架单元进行模拟。其有限元模型如图 11-6 所示。

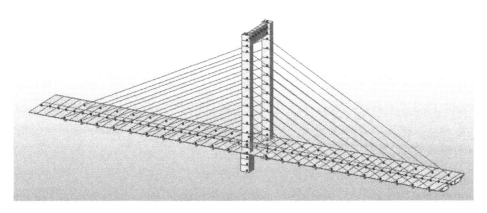

图 11-6　某斜拉桥有限元模型

然后利用 MIDAS 方便的模型参数导出功能，用 OpenSees 重新建立有限元模型。通过 OpenSees 命令，定义模型的自由度、节点位置、节点集中质量、材料本构、截面恢复力模型、单元类型、坐标转换矩阵、节点约束、坐标转换矩阵等。结果输出是用来定义记录 OpenSees 数据的命令 Recorder。荷载定义包括力控制荷载工况和位移控制荷载工况。分析定义包括分析参数的设置。本模型采用理想弹性材料对主梁和主塔的混凝土结构进行模拟，弹性材料没有开裂、屈服及破坏等过程。

主梁采用弹性梁柱单元，属于不考虑剪切变形的欧拉梁，需要提供截面的截面面积、截面 Y 轴惯性矩、截面 Z 轴惯性矩、截面扭转矩、截面材料弹性模量、剪切模量、局部坐标轴。局部坐标轴指截面的主轴在实际的三维空间中指向的方向。拉索采用桁架单元，需要提供杆件的刚度、截面面积和切线模量 E。斜拉桥塔底和梁端的自由度约束通过 FIX 命令进行，塔梁固结用 equdof 命令。表 11-1 列出了建模过程中使用的部分建模基本命令。

表 11-1　部分建模基本命令

命令名称	命令含义
Wipe	清除内存
Model basic- ndm 3 -ndf 6	定义模型是三维的，每个节点 6 个自由度
Node 1 0 0 0	定义了 1 号节点，其三维坐标是（0，0，0），单位不用指明，只需要在程序中保持一致
uniaxialMaterial Elastic 1 200000	定义 1 号弹性材料，弹性模量 200000MPa

（续）

命令名称	命令含义
unixialMaterial ElasticPPGap 2 200000 620 0	定义 2 号钩材料，在受拉时弹性模量 $E = 200000\text{MPa}$，屈服应力 620MPa，初始间隙为 0，在受压时 $E = 0\text{MPa}$，即应力为 0
Element truss 1 2 3 1.3E + 004 4	定义 1 号桁架单元，连接 2、3 节点，面积 1.3×10^4，使用 4 号材料
Geotransf linear 1 0 0 1	定义 1 号梁单元局部坐标系，（0，0，1）为局部坐标主轴在总体坐标系中的向量
Element elasticbeamcolumn 1 i j A E G J IY IZ transftag	定义 1 号梁单元，后面是参数
Fix i ux uy uz rx ry rz	约束 i 节点的自由度
EqualDOF i j ux uy uz rx ry rz	建立 ij 节点的主从约束关系

根据动态称重和多视频信息融合识别移动荷载，得到车辆的位置和重量，将一辆车简化为一个集中荷载，把集中力的 X 坐标、Y 坐标和大小加载到有限元模型上就可以模拟移动荷载作用下的结构响应。

桥梁健康监测系统涉及大量的数据，这些数据包括桥梁的几何模型、有限元分析模型、传感器数据。一个允许集成各种各样数据，支持桥梁监测和管理程序之间数据共享的信息管理系统是桥梁监测系统的重要组成部分。基于云的信息存储库，其设计目的不仅是为了存储几何模型，还包括有限元分析模型和传感器数据。为了存储和管理数据，第一步是将模型信息转化为合理的数据结构，将实体信息描述为数据之后，下一步就是将数据存储到合适的数据库中。为了方便数据共享，首先需要建立一个云服务，然后在云服务上创建虚拟机平台，在其上搭建数据库。

为了提高有限元建模代码的通用性，将数据从代码中分离出来，以一定的格式放置在文件中，由于本模型用到的数据量不大，因此没有必要使用数据库进行数据的调用和交互。用 Python 编写了脚本以提取结构分析所需的节点、面积和材料特性等数据，生成可供 OpenSees 读取的建模代码。这样做的好处在于代码可以不只为一个模型服务，只要将其他桥梁的建模数据按照一定的格式存放起来，通过脚本去读取数据，就可以重构任意桥梁的有限元模型。图 11-7 展示了从文件提取节点信息的函数以及有限元模型重构代码。

```python
def nodefromfile(filename):
    with open(filename, 'r') as f:
        for line in f.readlines():
            line = line.rstrip('\n')     # delete the newline tag
            [tag, x, y, z] = line.split()
            node(int(tag), float(x), float(y), float(z))
```

```python
# 从文件加载节点
openfem.nodefromfile(nodefile)

# 从文件加载单元
openfem.elementfromfile(elementfile)

# 从文件加载约束
openfem.constraintfromfile(constraintfile)

# 从文件加载主从约束
openfem.equaldoffromfile(equaldoffile)
```

图 11-7　从文件提取节点信息的函数以及有限元模型重构代码

为了展示重构后云端有限元模型的效果，制作了一个网页。用户可以通过该网页输入任意一个车辆荷载的信息，然后将荷载传递到重构的有限元模型中，经过有限元模型分析计算后，绘制出主梁节点的挠曲线并展示在页面上。

网页用 HTML 编写，用 JavaScript 进行用户的交互处理，对浏览器页面输入的数据进行验证，是否在合理范围之内。对于计算得到的节点挠度，用 ECharts 图表库处理形成挠曲线图片展示在网页上，最后用 CSS 对网页进行修饰，对图片进行排版，以保证在各种设备访问时可以正常显示。

11.2.3　动态称重和多视频信息融合识别移动荷载

车辆荷载是公路桥梁所承受的主要可变荷载，而且车辆超载和交通荷载的反复作用是影响桥梁运行安全和缩短桥梁服务寿命的主要原因。因此，准确识别桥面移动荷载的大小和位置是非常重要的。目前移动荷载的识别可以分为间接法和直接法，间接法是指通过结构响应的测量信息反过来识别移动荷载，在理想条件下，此方法可以有效识别移动荷载的大小，但对于荷载在桥面的空间位置的识别效果不够理想。直接法是指直接对车辆荷载的大小和位置进行识别。动态称重系统能获取车辆的重量、轴数和车速等信息。机器视觉技术可以识别移动荷载的时间-空间分布。尤其是在计算机目标跟踪领域，已经发展出很多成熟的算法，较好地实现了在一段连续的视频流中跟踪移动物体，并获得其图像平面的轨迹。将二者结合起来，利用桥面起始位置布设的动态称重系统获取移动车辆车重信息，利用沿桥布置的多个摄像头获取的交通流视频信息，结合卡尔曼滤波技术和视野分界线法对视界内车轨迹和位置进行跟踪，并按照车辆跨越动态称重系统压电传感器所在线槽的时间将二者融合，便可以实现对全桥面范围内的所有移动荷载的大小和位置的准确实时识别。

移动荷载的识别与本章工作密不可分。在桥梁设计中使用的车辆荷载和车道荷载均不是桥面上作用的真实荷载，真实荷载是随机且时变的。为了得到某一时刻桥梁在移动荷载作用下的挠度，首先需要识别出此时移动荷载的大小、位置和个数，然后利用程序，将移动荷载加载到有限元模型上，计算此时的结构响应，上传到云端进行显示，这样就能起到基于时变荷载的桥梁实时监测作用。

11.2.4　基于实测车辆荷载的有限元计算——数字空间和物理世界的交联

荷载的输入格式与移动荷载识别系统的输出格式保持一致，根据动态称重和多视频信息融合识别移动荷载，得到车辆的位置和重量，将一辆车简化为一个集中荷载，所以需要输入集中力的 X 坐标、Y 坐标和大小。

将移动集中力等效为节点力的步骤如下：

1）将集中力从作用点平移到主梁节点连线上，附加一个扭矩。

2）判断集中力作用的节点区间。

3）求集中力和扭矩作用下的支反力。

4）得到移动集中力作用下节点的等效力，把这个力加载到有限元模型上就可以模拟移动荷载作用下的结构响应。

11.2.5　一个原型系统例子

针对本节介绍的技术，以我国江浙沪某区域的路网桥梁为示范例子，建立一个桥梁智慧监测数字孪生系统原型。该例子涉及该区域桥梁群的三座桥梁。其中一座桥梁上装了全桥面

基于机器视觉的
交通荷载识别和
数字孪生模型
在线分析

交通荷载监测系统，负责实现路网桥梁内的实测交通荷载，即获取物理世界的荷载信息；以区域内的另外两座典型桥梁为原型，建立其对应的力学模型，并将其部署于云端服务器上，处于在线伺服式工作状态，一旦有实测荷载的信号传输过来，即开启该力学模型的工作状态，进行实时在线计算，从而实现路网级别的结构智能预警功能，也即实现了数字空间与物理空间的交联。

图 11-8 给出了这个原型系统的网页端界面展示。该网页上有四个按钮和三个文本框，在文本框输入荷载信息后单击"添加"，就生成一条新的荷载信息，可以多次添加以模拟多辆车加载。"重置"是指重置当前输入的荷载信息，"清空"是指删除所有输入的荷载信息，"提交"是指将当前已添加的全部荷载转移给有限元模型并分析计算绘制挠度曲线图。

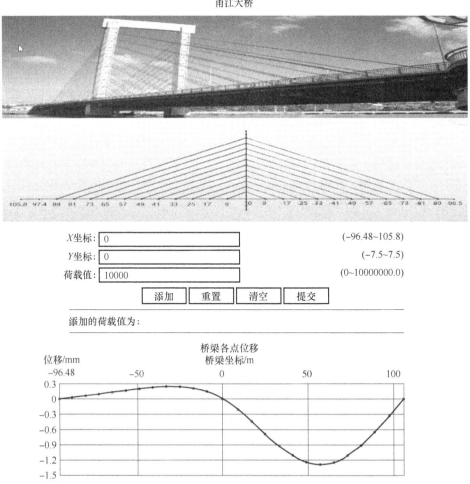

图 11-8　网页端界面展示

由于是有限元计算，因此只要有限元模型足够精确，理论上可以实现该桥任意位置的任意力学响应的实时在线计算，从而实现诸如工作状态报警、健康状态识别、损伤识别和疲劳评估、寿命预测等功能。

■ 11.3 桥梁智慧监测系统的物联网接入

11.3.1 传感器网、物联网和泛在网

传感器网（Sensor Network）也称传感网，是利用各种传感器（光、电、温度、湿度、压力等）加上中低速的近距离无线通信技术构成的一个独立的网络，它是由多个具有有线或无线通信与计算能力的低功耗、小体积的微小传感器节点构成的网络系统，它一般提供局域或小范围物与物之间的信息交换功能。

物联网（Internet of Things，IOT）是指在物理世界的实体中部署具有一定感知能力、计算能力或执行能力的各种信息传感设备，通过网络设施实现信息传输、协同和处理，从而实现广域或大范围的人与物、物与物之间信息交换需求的互联。

泛在网（Ubiquitous Network）是指基于个人和社会的需求，利用现有的网络技术和新的网络技术，实现人与人、人与物、物与物之间按需进行的信息获取、传递、存储、认知、决策、使用等服务，网络超强的环境感知、内容感知及其智能性，为个人和社会提供泛在的、无所不含的信息服务和应用。

传感器网、物联网、泛在网各有定位，传感器网是泛在网/物联网的组成部分，物联网是泛在网发展的物联阶段，通信网、互联网、物联网之间相互协同融合是泛在网发展的目标。传感器网最主要的特征是利用各种各样的传感器加上中低速的近距离无线通信技术。

国际电信联盟（ITU）对物联网做了如下定义：通过二维码识读设备、射频识别（RFID）装置、红外感应器、全球定位系统和激光扫描器等信息传感设备，按约定的协议，把任何物品与互联网连接，进行信息交换和通信，以实现智能化识别、定位、跟踪、监控和管理的一种网络。

根据国际电信联盟的定义，物联网主要解决物品与物品（Thing to Thing，T2T）、人与物品（Human to Thing，H2T）、人与人（Human to Human，H2H）之间的互联。与传统互联网不同的是，H2T 是指人利用通用装置与物品之间的连接，使得物品连接更加的简化，而H2H 是指人之间不依赖于 PC 而进行的互连。因为互联网并没有考虑到对于任何物品连接的问题，故我们使用物联网来解决这个传统意义上的问题。物联网顾名思义就是连接物品的网络，许多学者讨论物联网中，经常会引入一个 M2M 的概念，可以解释成为人到人（Man to Man）、人到机器（Man to Machine）、机器到机器（Machine to Machine）。从本质上而言，在人与机器、机器与机器的交互，大部分是为了实现人与人之间的信息交互。

11.3.2 桥梁监测系统的物联网接入方式

桥梁健康监测系统作为一个独立的信息采集、存储和加工节点，其接入物联网的方式可以有以下几种形式：

1）传感器层接入方式。在传感器端直接配置网络接入设备，并赋予其唯一通信标识（E.164 号码、IP 地址）。此时，该传感器就同时拥有通信标识和对象标识。

2）采集节点（采集工作站）层接入方式。利用采集工作站的网卡或无线通信模块直接入网，并赋予其唯一通信标识。

3）监测模式（传感器逻辑组）层接入方式。将每一个监测模式映射到一个入网硬件设备，赋予其唯一通信标识。

4）结构数值模型层接入方式。将结构数值模型映射到一个独立的入网硬件设备，赋予其唯一通信标识。

5）监测系统层接入方式。利用系统的监控中心的 Web 服务器接入网络，赋予其唯一通信标识。

11.3.3 桥梁监测系统要素的物联网标识

在 M2M 概念下的物联网世界，欲实现桥梁健康监测系统与其他元素之间的信息互联互通，必须首先设计一个合理的物联网标识体系。该体系可以分为三类，即对象标识、通信标识和应用标识。作为结构健康监测系统的设计者，面临待建系统有接入物联网的需求情况下，应该首先做好标识体系的顶层设计。

1. 对象标识

接入物联网的桥梁健康监测系统，构成系统的每一个物理的、逻辑的或数字的信息节点，均可以成为一个独立标识的对象。按照有关规程设计的桥梁健康监测系统，其对象类型主要有：

1）传感器，依附于该实物对象且需要和网络进行信息交换的基本数据包括：传感器类型、通道、采样频率、厂商、位置、安装时间、上次同步时间、依存结构信息、数据访问方式等。

2）采集工作站，依附于该实物对象且需要和网络进行信息交换的基本数据包括：采集工作站类型、通道容量、数据存储容量、从属的传感器对象标识、厂商、运行参数信息、依存结构信息、数据访问方式等。

3）监测模式，依附于该逻辑对象且需要与网络进行信息交换的基本数据包括：监测模式名字、监测目标、监测指标及其阈值信息（包括参考趋势线）、依从的传感器逻辑组（多个对象标识的集合）、指标提取方法、指标预警方案或评估方案、依存结构信息、数据访问方式等。

4）监测系统，该对象既是实物对象，又是逻辑对象，还是数字对象。依附于该对象且需要和网络进行信息交换的基本数据包括：监测系统基本信息、从属的监测模式标识组、从属的子对象（传感器、采集工作站等）标识组、依存结构信息、数据访问方式等。

5）结构数值模型，依附于该数字对象且需要和网络进行信息交换的基本数据包括：模型名称、模型的宿主程序名称及其运行环境参数、镜像的结构或构件标识、数据访问方式等。

6）桥梁结构，依附于该对象且需要和网络进行信息交换的基本数据包括：存储桥梁设计参数、施工信息、检测信息、监测系统配置等信息的文件或数据库访问标识、在 cyber 空间的镜像数值模型对象标识等。

7）其他。

设计者应该根据对象基本数据的数据容量大小，选择条形码（容量30个字符）、二维码（可容纳多达 1850 个大写字母或 2710 个数字或 1108 个字节，或 500 多个汉字）或以 RFID 为载体的 EPC 码（容量达到数十 KB），也可以约定好格式的字符串、标识符字符串加映射数据库或配置文件方式来标识对象及访问依附于对象的基本数据。

2. 通信标识

根据桥梁健康监测系统物联网接入系统的不同，其相应的对象标识的基本数据类型、内容也应该不同。每一个桥梁健康监测系统物联网主接入点都应该具有一个唯一的通信标识，可以采用 E.164 号码、IP 地址等。它以相对或绝对地址的方式建立到通信节点连接，进行通信或寻址。

3. 应用标识

对于需要进行网络化远程展开的桥梁健康监测系统业务应用，可以为期赋予唯一的应用标识。标识的形式可以是良好定义的 URI。建议设计者依据业务使用者的权限，以及监测诊断成果输出与发布对象的不同，对业务应用进行分级，并能在应用标识层面体现分级情形。

以上几种标识的用途说明如下：

1）对象标识主要用于识别物联网中被感知的物理或逻辑对象，例如人、动物、茶杯、文章等。通过该标识，可以获取该对象的基本信息的应用场景通常为基于其进行相关对象信息的获取，或者对标识对象进行控制与管理，而不直接用于网络层通信或寻址。

2）通信标识主要用于识别物联网中具备通信能力的网络节点，例如手机、读写器、传感器等物联网终端节点以及业务平台、数据库等网络设备节点。

3）应用标识主要用于对物联网中的业务应用进行识别，例如医疗服务、金融服务、农业应用等。在标识形式上可以为域名、URI 等。

4. 对象标识的读取方式和设备

网络可通过三类方式获取桥梁健康监测系统的各种对象标识：

1）一类是通过硬件设备方式，如通过依附于硬件设备的条形码、二维码阅读器读取存储于标签中的对象标识，通过 RFID 阅读器来阅读移动监测网络对象的标识。

2）通过图像识别程序，通过识别电子化的条码、二维码表示图片阅读对象标识。

3）通过程序解析约定好格式的字符串，或者先通过约定好格式的简单标识符字符串，查询其映射数据库或配置文件，来阅读标识对象及访问依附于对象的基本数据。

11.3.4　物联网标识的解析和管理

接入物联网的桥梁监测系统中的每一个具有标识的对象都应该具有网络可见度。通过物联网标识解析，可将物联网对象标识映射至通信标识、应用标识。标识解析是在复杂网络环境中能够准确而高效地获取对象标识对应信息的重要支撑系统。

对于物联网中的桥梁监测系统中的各类标识，其相应的标识管理技术与机制必不可少。标识管理主要用于实现标识的申请与分配、注册与鉴权、生命周期管理、业务与使用、信息管理等，对于在一定范围内确保标识的唯一性、有效性和一致性具有重要意义。

依据实时性要求的不同，标识管理可以分为离线管理和在线管理两类。标识的离线管理指对标识管理相关功能如标识的申请与分配、标识信息的存储等采用离线方式操作，为标识的使用提供前提和基础。标识的在线管理是指标识管理相关功能采用在线方式操作，并且通过与标识解析、标识应用的对接，操作结果可以实时反馈到标识使用相关环节。

■ 11.4　本章小结

桥梁结构智慧监测的主要功能来自于对监测数据的程序化、自动化处理。由于节省了大量的人力分析计算工作,因此可以称为智能监测。同样,如果将近年来方兴未艾的人工智能、数字孪生、物联网等技术运用于桥梁监测之中,将极大地提高桥梁监测的智慧化程度。本章针对这一话题,简要地介绍这些前沿科技在桥梁监测和状态感知方面的探索情况,以期为广大同行提供一个新的探讨话题。

下篇

桥梁工程结构智慧监测实践与探索

第12章 在线监测环境下工程结构的自动化模态参数识别与跟踪

通过工程结构监测系统采集来自传感器网络结构工作时的物理力学信息，再通过数据处理程序及力学分析方法（主要是各种反演分析法）来实时地识别结构当前工作状态，对结构局部损伤的位置和程度进行识别，进而做出桥梁结构的安全性评估，这是目前已经成为研究热点的结构（桥梁）健康监测及诊断研究方向所面临的核心问题，也是智能桥梁结构健康自诊断功能实现的关键技术之一。由于结构的局部损伤及整体性能劣化在一定程度上能够反映为结构的动力特性的变化，因此可通过结构的振动响应的测量信息来识别结构的模态参数，进而可以根据模态参数的变化识别结构的损伤及结构状态。

目前，对于基于振动量测量的结构健康监测系统的研究大多沿用这一思路进行，然而这种研究思路的前提是必须有一个标准的健康状态的模态参照物，才能做出有意义的比较，而且在监测意义上，如果能在时间轴上连续地做出模态参数的比较，则不但能由此获知结构损伤及状态，而且还有可能产生两个方面的额外效果，即：

1）在短期内将连续的模态参数进行平均，可以消除噪声的影响，使参数拟合曲线更趋平滑，并可压缩数据，有利于长期海量监测资料的存储。

2）在中、长期内识别和比较可以得出模态参数的变化曲线，从而有可能由此揭示结构中长期的损伤演变史及结构劣化过程。由前可见，解决这一连续识别及比较问题是很有意义的。

这种连续进行的智能化模态参数识别其实就是在线监测环境下的模态参数的连续自动化识别问题。目前，大多研究数只集中在模态参数的抽取算法上，而不大考虑抽取算法所处的环境。鉴于此，本章对模态参数识别算法所处环境予以重视，旨在给出一个在线监测环境下的模态参数的智能化识别方案，并寻找一种适于该要求的模态参数识别频域算法，以期为进一步的工程结构智慧监测提供支持。

■ 12.1 在线监测环境下的模态参数智能化识别

12.1.1 基于互功率谱的频域模态参数识别法

设 N 自由度阻尼系统在未知的稳态随机激励 $f(t) = (f_1(t) \ f_2(t) \cdots f_N(t))^{\mathrm{T}}$ 作用下的稳态随机加速度响应为 $\ddot{x}(t) = (\ddot{x}_1(t) \ \ddot{x}_2(t) \cdots \ddot{x}_N(t))^{\mathrm{T}}$，均为平稳随机过程。分别对其样本函

数做有限傅里叶变换，记为 $\boldsymbol{F}_T(j\omega)$、$\ddot{\boldsymbol{X}}_T(j\omega)$，则

$$\ddot{\boldsymbol{X}}_T(j\omega) = \boldsymbol{H}_A(j\omega)\boldsymbol{F}_T(j\omega) \tag{12-1}$$

其中，$\boldsymbol{H}_A(j\omega)$ 为加速度频响函数，表达式如下

$$\boldsymbol{H}_A(j\omega) = \begin{pmatrix} H_{11}^A(j\omega) & H_{12}^A(j\omega) & \cdots & H_{1N}^A(j\omega) \\ \vdots & \vdots & & \vdots \\ H_{N1}^A(j\omega) & H_{N2}^A(j\omega) & \cdots & H_{NN}^A(j\omega) \end{pmatrix} \tag{12-2}$$

式（12-1）两端取共轭转置，得

$$\ddot{\boldsymbol{X}}_T^H(j\omega) = \boldsymbol{F}_T^H(j\omega)\boldsymbol{H}_A^H(j\omega) \tag{12-3}$$

将式（12-1）和式（12-3）相乘，并取时间平均及集合平均，得

$$\lim_{T\to\infty}\frac{1}{T}E\left(\ddot{\boldsymbol{X}}_T(j\omega)\ddot{\boldsymbol{X}}_T^H(j\omega)\right) = \lim_{T\to\infty}\frac{1}{T}E\left(\boldsymbol{H}_A(j\omega)\boldsymbol{F}_T(j\omega)\boldsymbol{F}_T^H(j\omega)\boldsymbol{H}_A^H(j\omega)\right) \tag{12-4a}$$

即

$$\boldsymbol{G}_{AA}(j\omega) = \boldsymbol{H}_A(j\omega)\boldsymbol{G}_{ff}(j\omega)\boldsymbol{H}_A^H(j\omega) \tag{12-4b}$$

其中，$\boldsymbol{G}_{AA}(j\omega)$、$\boldsymbol{G}_{ff}(j\omega)$ 分别为加速度 A 响应、激励 f 的互功率谱矩阵，表达式为

$$\boldsymbol{G}_{AA}(j\omega) = \begin{pmatrix} G_{A_1 A_2}(j\omega) & G_{A_1 A_3}(j\omega) & \cdots & G_{A_1 A_N}(j\omega) \\ \vdots & \vdots & & \vdots \\ G_{A_N A_1}(j\omega) & G_{A_N A_2}(j\omega) & \cdots & G_{A_N A_N}(j\omega) \end{pmatrix} \tag{12-5}$$

$$\boldsymbol{G}_{ff}(j\omega) = \begin{pmatrix} G_{f_1 f_2}(j\omega) & G_{f_1 f_3}(j\omega) & \cdots & G_{f_1 f_N}(j\omega) \\ \vdots & \vdots & & \vdots \\ G_{f_N f_1}(j\omega) & G_{f_N f_2}(j\omega) & \cdots & G_{f_N f_N}(j\omega) \end{pmatrix} \tag{12-6}$$

为了推导的方便，令 $s = j\omega$，将式（12-4）~式（12-6）改写为拉普拉斯变换形式，即

$$\boldsymbol{G}_{AA}(s) = \boldsymbol{H}_A(s)\boldsymbol{G}_{ff}(s)\boldsymbol{H}_A^H(s) \tag{12-7}$$

不难证明，加速度响应的传递函数 $\boldsymbol{H}_A(s)$ 与位移传递函数 $\boldsymbol{H}(s)$ 之间存在如下关系

$$\boldsymbol{H}_A(s) = s^2 \boldsymbol{H}(s) \tag{12-8}$$

考虑最一般的情况，设结构以一般黏性阻尼类型做复模态振动，则位移传递函数 $\boldsymbol{H}(s)$ 矩阵的复模态模型如下

$$\boldsymbol{H}(s) = \boldsymbol{\Psi}(s-\boldsymbol{\Lambda})^{-1}\boldsymbol{a}^{-1}\boldsymbol{\Psi}^{\mathrm{T}} + \boldsymbol{\Psi}^*(s-\boldsymbol{\Lambda}^*)^{-1}(\boldsymbol{a}^*)^{-1}(\boldsymbol{\Psi}^*)^{\mathrm{T}} \tag{12-9}$$

式中　$\boldsymbol{\Psi}$——对应于位移响应 $x(t)$ 的模态振型矩阵；

　　　$\boldsymbol{\Lambda}$——对应于位移响应 $\boldsymbol{x}(t)$ 的特征值对角矩阵；

　　　$\boldsymbol{a}$——振动状态方程中的状态向量一阶导数的系数矩阵 $\boldsymbol{A}$ 的加权正交化的结果。

可得

$$\boldsymbol{U}^{\mathrm{T}}\boldsymbol{A}\boldsymbol{U} = \mathrm{diag}(\boldsymbol{a} \quad \boldsymbol{a}^*) = \mathrm{diag}(a_1\ a_2 \cdots\ a_N\ a_1^*\ a_2^* \cdots\ a_N^*) \tag{12-10}$$

式中　$\boldsymbol{U}$——对应于状态向量的特征矢量矩阵，$\boldsymbol{U} = \begin{pmatrix} \boldsymbol{\Psi} & \boldsymbol{\Psi}^* \\ \boldsymbol{\Psi}\boldsymbol{\Lambda} & \boldsymbol{\Psi}^*\boldsymbol{\Lambda}^* \end{pmatrix}$。

将式（12-9）代入式（12-8）中，得

$$\boldsymbol{H}_A(s) = \boldsymbol{\Psi}(s-\boldsymbol{\Lambda})^{-1}s^2\boldsymbol{a}^{-1}\boldsymbol{\Psi}^{\mathrm{T}} + s^2\boldsymbol{\Psi}^*(s-\boldsymbol{\Lambda}^*)^{-1}(\boldsymbol{a}^*)^{-1}(\boldsymbol{\Psi}^*)^{\mathrm{T}} \tag{12-11}$$

在进行实际的模态分析中，负频率无物理意义，而且 s 在各模态共振点附近的取值时的

传递函数值远大于远离各模态共振点的函数值。式（12-11）等号右边第二项代表共轭模态的贡献，其峰值处于 s 平面的负半平面，即负频率范围内，不仅传递函数无意义，而且与处于正频率平面的峰值距离较远，单从数值角度看，其贡献很小，可以忽略不计。于是有

$$H_A(s) = \boldsymbol{\Psi}(s-\Lambda)^{-1}s^2 a^{-1} \boldsymbol{\Psi}^{\mathrm{T}} \tag{12-12}$$

将式（12-14）代入式（12-7）中得

$$G_{AA}(s) = \boldsymbol{\Psi}(s-\Lambda)^{-1}s^2 a^{-1} \boldsymbol{\Psi}^{\mathrm{T}} G_{ff}(s)[\boldsymbol{\Psi}(s-\Lambda)^{-1}s^2 a^{-1} \boldsymbol{\Psi}^{\mathrm{T}}]^H \tag{12-13}$$

式（12-13）就是加速度响应互功率谱矩阵的模态近似完全模型。

若记

$$M(s) = (s-\Lambda)^{-1}s^2 a^{-1} \boldsymbol{\Psi}^{\mathrm{T}} G_{ff}(s)[\boldsymbol{\Psi}(s-\Lambda)^{-1}s^2 a^{-1} \boldsymbol{\Psi}^{\mathrm{T}}]^H \tag{12-14a}$$

$$O(s) = s^2 a^{-1} \boldsymbol{\Psi}^{\mathrm{T}} G_{ff}(s)[\boldsymbol{\Psi}(s-\Lambda)^{-1}s^2 a^{-1} \boldsymbol{\Psi}^{\mathrm{T}}]^H \tag{12-14b}$$

则式（12-13）可简记为

$$G_{AA}(s) = \boldsymbol{\Psi}M(s) = \boldsymbol{\Psi}(s-\Lambda)^{-1}O(s) \tag{12-15}$$

接着研究对应于位移响应 $\boldsymbol{x}(t)$ 的模态振型矩阵 $\boldsymbol{\Psi}$ 及特征值对角矩阵 Λ，二者存在特征值和特征向量之间的关系，因此，必有一个矩阵 A 存在，使 A 满足

$$A\boldsymbol{\Psi} + \boldsymbol{\Psi}\Lambda = 0 \tag{12-16}$$

即有

$$(A \ I)\begin{pmatrix} \boldsymbol{\Psi} \\ \boldsymbol{\Psi}\Lambda \end{pmatrix} = 0 \tag{12-17}$$

式（12-17）两边同时乘以 $M(s)$，得

$$(A \ I)\begin{pmatrix} \boldsymbol{\Psi}M(s) \\ \boldsymbol{\Psi}\Lambda M(s) \end{pmatrix} = 0 \tag{12-18}$$

式（12-18）中，$\boldsymbol{\Psi}M(s)$ 即 $G_{AA}(s)$，而

$$\begin{aligned}
\boldsymbol{\Psi}\Lambda M(s) &= [s\boldsymbol{\Psi} - (s\boldsymbol{\Psi} - \boldsymbol{\Psi}\Lambda)]M(s) \\
&= [s\boldsymbol{\Psi} - (s\boldsymbol{\Psi} - \boldsymbol{\Psi}\Lambda)](s-\Lambda)^{-1}O(s) \\
&= [s\boldsymbol{\Psi}(s-\Lambda)^{-1}O(s) - (s\boldsymbol{\Psi} - \boldsymbol{\Psi}\Lambda)(s-\Lambda)^{-1}O(s)] \\
&= sG_{AA}(s) - \boldsymbol{\Psi}O(s)
\end{aligned}$$

故式（12-18）变为

$$(A \ I)\begin{pmatrix} G_{AA}(s) \\ sG_{AA}(s) - \boldsymbol{\Psi}O(s) \end{pmatrix} = 0 \tag{12-19}$$

展开式（12-19），并令 $s = j\omega$，得

$$AG_{AA}(j\omega) - \boldsymbol{\Psi}O(j\omega) = -j\omega G_{AA}(j\omega) \tag{12-20}$$

在傅里叶正频率范围内等间距的取 K 个频率点，代入式（12-20），得到 K 个联立等式

$$AG_{AA}(j\omega_k) - \boldsymbol{\Psi}O(j\omega_k) = -j\omega_k G_{AA}(j\omega_k), k = 1, 2, \cdots, K \tag{12-21}$$

构造增广矩阵

$$D = (G_{AA}(j\omega_1) \quad G_{AA}(j\omega_2) \quad \cdots \quad G_{AA}(j\omega_K)) \tag{12-22a}$$

$$\boldsymbol{\Theta} = (O(j\omega_1) \quad O(j\omega_2) \quad \cdots \quad O(j\omega_K)) \tag{12-22b}$$

$$\Omega = \mathrm{diag}(-j\omega_1 I \quad -j\omega_2 I \quad \cdots \quad -j\omega_K I) \tag{12-22c}$$

$$I_{\mathrm{ext}} = \mathrm{diag}(I_1 \quad I_2 \quad \cdots \quad I_K) \tag{12-22d}$$

式中　I——$N \times N$ 阶单位矩阵，$I = I_1 = I_2 = \cdots = I_K$。由此，联立等式（12-21）可写成

$$(A \quad \Psi\Theta)\begin{pmatrix} D \\ I_{\text{ext}} \end{pmatrix} = D\Omega \tag{12-23}$$

式中　D、Ω——分别为依赖于响应测量数据的已知矩阵。

则由式（12-23）即可求得矩阵 A 和 $\Psi\Theta$，再对 A 矩阵求解特征值问题，即可得到各模态参数。

式（12-23）即基于响应互功率谱的完全模型的频域模态参数识别法，和前人工作比较，本书给出的方法有以下几点改进：

1）Θ 矩阵不必囿于常数限制，其在推导过程中并未对激励条件多加限制，即在式（12-14b）中，$O(s)$ 矩阵对 $G_{ff}(s)$ 完全不做要求，其好处在于：①由于不强制要求 $G_{ff}(s)$ 为对角矩阵，本方法不要求未知的多个激励之间必须独立这个苛刻条件；②由于同样的原因，将未知激励必须为白噪声的苛刻条件放宽到普通的平稳随机过程的范围。

2）给出的方法是基于加速度响应值的，因此该方法具有频率适应范围广的优点，这对结构中的高频模态的识别尤其有利。

3）不另外构造复模态矩阵、特征值矩阵，紧紧围绕对应于位移响应 $x(t)$ 的模态振型矩阵 Ψ 及特征值对角矩阵 Λ，因此推导过程简洁，思路明晰，物理意义明确。

然而由于 I_{ext} 由 $N \times (N \times K)$ 阶增广单位矩阵扩充到 $(N \times K) \times (N \times K)$ 阶单位矩阵，使计算量有所增加。

12.1.2　在线监测环境下的模态参数的连续识别方案

传统的模态参数识别是在结构模态试验数据或结构现场检测数据的后处理阶段进行的，它完全不考虑时效性，这是在线监测环境下的结构监测系统所不能容忍的。以目前的监测技术（包括传感器技术、数据采集技术等），在营运期内大型土木结构（如桥梁）的在线监测至少在以下几个方面遇到了传统后处理阶段模态识别所不曾涉足的技术困难：

1）提取模态的过程历时要短，尽可能地做到实时识别的程度，这样才能体现监测的初衷和优势。

2）识别所依据的测量物理量不能随意选择，以桥梁为例，在技术上对作用在结构的激励的直接测量存在困难，因此模态的识别不能选用基于激励已知的传统试验模态分析（EMA）方法，只有从结构响应（尤其是加速度、应变）测量数据中提取模态。

3）未知激励中一般含有相当程度的随机成分，来自各种途径噪声对激励和响应均有一定的污染，通常在短期内可视激励和响应均为平稳随机过程，模态参数的识别必须考虑随机信号和噪声的影响。

4）进行中长期的结构健康监测时，由于结构的损伤累积及结构材料劣化，至少结构的响应不应被视为平稳过程，传统的基于快速傅里叶变换的模态识别法将不适用。在此情况下的识别应既能不失平稳过程条件下的模态的物理意义，又要能近似反映非平稳成分对模态的影响。

为此，本章给出一个充分考虑上述几个方面困难的在线监测环境下的模态参数的连续识别方案，具体如下：

1）在结构的竣工试验阶段，进行试验模态分析和理论模态分析，综合二者的分析结果

得到初始的模态参数，并以此作为结构的健康状态标准参照模态参数。

2）确定响应数据采集基本样本的长度。考虑到结构模态频率范围、采样频率及快速傅里叶变换算法，可以取为 1024 的 N 倍，N 取 1、2、4 等。按此定义，一般的采集系统完成一个基本样本的时间可以认为在"实时"级或"准实时"级内，且可以识别的频率范围涵盖了结构主要的模态频率范围。

3）确定响应数据处理的记忆样本的长度。记忆样本是作为整体用来进行基于快速傅里叶变换的模态识别算法所依据的样本，它以基本样本长度的 M（整数）倍为长度，M 可取为 10、15、20 等。它由前一步刚刚采集完成的基本样本，以及向此前追忆的 $(M-N)$ 个已发生的基本样本集组而成，即按叠盖方式集组待识别的响应记忆样本，叠盖长度为 $(M-N)$。

4）在采集本次基本样本的同时，采用基于响应互功率谱的频域模态参数识别法从本次集组的响应记忆样本中抽取结构的"实时"级或"准实时"级模态参数。

5）根据需要由 4）识别而得的模态参数的"准实时"级及"适时"级平均，平均的时间跨度决定了平均的时效级别。

6）将经 4）和 5）所得模态参数与此同时经 1）而得的参照模态参数比较，或就此获得改变量信息，或进一步计算其他各种健康指标，从而可以获知结构特性的短期、中期及长期变化趋势。

此方案中，根据具体结构，定义监测过程中的几个关键时间尺度，即"实时"级、"准实时"级、"适时"级，以及短期、中期及长期。一般地，对土木结构而言，"实时"级可定义在数秒的数量级内，在此时间跨度内，目前一般的数据采集系统均可完成数千个时间采样点（如美国 NI 的 PCI 6024E 系列采集卡，采样频率可达 200kS/s），而且基本覆盖主要频率范围，有望完成基本的模态参数的抽取计算方式；"准实时"级在十数秒至一分钟之内，在此时间范围内一些比较复杂的诊断算法有望完成；"适时"级以 min 为计时单位，在此范围内，期望其能完成一些更为复杂的诊断计算。至于短期、中期及长期，则可以分别以日、周、月、年等时间单位计时。前三者用以定义模态抽取频度及平均计算的时间跨度，在这些尺度下可认为结构响应为平稳过程，除非发生异常，认为结构振动特性保持不变，即在此时间跨度内依据任何一时间片段的监测值抽取的模态参数保持不变；后三者则用于形成模态参数的连续比较趋势图，不可认为结构响应为平稳过程，结构的劣化可使振动特性发生渐变。

可以看出，方案关键在于模态参数识别算法，如果该算法耗时小于 2）中确定的基本样本长度，则可利用完成下一个样本的采样之前的等待时间并行地完成模态参数的抽取，这不但大大节省了时间，而且可以做到"实时"或"准实时"意义上的模态参数识别。它的识别结果包含时间变化信息，弥补了后处理阶段全局模态参数识别算法不包含时间信息的缺点，又不失传统地基于傅里叶变换概念的结构模态的物理意义，是一种纯频域法和时频法的折中。下面详细介绍该方案。

12.1.3 物理坐标缩减与测点数目有限问题

在以上的推导中，都是假设结构的自由度数 N 与测点数目 M 相等，既响应的互功率谱矩阵 G 为 $N \times N$ 维。在实际大型土木结构的监测系统中，测点数目要远远小于结构自由度数目；有时甚至只对部分测点感兴趣，欲处理的测点数目更是有限。测得的（或感兴趣的）

响应信息不足以提供全部模态参数，称为不完全参数识别模型，这时需要采取坐标缩减措施。由激励计算响应一个自由度为 N 的完整模型的响应可由下式给出

$$X(j\omega)_{N \times 1} = H(j\omega)_{N \times N} F(j\omega)_{N \times 1} \tag{12-24}$$

其中 $X(j\omega)_{N \times 1} = (X_1 \quad X_2 \quad \cdots \quad X_N)^{\mathrm{T}}$，而所测量的点的响应包含在内，可以从中单独写出测点响应，构成 $X(j\omega)'_{M \times 1} = (X'_1 \quad X'_2 \quad \cdots \quad X'_M)^{\mathrm{T}}$，从 H、F 中的对应位置抽出相应元素重新构成频响阵 H' 和激励矢量 F'，并确保有激励作用的自由度不被缩减，显然仍有 $X'_{M \times 1} = H'_{M \times M} F'_{M \times 1}$ 成立，可见这种物理坐标的缩减并未改变系统，留下来的元素与缩减前对应位处的元素相同，仅仅去掉了未测量的自由度。同样地，对于反分析，估计的频响阵或互功率谱阵（即测点互功率谱阵）只进行了物理缩减，据此识别将不影响模态坐标的大小及其他模态参数，若缩减前后所依据的归一化条件统一，则模态坐标的正交基（即模态矩阵）也将一致。

因此，在本书讨论的在线监测环境下，基于响应互功率谱的模态参数识别公式应为

$$(A_{M \times M} \, \phi_{M \times M} \, W_{M \times (K \times P)}) \begin{pmatrix} & & D_{M \times (K \times P)} & \\ \mathrm{diag}((I_1)_{P \times P} & (I_2)_{P \times P} & \cdots & (I_K)_{P \times P}) \end{pmatrix} = D_{M \times (K \times P)} \Omega_{(K \times P) \times (K \times P)}$$

$$\tag{12-25}$$

式中　M——测点数或感兴趣的测点数；

　　　　P——从 M 个测点中选取的参考点数目；

　　　　K——频域内均匀取样的总数。

12.1.4　基本样本的叠盖集组法和模态参数的频域平均法

在前述方案中，用叠盖集组法来集组待识别的记忆样本，如图 12-1 所示，具体的做法如下：①在采集第 i 次基本样本的开始时刻，将第 $i-1$ 次基本样本加在第 $i-1$ 次记忆样本端部，同时从第 $i-1$ 次记忆样本的末端退出一个基本样本长度的数据，构成第 i 次记忆样本；②将第 i 次记忆样本提供给识别算法实现软件模块，应用上述基于响应互功率谱的模态参数识别法提取结构的模态参数；③在①、②进行的同时开始第 i 次基本样本的数据采集。在确保①、②所需时间小于③所需时间的前提下，上述做法不仅因节省时间而能够实现模态参数的实时识别，而且所得的谱特性好，拟合曲线平顺光滑。

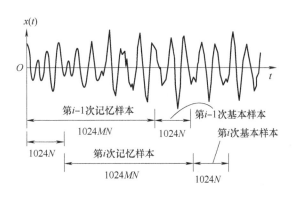

图 12-1　用叠盖集组法来集组待识别的记忆样本

为了进一步平滑所得模态参数的特性，更方便地发现数据变化规律，以及压缩监测数据以利长期的存储，可以以牺牲算法的实时性要求为代价换取上述效果，即连续得到 m 个叠盖集组法集组的记忆样本 $Z_i(i=1,2,\cdots,m)$，每一个 Z_i 经方案步骤②识别而得到模态参数 P_i，将这 m 个参数按下式进行线性平均

$$\overline{P}_m = \frac{1}{m}\sum_{i=1}^{m}(P_i) \tag{12-26}$$

m 的取值可由分析所需时效而定，以采样频率 $f_s=1000\mathrm{Hz}$ 为例，若取 $m=1$，则从信号发生到模态的识别的最大反应时间为 1.024s，也即分析的时效为 1.024s；随着 m 的增加，系统的反应越迟钝，实时性越差，但上述效果却更易获得。为了便于操作，可取 $m=5$，10，15，$\cdots$。

12.2 benchmark 解析模型模拟加速度响应数据的识别实例

12.2.1 监测环境下识别的仿真"剧本"

为了说明前述方案在实际监测系统中的可行性和有效性，将该方案应用到 IASC-ASCE 的结构健康监测任务小组定义的结构健康监测 benchmark 问题。该问题针对一个 4 层 2×2 跨有撑钢框架结构，每跨 1.25m。进行模型结构试验，同时给出两个阶段的解析模型，试验和解析模型均可给出供研究用的多种损伤"剧情"及在该损伤"剧情"下结构的加速度响应数据。本节依据第一阶段的 benchmark 解析模型产生的仿真加速度响应数据来抽取模态参数。

该模型是一个 12 自由度的 4 层框架结构模型，每层 3 个自由度，即 x、y 和转角 φ，每层布置 4 个加速度传感器。ASCE 结构健康监测 benchmark 12 DOF 解析模型振动分解如图 12-2 所示，其给出了自由度及测点分布情况，并给出了每层的振动分解示意。

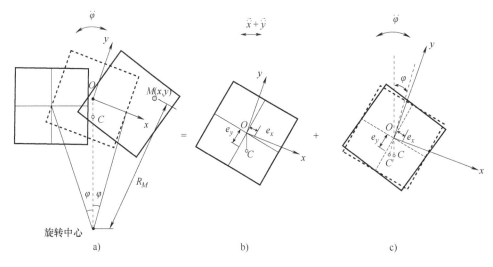

图 12-2　ASCE 结构健康监测 benchmark 12 DOF 解析模型振动分解

由于没有设转动加速度传感器，故每层的转动加速度只能由同层的平动加速度测量值给出（图 12-2），将每层 4 个加速度测值 $\ddot{x}_1$、$\ddot{x}_2$、$\ddot{x}_3$、$\ddot{x}_4$ 做如下处理

$$\begin{cases} \overline{\ddot{x}} = 0.5 \times (\ddot{x}_1 + \ddot{x}_3) \\ \overline{\ddot{y}} = 0.5 \times (\ddot{x}_1 + \ddot{x}_3) \\ \ddot{\varphi} = \dfrac{(\ddot{x}_3 - \ddot{x}_1)}{2.5} = \dfrac{(\ddot{x}_4 - \ddot{x}_2)}{2.5} \end{cases} \tag{12-27}$$

则可将 4 个测值对应为 3 个自由度，以此提供给本节开发的模态识别 MATLAB 程序，并将识别结果平均后作为最终的结果。

为了得到结构在长期监测环境下的有着较大变化的仿真数据，本节人为地设计 8 组不同的结构特性及损伤发生情况，以模拟结构的长期特性变迁，每组持时 40.96s，在每层 y 方向施加随机白噪声激励，产生响应，并将响应数据首尾相接，形成总持时 324.68s 的加速度仿真数据，表 12-1 给出上述结构监测"剧情"的具体情况。

表 12-1　结构监测"剧情"

场景 ID	1	2	3	4	5	6	7	8
持续时间/s	40.96	40.96	40.96	40.96	40.96	40.96	40.96	40.96
阻尼比	0.01	0.01	0.01	0.01	0.01	0.01	0.01	0.01
案例描述	12-DOF，对称，所有楼层均有荷载							
损伤描述	按 $1y$，$1x$，$2y$，$2x$，$3y$，$3x$，$4y$，$4x$ 的顺序依此去掉斜支撑构件							

注：$1y$ 表示第一层 y 方向，$1x$ 表示第一层 x 方向，其余与此同。每一次均去掉 4 个斜支撑构件。

12.2.2　识别得到的模态振型

表 12-2 给出本文方法识别所得复模态固有频率，转角振动加速度与平动振动加速度的关系如图 12-3 所示。

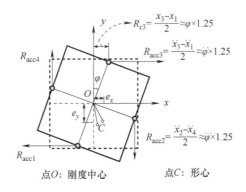

图 12-3　转角振动加速度与平动振动加速度的关系

表 12-2　识别所得复模态固有频率 [1]

项目	x				y				θ			
	1	2	4	4	1	2	3	4	1	2	3	4
$2^N = 1024$ [2]	12.981	31.64	48.06	59.428	10.669	25.319	38.367	47.668	38.096	48.297	66.659	82.144
$2^N = 2048$	12.328	31.735	48.146	59.674	10.363	25.279	38.272	47.849	38.174	48.342	66.73	82.252
$2^N = 4096$	12.355	31.662	47.992	59.506	10.104	25.332	38.356	47.463	39.139	48.296	66.799	82.376
$2\pi\sqrt{\dfrac{k}{m}}$ [3]	11.638	31.661	47.968	59.813	9.289	25.271	38.258	47.750	37.492	46.198	66.898	83.237

① Phase Ⅰ，不对称，Case 4，未损伤，荷载作用于顶层 x 和 y 方向。

② 为考察快速基，傅里叶变换采样数据长度 2^N 对识别精度的影响而取 $N = 10$，11，12。

③ 为数值模型的无阻尼自由振动的固有频率。

　　从表 12-2 可以看出，采用本章给出的推广型互功率谱模态识别法能够有效地识别结构的平动模态和高阶转动模态。图 12-4 说明了识别所得的模态振型是可靠的。

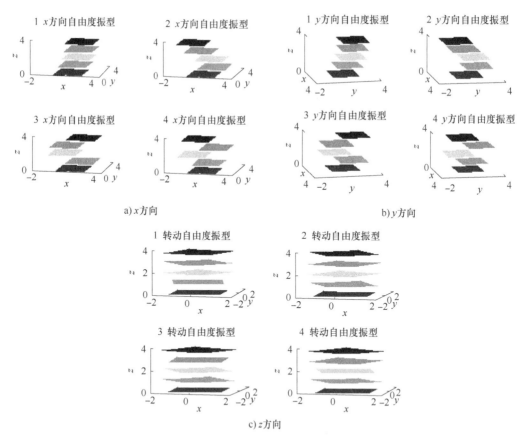

图 12-4　识别所得的 SHM benchmark 结构的振型图

12.2.3　核心模态抽取算法的计算耗时

　　本章给出的在线模态识别方案追求的一个主要目标就是计算耗时小，达到实时或准实时的时间反应灵敏度，其方案成功的关键就在于核心的模态抽取算法的最大耗时不超过测控系统完成一个基本样本的采集所需的时间。图12-5给出了计算机完成每次模态抽取过程的耗时变化，即完成由叠盖集组而得到的一系列基本样本（长1024）的耗时变化。可以看出，除首次批处理阶段外，单次抽取的最大耗时约为0.807s，所有320次抽取的平均耗时为0.7856s。而在采样频率为1000Hz，基本样本长度为1024采样点的情况下，完成一个样本需要1.024s，是大于一次模态抽取过程。而首次批处理阶段总耗时3.395s，也远小于批处理阶段总采集耗时（$m=10$，耗时10.24s）。可见，单从时间上看，实现模态的在线、实时或准实时地识别是可以实现的。

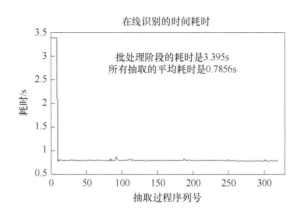

图12-5　每次模态抽取过程的耗时变化

当然，以上数据的取得是在模态抽取的物理自由度为4，且计算机硬件配置为Intel Pentium Ⅲ和128MB内存的条件下取得的。如果待识别自由度数多，或硬件配置低的情况下，单次抽取过程耗时有可能大于基本样本时长，这时可有如下三个措施来缩短耗时：优化算法及其实现的计算机语言代码；计算机常规软硬件的性能提升；固化模态抽取代码到DSP芯片中，并将其集成到数据采集卡中，从计算机主机中转移主要的数据处理负荷。

12.2.4　在线模态识别结果时间历程记录

图12-6给出识别所得y向前四阶复模态频率的时间历程曲线。从图中可以看出：①以记忆样本为单位抽取的各模态频率均具有较小的变异性，时间历程曲线较为平滑；②频率在时间轴上的变化规律基本上可以以40.96s为单位加以区分，转折点出现在40.96s的奇数倍处，这与表12-1给出的结构y向损伤"剧情"一致，而x向损伤几乎没有引起频率的变化；③模态频率对损伤的反应因阶数而异；④各转折点处的频率改变幅度大于频率的变异性。

抽取所得模态参数的变异性取决于记忆样本和基本样本的长度。在实际的操作中，这种变异性尽管较小，但仍应视识别所得到的模态参数为随机过程；同时，结构损伤情况可通过参数的连续识别来监测，而且应从多阶模态频率的时间历程中发现结构损伤规律。

图12-7给出了benchmark结构识别所得y方向前四阶复模态频率的时间历程曲线，其展示了基频的识别结果与响应的理论计算所得的无阻尼自由振动的基频的对比，可以看出，识别所得的复模态基频与无阻尼自由振动基频的变化规律一致，而且相差不大，这与表12-1中的结构监测"剧情"设定是一致的：在40.96s的奇数倍处，识别基频的变化幅值

逐渐淹没于参数的变异幅值中，因此仅依靠基频已不能分辨损伤的变化，这说明识别参数的变异性大小将影响对损伤的分辨能力。

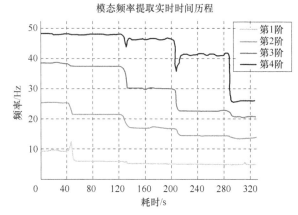

图 12-6　识别所得 y 方向前四阶复模态频率的时间历程曲线

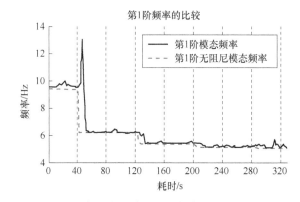

图 12-7　识别所得 y 方向前四阶复模态频率的时间历程曲线

值得说明的是，在图 12-6 和图 12-7 中频率的时间历程曲线的每一个转折区表明了一个"结构健康事件"的发生，转折区起点即标示了该事件的发生时间（最大滞后 1.024s），但转折区的持续时间却比该事件的持续时间多延续约 10.24s（与记忆样本长度有关），这意味着事件发生后的稳定区将有 10.24s 的滞后。因此，根据转折区来做出监测报警时，应注意这两个时间滞后效应。

12.2.5　在线模态识别结果时间历程记录的"适时"平均

图 12-8 给出分别取 $m = 20$，40，80 时识别频率的时间历程曲线，它是按式（12-26）所做的适时平均后的 benchmark 结构 y 方向第三、四阶复模态频率的时间历程曲线。从图中可以看出，在牺牲一定的时效性的情况下做识别参数的在线平均，可以使参数历程曲线趋向平滑并使数据量大大降低，而且随着 m 的增大，效果将越明显。只要保持 m 的适度取值，总可以取得一个最佳的平均化效果，使曲线最大程度上揭示结构的动力学特性的演变规律，又可避免演变的关键事件遗漏，或使关键事件的时间轴上的定位范围过宽而失去在线工程监测的意义。如本例中的加速度响应数据每隔 40.96s 经历一次结构特性上的改变，因此当取 $m = 40$ 时，平均曲线已完全揭示这一改变过程；当 $m = 20$ 时，可能误判事件（需定义阈

值来判断）；当 $m = 80$ 时，遗漏了事件。

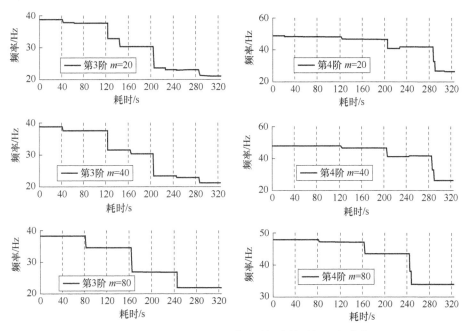

图 12-8　$m = 20$，40，80 时识别频率的时间历程曲线

当然，从盲测角度来看，如何取合适的 m 值是一个尚待进一步研究的问题，但是一个总的原则是可以肯定的，即 m 的取值关系到健康监测的识别时效问题，因此它不仅是一个受结构形式、工程材料的力学性质等因素制约的客观问题，更是一个受人们对识别时效和识别程度的容忍程度影响的主观问题。可见，对 m 的取值可通过主观和客观两个方面加以分析，形成合理的在线识别参数的平均制度，定期、例行化进行平均。

12.3　本章小结

随着人们对大型土木工程健康监测的越加重视，以及通过振动测量来识别结构损伤状态的探索也越加深入，如何实现在线监测环境下的结构振动参数识别问题已成为一个制约因素。本章给出了一个完整的在线监测环境下的模态识别方案，通过对具体的模拟响应数据识别，表明了该方案的可行性，并可据此得出几点具体结论：

1）对激励未知的监测环境，只要能保证激励在短期的满足平稳随机过程条件，或长期非平稳性可用短期的平稳性来近似，总可以通过响应的连续监测值来识别结构的模态。

2）由于算法的局限性，因此宜将识别所得参数视为随时间变化的随机过程，宜重视变异性损伤分辨能力的影响。

3）现代计算机软硬件技术已能使复杂模态识别算法在实时或准实时级别内完成，因此研究在线监测环境下的结构健康监测问题是适逢其时的。

4）可通过参数的平均有效地揭示结构特性的时间演变过程，滤去大量无用的监测数据，便于长期监测的实施，从而真正体现出在线健康监测的技术优势。

第 13 章　基于计算过程程序化的复杂拉索系统索力智能感知

■ 13.1　复杂拉索系统的索力识别

拉索索力的精确测量是进行斜拉桥健康监测和工作状态评估的关键,拉索-阻尼器体系的智能模型修正与参数识别旨在识别拉索索力。关于拉索-阻尼器体系索力精确测量的研究多数是在振动频率法的基础上展开的,而振动频率法适用于无阻尼器的张紧索结构,当考虑垂度、抗弯刚度、边界条件及减振器等因素时,索力与索频之间关系变得比较复杂,无法以显式给出,用建立在张紧弦理论基础上的公式法探讨二者关系将变得不精确。

基于环境振动的频率法是目前桥梁上常用的索力测量方法。频率法测量拉索索力的精度取决于高灵敏度的拾振技术,精确的索结构频率测量与定阶,以及频率与索力关系的准确度。高灵敏度的拾振技术可在已有桥梁的设备上实现,精确的结构频率的测量与定阶可以通过数据处理和结构分析理论得到,而准确的频率索力关系的确定成为目前索力测量研究的重点。振动频率法适用于无外加阻尼器的拉索结构。而对于拉索-阻尼器体系,由于阻尼器附着,原先单根拉索变成了拉索-阻尼器体系,单索的动力特性由于受到了阻尼器的影响而改变,原先建立的相对准确的频率-索力关系将受到影响,准确性变差,所以再采用振动法测量拉索-阻尼器体系的索力时,必须评估这种影响并建立新的频率-索力关系。

基于以上分析,本章从无阻尼器拉索的索力测量出发,结合拉索结构的有限元分析,提出基于拉索解析模型的索力测量方法,并通过大量数值案例的分析,建立振动频率法的经验误差修正公式;本章根据拉索-阻尼器体系的解析模型实现了拉索-阻尼器体系频率与索力的相互求解方法,并从自建的有限元模型出发,分析了不同阻尼器参数对结构动力特性的影响出发,介绍了阻尼器对振动频率法拉索-阻尼器体系索力测量的影响,提出了提高拉索-阻尼器体系索力测量精度的一些措施。拉索-阻尼器体系的解析模型如图 13-1 所示。

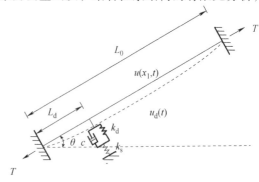

图 13-1　拉索-阻尼器体系的解析模型

L_0—拉索弦向索长　L_d—阻尼器距离索端长度　T—拉索弦向索力

θ—拉索倾角　$u(x_1, t)$—拉索静构型　$u_d(t)$—拉索动位移

c—阻尼器阻尼系数　k_d、k_s—分别为阻尼器动刚度系数和静刚度系数

■ 13.2 拉索系统的解析求解过程及其程序化

13.2.1 拉索频率方程

拉索频率方程描述了拉索频率与索力之间的关系，在拉索参数已知的情况下，依据频率方程可以实现索力和频率的相互计算。在某些假设条件下，二者的关系可以以显式给出，如张紧弦条件下，假设拉索两端铰支，将此时的拉索频率方程改写，即可得到工程中常用的振动频率法索力公式。除此之外的复杂条件下，如在假设条件中同时考虑垂度、刚度、边界条件等，拉索频率方程变成复杂的超越方程，拉索的频率索力关系不能以显式给出，但可以给出二者的隐函数关系，通过数值法进行求解。以下分别为上述两种情形下的频率方程。

1. 张紧拉索显式频率方程

水平张紧拉索的自由振动方程为

$$EI \frac{\partial^4 v}{\partial x^4} - H \frac{\partial^2 v}{\partial x^2} + \rho \frac{\partial^2 v}{\partial t^2} = 0 \tag{13-1}$$

式中 x——沿索长方向的坐标；

　　　v——t 时刻拉索上各点的竖向位移；

　　　EI——拉索的抗弯刚度；

　　　H——拉索索力；

　　　ρ——拉索的线密度。

考虑拉索两端铰支，由式（13-1）解出的拉索平面内振动的频率方程为

$$f_n = \frac{n}{L} \sqrt{\frac{HL^2 + n^2 \pi^2 EI}{4\rho L^2}}$$
$$H = \frac{4\rho L^2 f_n^2}{n^2} - \frac{n^2 \pi^2 EI}{L^2} \tag{13-2}$$

式中 n——拉索自振频率的阶数；

　　　f_n——拉索的第 n 阶频率；

　　　L——拉索的计算索长。

2. 拉索的隐式频率方程

考虑垂度、抗弯刚度、固结边界条件时的拉索面内自由振动方程为

$$EI \frac{\partial^4 v}{\partial x^4} - H \frac{\partial^2 v}{\partial x^2} - h(t) \frac{d^2 v}{dx^2} + \rho \frac{\partial^2 v}{\partial t^2} = 0 \tag{13-3}$$

式中 $h(t)$——由拉索振动引起的附加索力。

反对称模态情况下 $h(t) = 0$，式（13-3）退化成式（13-1），由式（13-3）得到隐式频率方程为

对称模态

$$\frac{\hat{\omega}^2}{\lambda^2} = \xi^2 \left\{ 1 - \frac{2\left(\dfrac{p}{q} + \dfrac{q}{p}\right)}{q\coth\left(\dfrac{p}{2}\right) + p\coth\left(\dfrac{q}{2}\right)} \right\} \tag{13-4}$$

式中　$\lambda^2 = \dfrac{(\rho g L)^2 EAL}{L_e H^3}$。

反对称模态

$$\frac{q(\hat{\omega})}{p(\hat{\omega})} = \frac{\tan\left(\dfrac{q(\hat{\omega})}{2}\right)}{\tanh\left(\dfrac{p(\hat{\omega})}{2}\right)} \tag{13-5}$$

式中　$q(\hat{\omega}) = \sqrt{\sqrt{\left(\dfrac{\xi^2}{2}\right)^2 + \hat{\omega}^2} - \dfrac{\xi^2}{2}}$，$p(\hat{\omega}) = \sqrt{\sqrt{\left(\dfrac{\xi^2}{2}\right)^2 + \hat{\omega}^2} + \dfrac{\xi^2}{2}}$，$\hat{\omega} = \omega\dfrac{L^2}{\sqrt{\dfrac{EI}{\rho}}}$，$\xi = L\sqrt{\dfrac{H}{EI}}$，

在拉索参数 $\theta(\theta 1, \theta 2, \theta 3, \cdots)$ 已知的情况下，通过移项并简化，式（13-4）和式（13-5）确定了频率与索力之间的隐函数关系

$$F(\omega, H, \theta) = 0 \tag{13-6}$$

式中　ω——拉索圆频率；

θ——拉索参数。

由于式（13-6）是复杂的超越方程，无法直接利用上式求出索力或其他参数。

13.2.2　拉索频率方程的数值法求解

式（13-2）为频率与索力的显性关系，可以方便地给出拉索的索力估计。然而，相对于实际拉索而言，式（13-2）没有考虑索垂度影响，铰支边界的假设也与成桥实索状态相差较大，导致由式（13-2）得到的索力较真实索力存在较大误差；对于某些大垂度的长索，式（13-2）甚至可能不适用。式（13-4）和式（13-5）建立在同时考虑以上因素基础上，更接近实索状态，因此它描述的索力-索频关系也更为准确，而拉索隐式频率方程可以通过数值方法求解。

1. 频率方程数值求解流程

拉索隐式频率方程数值求解流程如图 13-2 所示。

2. 频率方程求根形式的选用

式（13-4）和式（13-5）的求解实际是一个方程求零根的过程，即求 $F(\omega, H, \theta) = 0$ 的根。显然，作为方程，对其左项的任何初等变化都不会影响零根的变化。因此，可以将式（13-4）做适当变化，给出最适于数值法求解的形式，使确定的频率方程的零根应处于函数 $F(\omega, H, \theta)$ 的连续区间上，且尽可能远离间断点。

对对称模态进行求解时，将两边相减可得

$$F(\omega, H, \theta) = \xi^2\left[1 - \frac{2\left(\dfrac{p}{q} + \dfrac{q}{p}\right)}{\hat{\alpha}\coth\left(\dfrac{p}{2}\right) + p\coth\left(\dfrac{q}{2}\right)}\right] - \frac{\hat{\omega}^2}{\lambda^2} = 0 \tag{13-7}$$

式（13-7）的根大多在间断点附近，导致数值法求解比较困难。而采用如下形式

$$F(\omega, H, \theta) = \frac{\dfrac{1}{2\lambda^2}(\xi^2\lambda^2 - \hat{\omega}^2)}{\xi^2\left[\dfrac{1}{\dfrac{q}{p}\coth\left(\dfrac{p}{2}\right) + \coth\left(\dfrac{q}{2}\right)}\left(\dfrac{p^2 + q^2}{qp^2}\right)\right]} - 1 = 0 \tag{13-8}$$

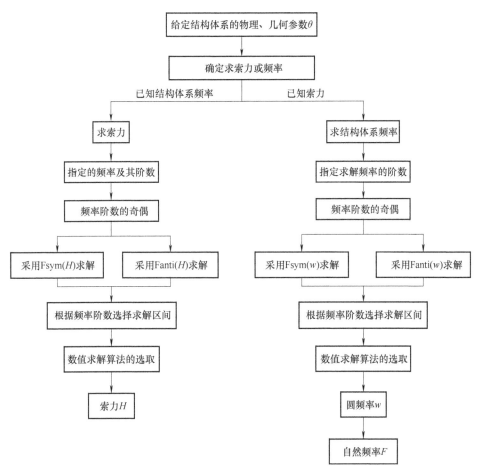

图 13-2　拉索隐式频率方程数值求解流程

可以使零根位于两连续间断点的中间（图 13-3b），为数值求根带来方便，寻根过程不义发散，不易陷入死循环。

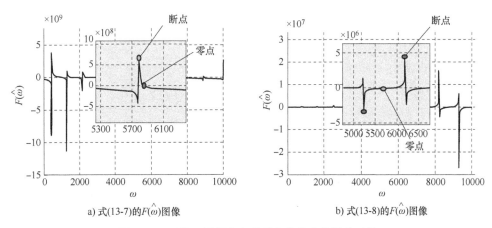

a) 式(13-7)的 $F(\hat{\omega})$ 图像　　　　b) 式(13-8)的 $F(\hat{\omega})$ 图像

图 13-3　两种不同频率方程下函数零点位置的对比

对反对称模态求解时，频率方程采用如下形式

$$F(\omega,H,\theta) = \frac{q}{p} - \frac{\tan\left(\dfrac{q}{2}\right)}{\tanh\left(\dfrac{p}{2}\right)} = 0 \tag{13-9}$$

3. 方程求解区间的确定

由式（13-8）和式（13-9）确定的拉索频率方程的左端为周期函数，每个周期内，函数都存在至少一个零根。每个求解区间的零根对应着拉索的一阶模态。因此，这种周期函数类型的隐函数求根问题首先需要确定求解区间。

（1）反对称模态情况 由式（13-9）的参数取值情况可知，左端 $F(\omega,H,\theta)$ 中的 $\tan\left(\dfrac{q}{2}\right)$ 存在周期性间断点，可由这些间断点确定求解区间，即有

$$n\pi - \frac{\pi}{2} < \frac{q}{2} < n\pi + \frac{\pi}{2} \tag{13-10}$$

式中 $n = 1,2,\cdots$。

通过求解以下不等式可以确定 ω 和 ξ^2 的求解区间

$$\frac{2n\pi\sqrt{\dfrac{(2n)^2\pi^2 EI}{m}}}{L^2} < \omega < \frac{(2n+1)\pi\sqrt{\dfrac{(2n+1)^2\pi^2 EI + HL^2}{m}}}{L^2} \tag{13-11}$$

$$\frac{\hat{\omega}^2 - (2(n+1)-1)^4\pi^4}{(2(n+1)-1)^2\pi^2} < \xi^2 < \frac{\hat{\omega}^2 - (2n-1)^4\pi^4}{(2n-1)^2\pi^2} \tag{13-12}$$

在已知索力求频率时，可以采用式（13-11）定的求解区间，求解出结构的圆频率 ω；索力求解则是在式（13-12）确定的求解区间内，先求解 ξ^2，然后根据下式计算出索力

$$H = \xi^2 \frac{EI}{L^2} \tag{13-13}$$

注意到式（13-9）中 $q > 0$，$p > 0$，$\tanh\left(\dfrac{p}{2}\right) > 0$，若方程存在零根，则必须要求 $\tan\left(\dfrac{q}{2}\right) > 0$，这样一来，求解区间可以进一步缩小为

$$n\pi < \frac{q}{2} < n\pi + \frac{\pi}{2} \tag{13-14}$$

然后再通过如上方法确定 ω 和 ξ^2 的求解区间。

（2）对称模态情况 由式（13-8）左端 $F(\omega,H,\theta)$ 中的 $\cot\left(\dfrac{q}{2}\right)$ 存在周期间断点，求解区间可由该系列间断点来确定，即 $n\pi < \dfrac{q}{2} < (n+1)\pi, n = 0,1,2,\cdots$，通过求解以下不等式可以确定 ω 和 ξ^2 的求解区间

$$\frac{2n\pi\sqrt{\dfrac{(2n)^2\pi^2 EI + HL^2}{m}}}{L^2} < \omega < \frac{2(n+1)\pi\sqrt{\dfrac{[2(n+1)]^2\pi^2 EI + HL^2}{m}}}{L^2} \tag{13-15}$$

$$\frac{\hat{\omega}^2 - (2(n+1))^4\pi^4}{(2(n+1))^2\pi^2} < \xi^2 < \frac{\hat{\omega}^2 - (2n)^4\pi^4}{(2n)^2\pi^2} \tag{13-16}$$

然后可以采用与反对称模态情况相同的方法求解。

4. 数值求解方法的选取

常用的方程求根数值方法有 NR（Newton-Raphson）法、二分法、黄金分割法、两点法、动点迭代法和不动点迭代法等。牛顿法具有很快的搜索速度，但是不适用于跨间断区间的求解，容易导致求解区间的穿插，导致求出的根不是该方程相应区间的解，采用牛顿法还需要满足收敛充分条件，否则有可能导致迭代值远离所求根的情况或死循环的情况。区间求解方法有二分法、黄金分割法、及两点法等，只要函数值在两区间端点异号，这些方法都可以给出方程的在该区间至少一个根。二分法的搜索速度较慢，黄金分割法较二分法快，但也存在着同样的问题，两点法具有相对较快的收敛速度。

根据频率方程的特点，选择收敛速度快且求解正确的方法。由于式（13-8）和式（13-9）确定的频率方程的左端为近似周期函数，故方程存在多个根。本章结合大量实际拉索的函数图像进行分析，确定采用区间求解法（MATLAB 的 fzero 函数）和 NR 法相结合进行拉索频率方程的求解。

fzero 函数适用于求解区间内有单根的情况，而采用频率方程进行基频求索力时，对某些拉索会出现区间内有不唯一根（通常有两个根，图13-4），此时方程左端函数值在两初始点处并非异号，导致无法直接采用 fzero 求解。针对这一情况，可采用如下两种处理方法：重新确定初始点，结合二阶频率区间内根值结果，加/减较小值作为新的初始点，判断函数正负，采用 fzero 函数求解；在求解区间内选取多个初始点，采用 NR 法求解，判断所求根值是否在求解区间内，对区间内的根加/减较小值判定函数正负，然后采用 fzero 函数求解，最后结合二阶频率计算结果，选取与二阶频率索力计算结果最接近的根作为方程的根。

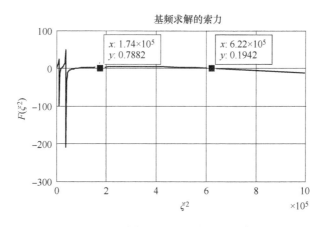

图 13-4 隐式频率方程数值法求解索力

13.2.3 频率方程数值法的索力、索频识别误差及其经验修正

利用频率方程数值解法可以方便地实现已知拉索振动频率条件下的索力识别和已知索力下的拉索振动频率计算。隐式频率方程的数值法（以下简称数值法）比张紧弦显式频率方程得到的索力、索频公式更接近拉索实际状况，因此识别精度更高。尽管如此，基于隐式频率方程的索力、索频识别法仍然存在较大误差。相比而言，只要将拉索单元的数目划分得足够多，用有限元法得到的索力、索频就足够接近真实值。因此，可以假设拉索有限元法计算

出的频率为实际结构的频率，研究其误差规律。

频率误差 $\mathrm{Err}(f_n)$ 定义为其他方法求得的频率相对于有限元程序的误差，即

$$\mathrm{Err}(f_n) = \frac{f_n - f_n^{\mathrm{FE}}}{f_n^{\mathrm{FE}}} \tag{13-17}$$

式中　f_n^{FE}——基准频率，是无外加阻尼装置且边界为刚接条件下拉索的第 n 阶模态频率；

f_n——其他方法计算的拉索的第 n 阶频率。

索力误差 $\mathrm{Err}(T)$ 的定义方式为识别的索力 $T_{\mathrm{identified}}$ 与有限元模型设定索力 $T_{\mathrm{designated}}$ 的相对误差，

$$\mathrm{Err}(T) = \frac{T_{\mathrm{identified}} - T_{\mathrm{designated}}}{T_{\mathrm{designated}}} \tag{13-18}$$

通过对不同拉索技术参数下隐式频率方程的数值法识别拉索索力进行数值仿真计算，研究索力误差与 λ^2 和 ξ 的关系，如图 13-5 所示。仿真计算时，为了取得 λ^2 和 ξ 的合理取值范围，特以拉索参数（包括 $T_{\mathrm{designated}}$）的工程取值范围的上限为界，在此范围内对其取值进行遍历，并保持各参数独立取值。每步仿真对应一组参数组合，先利用有限元计算准确的前 7 阶拉索频率，然后将这些频率作为输入，用数值法识别索力 $T_{\mathrm{identified}}$，利用式（13-14）和式（13-15）计算索力误差，研究其与拉索参数 λ^2 和 ξ 的关系。

1. 索力误差与 λ^2 的关系

由图 13-5 可见，λ^2 存在临界值 42，该值确定了频率方程数值法的适用范围。当 $\lambda^2 < 42$ 时，索力识别误差在 5%~7%（比真实索力偏大），误差与 λ^2 无明显关系；当 $\lambda^2 > 42$ 时，误差从 7% 突然增大。这可以解释为，当 $\lambda^2 > 42$ 时，拉索垂度影响变大，使得拉索不再满足拉索垂跨比小于 1/8 的假设，隐式频率方程已经不能反映拉索的真实受力情况。桥梁工程常用拉索的 λ^2 值通常都小于临界值 42，因此基于频率方程数值解的索力识别方法可以应用于斜拉桥的拉索索力识别。

2. 索力误差与 ξ 的关系

现针对实际桥梁工程的拉索情况（$\lambda^2 < 42$），讨论索力误差与 ξ 的关系。

由图 13-6 可见，无论采用基频，还是从 2 阶到 7 阶的模态频率识别索力，其索力误差与 ξ 值均存在着很好的近似指数函数关系。当 $0 < \xi < 200$ 时，随着拉索 ξ 值的增加，索力误差从 14% 迅速下降至 7%，当 $\xi > 300$ 时，误差下降速度趋于平缓，误差值趋近 5%。

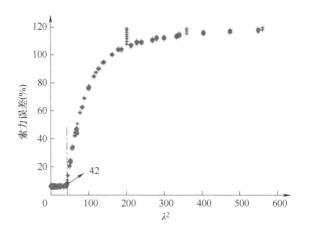

图 13-5　索力误差与 λ^2 的关系

用下式拟合索力误差与 ξ 的关系

$$\mathrm{Err}_i = a_i \xi^{b_i} + c_i \tag{13-19}$$

式中　i——采用的索频阶数；

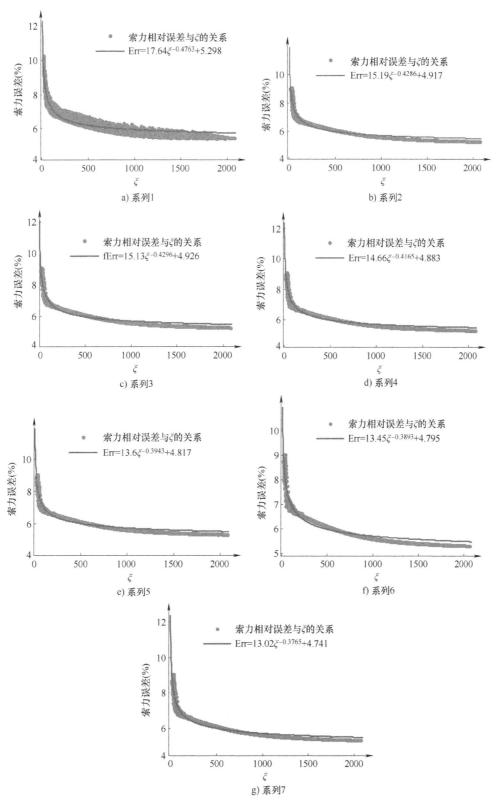

图 13-6　索力误差与 ξ 的关系

a_i、b_i、c_i——分别为采用第 i 阶索频时索力误差与 ξ 的拟合关系式的系数。

隐式频率方程数值索力识别误差拟合系数见表13-1。前7阶索力误差与 ξ 的拟合关系式如图13-7所示。从图13-7和表13-1可见，采用2～7阶识别索力时，误差与 ξ 的关系式基本重合，而采用基频时，误差与 ξ 的关系式偏大。这就意味着，在相同索力条件下，用基频识别索力的误差稍大，而使用从2～7阶频率识别，误差近似相等。因此，只需用两个拟合公式，就可以实现索力的修正。表13-1的最后一栏给出了适合于2～7阶的Err-ξ复合拟合系数，图13-7中也给出了适于2～7阶的索力误差综合修正曲线。

表 13-1　隐式频率方程数值索力识别误差拟合系数

	基频	2	3	4	5	6	7	2～7复合
a_i	17.64	15.19	15.13	14.66	13.6	13.45	13.02	14.205
b_i	-0.4763	-0.4286	-0.4296	-0.4165	-0.3943	-0.3893	-0.3765	-0.4058
c_i	5.298	4.917	4.926	4.883	4.817	4.795	4.741	4.8465

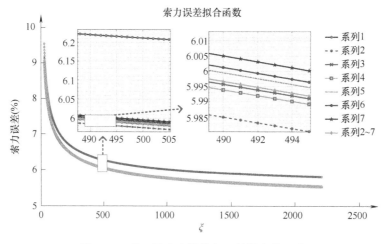

图 13-7　前 7 阶索力误差与 ξ 的拟合关系式

此时，由于所有识别结果较拉索真实索力都偏大，因此可以用上述拟合公式对隐式频率方程数值索力识别结果进行修正。修正后的索力由式（13-20）给出。

$$H_{\text{modified}} = H_{\text{identified}}(1 - \text{Err}_i) \tag{13-20}$$

13.2.4　工程应用

为了说明本方法的有效性，特对上海某大桥 B01 和 B17 号拉索进行了基于数值法的索力识别计算和频率求解，同时进行了有限元方法（FEM）、张紧弦显式振动频率公式（简称显式公式法）的计算。采用考虑几何刚度的三维梁单元进行有限元拉索建模，单元数目为100（对前20阶频率非常精确，可以近似为拉索真实模态频率）。

1. 已知索力求频率

上海某大桥 B01、B17 号拉索的频率值及其相对误差如图13-8所示。由图13-8a、c可知，采用数值法的拉索频率求解结果较显式公式法更接近有限元程序计算结果：由图可知，前20阶频率除基频外，由显式公式法求解的上海某大桥 B01 号拉索的各阶频率相对于有限元方法的求解结果的相对误差在 4.2%～4.6%，而数值法求解的相对误差只有 2.6%～3.1%，二者相差 1.5%，对于上海某大桥 B17 号拉索，二者的频率误差差值也有 0.8%。对于基频，显式公式法得到频率误差比其他阶频率误差大一倍，而数值法则相对小得多，只有 2%～3%。由图 13-8c、d 可见，数值法求得的频率均比有限元方法小。因此，只要对误差的大小进行估计后，就可以对数值法得到的频率进行修正。

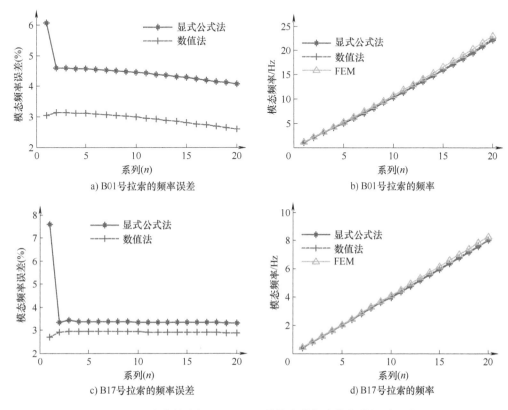

a) B01 号拉索的频率误差　　　b) B01 号拉索的频率

c) B17 号拉索的频率误差　　　d) B17 号拉索的频率

图 13-8　上海某大桥 B01、B17 号拉索的频率值及其相对误差

2. 已知频率求索力

由图 13-9 中 a、b 可知，数值法的索力测量误差明显比显式公式法低。采用除基频外各阶频率估计索力时，对于受垂度影响小的短索，数值法的索力测量精度可以比显式公式法提高 3%～5%，而对于 300m 的长索，数值法相对于显式公式法仍可以提高 1% 的索力测量精度。采用基频时，无论长索还是短索，数值法均大大提高了精度，误差降低了 5%～10%，长索误差降低的幅度比短索大。可见数值法的索力测量考虑了垂度的影响，得到的索力精度高。数值法得到索力均在真实索力偏大一侧，因此，可以利用式（13-20）的修正方法对误差予以修正。

利用式（13-20）修正后的上海某大桥 B01、B17 号拉索索力及误差见表 13-2。

频率方程的数值法并未考虑拉索倾角的影响，文献的研究表明索倾角对拉索的各阶频率影响不是很大，通过本章的拉索有限元程序验证了这一结论。而在考虑拉索倾角后，拉索参数 L_e 和 λ^2 分别为

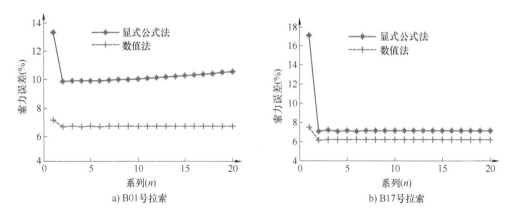

图 13-9 上海某大桥 B01 号和 B17 号拉索索力测量误差

表 13-2 修正后的上海某大桥 B01、B17 号拉索索力及误差

	基频	2	3	4	5	6	7	2~7 复合
B01 设定索力/kN	3×10^3							
B01 识别索力/1000kN	3.004	2.998	2.998	2.998	2.998	2.997	2.997	2.998
B01 索力误差（%）	0.14	-0.08	-0.08	-0.08	-0.08	-0.09	-0.09	-0.09
B17 设定索力/kN	5.46×10^3							
B17 识别索力/1000kN	5.543	5.468	5.469	5.469	5.469	5.468	5.468	5.468
B17 索力误差（%）	1.31	0.14	0.17	0.16	0.16	0.15	0.16	0.13

$$L_e = L \sec^3\theta \left[\frac{1}{8} \left(\frac{\rho g L}{H} \right)^2 + 1 \right] \tag{13-21}$$

$$\lambda^2 = \left(\frac{\rho g L \sec\theta}{H} \right)^2 \frac{EA}{H} \frac{L}{L_e} \tag{13-22}$$

上海某大桥 B01 和 B17 拉索的 λ^2 值分别为 0.0312 和 1.3972，均小于 42，表明频率方程的数值法适用于这些拉索的索力和索频求解。由表 13-2 可见，经式（13-20）修正后，数值法索力识别的结果得到了更大程度的提高，误差可以控制在 1% 以内。

■ 13.3 拉索-阻尼器体系的索力智能感知

13.3.1 拉索-阻尼器体系的索力求解模型

1. 拉索-阻尼器体系的振动控制方程

将拉索采用梁单元来考虑，则拉索-阻尼器体系的振动方程可以采用如下形式：考虑横向自由振动的梁结构在恒定的轴向荷载 T 作用下，梁的中间安装黏性阻尼器（阻尼系数为 c），阻尼器将梁分成两段，梁的线密度为 m，抗弯刚度为 EI，则每段梁的振动偏微分方程如下

$$EI \frac{\partial^4 y(x_j,t)}{\partial x_j^4} - T \frac{\partial^2 y(x_j,t)}{\partial x_j^2} + m \frac{\partial^2 y(x_j,t)}{\partial t^2} = 0 \tag{13-23}$$

式中　$y(x_j,t)$ —— t 时刻梁的横向挠度；

　　　x_j ——沿第 j 部分的轴向坐标。

2. 拉索-阻尼器体系的频率方程

在不考虑拉索垂度影响，边界条件取为固结时，式（13-23）的解答为

$$Q_0^{CC} + i\tilde{c}\,\frac{Q_1^{CC}Q_2^{CP} + Q_1^{CP}Q_2^{CC}}{2(p^2 + q^2)} = 0 \tag{13-24}$$

式中　$\tilde{c} = \dfrac{cL_0}{\sqrt{mEI}}$，$\left.\begin{matrix} p \\ q \end{matrix}\right\} = \sqrt{\sqrt{\xi^2 T^2 + \eta^2\omega^2} \pm \xi T}$，$\xi = \dfrac{L_0^2}{2EI}$，$\eta = \sqrt{\dfrac{mL_0^4}{EI}}$

$$Q_j^{CC} = Q_j^{CC,S}\,Q_j^{CC,A} \tag{13-25}$$

$$Q_j^{CC,S} = p(1 - \varepsilon_j)\cos\frac{1}{2}q\mu_j + q(1 + \varepsilon_j)\sin\frac{1}{2}q\mu_j \tag{13-26}$$

$$Q_j^{CC,A} = p(1 + \varepsilon_j)\sin\frac{1}{2}q\mu_j - q(1 - \varepsilon_j)\cos\frac{1}{2}q\mu_j \tag{13-27}$$

$$Q_j^{CP} = p(1 + \varepsilon_j^2)\sin q\mu_j - q(1 - \varepsilon_j^2)\cos q\mu_j \tag{13-28}$$

通过对式（13-23）的整理变换，可以得到如下形式的频率方程

$$Q_0^{CC} + icl_0\,\frac{\xi}{\eta(p^2 + q^2)}(Q_1^{CC}Q_2^{CP} + Q_1^{CP}Q_2^{CC}) = 0 \tag{13-29}$$

方程的左边定义了索力与拉索结构频率的隐函数关系，即

$$F(\omega,T,\theta) = Q_0^{CC} + icl_0\,\frac{\xi}{\eta(p^2 + q^2)}(Q_1^{CC}Q_2^{CP} + Q_1^{CP}Q_2^{CC}) \tag{13-30}$$

式（13-30）中，当 $c = 0$ 时，$F(\omega,T,\theta) = 0$ 为无阻尼拉索的频率方程（不考虑垂度影响）；当 $(c \to \infty)$ 时，方程 $F(\omega,T,\theta)$ 的第二项等于零，拉索相当于在阻尼位置处铰接。在拉索-阻尼器的索力及其他参数已知时，可以由式（13-30）通过数值法求解得到结构的 ω 值。ω 通常为复数，它的实部为结构的阻尼振动频率，虚部为衰减因子。

13.3.2　拉索-阻尼器解析方程的求解

拉索-阻尼器的频率方程为隐式复方程，无法给出显示解析解，需要进行数值法求解。由于需要求解的方程为复方程，许多常用的数值算法在复方程的应用还较少，有待研究。针对复方程的特点，本章分别采用不动点迭代法和割线法对该方程进行试求解，最后选用求解性能较好的数值方法进行方程的求解。

1. 不动点迭代求解

对 Q_j^{CC} 展开，两边同时除以 pq，并令其仍为 Q_j^{CC}，则

$$Q_j^{CC} = \frac{p^2 - q^2}{2pq}(1 - \varepsilon_j^2)\sin q\mu_j - (1 + \varepsilon_j^2)\cos q\mu_j + 2\varepsilon_j \tag{13-31}$$

其中 $\mu_j = \dfrac{L_j}{L_0}$，$\varepsilon_j = \exp(-p\mu_j)$。由 $\left.\begin{matrix} p \\ q \end{matrix}\right\} = \sqrt{\sqrt{\xi^2 T^2 + \eta^2\omega^2} \pm \xi T}$，得到 p 和 q 有如下关系

$$p^2 - q^2 = 2\xi T \tag{13-32}$$

$$pq = \eta\omega \tag{13-33}$$

由于 $pq = \eta\omega \neq 0$，因此由式（13-29）和式（13-30）可知，这些初等变换不会影响方

程和函数的求解。

当 $c=0$，式（13-7）退化为 $Q_0^{CC}=0$，对应于无阻尼器的拉索结构的频率方程

$$F(\omega, T, \theta) = 0 \tag{13-34}$$

其中对称模态有 $Q_0^{CC,S} = 0$，可得

$$\frac{q}{p} + \frac{\cot\left(\dfrac{q}{2}\right)}{\coth\left(\dfrac{p}{2}\right)} = 0 \tag{13-35}$$

反对称模态有 $Q_0^{CC,A} = 0$，可得

$$\frac{q}{p} - \frac{\tan\left(\dfrac{q}{2}\right)}{\tanh\left(\dfrac{p}{2}\right)} = 0 \tag{13-36}$$

其中式（13-35）为式（13-8）第一项中分母中的一项，式（13-8）考虑了拉索垂度的影响，式（13-35）则没有。式（13-36）则与式（13-9）有相同的形式。式（13-35）和式（13-36）可以采用第 13.2 节中的求解方法进行求解，求解区间分别与式（13-8）和式（13-9）的求解区间相同。

当 $c \to \infty$，式（13-29）退化为

$$Q_1^{CC}Q_2^{CP} + Q_1^{CP}Q_2^{CC} = 0 \tag{13-37}$$

将式（13-31）和式（13-28）代入式（13-37），并利用 $\mu_1 + \mu_2 = 1$ 进行三角展开，可以将式（13-37）化简为如下形式

$$\sin q \cdot A + \cos q \cdot B + C = 0 \tag{13-38}$$

或

$$\tan q \cdot A + B + \sec q \cdot C = 0 \tag{13-39}$$

其中 A、B、C 值见附录。

方程的求解对奇数阶采用如下形式

$$\cot \frac{q}{2} \cdot \frac{C+B}{2} + A + \frac{C-B}{2}\tan\frac{q}{2} = 0 \tag{13-40}$$

代入式（13-33），依据 $\operatorname{arccot}(\alpha) = \dfrac{\pi}{2} - \arctan(\alpha)$ 及 $\arctan(-\alpha) = -\arctan(\alpha)$ 可以构造如下不动点迭代

$$[q_n]_{k+1} = n\pi + 2\arctan\left[\frac{2A + (C-B)\tan\dfrac{q}{2}}{C+B}\right] \tag{13-41}$$

对偶数阶采用形式

$$\tan\frac{q}{2} \cdot A + B + \frac{C-B}{2}\sec^2\frac{q}{2} = 0 \tag{13-42}$$

可以构造如下迭代条件

$$[q_n]_{k+1} = n\pi - 2\arctan\left(\frac{B + \dfrac{C-B}{2}\sec^2\dfrac{q}{2}}{A}\right) \tag{13-43}$$

通过不动点迭代法可以得到式（13-37）的根。然后可以利用式（13-34）和式（13-37）的各阶根值作为初始迭代值，通过割线法求解式（13-29）的根值。

2. 割线法求解

对式（13-29）选用割线法求解，频率求解形式选用 $F(\omega,\theta)=0$；索力求解形式选用 $F(q,\theta)=0$，依据式（13-33）可以很容易地给出拉索-阻尼器体系的频率和索力的解答

$$\omega = \frac{q}{\eta}\sqrt{q^2 + 2\xi T} \tag{13-44}$$

$$T = \frac{\eta^2\omega^2 - q^4}{2\xi q^2} \tag{13-45}$$

式（13-30）的割线法求解的迭代初始值选择分别为结构参数采用式（13-34）的根值和拉索选取为真实索长减去阻尼器安装高度后的索长，采用式（13-34）的根值进行迭代求解。

方程的割线法求解依赖于以下假设：假设阻尼系数无穷大时，拉索-阻尼器体系在阻尼器安装位置处近似铰支，阻尼器具有固定作用，可以近似认为拉索的有效振动索长减小了，为 $L_0 - L_d$；阻尼系数为 c 时，式（13-29）的根值（索力或频率）应在阻尼系数分别为 0 和 ∞ 时，该方程的根值之间或附近。

这两个假设都可以通过计算程序本身或者有限元模型分析来验证。由于基于这两个假设的方程求解只提供拉索-阻尼器体系频率方程迭代求解初始值的作用，因此并不会影响割线法求解拉索-阻尼器体系频率方程的根值。

割线法求解拉索-阻尼器体系方程时，迭代收敛条件设定为方程的左端绝对值达到某一精度（足够小）。计算结果显示，拉索-阻尼器体系的频率方程的割线法求解收敛速度快，比不动点迭代法单步耗时更小。但是，由于拉索-阻尼器体系频率方程求解涉及复函数的求解，因此较有限元程序耗时大，约是有限元耗时的 2 倍。

3. 拉索-阻尼器体系解析求解的适用条件

割线法求解适用于阻尼器在索的一端的情况，这与桥梁工程中拉索阻尼器的安装位置相符合。在给定结构某一阶模态的频率和衰减因子，就可以得到拉索-阻尼器体系的索力估计，如果只给出结构的某一阶频率，则采用拉索-阻尼器体系频率方程数值法求解的索力精度会有所下降。由于拉索-阻尼器体系解析模型未考虑拉索垂度的影响，所以在索力估计时应尽量避免使用基频。

13.3.3　索力测量的仿真分析

拉索的高阶频率受阻尼器刚度的影响比低阶频率小，但其受阻尼系数及阻尼器安装高度影响比低阶频率大很多，而且变化无规律，采用拉索高阶频率计算索力是不合理的。由于阻尼器的嵌固作用，当阻尼器的阻尼系数超过系统的临界阻尼，刚度达到一定值时，拉索在阻尼器位置处近似铰支，相当于减小了拉索的有效振动长度，利用公式法计算的索力比真实索力有偏小的趋势；然而阻尼器的安装导致结构频率的增加，使得采用频率法测得的索力比真实索力有偏大的趋势，这两者影响程度相当，可以通过修改索长来抵消一部分，从而提高索力测量精度。拉索的有效索长取为拉索索长 L 与阻尼器安装高度 L_d 的差。采用修改索长方法只能在一定程度提高索力测量的精度，按修改计算索长计算索力与真实索力仍有一定的差

距。由于阻尼系数对结构的低阶模态频率影响很小，因此对于阻尼系数未达到临界阻尼的情况，计算索力时应采用低阶频率。

对于不同的阻尼器阻尼系数、安装高度和刚度，采用拉索的二阶频率计算索力具有较好的精度。除了阻尼器刚度对结构的低阶频率影响较大外，阻尼系数及阻尼器安装高度对结构的前两阶频率影响都较小，尤其是对基频的影响最小，因此如果能够精确考虑拉索的垂度，采用基频计算拉索索力的公式以提高索力测量的精度。

阻尼器安装前后，拉索的索力没有发生较大变化。仿真拉索以上海某大桥 B17 号拉索为基准，在此索的基础上增加阻尼器，阻尼安装高度 6m，阻尼系数设定为 $5 \times 10^4 \mathrm{Ns/m}$，拉索参数见表 13-3。

表 13-3　拉索参数

拉索编号	索长 L/m	弹性模量 E/Pa	截面面积 A/m^2	截面惯性矩 I/m^4	线密度 ρ/kgm^{-1}	索力 H/kN	索倾角 $\theta/°$	阻尼系数 c/Nsm^{-1}
B17	300	2×10^{11}	1.2970×10^{-2}	1.8857×10^{-5}	106.4	5.46×10^3	28	5×10^4

通过仿真拉索的索力测量来分析阻尼器的拉索-阻尼器体系索力测量的影响。各种方法的索力误差如图 13-10 所示。

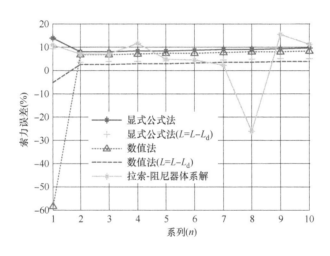

图 13-10　各种方法的索力误差

从图 13-10 可以看出，无论采用哪种索力测量方法，都应避免使用基频，采用二阶频率的索力测量结果最好。采用修改索长公式时，显式公式法和拉索频率方程数值法的索力识别精度较采用前提高了 4.2%，但识别索力与真实索力仍有一定误差。拉索频率方程数值方法采用基频时的索力误差达到 -60%，主要是因为在仿真拉索参数下，采用基频估计索力时，在索力的求解区间内存在两个根值，数值法求解得到了较小的一个根值。其中采用拉索频率方程数值法的修改索长公式的二阶频率索力识别精度最高，识别出的索力与仿真索真实值的误差为 2.393%。采用拉索-阻尼器体系解析求解时，采用二阶频率的索力识别精度最好，针对该仿真索，其识别的索力仍有 7% 的误差。

■ 13.4 本章小结

通过对同时考虑拉索垂度、抗弯刚度、边界条件等因素影响的拉索频率方程的数值求解，方便地实现了拉索结构的频率与索力的相互解答。与适于张紧弦的频率公式法相比，基于拉索隐式频率方程的数值法可以有效地提高索频、索力估计精度。工程实例表明，对索频计算，隐式频率方程数值法的结果较振动频率法更接近有限元程序计算结果，对各阶频率普遍提高 1.5%，对一阶频率的精度改善更为明显。就索力识别而言，对受垂度影响小的短索，数值法相比近似显示公式法（振动频率法）可以提高 3% 的索力测量精度；对于长索，采用 $2 \sim 7$ 阶频率，可以提高 1% 的索力测量精度。由于垂度对拉索的对称模态固有频率影响较大，特别是基频，因此对基于基频的索力识别精度影响更大。对数值法进行修正后，可以进一步提高索力的识别精度。

基于频率方程数值解的索力识别方法适于 $\lambda^2 < 42$ 的情况的无阻尼器拉索，这对于桥梁工程上常用的拉索均是适用的，此时，采用拉索的 $1 \sim 7$ 阶频率计算可以获得较好的索力测量精度。而对于 $\lambda^2 > 42$ 的拉索，采用基频的索力测量精度更好。采用振动方程的数值法计算拉索索力，较有限元模型修正方法能有效地节省计算机机时，可应用于索力的实时监测。

通过拉索-阻尼器体系的解析求解及有限元分析求解，分析了阻尼器对拉索-阻尼器模态频率和索力测量的影响，并进行了仿真拉索索力测量研究，得到如下结论：

1）阻尼器的阻尼系数、安装高度和刚度对结构的动力特性和索力测量影响都很显著；其中阻尼系数和阻尼器安装高度对拉索-阻尼器的低阶频率影响较小，对高阶频率影响较大，阻尼器刚度对拉索-阻尼器的模态频率的影响与阻尼系数相反。在阻尼器刚度小于 $2 \times 10^6 \, \text{N/m}$ 时，阻尼器刚度对结构体系动力特性和频率法索力测量影响比阻尼器安装高度小，但比阻尼系数影响大。

2）摩擦型阻尼器的索力测量在阻尼器刚度变化范围较小或阻尼器刚度较大情况下，可以采用与黏性阻尼器相同的索力测量方法。

3）采用拉索的高阶频率来提高索力测量精度的措施是不合理的；修改索长方法适用于拉索-阻尼器体系的索力测量，可以提高索力测量精度；施加阻尼器会抑制拉索的低级振动，尤其是基频，而且拉索基频受垂度影响较大，按照式（13-2）进行索力计算时不宜采用基频，采用拉索的二阶频率可以获得较好的索力精度，公式在低阶频率范围内具有参考意义。

4）拉索-阻尼器体系解析模型得到的频率方程可以实现频率和索力的互求求解；给定拉索-阻尼器体系的某一阶频率和相应的阶数，通过解析模型的数值求解可以给出索力的估计，同时给定某一阶模态的频率和衰减因子时，解析模型的索力估计精度会有所提高；然而，由于拉索-阻尼器体系的解析模型忽略了索垂度、轴向刚度及索倾角等因素，因此其给出的索力解答精度并不高。

5）拉索-阻尼器体系的精确索力测量，可以通过对比图 13-10 中所采用索力估计方法对更多仿真索或实索的索力识别结果，选出索力识别精度较好方法，建立索力误差的修正公式，实现拉索-阻尼器体系索力的精确估计。或者提出精度更高的拉索-阻尼器体系的解析模型，通过解析模型的数值求解来实现索力的精确测量。

第14章 基于振动模态参数监测的结构智能模型修正

除了采用监测数据来判断工程结构工作状态的技术路线以外，基于力学模型的监测评估也是一个非常有潜力的技术路线方法。建立起与监测对象相对应的力学模型，通过对比模型和实测数据，可以实现对实际工程结构的工作状态的判别。当然，这种思路首先需要保证力学模型的准确性，即必须首先确保力学模型能最大限度地逼近实际工程结构的待考察工作性能。

对于复杂工程结构，尤其是桥梁工程结构，往往需要建立有限元模型来分析和仿真工程结构在工作状态时的力学行为。同样地，为了保证分析的准确性，就需要对有限元模型进行修正。在监测环境下，我们可以用初始监测信息修正建立的有限元模型，作为整个工程结构全寿命周期的基准模型。也可以在固定的时间点或预定的触发条件下，启动对当前阶段的有限元模型的修正，从而形成整个寿命周期的模型跟踪。这些都需要在监测环境下自动化、程式化地进行，我们可以将此过程称为在线监测环境下的智能模型修正。本章将介绍本书课题组近年来在该方面的初步研究成果。

■ 14.1 基于振动监测数据的连续梁系统识别

先以一个模型试验监测环境下的三跨混凝土连续梁模型的识别为例（图14-1），介绍自动化识别的关键技术和效果。

14.1.1 三跨连续梁模型试验

1. 结构模型

试验模型为三跨混凝土连续梁结构，主梁的尺寸为3800mm×200mm×30mm，三跨分别为（1000+1700+1000）mm，梁的两端有50mm的悬臂，连续梁立面布置图与平面布置图如图14-2和图14-3所示。

如图14-3所示，连续梁底部，A、B、C、D、E五个位置都安装了加速度传感器。放大器和数据采集仪如图14-4所示。

图14-1 三跨混凝土连续梁模型

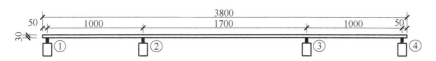

图 14-2　连续梁立面布置图

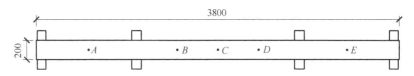

图 14-3　连续梁平面布置图

图 14-4　放大器和数据采集仪

2. 振动测试及模态分析

试验采用单点激振方法，采样频率为 512Hz。联合自然激励法和特征系统实现算法（ERA）求解系统模态参数。所得固有频率见表 14-1，模态振型如图 14-5 所示。

表 14-1　固有频率

阶　　数	1	2	3	4
固有频率/Hz	26.38	57.68	65.22	88.49

14.1.2　有限元模型修正

合理的有限元模型是进行模型修正的基础，因此在进行模型修正之前首先要参照实际结构建立合理的有限元模型。具体步骤为：使用 beam4 单元模拟主梁，混凝土弹性模量和密度分别取 3.2×10^4 MPa 和 2.5×10^3 kg/m^3；采用 combin14 单元模拟弹性约束，初值取 0。

智能模型修正的
相关程序代码

1. 模态相关性分析

频率相关性见表 14-2。

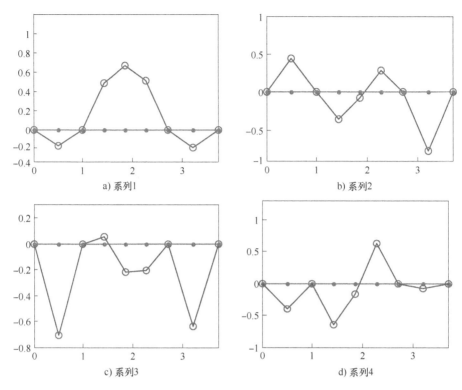

a) 系列1   b) 系列2

c) 系列3   d) 系列4

图 14-5　模态振型

表 14-2　频率相关性

阶　　数	$f^{\mathrm{t}}/\mathrm{Hz}$	$f^{\mathrm{a}}/\mathrm{Hz}$	相关系数（%）
1	26.38	25.02	4.76
2	57.68	54.75	5.06
3	65.22	64.54	1.05
4	88.49	93.11	5.22

表中 f^{t} 代表振动测试频率，f^{a} 代表有限元分析得到的频率。由表可见，测试频率和计算频率的阶次基本一一对应，但是实际模型和真实模型之间存在误差。

进行振型相关性分析，计算 MAC 矩阵。MAC 矩阵柱状图如图 14-6 所示。

图 14-6 中，a_1、a_2、a_3、a_4 代表计算振型，t_1、t_2、t_3、t_4 代表振动测试振型。由图可见，MAC 矩阵对角元素比较接近 1，非对角元素接近 0，因此可以判断有限元模型和实测模型的振型基本是匹配的。MAC 矩阵对角元素值见表 14-3。

表 14-3　MAC 矩阵对角元素值

i	1	2	3	4
MAC_{ii}	0.995	0.937	0.955	0.817

由表 14-3 可以看出，实测模型和有限元模型各阶振型基本一致，其中第 4 阶 MAC 较小，这说明有限元模型和实测模型存在一定误差，需要进行模型修正。

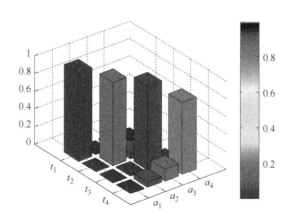

图 14-6　MAC 矩阵柱状图

2. 基于振动监测数据的模型修正

（1）灵敏度分析　在进行模型修正之前，首先要选择需要修正的参数。本书采用的方法是，先根据经验确定基本的参数，然后进行灵敏度分析，选择灵敏度较大的参数作为待修正的参数，根据结构基本情况选择的参数。修正参数见表 14-4。

表 14-4　修正参数

编　　号	参　　数	初　　值	上　　限	下　　限
1	E	$3.2 \times 10^4 \text{MPa}$	$3.6 \times 10^4 \text{MPa}$	$2 \times 10^4 \text{MPa}$
2	D	$2.5 \times 10^3 \text{kg/m}^3$	$2.6 \times 10^3 \text{kg/m}^3$	$2.2 \times 10^3 \text{kg/m}^3$
3	K_1	$1000 \text{N} \cdot \text{m/rad}$	$1 \times 10^6 \text{N} \cdot \text{m/rad}$	0
4	K_2	$1000 \text{N} \cdot \text{m/rad}$	$1 \times 10^6 \text{N} \cdot \text{m/rad}$	0
5	K_3	$1000 \text{N} \cdot \text{m/rad}$	$1 \times 10^6 \text{N} \cdot \text{m/rad}$	0
6	K_4	$1000 \text{N} \cdot \text{m/rad}$	$1 \times 10^6 \text{N} \cdot \text{m/rad}$	0

注：E 为弹性模量；D 为密度；K_i 为第 i 个支座的转动刚度。

采用中心有限差分法求解各个参数的灵敏度，此外，为了使结果更加直观，将其写为如下形式

$$\text{SA} = \frac{f(x^+) - f(x^-)}{2a} \tag{14-1}$$

式中　SA——灵敏度系数；

　　　a——参数摄动的相对值。

本书分别选择频率和振型来考察各个设计参数灵敏度，参数的摄动量取 2%。各阶频率灵敏度系数柱状图如图 14-7 所示。

其中，参数的编号见表 14-4，由图可见，频率对弹性模量和密度较为敏感，并且阶次越高，灵敏度系数越大。

对于振型灵敏度，很难直接计算，因此本书通过 MAC 的变化来考察各个参数的灵敏度。

振型灵敏度系数柱状图如图 14-8 所示。

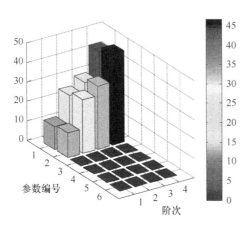

图 14-7 各阶频率灵敏度系数柱状图

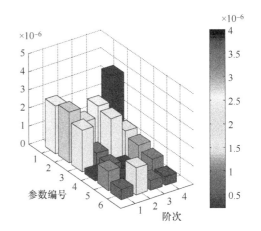

图 14-8 振型灵敏度系数柱状图

可见，振型对 6 个参数的灵敏度差别不大。综合以上频率和振型灵敏度系数的分析结果，选择上述 6 个参数作为待修正的参数。

（2）目标函数　构造目标函数，如下式所示

$$f = a \sum_{i=1}^{n} \left(\frac{f_i - f_{it}}{f_{it}} \right)^2 + b \sum_{i=1}^{n} \left(\frac{1 - \sqrt{\mathrm{MAC}_i}}{\mathrm{MAC}_i} \right)^2 \tag{14-2}$$

式中　a、b——分别为参数的权重。

相对于振型，实测频率较为接近真实值，因此可以让频率的权重略高一些，也可以通过试算来确定。

3. 模型修正结果

（1）算法初始参数　选择 PSO 智能优化算法进行试算，所需要的初始参数包括两部分，一部分是待修正的参数，另一部分是优化算法所需的参数。参数修正值见表 14-5，下面介绍 PSO 算法的参数设置。

$$\mathrm{PSO} = \begin{bmatrix} 10 \ 2000 \ 20 \ 3 \ 3 \ 0.9 \ 0.9 \ 100 \ 1 \times 10^{-25} \ 2000 \ 1 \times 10^{-5} \ 3 \ 1 \ 1 \times 10^{-5} \ 10 \ 10.0 \end{bmatrix}$$

$$\tag{14-3}$$

如式（14-3）所示，PSO 优化的基本参数共有 16 个。其中，PSO（2）是最大迭代次数，PSO（3）代表种群数目，PSO（9）代表全局收敛误差，PSO（12）代表算法的种类，参数的取值通过试算确定。

（2）修正结果　经过若干次试算，选择 clerk 算法进行修正，迭代次数为 2000 次，种群数目为 20，扰动值取 10，目标函数中 a 取 0.6，b 取 0.4。目标函数下降曲线如图 14-9 所示。经过约 750 次迭代，目标函数基本达到收敛。

搜索得到的参数见表 14-5，表中各符号的含义同前。

表 14-5 参数修正值

编号	参数	初　值	修　正　值
1	E	$3.2 \times 10^4 \mathrm{MPa}$	$2.67 \times 10^4 \mathrm{MPa}$
2	D	$2.5 \times 10^3 \mathrm{kg/m^3}$	$2.53 \times 10^3 \mathrm{kg/m^3}$

（续）

编号	参数	初　　值	修　正　值
3	K_1	1000N·m/rad	48320.33N·m/rad
4	K_2	1000N·m/rad	2448.81N·m/rad
5	K_3	1000N·m/rad	87109.14N·m/rad
6	K_4	1000N·m/rad	233.8N·m/rad

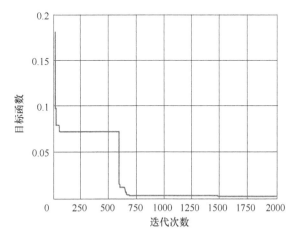

图 14-9　目标函数下降曲线

频率及 MAC 对照见表 14-6。由表 14-6 可以看出，修正后的频率非常接近实测频率，除第 3 阶之外，其他阶次频率与实测值误差均在 1% 以下；全部 4 阶的 MAC 均在 0.9 以上，这说明修正后振型与实测振型相关性较好，这也进一步证明了修正结果的有效性。

表 14-6　频率及 MAC 对照

阶次	测试频率 /Hz	初始频率 /Hz	修正频率 /Hz	修正前频率误差（%）	修正后频率误差（%）	修正前 MAC	修正后 MAC
1	26.38	25.02	26.26	4.76	0.5	0.995	0.98
2	57.68	54.75	58.37	5.06	1.2	0.937	0.989
3	65.22	64.54	65.15	1.05	0.1	0.955	0.979
4	88.49	93.11	87.89	5.22	0.7	0.817	0.901

4. 质量块荷载识别

模型确认是模型修正的最高层次，其中一个要求就是修正后的模型能估计其他加载条件下的测试数据。为了进一步验证模型的准确性，进行如下试验：首先，如图 14-3 所示，在图中 A、B、C、D、E 五个点中任选一个或者两个点，使用两个砝码（均为 2kg）中的一个或者两个进行加载，并进行振动测试，本书选择三种工况进行试验，加载情况见表 14-7。然后，假设加载条件是未知的，将加载位置和质量作为参数，利用模型修正的思想进行识别。

表14-7 加载情况

编 号	加载质量/kg	加载位置
1	2	A
2	4	C
3	2 + 2	A、D

联合自然激励法和特征系统实现法求出三种荷载工况的模态频率，见表14-8。

表14-8 模态频率表 （单位：Hz）

阶次	工况1	工况2	工况3
1	26.25	23.04	24.73
2	53.11	57.56	56.10
3	63.18	64.08	64.52
4	90.02	90.05	85.51

为了模拟荷载工况，需要对有限元模型进行修改，使用 MASS21 单元来模拟加载的质量块，将加载位置和质量作为待修正的参数，修正目标为三种荷载工况的模态频率。

由分析可知，由于是对称结构，因此加载的情况一共有 13 种，模拟荷载工况汇总见表 14-9。

表14-9 模拟荷载工况汇总

加载类型	1	2	3	4	5	6	7	8	9	10	11	12	13
不加载													
2kg		A	B	C									
4kg					A	B	C						
2kg + 2kg								AB	AC	AD	AE	BC	BD

具体方法如下：首先，对 13 种荷载工况进行模拟，计算出模态频率序列；然后，计算其与目标荷载工况的误差。频率误差曲线如图 14-10 所示。

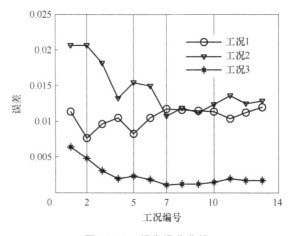

图 14-10 频率误差曲线

如图 14-10 所示，工况 1 和工况 2 的最小误差比较容易读取，参照表 14-9，对应的模拟工况分别为 2 和 7，与实际情况相符，进一步验证了模型的有效性。工况 3 与模拟工况 7~10 的误差比较接近，其中与模拟工况 7 的误差最小，但是实际对应的工况应为模拟工况 10，这说明仅仅依赖频率进行质量块荷载识别是不可靠的，还需要增加其他一类参数（例如模态振型）来提高方法的可靠性。

■ 14.2　基于智能模型修正的拉索索力监测与识别

14.2.1　拉索振动监测系统

上海某大桥全长 16.5km，其中越江桥梁长约 10km。该大桥主通航孔桥采用双塔斜拉桥的桥型，跨径布置为：92m + 258m + 730m + 258m + 92m = 1430m，其中主跨为 730m。主桥为漂浮体系，塔梁之间设横向约束及纵向阻尼器，主梁采用分离式钢箱梁。斜拉索采用空间扇形双索面布置形式（图 14-11），材料采用平行钢丝，冷铸锚具，双层 PE 护套，全桥共 192 根斜拉索。本书选择 B1 号拉索，B17 号和 Z23 号拉索进行分析，拉索基本参数见表 14-10。

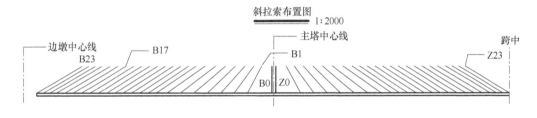

图 14-11　上海某大桥斜拉索布置图

表 14-10　拉索基本参数

编号	弹 性 模 量	密 度	梁端锚固点坐标	塔端锚固点坐标
B1			（-367.1, 0.65, 153）	（-390.5, 23.75, 60.9）
B17	1.9 × 10^{11} Pa	7822kg/m³	（-366.6, 0.65, 194.1）	（-630.5, 23.75, 54.9）
Z23			（-363.4, 0.65, 208.1）	（-9.5, 23.75, 65.7）

索结构广泛应用于斜拉桥、悬索桥、拱桥等大跨架构中。索力直接影响索结构的内力分布和几何线型，无论施工还是正常使用阶段，都需要准确地掌握索力的状况，因此索力是索结构健康状态评估和监测的核心指标。振动法测索力是目前索力测试中应用最广泛的方法，其原理是通过振动测试，识别出索的自振频率，由索力和频率之间存在的特定关系可以间接地换算得到索力。简化的做法是将拉索简化为张紧的弦，但是由于忽略了拉索实际存在的垂度和抗弯刚度的影响，有时会产生较大的误差。本书采用模型修正的方法来识别索力，首先建立考虑垂度和抗弯刚度的拉索有限元模型，然后根据由振动数据分析得到拉索的频率序列来修正有限元模型，进而识别出拉索的索力。

14. 2. 2 拉索振动模态分析

为了得到拉索的模态数据，截取了 60min 的加速度时程信号。对其进行频谱分析，得到 B1 号、B17 号和 Z23 号拉索加速度功率谱密度如图 14-12 ~ 图 14-14 所示。

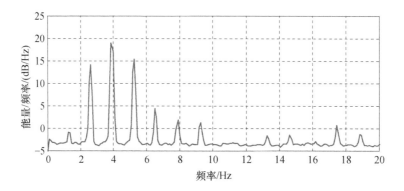

图 14-12　**B1 号拉索加速度功率谱密度**（Welch 法、Hanning 窗）

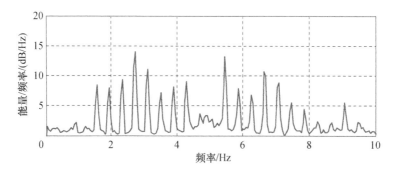

图 14-13　**B17 号拉索加速度功率谱密度**（Welch 法、Hanning 窗）

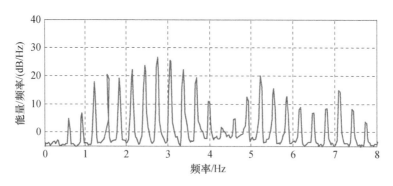

图 14-14　**Z23 号拉索加速度功率谱密度**（Welch 法、Hanning 窗）

由加速度频谱图可以看出，除了个别阶次的频率成分以外，加速度的峰值基本上还是比较明显的。首先利用频差法求出拉索的基频，然后根据拉索基频来识别其他的拉索频率序列，见表 14-11。

表 14-11 拉索频率序列 （单位：Hz）

阶次	B1	B17	Z23	阶次	B1	B17	Z23
1	1.27	—	—	11	—	4.297	3.369
2	2.637	—	0.61	12	—	—	3.687
3	3.906	—	0.928	13	—	—	3.979
4	5.273	1.563	1.221	14	—	5.469	4.297
5	6.543	1.953	1.538	15	—	5.859	4.614
6	7.91	2.344	1.831	16	—	6.25	4.907
7	9.18	2.734	2.148	17	—	6.641	5.225
8	—	3.125	2.441	18	—	7.08	5.542
9	—	3.516	2.759	19	—	7.471	5.859
10	—	3.906	3.076	20	—	7.861	6.177

14.2.3 基于振动监测的拉索智能模型修正

1. 考虑垂度、抗弯刚度以及弹性支撑的拉索有限元建模

以上海某大桥 299m 超长斜拉索为研究对象，建立拉索的参数化二维分析模型。在拉索弦线位置建立初始有限元模型，考虑拉索垂度与抗弯刚度，拉索单元采用 ANSYS 中的 beam3 单元，通过对单元施加初始应变来实现对拉索张拉力的模拟，边界条件使用 combin14 单元进行模拟。拉索有限元模型分析流程如图 14-15 所示。

2. 参数选择

在建立拉索有限元模型时，需要提供的参数主要有 7 个：索长（索端锚固点中心坐标）、密度、截面面积、弹性模量、索力、抗弯刚度以及边界条件。其中，索力是要识别的目标参数；索端锚固点中心坐标可以直接测得，不需要进行修正；弹性模量、密度和截面面积可以根据设计参数取值，一般来说变动的幅度很小，因此也不需要进行修正；拉索的抗弯刚度接近于拉索中高强钢丝之间完全黏结时的抗弯刚度，比完全无黏结时的抗弯刚度要大得多；拉索的边界条件实际上是介于铰支和固支之间，较为接近固支的情况。综合以上考虑，选择索力、

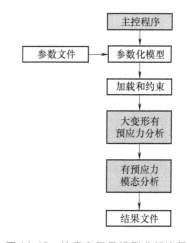

图 14-15 拉索有限元模型分析流程

抗弯刚度，以及边界条件三个参数进行灵敏度分析。本书的参照资料是由加速度时程信号识别出的频率序列，因此这里选择前十阶固有频率来考察三个参数的灵敏度系数。采用的方法是中心有限差分法，参数摄动量为 10%，将式（14-1）改为如下形式

$$SA = \lg\left(\frac{f(x^+) - f(x^-)}{2a}\right) \tag{14-4}$$

式中符号的意义同式（14-1），参数灵敏度系数柱状图如图 14-16 所示。

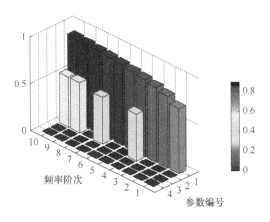

图 14-16　参数灵敏度系数柱状图

图 14-16 中，参数编号的意义如下：1 代表索力，2 代表抗弯刚度，3 和 4 分别代表拉索两端的转动约束。从图中可以看出，频率对索力的灵敏度最大，并且随着阶次的增加，灵敏度系数增大；部分阶次的频率对抗弯刚度较为敏感；频率对边界条件的灵敏度非常低，接近于 0。因此，选择索力和抗弯刚度作为待修正的参数。

3. 构造目标函数

模型修正的目标是测试数据的频率序列，由于噪声的存在使得频率有漏阶的现象，因此所使用的目标函数必须要剔除未测得的频率阶次，即

$$F(f) = \sqrt{\frac{1}{n-m} \sum_{i=m}^{n} \left(\frac{f_{ai} - f_{ti}}{f_{ti}} \right)^2} \qquad (14-5)$$

式中　m——测试数据中没有识别出的频率阶次；

　　　f_{ai}——有限元模型分析的得到的频率；

　　　f_{ti}——测试得到的频率。

4. 结果分析

选择 PSO 算法进行试算，经过若干次试算确定初始参数，见表 14-12。

表 14-12　初始参数

参数	迭代次数	种群	算法	扰动值
取值	100	20	Clerk	10

（1）B1 号拉索　B1 号拉索目标函数下降曲线如图 14-17 所示。

经过 20 步迭代，目标函数基本达到收敛。B1 号拉索修正索力见表 14-13，抗弯刚度识别结果见表 14-14。

表 14-13　B1 号拉索修正索力

项目	修正值/kN	参照值/kN	误差（％）
索力	2900	3000	3.3

表中索力的参照值按照频率公式求得，识别出的索力与公式法计算出的索力相差 3.3%。

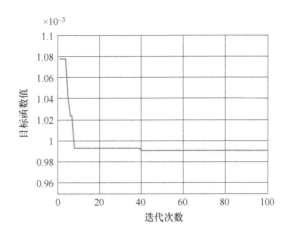

图 14-17　B1 号拉索目标函数下降曲线

表 14-14　B1 号拉索修正抗弯刚度识别结果

项目	EI_0	EI_1	EI_2
抗弯刚度（kN·m²）	486	511	3.4

EI_0 代表识别出的抗弯刚度，EI_1 和 EI_2 分别代表将钢索束视为完全黏结的抗弯刚度和完全不黏结的抗弯刚度。实际搜索出的抗弯刚度接近于拉索束完全黏结的情况，又远远大于拉索束完全不黏结的情况。

修正模型得到的频率序列与识别出的频率序列对比见表 14-15，模型修正得到频率序列与实测得到的频率序列基本一致，前 7 阶最大误差为 2.61%。模型在第 19 阶出现了纵向振动，其他阶次均为竖向振动。

表 14-15　B1 号拉索修正模型得到的频率序列与识别出的频率序列对比

阶次	实测频率/Hz	修正频率/Hz	误差（%）	阶次	实测频率/Hz	修正频率/Hz	误差（%）
1	1.27	1.304	2.61	11	—	14.492	—
2	2.637	2.609	1.07	12	—	15.84	—
3	3.906	3.915	0.23	13	—	17.196	—
4	5.273	5.223	0.96	14	—	18.561	—
5	6.543	6.533	0.15	15	—	19.935	—
6	7.91	7.848	0.79	16	—	21.319	—
7	9.18	9.166	0.15	17	—	22.713	—
8	—	10.489	—	18	—	24.118	—
9	—	11.817	—	19	—	25.224（纵向）	—
10	—	13.151	—	20	—	25.535	—

（2）B17 号拉索　B17 号拉索目标函数下降曲线如图 14-18 所示，经过 20 步迭代，目标函数基本达到收敛。B17 号拉索修正索力见表 14-16，修正抗弯刚度见表 14-17。

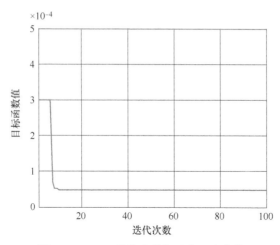

图 14-18 B17 号拉索目标函数下降曲线

表 14-16 B17 号拉索修正索力

项目	修正值/kN	参照值/kN	误差（%）
索力	5480	5420	1.1

索力的参照值按照频率公式求得，识别出的索力与公式法计算出的索力相差只有1%左右。

表 14-17 B17 号拉索修正抗弯刚度

项目	EI_0	EI_1	EI_2
抗弯刚度（kN·m²）	1586	2546	7.6

表中各符号的意义同表 14-14。实际搜索出的抗弯刚度小于拉索束完全黏结的情况，又远远大于拉索束完全不黏结的情况。

B17 号拉索修正模型得到的频率序列与识别出的频率序列对比见表 14-18。

表 14-18 B17 号拉索修正模型得到的频率序列与识别出的频率序列对比

阶次	实测频率/Hz	修正频率/Hz	误差（%）	阶次	实测频率/Hz	修正频率/Hz	误差（%）
1	—	0.406	—	11	4.297	4.3	0.07
2	—	0.78	—	12	—	4.692	—
3	—	1.171	—	13	—	5.086	—
4	1.563	1.561	0.128	14	5.469	5.479	0.183
5	1.953	1.952	0.051	15	5.859	5.873	0.239
6	2.344	2.342	0.085	16	6.25	6.268	0.288
7	2.734	2.733	0.037	17	6.641	6.663	0.331
8	3.125	3.124	0.032	18	7.08	7.059	0.297
9	3.516	3.516	0	19	7.471	7.455	0.214
10	3.906	3.908	0.051	20	7.861	7.852	0.114

如表 14-18 所示，模型修正得到的频率序列与实测得到的频率序列非常接近，前 10 阶最大误差为 0.128%，前 20 阶最大误差为 0.331%。

（3）Z23 号拉索　Z23 号拉索目标函数下降曲线如图 14-19 所示。

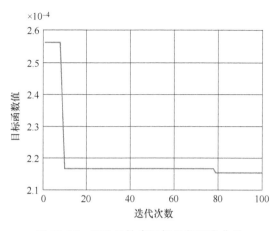

图 14-19　Z23 号拉索目标函数下降曲线

如图 14-19 所示，经过 20 步迭代，目标函数基本达到收敛。Z23 号拉索修正索力见表 14-19，修正抗弯刚度见表 14-20。

表 14-19　Z23 号拉索修正索力

项目	修正值/kN	参照值/kN	误差（%）
索力	6640	6650	0.16

索力的参照值按照频率公式求得，识别出的索力与公式法计算出的索力相差只有 0.16%。

表 14-20　Z23 号拉索修正抗弯刚度

项目	EI_0	EI_1	EI_2
抗弯刚度（$kN \cdot m^2$）	1820	3750	9.2

实际搜索出的抗弯刚度小于拉索束完全黏结的情况，又远远大于拉索束完全不黏结的情况。Z23 号拉索修正模型得到的频率序列与识别出的频率序列对比见表 14-21。

表 14-21　Z23 号拉索修正模型得到的频率序列与识别出的频率序列对比

阶次	实测频率/Hz	修正频率/Hz	误差（%）	阶次	实测频率/Hz	修正频率/Hz	误差（%）
1	—	0.328	—	11	3.369	3.372	0.09
2	0.61	0.612	0.33	12	3.687	3.68	0.19
3	0.928	0.92	0.87	13	3.979	3.987	0.2
4	1.221	1.225	0.33	14	4.297	4.295	0.05
5	1.538	1.532	0.39	15	4.614	4.603	0.24
6	1.831	1.838	0.38	16	4.907	4.911	0.08
7	2.148	2.145	0.14	17	5.225	5.22	0.1
8	2.441	2.451	0.41	18	5.542	5.529	0.24
9	2.759	2.758	0.04	19	5.859	5.838	0.36
10	3.076	3.065	0.36	20	6.177	6.147	0.49

如表 14-21 所示，模型修正得到的频率序列与实测得到的频率序列比较接近，前 20 阶误差均在 1% 以下，最大误差为 0.87%。

■ 14.3   本章小结

近年来，模型修正技术取得了很大的进步，但是仍然有一些问题阻碍着模型修正技术的应用和推广。模型修正通常需要较为复杂的优化计算过程，并且已有的模型修正技术往往离不开人工干预，这就导致工作效率低下，不利于工程应用。

本章介绍了基于振动监测的自动化模型修正的方法，介绍了一种面向健康监测系统的智能模型修正平台。应当指出的是，模型修正的理论还有待进一步完善，当前的模型修正研究，还主要停留在计算模型修正阶段，修正的模型只是在某些方面可以模拟实际结构的响应，但离模型确认还有一定距离。本章在已有模型修正理论的基础上，开发出了一种基于实测数据的模型修正原型软件，经过工程实例验证，该软件具有一定的应用价值。

第 15 章　群索结构的工作状态智能感知

斜拉索作为大跨径斜拉桥的主要受力构件，其内力变化对于全桥的受力状况有着显著的影响。尤其是在斜拉桥服役若干年后，由于塔顶变位、基础沉降、收缩徐变等因素的影响，实际索力与设计索力必然存在一定的偏差。大跨度斜拉桥结构斜拉索体系的安全性评估，应尽可能反映结构当前的工作状态，并应以结构的当前工作状态为评判标准。

斜拉索索力可以通过定期的桥梁索力普查式检测活动取得。通过各种索力测试方法，可以获得桥梁服役期的历史索力数据，并可利用这些已有的历史检测数据对桥梁的健康状况进行合理评价。目前工程中常用的索力评估方法是一种简单的比较分析法，通过计算历年各索索力及索力相对变化值来反映索力状况，当相对变化值小于一定范围（如 5%）时，即判定索力状态正常。这种评估方法没有建立合理的阈值体系，本质上还是针对单索索力状态的评判，不适用于总体索力评估。而群索索力大小可以一定程度上反映全桥内力分布状况，可作为结构整体安全评估的依据和关键。

相对于桥梁的定期检查检测工作，桥梁健康监测系统具有实时采集、在线分析数据和实时评估桥梁安全状况的优点，故大量应用于新建的大跨度桥梁，目前也有应用于旧桥健康状况评估领域中的趋势。随着健康监测系统技术的发展，对所有的拉索进行普查式的实时监测已经成为可能。如何对系统采集到的群索索力数据进行综合的分析处理，并最终实现桥梁的健康状况的在线评价，是健康监测技术亟待解决的关键问题之一。

鉴于此，本章拟从群索索力数据综合分析的角度出发，利用蒙特卡罗方法结合影响矩阵方法建立群索索力的阈值体系，进而给出基于相异测度的群索索力工作状态智能感知方法。

■ 15.1　群索体系索力状态安全评估

如前所述，工程中现有的索力评估方法是针对单索比较的，不适于整体群索的内力状态的评估。对单索索力比较过程中，部分索力的相对变化值可以高达 10% 甚至更多，以正常情况下 200t 左右的索力而论，绝对变化值可高达 20t。但是作为一个整体的受力体系而言，桥梁受力仍处于正常状态。这种情况并不罕见，究其原因，是桥梁的变形导致索力在全索面的重新分配引起，对受力体系的影响并不大；与此相反，倘若每根索都发生细微的变化，在简单进行单索比较时不存在任何问题，有时却无法满足桥梁整体的受力要求。基于上述问题，我们必须从群索索力整体评估的角度入手，来对斜拉索健康状况进行评估。故本书作者希望用群索索力集组成索力数据样本，通过对数据样本进行分析比较来获得整体性的评估结论。

15.1.1　群索索力与桥梁整体内力状态的相关性

不同于悬索桥，斜拉桥是一种组合受力体系，结构（主要指主梁）的恒载和活载是依靠群索、主梁和索塔的三者共同承担的。斜拉桥主梁不仅承受较大的轴向压力，而且也抵抗一定的弯矩作用。竖向荷载大部分靠斜拉索竖向分量来平衡，小部分则由主梁自身来承受。尽管拉索相对于索塔和主梁来说属于柔性构件，但是由于所有的拉索均锚固在共同的主塔和主梁上，因此每根拉索的个性均受到制约，展现出较强的整体性能。除索缆体系外的结构的整体内力分布、结构静力效应和动力响应，均与群索索力的整体分布具有较强的相关性；单根拉索的索力变化对结构整体受力状况的影响很小。

群索索力分布对结构整体行为的影响很大程度上是受交通流荷载、不均匀沉降、温度作用因素的影响。风荷载、非线性因素的影响对群索内力分布的影响可以忽略不计。因此，可以用属于线性理论的影响矩阵法来描述群索索力对结构整体行为的影响规律。图 15-1 显示了一个简化斜拉桥模型示意图。

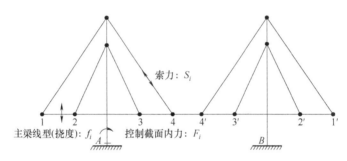

图 15-1　简化斜拉桥模型示意图

如图 15-1 所示，对于斜拉桥，当忽略风荷载的影响时，群索索力与结构整体目标力学量（外加荷载或作用、内力、应力或位移）之间的关系可以表述为

$$S = C^T \cdot D \tag{15-1a}$$

式中　S——成桥状态的群索索力列向量（群索索力数据样本），是受调列向量。

$$S = S_G + S_{config} + S_{tr} + S_{us} + S_t + S_w \tag{15-1b}$$

式中　S_G——因结构恒载（包括自重和二期恒载）产生的索力部分；

$\quad S_{config}$——达到调索目标（线形或其他力学量满足指定条件）后产生的附加索力部分；

$\quad S_{tr}$——因交通荷载产生的索力部分；

$\quad S_{us}$——因不均匀沉降（包括收缩徐变）产生的索力部分；

$\quad S_t$——因温度因素产生的索力部分；

$\quad S_w$——因风荷载产生的索力部分。

$$D = (D_G \ D_{config} \ D_{tr} \ D_{us} \ D_t \ D_w)^T \tag{15-1c}$$

式中　D——荷载的组合，是综合施调列向量；

$\quad D_G$——结构恒载（包括自重和二期恒载），为行向量；

$\quad D_{config}$——调索初张力，为行向量；

$\quad D_{tr}$——交通流荷载，为行向量；

D_{us}——沉降作用，为行向量；

D_t——温度作用，为行向量；

D_w——风荷载，为行向量。

$$C = \begin{bmatrix} C_G & C_{config} & C_{tr} & C_{us} & C_t & C_w \end{bmatrix}^T \qquad (15\text{-}1d)$$

式中 C——为影响矩阵，在线性假设条件下是常量；

C_G——结构恒载（包括自重和二期恒载）对应的影响矩阵子矩阵；

C_{config}——调索初张力对应的影响矩阵子矩阵；

C_{tr}——交通流荷载对应的影响矩阵子矩阵；

C_{us}——沉降作用对应的影响矩阵子矩阵；

C_t——温度作用对应的影响矩阵子矩阵；

C_w——风荷载对应的影响矩阵子矩阵。

同样的，可建立关系斜拉桥正常运营状态或承载能力状态的目标力学量与综合施调向量之间的关系，即

$$S_{tar} = C_{tar}^T \cdot D \qquad (15\text{-}2)$$

式中 C_{tar}——综合施调向量 D 对应于目标力学量的影响矩阵；

S_{tar}——目标力学量，由斜拉桥中一些关键截面上的关键力学量所组成的列向量，包括截面内力、应力及位移等。

而截面内力、应力及位移等关键力学量一般在设计阶段被用来定义结构整体的正常使用极限状态或承载能力极限状态，其功能方程 Z（裕度）为

$$Z = \begin{bmatrix} S_{tar} \end{bmatrix} - S_{tar} \qquad (15\text{-}3)$$

式中 $\begin{bmatrix} S_{tar} \end{bmatrix}$——与目标力学量相对应的阈值或抗力列向量。

按照影响矩阵法原理，式（15-1）可以写为

$$\begin{cases} S = S_D + S_Q + S_R \\ S_D = C_G \cdot D_G + C_{config} \cdot D_{config} \\ S_Q = C_{us} \cdot D_{us} + C_{t,a} \cdot D_{t,a} \\ S_R = C_{tr} \cdot D_{tr} + C_{t,i} \cdot D_{t,i} \end{cases} \qquad (15\text{-}4)$$

式中 S_D——恒载及调索初张力作用下的群索索力部分；

S_Q——不均匀沉降及以年为时间尺度的结构平均温度效应下的群索索力部分；

S_R——活荷载作用及结构温度场瞬时波动效应下的群索索力部分；

$C_{t,a} \cdot D_{t,a}$——以年为时间尺度的结构平均温度效应下的群索索力部分，因具有较强的周期性和确定性，故归入 S_Q；

$C_{t,i} \cdot D_{t,i}$——结构温度场的瞬时波动效应下的群索索力部分，因具有较强随机性和瞬时性，故归入 S_R。

同样，反应结构状态的目标量 S_{tar} 可由式（15-5）计算

$$\begin{cases} S_{tar} = S_{tar,D} + S_{tar,Q} + S_{tar,R} \\ S_{tar,D} = C_{tar}^T \cdot D_G + C_{tar}^T \cdot D_{config} \\ S_{tar,Q} = C_{tar}^T \cdot D_{us} + C_{tar}^T \cdot D_{t,a} \\ S_{tar,R} = C_{tar}^T \cdot D_{tr} + C_{tar}^T \cdot D_{t,i} \end{cases} \qquad (15\text{-}5)$$

公式中各参数的说明同式（15-4），不再赘述。

目标量与群索索力通过综合施调列向量 D 发生关系，故可以写成群索索力的线性组合，即

$$S_{tar} = C_{tar}^T \cdot (C^{-1})^T \cdot S \tag{15-6}$$

式（15-6）表明，结构整体内力状态与群索索力紧密相关，任何一个反映结构状态的目标变量均可以近似表示成群索索力的线性组合；可以通过群索索力的样本集合，来判别目标量的情况，进而判断结构整体距离极限状态的裕度 Z，如式（15-7）所示

$$Z = [S_{tar}] - C_{tar}^T \cdot (C^{-1})^T \cdot S \tag{15-7}$$

通过式（15-7）可以建立起群索索力在结构极限状态下的功能方程。虽然式（15-3）表示的功能方程中的抗力和效应变量均难以测量，但是式（15-7）中的群索索力 S 是可测量的，它扮演了代理的角色，将基于抗力效应的功能方程转变为基于群索索力的功能方程，从而为基于监测量代理的安全性评估铺平了道路。

由于不均匀沉降作用、交通荷载、温度分布的变化，因此斜拉索索力是不断发生变化的，这也导致了结构状态的变化。欲对结构状态进行准确判断，必须首先对群索索力向量进行度量。此外，群索索力也是高维的，不便于进行处理，需要利用向量的某种度量来简化判别分析。

15.1.2 群索索力的相异测度度量

在实际工程中，度量向量的最好手段就是相异测度或相似测度。多维数据的测量样本组成的向量或者是矩阵之间必然存在一定的相异性，相异测度就是一组衡量数据样本之间相异性的指标。常用的相异测度指标主要包括：欧式距离、街区距离、切比雪夫距离、Canberra 距离、角分离度、相关系数等。

设两数据样本向量分别为

$$\begin{cases} x = (x_1 & x_2 \cdots x_i & x_{i+1} \cdots x_n)^T \\ y = (y_1 & y_2 \cdots y_i & y_{i+1} \cdots y_n)^T \end{cases} \tag{15-8}$$

则各相异测度 $DM(x,y)$ 形式如式（15-9）~式（15-14）所示。

欧式距离：
$$DM(x,y) = \sqrt{\sum_{i=1}^{p}(x_i - y_i)^2} \tag{15-9}$$

式中 p——向量长度。

街区距离：
$$DM(x,y) = \sum_{i=1}^{p}|x_i - y_i| \tag{15-10}$$

切比雪夫距离：
$$DM(x,y) = \max_i |x_i - y_i| \tag{15-11}$$

Canberra 距离：
$$DM(x,y) = \sum_{i=1}^{p}\frac{|x_i - y_i|}{x_i + y_i} \tag{15-12}$$

角分离度：
$$DM(x,y) = \frac{\sum_{i=1}^{p}x_i y_i}{\sqrt{\sum_{i=1}^{p}x_i^2 \sum_{i=1}^{p}y_i^2}} \tag{15-13}$$

相关系数：
$$\mathrm{DM}(x,y) = \frac{\sum\limits_{i=1}^{p}(x_i - \bar{x})(y_i - \bar{y})}{\sqrt{\sum\limits_{i=1}^{p}(x_i - \bar{x})^2 \sum\limits_{i=1}^{p}(y_i - \bar{y})^2}} \tag{15-14}$$

以上各种相异测度均可构成用于评估群索体系内力状况或者健康状况的指标体系。用以上测度来衡量群索索力时，可以选择全体拉索的不同观测样本，也可以选择某种标准条件下的观测值 S_0 作为基准，其余的观测值都与该基准做相异测度运算，即 $\mathrm{DM}(S_0, S)$。可以用成桥设计索力组成基准值，也可以用竣工试验时的实测索力作为基准值。

相异测度用作数据点的分类，即测度空间内的相异标签子空间的边界划分时，常常希望这些相异测度具有最佳的类别区分能力，这可由如下准则 J_2、J_3 和 J_4 取值大小来评判。记 S_W 为类内样本散布矩阵，S_B 为类间样本协方差矩阵，$\hat{\Sigma}$ 为总体协方差矩阵，则各相异测度性能评判准则为

$$\begin{cases} J_2 = \mathrm{tr}(S_W^{-1} S_B) \\[2mm] J_3 = \dfrac{|\hat{\Sigma}|}{|S_W|} \\[2mm] J_4 = \dfrac{\mathrm{tr} S_B}{\mathrm{tr} S_W} \end{cases} \tag{15-15}$$

其中，tr 是计算矩阵的迹。上述准则取值越大，测度的类内分布就越小，类间分布越大，从而相异测度的空间划分性能也就越好。

式（15-15）中各参数量的计算公式如式（15-16）~式（15-20）所示。

类内样本散布矩阵：
$$S_W = \sum_{i=1}^{C} \frac{n_i}{n} \hat{\Sigma}_i \tag{15-16}$$

类间样本协方差矩阵：
$$S_B = \sum_{i=1}^{C} \frac{n_i}{n}(m_i - m)(m_i - m)^T \tag{15-17}$$

式中　Σ——总体协方差矩阵；

$\hat{\Sigma}_i$——w_i 类的协方差矩阵。

Σ 和 Σ_i 的极大似然估计为 $\hat{\Sigma}$ 和 $\hat{\Sigma}_i$

$$\begin{cases} \hat{\Sigma} = \dfrac{1}{n} \sum_{j=1}^{n}(x_j - m)(x_j - m)^T \\[3mm] \hat{\Sigma}_i = \dfrac{1}{n_i} \sum_{j=1}^{n} z_{ij}(x_j - m_i)(x_j - m_i)^T \\[3mm] z_{ij} = \begin{cases} 1 & x_j \in w_i \\ 0 & \text{其他} \end{cases} \end{cases} \tag{15-18}$$

n 是样本总数，n_i 由下式确定

$$n_i = \sum_{j=1}^{n} z_{ij} \tag{15-19}$$

m 是总体样本均值，m_i 是类 w_i 的样本均值，它们分别由下式确定

$$\begin{cases} m = \sum_{i=1}^{C} \dfrac{n_i}{n} m_i \\ m_i = \dfrac{1}{n_i} \sum_{j=1}^{n} z_{ij} x_j \end{cases} \tag{15-20}$$

15.1.3 群索索力度量的阈值体系

将群索索力的相异测度度量作为评估指标，还必须给出相应的指标阈值，才能对结构受力状态做出准确的判别和合理的评估。由于拉索的安全储备非常高，一般情况下，拉索索丝的工作应力远小于其材料屈服强度，在群索索丝达到其强度极限前，一些结构控制截面的其他目标量早已达到其极限状态。可见，由索丝材料强度确定的阈值对结构评估没有意义，必须由与结构整体行为有关的结构控制截面的目标量来决定群索索力度量的阈值，下面给出其求解办法。

群索索力相异测度的阈值可以根据式（15-3）和式（15-7）得到。通常，斜拉桥体系会有承载能力极限状态及正常使用极限状态两种，每种极限状态又各自设置了上下限，因此，式（15-3）可以用式（15-21）表示

$$\begin{cases} [S_{tar}]_{u,f} \leqslant S_{tar,u} \leqslant [S_{tar}]_{u,c} \\ [S_{tar}]_{s,f} \leqslant S_{tar,s} \leqslant [S_{tar}]_{s,c} \end{cases} \tag{15-21}$$

式中　$[S_{tar}]_{u,f}$——承载能力极限状态下限阈值；

　　　$[S_{tar}]_{u,c}$——承载能力极限状态上限阈值；

　　　$[S_{tar}]_{s,f}$——正常使用极限状态下限阈值；

　　　$[S_{tar}]_{s,c}$——正常使用极限状态上限阈值。

由前文分析得到，$S_{tar,u}$、$S_{tar,s}$ 分别表示承载能力极限状态目标变量和正常使用极限状态目标变量，它们可由下式决定

$$\begin{cases} S_{tar,u} = C_{tar,u}^{T} \cdot (C^{-1})^{T} \cdot S \\ S_{tar,s} = C_{tar,s}^{T} \cdot (C^{-1})^{T} \cdot S \end{cases} \tag{15-22}$$

对于斜拉桥，有明确设计限值的结构状态的目标量有：主塔塔顶变位、主跨跨中挠度、主梁梁端转角、主梁关键截面弯矩、塔梁结合部弯矩等。这些目标量及其设计限值均可以被选择为评估用结构状态目标量和相对应的阈值。

由式（15-6）可知，群索索力的阈值体系可以用反映结构状态的目标变量的阈值来间接地获得，即

$$[S]_i = C^{T} (C_{tar,u}^{T})^{-1} \cdot [S_{tar}]_i \tag{15-23}$$

式中　i——代表下标 u，f、u，c、s，f、s，c。

进而，可得到群索索力的相异测度的阈值

$$(DM(\alpha))_i = DM([S]_i, S_0) \tag{15-24}$$

式中　S_0——可作为基准值的健康状态群索索力向量。

于是，对特定状态下群索索力 S 的评估，就可以转换为对群索索力相异测度的评估

$$DM(S, S_0) \begin{cases} > \\ = \\ < \end{cases} [DM(\alpha)]_i \tag{15-25}$$

结构状态的目标量 S_{tar} 的阈值 $[S_{tar}]_i$ 可由规范或设计者给出，一般是一个一维标量或低维向量，其维数远小于群索的数目，式（15-23）的解不唯一，不能作为求解群索索力相异测度阈值的计算公式。在实际操作时，可以由蒙特卡罗方法得到群索索力的大量样本，根据式（15-21）判定样本标签，然后根据带类别标签样本的界限来划定群索索力阈值。

15.1.4 用蒙特卡罗方法确定群索索力度量的阈值体系

蒙特卡罗方法确定群索索力相异测度阈值流程如图 15-2 所示。

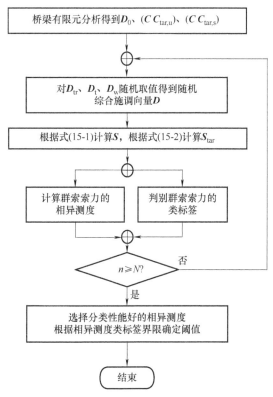

图 15-2 蒙特卡罗方法确定群索索力相异测度阈值流程

首先，考虑在五种荷载（包括恒载、交通流、温度、不均匀沉降和风载）组合下，通过调索，得到符合桥梁调索目标要求的初始综合施调向量 D_0 以及综合影响矩阵（$CC_{tar,u}$）及（$CC_{tar,s}$）。将与恒载、索初张力、沉降、整体温度相对应施调元素固定，对代表交通流荷载、瞬时温度作用和风荷载相对应的施调元素 D_{tr}、D_t、D_w 在合理范围内随机取值，形成随机综合施调向量 D；然后通过影响矩阵分别计算得到随机群索索力向量和结构目标量，用式（15-21）判别此时结构状态所属类别，并计算群索索力相异测度值；最后，选择分类性能较好的相异测度，根据不同类标签相异测度指标之间的边界来确定该相异测度的阈值。

■ 15.2 工程实例

15.2.1 工程背景

本节以某大跨径斜拉桥（图 15-3）为工程背景，该斜拉桥位于华南沿海地区，桥位处纬度低，日照时间长，季风影响明显且雨量充足，属于亚热带季风气候。主桥是双塔双索面混合结构斜拉桥，通航跨为钢箱梁、锚跨为混凝土箱梁。主塔为钢筋混凝土钻石型结构。每一索面有 20 对斜拉索，共计 $4 \times 20 = 80$ 对斜拉索。设计荷载为汽车-超 20，挂车-120。

自开始运营至 2010 年止，该斜拉桥共经过 8 次斜拉索索力检测。考虑到桥梁纵向并非完全对称，故本节选取上游侧两个索面及下游侧两个索面的各 80 根拉索的索力值分别作为一个数据样本，共计 16 个数据样本。

所有的斜拉索索力数据由国内某科研单位定期检查检测得到，且经过对历年单索索力变化率进行分析比较，结果表明各组索力数据之间具有极大的相似性，除极个别拉索索力值较往年变化接近 $\pm 10\%$ 外，所有拉索索力变化均保持在 $-5\% \sim 5\%$ 范围内。此外，从桥梁真实运营状况来看，群索索力状态良好，大体满足桥梁正常运营要求。

图 15-3　某大跨径斜拉桥

15.2.2　目标量阈值、影响矩阵及初始施调向量

如前所述，应用蒙特卡罗方法确立群索索力阈值体系的关键问题之一求得与极限状态匹配的类标签。本节采用桥梁通用有限元软件 Midas Civil 建立有限元模型，如图 15-4 所示。

按最不利位置布置活载，计算得到全桥的承载能力极限状态（以单侧塔底截面弯矩为目标变量）和正常使用极限状态（以中跨跨中挠度为目标变量），得到极限状态时目标量阈值，见表 15-1。通过初始优化调索计算，得出初始施调向量和影响矩阵。两种极限状态的变形如图 15-5 所示。

图 15-4　Midas Civil 建立有限元模型

表 15-1　极限状态时目标量阈值

目标变量	阈值下限	阈值上限	极限状态
塔底截面弯矩/tonf·m	−52292.62	32908.08	承载能力
中跨跨中挠度/m	−0.738	0.116	正常使用

注：$1 \text{tonf} \cdot \text{m} = 9.8 \times 10^3 \text{N} \cdot \text{m}$。

15.2.3　蒙特卡罗统计试验

为了取得尽可能接近实际使用条件下的群索索力模式，并使模拟得到的索力样本尽可能反映所有工程空间中的结构行为，需要对交通流荷载进行合理建模。这种建模明显不同于规范中车道荷载建模，既要模拟实际交通流作用在桥面上的随机性，又不要拘泥于具体加载模式和随机分布类型，从而简化分析。

为此，将交通流模拟成 80 个独立分布的随机集中力，作用位置固定于拉索位置的主梁上，分布类型为 $[-70, 210]$ 的均匀分布（考虑到短期整体温度效应，特将分布区间下限取为适宜负值）。为了避免多次重复有限元分析，利用事先得到的影响矩阵代替随机活荷载与群索索力及结构目标变量之间的复杂函数关系进行蒙特卡罗仿真计算，次数为 5000 次。每次仿真同时产生群索索力样本及结构目标变量样本。采用影响矩阵的计算公式如式（15-26）所示。

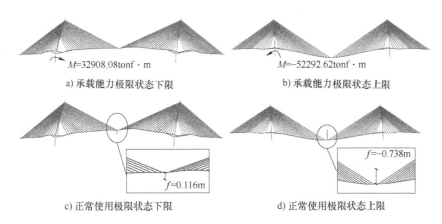

a) 承载能力极限状态下限　　　　　　　　　　b) 承载能力极限状态上限

c) 正常使用极限状态下限　　　　　　　　　　d) 正常使用极限状态上限

图 15-5　极限状态的变形

$$\begin{cases} \boldsymbol{D}_0 = (\boldsymbol{D}_G \ \boldsymbol{D}_{\text{config}} \ \boldsymbol{D}_R) \\ (\boldsymbol{S}, \boldsymbol{S}_{\text{tar}}) = \boldsymbol{D}_0 \cdot (\boldsymbol{C}, \boldsymbol{C}_{\text{tar,u}}) \end{cases} \tag{15-26}$$

式中　$\boldsymbol{D}_R$——使用蒙特卡罗方法模拟出的随机交通流荷载。

在区间 [-70, 210] 内多次进行随机模拟，$\boldsymbol{D}_R$ 可以涵盖交通流荷载、风荷载、不均匀沉降及短期整体温度效应的共同影响。

蒙特卡罗方法仿真得到的群索索力样本和目标变量如图 15-6 和图 15-7 所示。从图 15-6 和图 15-7 中可见，仿真得到群索索力全部覆盖设计索力、正常使用极限状态索力，与承载能力极限状态索力非常贴近，这说明仿真得到的群索索力样本的代表性很好，能够反应工程可行域内的群索受力大小关系。同样的，目标变量的仿真样本也满布其工程可行域，样本集包含了全部结构行为信息。

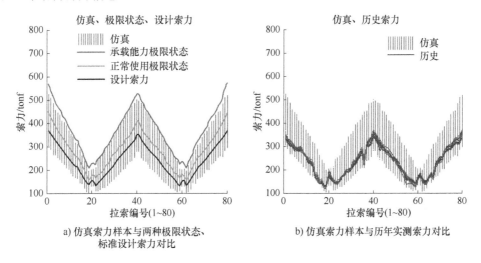

a) 仿真索力样本与两种极限状态、标准设计索力对比　　　　b) 仿真索力样本与历年实测索力对比

图 15-6　蒙特卡罗方法仿真得到的群索索力样本

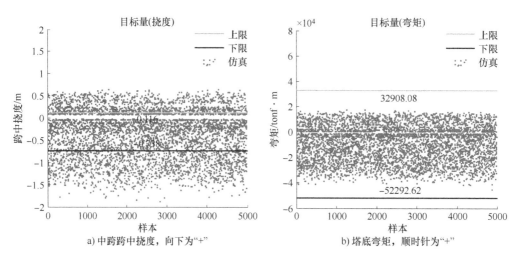

a) 中跨跨中挠度，向下为"+"　　　　　b) 塔底弯矩，顺时针为"+"

图 15-7　蒙特卡罗方法仿真得到的目标变量

15.2.4　相异测度比选及其阈值体系的确定

假设该斜拉桥成桥阶段为健康状态，选择成桥群索索力为基准（数值通过通车前的竣工试验获得，此时交通流可考虑为零，试验时的整体温度为基准温度），计算相应的相异测度，以及利用正常使用极限状态功能方程得到的类标签。于是，以相异测度描述的群索索力空间中，每个数据点都与一个类标签相联系。

利用仿真得到的各相异测度数据，按照式（15-15）可以对各相异测度的分类能力进行评价。各种相异测度的分类能力比较见表 15-2。可以看出，按分类能力大小排序，最好的测度是 Canberra 距离，其次是街区距离和欧式距离，而切比雪夫距离、角分离度和相关系数的 J4 准则值很小，不适于用作标签数据的分类。

表 15-2　各种相异测度的分类能力比较（J4 准则）

相异测度	类间散度	类内散度	总　散　度	J4 准则
欧式距离	30867.8	21905.21	52773	0.7096
街区距离	2217641	1680175	3897816	0.7576
切比雪夫距离	1446.89	332.481	1779.37	0.229791
Canberra 距离	6.0993	5.0901	11.1894	0.8345
角分离度	6.90×10^{-7}	1.31×10^{-7}	8.21×10^{-7}	0.1905
相关系数	1.15×10^{-4}	2.00×10^{-5}	1.35×10^{-4}	0.1744

可以由图 15-8 看出，两类不同类标签的数据在 Canberra 距离、街区距离、欧式距离的散点图中，存在着两个清晰的界限，将测度空间区隔为安全区、不安全区和混合区。在切比雪夫距离中，不安全区界限明显，安全区界限已经很难给出，混合区几乎完全覆盖带安全类标签的数据。而对于角分离度和相关系数，安全类标签数据和危险类标签数据充分混合，几乎整个测度空间都成为混合区，失去了分类的能力。

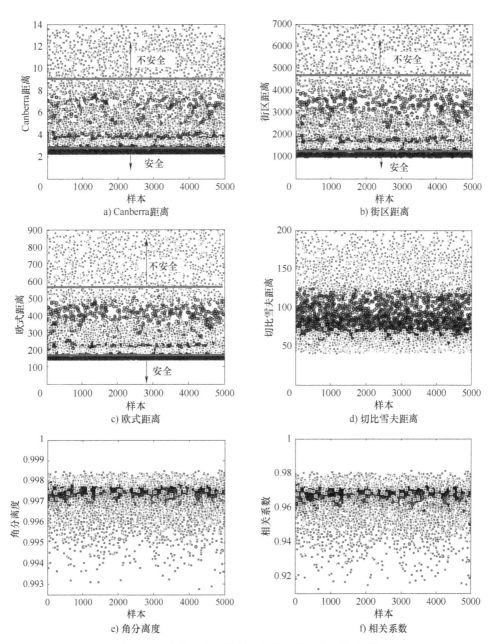

图 15-8 群索索力相异测度蒙特卡罗法仿真散点图
(绿色圆点为满足正常使用极限状态的样本，红色为不满足)

对于图 15-8a～c，测度空间中不同类数据区的界限由式（15-27）确定

$$\begin{cases} [\text{DM}(\alpha)]_{\text{safety}} = \min(\text{DM}(S_{\text{unsafety}}, S_0)) \\ [\text{DM}(\alpha)]_{\text{unsafety}} = \max(\text{DM}(S_{\text{safety}}, S_0)) \end{cases} \tag{15-27}$$

之所以采用式（15-27）确定阈值体系，是基于如下理由：由各相异测度指标的公式（式（15-9）～式（15-14））可知，当数据样本的相似性越小时，欧式距离、街区距离、切比雪夫距离及 Canberra 距离四项指标值越大，而角分离度及相关系数等指标值相应越小。同时，考虑到基于 J4 准则值的相异测度指标选取原则，故选取欧式距离、街区距离、Canberra 距离三种相异测度指标的不安全样本空间相异测度最小值和安全样本空间相异测度最大值作为相异测度的阈值，具体数值由表 15-3 给出。

表 15-3　相异测度阈值

相异测度	$[DM(\alpha)]_{unsafety}$	$[DM(\alpha)]_{safety}$
欧式距离	566.7726	168.0435
街区距离	4679.68	1227.92
Canberra 距离	9.0863	2.8368

15.2.5　针对实测群索数据的状态评估

为验证群索索力阈值体系的合理性和有效性，将 8 年来索力普查测得的群索索力数据样本（上下游，共 16 组）代入相异测度计算公式，即式（15-9）~式（15-14），基准索力样本选为竣工试验时上游侧两个索面的 80 根拉索组成的模式样本，共得到 16 个测度数据，以散点的形式绘制在图 15-9 中。其中，绿色数据点（五角星）为竣工试验时的测度值，由于是自己与自己相比，因此测度均取值为零，红色数据点（五角星）为历年来测度值最大点，即距离安全界限最近的点。结果表明，这些数据均处于相应测度空间的安全区域内，说明该桥的结构整体安全性和使用性均满足，这与该桥实际状态吻合。

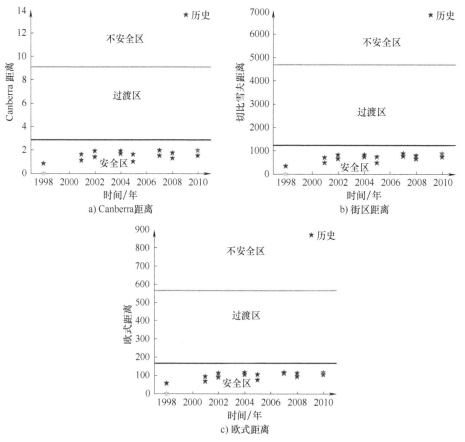

图 15-9　基于相异测度指标的实测群索索力状态评估

值得注意的是，从图 15-9 中也可看出，无论是 Canberra 距离、街区距离还是欧式距离，距离安全域上限最近的点发生在最近一次监测年限（2010 年）上，而且随着服役年限的增长，各测度均有逐渐上升并逼近安全域上限的趋势。这反映了桥梁的整体性能在持续地下降，这一现象应该引起相关人员的注意。

■ 15.3　群索索力状态实时感知函数实现及平台部署

基于上述实例和最终得到的三组相异测度阈值，本节对于基于 Web 平台的群索索力实时感知机制进行介绍。

群索体系感知系统
数据类型转换
测试界面代码

群索体系感知系统
数据类型转换应用
入口代码

群索体系感知系统
科学计算图显
示界面代码

15.3.1　感知函数的实现

考虑到该实时感知算法是将索力向量样本映射为一个标量（相异测度），应属于科学计算类库功能实现中"多通道监测数据映射为单一感知指标后，与感知指标阈值进行比较，实现感知功能"的范畴，故感知函数应命名为 singleDeeperComparisonofCableforce. m，函数代码如下。

```
----------------------singleDeeperComparisonofCableforce.m----------------------
function result = singleDeeperComparisonofCableforce(i)
%群索索力感知主控函数
%i是1~1000之间的整数,用于提取索力样本
%从模拟索力CableForce(80*1000)中提取索力向量样本(80*1),实际工程中
%应取实测索力向量
load data. mat CableForce
CableForce1 = CableForce(:,i);                         %单个索力向量样本
%计算索力向量与成桥索力(Cable1998)之间的相异测度
load data. mat Cable1998
EucDis = ouShi(CableForce1,Cable1998);                 %欧式距离
CitDis = jieQu(CableForce1,Cable1998);                 %街区距离
CanDis = canberra(CableForce1,Cable1998);              %Canberra距离
%依据感知指标阈值判断群索索力安全状态,threshold依次是欧式距离、街区距离、
Canberra距离的安全阈值及不安全阈值
```

```
threshold = [168.0435 566.7726 1227.92 4679.68 2.8368 9.0863];
result = {EucDis,state(EucDis,threshold(1:2)),...
    CitDis,state(CitDis,threshold(3:4)),...
    CanDis,state(CanDis,threshold(5:6))};
end
function result = state(x1,x2)
% 根据指标值 x1 及指标阈值 x2 判断安全状态
if x1 < = x2(1)
    result = '安全';
elseif x1 > = x2(2)
    result = '不安全';
else
    result = '处于安全、不安全混合区';
end;
end
----------------------------------------End of function----------------------------------------
```

受试验条件限制，本节采用蒙特卡罗方法模拟出的 1000 组索力样本组成群索索力样本库 CableForce，只需要给定函数索力样本的库中的编号，就可以提取出对应的索力向量样本，并对其安全状态进行评判，获取感知信息。在实际工程中，函数的输入参数应该是实测的群索索力向量样本。

15.3.2 感知函数的组件化及部署应用

以 com. bridge. SHM. earlyWarning 作为项目名，以 SingleDeeperComparison 作为 Java 类名，并导入 singleDeeperComparisonofCableforce. m 函数以及数据文件 data. mat，可以编译并生成组件 earlyWarning. jar。

经网站开发者本地测试成功后，开发 JSP 页面实现简单的输入输出功能。本书创建了两个 JSP 页面：用户输入页面 SHMearlyWarningindex. jsp 及感知结果输出页面 SHMearlyWarning. jsp。

该感知机制的用户输入页面和感知结果输出页面如图 15-10 和图 15-11 所示。

群索体系感知
系统输入
界面代码

群索体系感知
系统输出
界面代码

图 15-10 用户输入页面

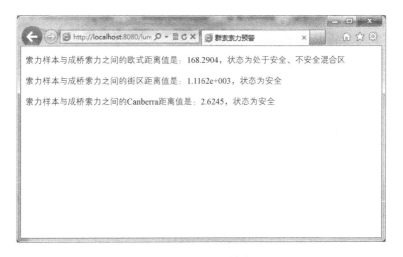

图 15-11 感知结果输出页面

■ 15.4 本章小结

首先，本章研究了群索索力与桥梁整体内力之间的相关性，给出了群索索力、其他桥梁结构内力与外加荷载之间的线性关系。然后，基于群索索力的相异测度度量，提出了一套可用于斜拉桥群索体系索力状态评估的指标体系；通过桥梁结构的有限元分析及影响矩阵法，并结合蒙特卡罗方法模拟外加荷载，获得了该相异测度指标体系的不安全区域及安全区域阈值。最后，本章以某大跨径斜拉桥为工程背景，采用上述方法，并基于相异测度指标类别划分能力的比选，对该桥的健康状态进行了评估，结果表明了该方法的有效性；在此基础上，将相异测度指标作为实时感知指标，并结合阈值体系，本章还给出了 Web 平台上群索体系实时感知功能的函数实现和平台部署。

第16章　基于动应变监测的装配式
梁桥云端智慧监测

近年来，我国的已建公路桥梁已经达到 82.3 万座，数量已位居世界首位。尽管如此，现有桥梁仍不能满足快速发展的交通运输需求，全国各地仍有迫切的桥梁建设需求。在一些交通繁忙的中东部地区或西部城市，不仅需要继续大量建桥，而且要求建设与交通网络运营同步并行发展，这就对桥梁的建设工期和建设速度提出了限制性要求。快速桥梁建设技术能够加快桥梁建设速度，降低工程总造价，最大限度地减少对既有交通的不利影响，因此近年来在世界各地得到快速发展。在我国，以装配式梁桥为主要桥型的快速建桥技术已经发展了近三十年，是目前占比最高的桥型，近年来随着对建设效率和环保的要求，这一趋势已经转化为国家的政策需求。

本章针对装配式梁桥的服役期力学性能和病害基本规律，提出基于应变监测信息的装配式梁桥横向协同工作能力的监测指标，并围绕该指标的在线监测与识别，构建了一套面向装配式梁桥的远程云端监测与诊断系统。利用该系统，实现了对上海地区同济路高架桥的在线远程监测与评估。

■ 16.1　监测需求

装配式梁桥工业化程度高，造价低廉，且施工简单、快速、高效，因此成为高速公路等基础设施跨越山川河谷等障碍时的重要桥型之一。装配式梁桥结构形式简单，跨度较小，主梁断面以空心板、T 形梁以及小箱梁为主，力学特性较为明确，设计理论成熟。受益于工厂化加工质量易于控制的优点，其预制梁的力学性能一般能够得到充分保证。然而，装配式桥梁的整体性能并不单一取决于单片梁预制梁的力学性能，而是在很大程度上取决于拼装为桥梁结构整体后，各片梁的协同受力能力，就是说，外部荷载的作用是通过横向联系系统而分配到所有单片梁上的，横向联系系统主要由各片预制梁之间的纵向铰缝以及横梁构成，其强弱会直接影响各梁分配得到的受力大小。

在服役过程中，这种桥梁结构的主要问题在于横向联系能力的退化和铰缝薄弱部位的破坏。铰缝破坏是装配式梁桥横向联系作用被削弱，将使梁板间受力分配不均匀，单片梁的内力变大，不仅会引起自身安全问题，也会引起其他各种病害。对装配式梁桥横向协同工作能力和预制梁之间的铰缝工作状态及时加以了解，有助于形成正确、及时的服役期管养决策，进而起到保障桥梁安全性和耐久性的作用。如何在装配式梁桥的运营期，在不中断交通的情况下，采用监测和评估手段来达到上述目的，就显得十分有必要。

近一二十年来，桥梁结构健康监测系统多集中应用于大跨桥梁，通过建设完备的监测系统，实现对桥梁技术参数、状态、甚至与损伤的监测与识别。一些中小桥梁也开始安装简化版的监测设备，以便进行诸如荷载监测、响应监测、病害监控等特定目的的监测。由于成本造价的问题，这些中小桥梁的监测往往要借助于远程监测技术来实现，现场仅保留数据获取系统，监测数据均通过以太网、3G/4G无线通信网络传输到远端，因此，物联网技术、云计算技术和网络物理系统（Cyber Physic System）成为此类桥梁监测系统建设的最佳选择。

■ 16.2　装配式梁桥的关键监测模式及其软硬件系统

装配式梁桥占了一个地区或国家桥梁总数中的大部分，且多为造价不高的中小桥梁。对于此类桥梁的监测方式不同于大跨复杂桥梁类型，监测系统的成本应该是一个重要制约因素，少量监测资源应该用在最需要的地方，这就需要找出这类桥梁的关键监测模式，并以此实施监测。

16.2.1　关键监测模式

前已述及，装配式梁桥是将工厂预制的预制梁在现场进行安装就位后，再进行纵向、横向连接系统的现场施工而成的。其中，横向连接系统主要是包括铰缝湿接缝灌注混凝土、横梁连接、铺装层钢筋网及混凝土浇筑层（图16-1a）。纵向连接系统则是针对先简支后连续结构体系而言的，主要包括支墩截面配筋铺装层、预制梁之间的普通钢筋连接、梁端配筋湿接缝等措施（图16-1b）。无论是空心板梁、T形梁，还是其他截面形式的预制梁，在长期使用过程中，最主要的两类病害是预制梁间纵向铰缝破坏和桥墩上方桥面铺装层横向开裂（图16-1c、d），分别意味着两种最不利力学受力状态的发生，即横向协同工作能力的损失和由连续梁变为简支梁时桥梁受力图示的变化，这两种状态都是在服役期不允许出现的，必须尽早发现或防止。

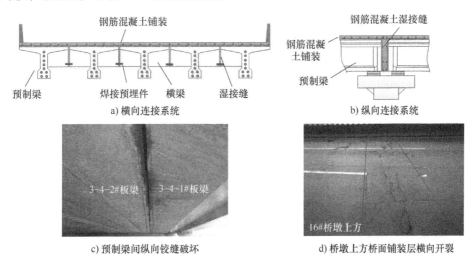

图 16-1　装配式梁桥纵横向连接系统及病害

结构健康监测技术通过在结构上布设传感器的方式来实时在线地测量结构的力学响应，进而可实现对结构工作状态的实时监控，并可提前发现结构病害和异常，确保结构运行安全。针对装配桥梁的上述需求，本书提出一套监测方案，来实时监测服役过程中桥梁的关键力学参数，识别两种不利受力状态，实现两类主要病害的及早探测。

由于车辆荷载的时变性和随机性，结构的力学响应监测信息也呈现出显著的时变性和随机性，结构病害导致的力学响应变化通常会被前者淹没，因此不能直接通过监测信息来做出状态识别和病害诊断信息，必须采取一定的数据分析处理算法来发现隐藏在活荷载效应巨大波动性之中的结构特性信息。本书作者针对装配式梁桥提出了一种基于应变监测信息的评价指标，通过理论分析、数值仿真和实桥监测数据证明了该指标不受车辆荷载影响，能够有效地表征装配式梁桥各预制梁之间的横向协同工作能力，可对纵向铰缝病害情况进行判断。该指标定义为同一横截面上各预制梁梁底中点纵向应变的相关系数，由下式表示

$$\rho_{ij} = \frac{\mathrm{Cov}(\varepsilon_i, \varepsilon_j)}{\sqrt{D(\varepsilon_i) \cdot D(\varepsilon_j)}} \tag{16-1}$$

式中　ε_i、ε_j——分别为监测得到的第 i、j 片预制梁梁底纵向应变时间序列，$i, j = 1, 2, \cdots,$ n，这里 n 为预制梁总数；

　　　　Cov——协方差；

　　　　D——方差；

　　　　ρ_{ij}——表征第 i、j 片预制梁间纵向铰缝的指标。

为此，给出装配式梁桥监测系统的关键监测模式，该模式以各预制梁横向协同工作能力为监测目的，以 ρ_{ij} 为关键监测指标，整个监测系统的硬件系统和软件系统方案均以满足该指标的感知和与探测需要为设计原则。为了监测和识别所有铰缝的技术状况，需要在代表跨的同一截面的每片预制梁底面中点布设纵向应变传感器，通过实时同步测量各片梁在交通流活荷载作用下的应变响应，通过持续的数据处理程序来实时计算代表各铰缝的指标 ρ_{ij}。

16.2.2　远程云监测系统方案

以上海地区的同济路高架桥为例，该桥为 17 片空心板梁构成的装配式梁桥，每跨长 20m，在中间两个支墩顶部利用湿接缝和铺装层配筋方式，构成三跨连续梁。为了全面考察各跨的横向协同工作情况，特在三跨跨中截面的每一片预制梁梁底纵向中心线上安装表面安装式 FBG 应变传感器，共 17 + 17 + 17 个，均以 50Hz 的采样率连续同步采集应变数据。监测数据经现场的光纤光栅解调仪采集，并通过以太网通信网关实时传输到云端服务器，在云端完成数据的处理与分析工作。整个远程云监测系统拓扑图如图 16-2 所示。

由于中小桥的刚度普遍偏大，车辆荷载作用下的应变效应较小，而提出的核心指标是基于这部分应变效应的实时测量值计算得到的，因此在传感器选择时，必须选择精度和分辨率均达到 1 个微应变级别的表面安装式 FBG 传感器，通过膨胀螺钉方式与梁底混凝土可靠连接，并采用整体不锈钢保护罩予以保护，如图 16-3 所示。同一截面内所有传感器串接，传输光信号的光纤尾纤走保护罩内，于最外面预制梁的腹板外缘处接入主干光纤，接入现场机柜，机柜内放置光纤解调仪和网关，通过通信运营商将数据送入私有云服务器。

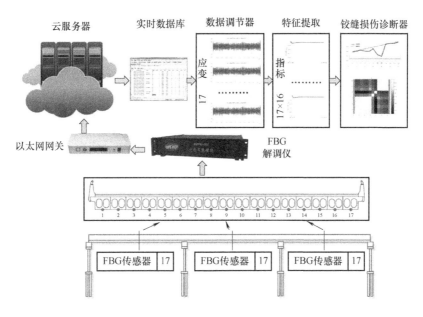

图 16-2　同济路高架桥装配式梁桥远程云监测系统拓扑图

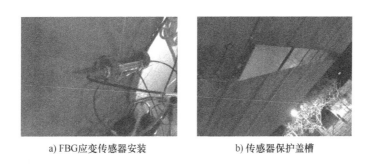

a) FBG应变传感器安装　　　　　b) 传感器保护盖槽

图 16-3　同济路高架桥 FBG 传感器的现场安装与保护

16.2.3　云端数据分析软件技术

前已述及，通过直接监测得到的应变数据是无法判断装配式梁桥的运营状态的，必须在云端服务器内部署软件，建立监测数据的在线处理机制，以实现自动化实时化的指标计算、状态识别和病害诊断等功能。云端服务器内部署软件既需要数据库和截面显示，也需要有科学计算能力。

本书采用 MySQL 建立实时数据库，用于存储原始实时数据和计算结果；采用 Java EE 来建设在线监测系统；通过 MATLAB 来构成科学计算引擎。由于计算量大，实时性要求高，特采用 InfluxDB 作为 MySQL 数据库的补充，采用时间序列存储及 HTTP API 完成数据库端的初始处理，以满足多通道应变监测数据的实时处理任务和多个监测指标的实时计算、比较分析任务。整个软件环境可由图 16-4 予以说明。

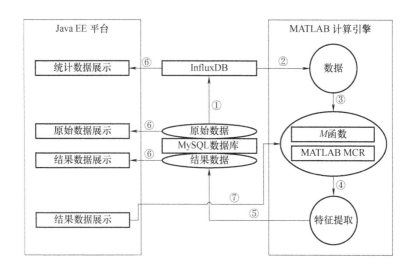

图 16-4　装配式梁桥云监测系统的科学计算软件环境

①→②→③→④→⑤：数据处理流程

⑥：从数据库查询信息

⑦：配置 M-函数（算法）

■ 16.3　监测功能的数据在线处理算法

在服役期，及时了解桥梁性能退化情况，及早发现可能出现的各种病害，可以在第一时间做出桥梁管养维护决策，提高桥梁的维护管养质量，保证结构健康和安全。健康监测系统的安装，可以为此提供物质基础。但是，该目的的真正实现还须依赖于通过计算的手段及时分析处理监测数据，提供数据的判别方式，及早地识别性能退化及病害。当然，如果这种计算手段是以自动化、实时的方式实现，则不仅会大大减轻人工分析的工作量，而且会缩短反应时间，真正发挥监测技术的优势，形成桥梁结构的智能化监测与诊断。

通过基于梁底应变的相关系数指标来实现装配式桥梁的监测诊断的关键在于实现该指标的实时在线处理算法。由于该指标本意是指交通流荷载下各预制梁的应变效应，而实际监测得到的应变效应则包含噪声和温度效应，因此算法中还应该包含对应变信号的预处理操作。简单采用指标的批处理算法，通过加大数据计算帧的重叠长度的方式增强监测指标的实时性，这种算法含有大量冗余计算，导致对计算资源和能量供应的浪费，实时性并没有得到提高，而且对指标突变的反映过程出现迟滞，因此不是一种好的解决思路。基于递归算法的指标计算过程则没有上述缺点，因此成为时效性要求很高的监测系统中的首选项之一。

本节首先针对桥梁应变监测数据的特点，给出一套简单高效的预处理方案，然后给出指标的递归化识别计算算法，最后给出成套的实时监测计算方案。

16.3.1　适于桥梁交通流荷载效应的应变监测数据的噪声与温度效应去除

圣维南原理决定了在交通流荷载作用下，梁体的应变效应具有局部性，只有车辆碾过应变传感器所在截面附近时，应变才表现出一个较高的脉冲振荡，等车辆远离之后，记录得到的应变信号迅速降低为一个能量有限的随机信号，该信号主要由温度效应、噪声和结构的常时微振构成，如图 16-5 所示。

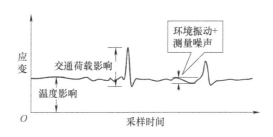

图 16-5　主梁应变信号的构成

对于质量有保证的测量系统而言，系统记录的应变信号中混入的随机噪声在时间域内具有稳定性，其能量基本不随时间变化。在结构的常时微振下的应变效应一般而言也是零均值随机信号，且能量小于测量噪声信号，这个结论的证据在于，信号谱分析结果表明，多数情况下，结构的模态频率处的谱峰值淹没于噪声之中。信号中的温度效应主要体现为测量时的结构温度与传感器安装时的温度差产生的结构应变，而传感器温飘已经补偿，则可不予考虑。

由于表征装配式梁桥健康状态的指标是基于交通流荷载作用下的桥梁应变，应变测量信号的其他成分会对指标的计算结果准确性产生影响，因此必须进行去除。考虑到实际应变测量信号的上述特征，并考虑到预处理过程必须要适应实时性这一要求，特给出如下信号去除噪声与温度效应的算法：

1）给定合适的时间长度，将连续的应变数据组成采样帧 T。

2）在该采样帧内，考察数据极差 R 是否满足 $R < r$，r 是一个指定的噪声峰值的最大值。

3）如果满足 $R < r$，则计算该数据帧的均值，记为当前温度应变效应水平，并将当前采样帧内各应变数值用均值代替，消除大部分的噪声影响。

4）在 3）的基础上，继续将该帧数据置为零，即可将消除该帧的温度效应。

5）若不满足 $R < r$，说明该采样帧内有车辆经过应变传感器测量截面，则将该帧应变数据减去当前的温度应力效应水平。

6）进入新的采样帧。

以上海地区同济路高架桥现场实测应变为例，利用上述方法进行噪声及温度趋势项数据处理，结果如图 16-6 所示。

图 16-6a～d 分别为原始应变数据、未过车时的局部的噪声水平、按步骤 1）～3）消除噪声后的应变，以及按步骤 1）～6）完成所有噪声、温度效应同步去除后的应变信号。

由于在前文所建立的模型中只考虑在车辆荷载作用下梁底产生的应变，而并没有考虑按照上述步骤对原始应变数据进行处理后，应变信号分布在零应力基线上，温度效应趋势线被很好地清除，而且处理后的车辆导致的应变峰值大小并没有受到影响。

16.3.2　应变相关系数指标的递归识别算法

在前期的工作中，我们提出了一种从装配式梁桥的预制梁底应变响应测量信息中提取反映结构特性变化的方法，即通过定义相邻梁底动应变相关系数作为装配式梁桥横向协同工作

性能指标，通过该指标来反映各片梁之间铰缝的联系强弱。该指标定义为同一横截面上各预制梁梁底中点纵向应变的相关系数，即

$$\rho_{ij} = \frac{\mathrm{Cov}(\varepsilon_i, \varepsilon_j)}{\sqrt{D(\varepsilon_i) \cdot D(\varepsilon_j)}} = \frac{E(\varepsilon_i \varepsilon_j^{\mathrm{T}}) - E(\varepsilon_i) E(\varepsilon_j)}{\sqrt{\{E(\varepsilon_i^2) - E^2(\varepsilon_i)\}\{E(\varepsilon_j^2) - E^2(\varepsilon_j)\}}} \tag{16-2}$$

式中　ε_i、ε_j——分别为监测得到的第 i、j 片预制梁梁底纵向应变时间序列，i, $j = 1$, 2, $\cdots$, n，这里 n 为预制梁总数；

　　　　Cov——协方差；

　　　　D——方差。

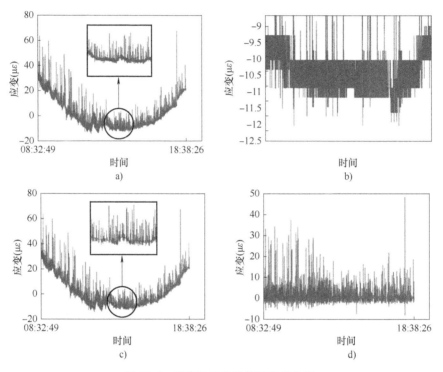

图 16-6　噪声及温度趋势项数据处理

已经证明，随着数据帧长度越长，ρ_{ij} 就越趋向于其统计稳定值，该指标就越不受短时间的交通荷载变异值的影响，指标对结构特性的变化的表征能力就越好。也就是说，在线监测时，我们期望通过尽可能长的数据来计算该指标，当然，最理想的就是利用监测历史中的所有应变数据来计算，则该指标在统计意义上精确地收敛于某一固定值，为此，设计如下关于式（16-1）递归算法：

在持续动应变监测条件下，将第 i 片预制梁梁底纵向应变时间序列 ε_i 帧块化，用 k 表示采样数据帧（简称采样帧）的序号，$k = 1$, 2, $\cdots$, K，第 k 个采样帧（块）记为 $\varepsilon_{i,k}$，其中，$\varepsilon_{i,k} = \{\varepsilon_{im}\}$，$i = 1$, 2, $\cdots$, n，$m = 1$, 2, $\cdots$, n_k，n_k 为该采样帧的样本总数，即采样帧长度。全部 K 个采样帧的集合按时间顺序组成一次算法处理的数据单元，简称第 K 次计算帧，记为 $\varepsilon_{i,K}$，计算帧长度用 N_K 表示，则有

$$N_K = \sum_{k=1}^{K} n_k \tag{16-3}$$

第 $k+1$ 个采样帧 $\varepsilon_{i,k+1}$ 的长度为 n_{k+1}，全部 $k+1$ 个采样帧组成的计算帧 $\varepsilon_{i,K+1}$ 的长度为

$$N_{K+1} = N_K + n_{k+1} = \sum_{k=1}^{K} n_k + n_{k+1} \tag{16-4}$$

记 $\mu_{ij}(K) = E(\varepsilon_{i,K}\varepsilon_{j,K}^{\mathrm{T}})$，$\mu_i(K) = E(\varepsilon_{i,K})$，$\mu_j(K) = E(\varepsilon_{j,K})$，$\mu_{ii}(K) = E(\varepsilon_{i,K}^2)$ $\mu_{jj}(K) = E(\varepsilon_{j,K}^2)$，则式（16-1）可用第 K 次计算帧类估计，即

$$\rho_{ij}(K) = \frac{\mu_{ij}(K) - \mu_i(K)\mu_j(K)}{\sqrt{\left[\mu_{ii}(K) - \mu_i^2(K)\right]\left[\mu_{jj}(K) - \mu_j^2(K)\right]}} \tag{16-5}$$

而式（16-5）右边各项均可用其递归方式给出，即

$$\begin{cases} \mu_i(K) = \dfrac{N_{K-1}}{N_K}\mu_i(K-1) + \dfrac{n_k}{N_K}E(\varepsilon_{i,k}) \\[2mm] \mu_j(K) = \dfrac{N_{K-1}}{N_K}\mu_j(K-1) + \dfrac{n_k}{N_K}E(\varepsilon_{j,k}) \\[2mm] \mu_{ij}(K) = \dfrac{N_{K-1}}{N_K}\mu_{ij}(K-1) + \dfrac{n_k}{N_K}E(\varepsilon_{i,k}\varepsilon_{j,k}^{\mathrm{T}}) \\[2mm] \mu_{ii}(K) = \dfrac{N_{K-1}}{N_K}\mu_{ii}(K-1) + \dfrac{n_k}{N_K}E(\varepsilon_{i,k}^2) \\[2mm] \mu_{jj}(K) = \dfrac{N_{K-1}}{N_K}\mu_{jj}(K-1) + \dfrac{n_k}{N_K}E(\varepsilon_{j,k}^2) \end{cases} \tag{16-6}$$

通过（16-5）式和式（16-6）即可实现纵向应变相关系数的在线计算，即每次只需对有限长度的采样帧进行简单的算术平均计算，将结果累加到上次计算结果中，从而避免了对大数据容量的计算帧的直接计算。其带来的好处在于，既保证了计算的实时性，也可保证了计算结果的统计稳定性（前提条件是，计算帧长度足够长）。

16.3.3　装配式梁桥在线实时诊断计算方案

指标实时识别出来后，即可利用当前时刻的指标识别值对装配式梁桥的铰缝状态进行实时在线判断。对于式（16-1）定义的指标 ρ_{ij}，可进一步将其分为两类，一类是相邻板之间的应变相关系数，记为 $\rho_{i,i+1}$ 表示第 i 和第 $i+1$ 片梁之间的相关系数，与第 i 和第 $i+1$ 片梁之间的铰缝相对应；另一类为至少相隔一片以上的两个梁之间的应变相关系数，仍记为 ρ_{ij}。

已经证明，当数据样本长度足够长（仿真数据和实桥监测数据均表明其长度为 48h）时，这两类指标均达到统计收敛，此时，识别得到的指标值的离散性趋近于零，可以通过该指标识别值 ρ_{ij} 与其阈值 $[\rho_{ij}]$ 的简单比较来判断其是否正常。

为此，形成两种不同的实时判断准则，具体如下：

（1）判别规则一

1）当 $\rho_{i,i+1} \leqslant [\rho_{i,i+1}]$ 时，第 i 和第 $i+1$ 片梁之间的铰缝退化。

2）各铰缝退化程度可用指标的相对变化 $\delta_{i,i+1}$ 来度量

$$\delta_{i,i+1} = \frac{\rho_{i,i+1} - [\rho_{i,i+1}]}{[\rho_{i,i+1}]}$$

可预设一个允许值 $\alpha_{i,i+1}$，当 $\delta_{i,i+1} \leq \alpha_{i,i+1}$ 时可认定为铰缝破坏，可据此报警。

3）在系列 $\delta_{i,i+1}$ 中，最大值所代表的铰缝退化最为严重，应做重点关注。

（2）判别规则二

1）针对 ρ_{ij}，$j-i>1$，当 $\rho_{ij} \leq [\rho_{ij}]$ 时，第 i 和第 j 片梁之间的横向协同工作能力退化。

2）第 i 和 j 片梁之间的横向协同工作能力的退化程度可用指标的相对变化 δ_{ij} 来度量

$$\delta_{ij} = \frac{\rho_{ij} - [\rho_{ij}]}{[\rho_{ij}]}$$

可预设一个允许值 α_{ij}，当 $\delta_{ij} \leq \alpha_{ij}$ 时可认定为完全退化，可据此报警。

3）在系列 δ_{ij} 中，最大值所代表的第 i 和第 j 片梁的协同工作能力的退化最为严重。

以上两个判别规则中，指标阈值 $[\rho_{ij}]$、允许值 α_{ij} 均可通过数值仿真获得。其中仿真计算指标阈值 $[\rho_{ij}]$ 时，需要将装配式梁桥的简化力学模型中的各预制梁之间的铰缝剪切联系刚度设置为初始设计状态值 k_0，即配筋铺装层和湿接缝区共同发生单位位移错动时所需要施加的剪力（图 16-7），可根据构造措施的设计尺寸予以估计。对于空心板梁，可以忽略铰缝湿接缝的贡献，只考虑铺装层。仿真时，交通流荷载统计模型可根据现场实测给出，也可选用根据同一线路的交通流模型。在仿真计算允许值 α_{ij} 时，可对 k_0 进行折减，使得折减后该梁梁底应变是折减前的某个百分数。

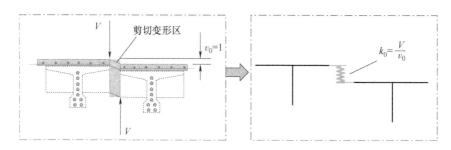

图 16-7　铰缝联系刚度估算简图

16.4　系统应用案例

作者以上海城市快速路高架桥梁为应用对象，以前面提到的同济路桥首批实现试点，设计并实施了城市快速路高架桥云监测系统。系统于 2017 年 3 月建成，经过 6 个月的软件调试和优化，于 2017 年 9 月正式运营。该系统属于上海市智慧城市监控平台的一个重要子系统和监控信息来源之一，为上海市域内的城市市政桥梁的管养监测提供了一个先行示范样本。为了便于后期的扩容，该系统以集成软件平台的风格进行建设，采用数据、界面和应用相分离的模式，其中，界面增加菜单项和 GIS 地图 mark 连接方式，可方便地接入新桥梁监测系统；数据存储和管理采用一桥一库的方式，便于更多桥梁数据的接入；考虑到桥梁是具有高度个性化的监测对象，因此其应用程序以软件模块的方式进行个性化开发，然后集成进入整个软件平台。城市快速路高架桥云监测系统软件如图 16-8 所示。

该系统实现了一联三跨连续梁桥分析，每跨由 17 片预制空心板梁桥建设而成，两个

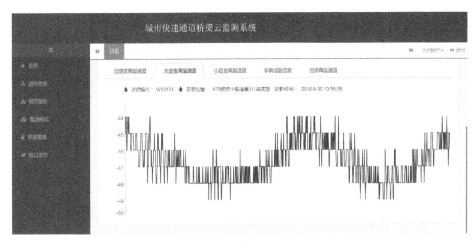

a)

b)

c)

图 16-8　城市快速路高架桥云监测系统软件

中间支墩截面的梁体采用铺装层配筋的梁端横向配筋湿接缝方式做结构上的连续化处理，使其承受活荷载作用下的梁端负弯矩。按照本章的算法实现了所有应变监测信号的在线预处理和同一截面 17 片梁应变信号两两之间的相关系数的在线计算，并可选择其中 16 个第一类指标进行实时在线计算。利用上述指标，可进一步实现在线预警、评估分析等功能。

为了验证指标的统计稳定性和实时性，特对 2017 年 3 月 1 日零时起的一天的数据进行指标的计算。图 16-9 给出其中的 7 个第一类指标的实时曲线，分别与第 1、2、5、8、12、14、16 号铰缝相对应。由图可见，在程序发起计算的初始阶段，各指标有较大的振荡，随着时间的增长，各指标均很快（12h 之内）平稳在一个固定的取值附近，达到统计收敛状态。其中，越靠近中间的指标稳定值越低，越靠近边缘的指标稳定值越大。这说明，各预制梁应变相关系数的统计稳定值不仅与结构特性有关，也与桥面各车道的交通荷载的分布规律有关。

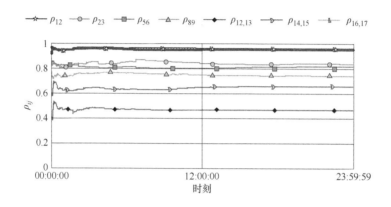

图 16-9　相邻预制梁的应变相关系数

得到指标的识别值的最终目的还在于依据指标来分析判断结构的状态，具体到案例，就是判断各预制梁之间铰缝的技术状态，以及各预制梁之间的协同工作能力。图 16-10 给出同济路桥上述时段内各预制梁两两之间的应变相关系数的统计稳定值云图。由图可见，总体上，越靠近主对角线，指标的取值越小；越靠近副对角线，指标的取值越大。这说明，对于装配式梁桥的任意两片梁，距离越远的联系越弱，协同工作能力越弱；距离越近，联系越强，协同工作能力越强。从图中还可看出，一些局部区域的取值比周围都小，有悖于总体规律，这说明与该区域对应的横向联系系统可能存在弱化现象。

将图 16-10 中的粗线框内的各指标即前面提到与各铰缝直接对应的第一类监测指标，将其值提取出来，画成指标与随铰缝横向序号变化的曲线，并与数值仿真得到的阈值加以比较。各铰缝两侧预制梁的应变相关系数分布如图 16-11 所示。该图还同时给出二者的相对差异情况。

这里需要说明的是，该桥为双向四车道，右侧两车道为进入市区的方向，左侧为出市区的方向。根据实地交通量统计，进入市区的多为重车状态，出市区的空载情况普遍，交通负荷是右侧大于左侧。在仿真计算阈值时，右侧两车道单位时间内车辆上桥事件的概率是左侧的 1.5 倍，右侧两车道的车重也大于左侧 50% 。因此，尽管采用相同的铰缝剪切联系刚度 k_0 ，但最终得到的仿真阈值 $[\rho_{ij}]$ 是右侧明显小于左侧。与实测得到的各铰缝指标 ρ_{ij} 相比，第 12、13 片梁，第 13、14 片梁，及第 14、15 片梁间的相关系数明显偏离阈值，相对差异分别达到 33.6% 、16.7% 和 19.8% ，因此可以断定这 3 条铰缝的横向联系退化严重。

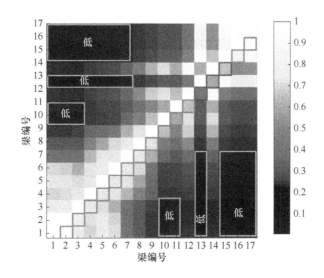

图 16-10　各预制梁两两之间的应变相关系数的统计稳定值云图

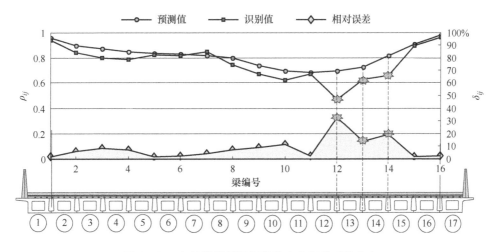

图 16-11　各铰缝两侧预制梁的应变相关系数分布

上述通过指标反映出来的铰缝破坏结论可通过现场勘察照片得到印证。如图 16-12 所示，在梁号 12、13、14、15 之间的三条铰缝处的漏水水渍痕迹明显多于其他铰缝，说明这 3 条铰缝确实是有一定程度的损坏。

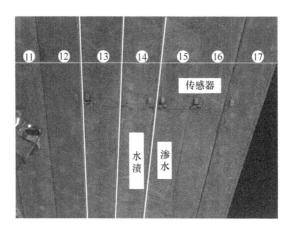

图 16-12　同济路桥现场病害照片

■ 16.5　本章小结

　　装配式梁桥由于其快速化、工业化施工的优点，成为一种普遍使用的桥型。针对这种桥型使用期频繁出现的铰缝破坏，给出了一套系统的监测和诊断技术方案，该技术围绕可表征预制梁间协同工作能力的指标——预制梁应变监测值的相关系数，以上海同济路桥为对象，设计并实施了监测硬件系统和软件系统，实现了现场监测数据采集和与云端实时通信、存储和管理功能，并构建了适于装配式梁桥监测数据分析处理的云端科学计算软件环境。给出了监测数据的在线预处理方法和指标的实时在线递归算法，以及基于指标的装配式梁桥状态诊断和预警方法，并用软件予以实现。

第 17 章　大型单体桥梁结构智慧监测系统的实践与探索

桥梁健康监测的最初概念是在 20 世纪 80 年代提出的。1987 年，英国在总长 522m 的三跨变高度连续钢箱梁桥 Foyle 桥上布设传感器。此后，挪威、美国、丹麦、墨西哥、日本和韩国均在其国内发展了规模不等的数十个桥梁健康监测系统，甚至泰国也在其 Rama 桥上安设了桥梁监测系统（由同济大学负责为其设计）。我国在这一领域的起步稍晚，但进步很快，从早期香港青马大桥，到内地虎门大桥、徐浦大桥、江阴长江大桥，苏通大桥、洞庭湖大桥、东海大桥的健康监测系统，短短十数年，我国已经在此新兴领域走在了世界前列。本书作者作为主要人员，全程参与了东海大桥健康监测系统科研、设计、实施及其运行后的分析、二次开发工作。

本章将以东海大桥为例，全面回顾东海大桥健康监测系统的设计、科研、实施和运营情况。作为我国第一座真正意义上的跨海大桥，其健康监测系统的设计在一开始就确定了以科研为设计和实施的指导的原则。东海大桥健康监测系统以管养为最终目的，其设计定位为结构性能监测。为此，提出了桥梁健康监测系统概念设计理论框架，以求在对桥梁行为的深刻理解的基础上给出最佳的健康监测系统方案设计。本章主要内容包括桥梁健康监测系统概念设计理论框架和其在东海大桥中的应用；基于东海大桥健康监测系统的数据分析和评估案例——船撞事件的评估和汶川地震报警评估案例；最后对桥梁健康监测系统的发展和经验进行讨论。

■ 17.1　大桥健康监测系统设计的基本考虑

东海大桥是上海深水港的物流输送动脉（图 17-1），桥梁总长 31km，是我国第一座长距离跨海大桥。桥址处水文、气象、地形、地质环境复杂，风速高，海床冲淤变化较大，海水腐蚀性较强，雷暴多，环境温度及湿度较高。东海大桥是国内第一座真正意义上的跨海大桥，也是国内海洋工程的首次实践，设计寿命为 100 年。作为我国的生命线工程，东海大桥结构建成后要在上述恶劣环境下服役，其安全性、耐久性如何成为很重要的问题。同时，为保证东海大桥交通顺畅，加强对桥梁的维护管理工作是极为重要的。建立包括桥梁管理及健康监测在内的大桥综合管理系统正是为了解决上述两个问题而提出的。

17.1.1　设计目标

桥梁健康监测系统首要任务是为桥梁的管理养护服务。以当时的研究水平，尚无法做到对局部损伤的准确识别，无法对寿命进行准确预测，无法对结构异常进行准确判断和预警，因此，首先对其目标定位要准确。对结构安全状态的初步监测，对结构异常的初步预警，及对结构性能的监测和趋势跟踪，才是比较现实的目标定位。为此，在东海大桥健康监测系统建设的可行性研究阶段，设定系统的主要目标为：①通过实时监测手段和定期检测手段，对东海大桥的整体性能和工作条件进行监测；②保证结构的安全性和正常使用性能；③为桥梁的维护管理提供全面的科学数据和决策依据。

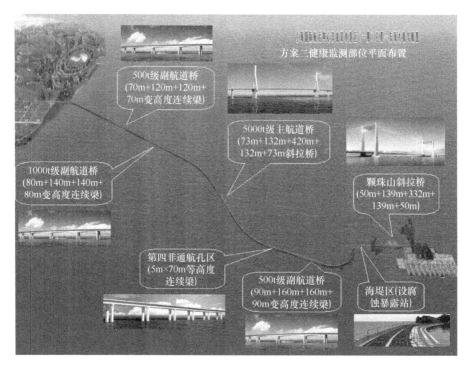

图 17-1　东海大桥鸟瞰

一个合适的目标定位是一个系统能否成功的关键。在现有的技术和研究水平下，设定性能监测为东海大桥健康监测系统设计的主要控制因素是适宜的选择；如果以对全桥的局部损伤识别作为系统的设计考虑，可以想象，系统设计不经济，也难以达到预期效果。基于这样的思考，系统的总目标体现在下面三个层次：

1）监测项目的选择和传感器的布设以满足桥梁结构性能监测的需要为诉求。

2）数据处理和在线评估、预警以满足对结构的安全状态和正常使用状态的判断为目标。

3）对数据的知识挖掘和离线评估预案的设计以满足桥梁的管养和科学研究的需要为目标。

17.1.2　概念设计理论框架

如同医生在开始诊断前必须经过大量的对人体生理病理的学习和理解一样，在着手设计桥梁健康监测系统之前，有必要对桥梁结构的行为、特性和"病理"进行一番深入的理解。这就需要进行桥梁健康监测系统的概念设计研究，就是要回答"为什么要健康监测系统"

"上什么样的监测内容""如何进行监测"等基本问题。图 17-2 给出东海大桥健康监测系统概念设计基本流程。

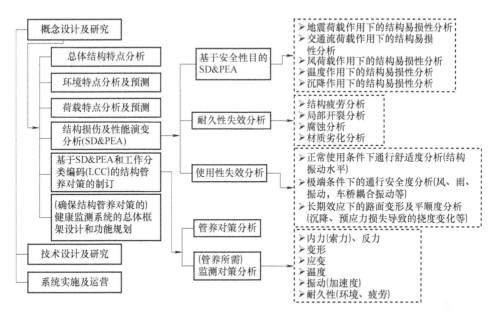

图 17-2　东海大桥健康监测系统概念设计基本流程

在图 17-2 的概念设计中，核心任务是进行结构损伤及性能演变分析（SD&PEA），即在进行系统的技术设计及实施之前，需要从一个与结构设计完全不同的力学分析角度，对桥梁在未来的漫长服役期内的行为演变、特性演变、损伤发生及演变做出预测，通过预测获知以下信息：

1）结构中最易于被传感器测量的部位及物理量类型和其大致数值变化范围，这有助于对监测内容和部位，以及传感器进行选择。

2）结构中哪些物理量或者依据其进行的二次加工量可以被用作结构性能监测的指标。通过对这些指标的当前值和其发展规律的掌握，可以高效地反映结构性能演变、局部损伤发生及演变的信息。通过这些信息，可以建立起用于结构评估的预警的指标体系。

3）在整个生命周期内，结构中这些经过选择的指标在各种环境和荷载下的取值范围和长期发展趋势。通过这些信息，可以对建立起评估指标体系相对应的指标阈值体系，可以通过将指标体系的当前值与其阈值相比较而做出对结构当前状态的评估和安全预警；同时，通过将计算得到的指标趋势与监测得到的指标趋势相比较，可以得出对结构性能长期演变的基本判断。

东海大桥结构损伤及性能演变分析的两种基本路线如图 17-3 所示。

图 17-3 中，预评估路线可以为桥梁健康监测系统的概念设计服务，而在线评估路线则可以用于发展结合监测和结构有限元模型的评估体系。图 17-4 给出结构损伤及性能演变分析内容规划和重要性排序，图中的"＞"号表示重要性排序。

17.1.3　东海大桥损伤及性能演变分析

在结构损伤及性能演变分析理论的指导下，对东海大桥的几个典型桥段进行了如下内容的具体分析：

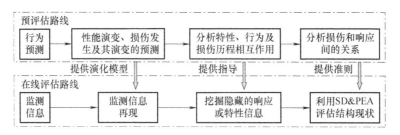

图 17-3　东海大桥结构损伤及性能演变分析的两种基本路线

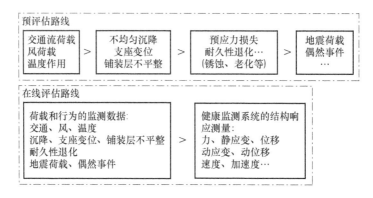

图 17-4　结构损伤及性能演变分析内容规划和重要性排序

1) 东海大桥 "90 + 160 + 160 + 90" 节段预应力连续箱形梁桥在不均匀沉降下的内力 (应力) 重分布、结构几何变位及动力特性变化规律分析。

2) 东海大桥 "90 + 160 + 160 + 90" 节段预应力连续箱形梁桥在长期收缩徐变和预应力损失下的内力 (应力) 重分布、结构几何变位及动力特性变化规律分析。

3) 东海大桥 "90 + 160 + 160 + 90" 节段预应力连续箱形梁桥在不均匀温度场及年温变化下的内力 (应力) 重分布、结构几何变位及动静力特性变化规律分析。

4) 东海大桥主航道斜拉桥在不均匀温度场及年温变化下的内力 (应力) 重分布、结构几何变位及动静力特性变化规律分析。

5) 东海大桥主航道斜拉桥在实测风场下的内力 (应力) 分布、结构几何变位及动静力特性变化规律分析。

6) 东海大桥主航道斜拉桥在单辆重车移动荷载下的内力 (应力) 分布、结构几何变位变化规律分析。

主要的分析成果 (图 17-5) 和结论如下:

1) 不均匀沉降、温度效应对刚度相对较大且超静定的连续梁桥来说影响较大,沉降监测、挠度监测及温度监测应作为该类桥型的主要监测内容,分析得到的重点部位可以作为重点监测部位。

2) 不均匀沉降、温度效应、预应力损伤等长期效应均会对结构的动力特性有影响,对连续梁桥,宜定期进行补充动力特性的测试来监测其变化,对斜拉桥等重要复杂桥型,宜进行实时连续的动力特性监测。

3) 斜拉桥应进行重点地实施连续监测,对塔梁变形、伸缩缝变位、塔梁振动效应及动力特性、关键截面应变、温度、索力等均应予以监测，而且还应该对风速、风向，大气温、湿度，pH 值，海水腐蚀性等进行监测。

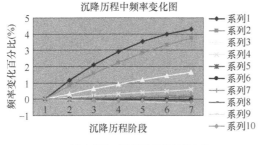

a) 不均匀沉降下连续梁桥的频率变化

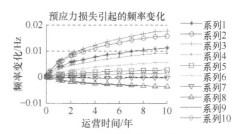

b) 收缩徐变和预应力损失下连续梁桥的频率变化

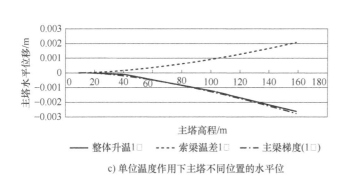

c) 单位温度作用下主塔不同位置的水平位

d) 移动重车下主航道桥的几何变形

e) 实测风场下主航道桥的几何变形

图 17-5　东海大桥结构损伤及性能演变分析的成果

■ 17.2　东海大桥健康监测系统的实施情况

在概念设计的基础上，项目组于 2005 年完成系统的技术设计和施工图设计，并于 2006 年 5 月完成工程实施，2006 年 6 月正式运行，至今已经平稳地了运行十几年。东海大桥健康监测系统的实施情况如图 17-6 所示。

东海大桥健康监测系统由实时监测和人工检测两部分组成，实时监测部分由 11 个采集工作站、478 个传感器组成的分布式监测系统。系统实现了功能的"多级跳"，即东海大桥健康监测系统不仅是一个数据采集、存储、管理系统，而且实现了采样控制、数据的在线初步处理、数据的逻辑组内信息融合、逻辑组间相关性分析，更重要的是，实现了基于多层次模糊推理桥梁的在线状态评估。和同期国内外其他桥梁健康监测系统相比，该系统精心设计、功能较为完备、先进，初步解决了数据海量堆积而无力处理的难题，而且将其他一些系统需要离线处理的问题在线予以实现，初步解决了监测数据如何用于桥梁的日常评估养护问题。从上述几点来看，东海大桥健康监测系统已经走到了世界的前列。东海大桥健康监测系统的技术框架，在广州惠州合生大桥、上海长江大桥、闵浦大桥及闵浦二桥的健康监测系统中得到了继续发展。

a) 加速度传感器

b) FBG应变传感器　　c) GPS接收器

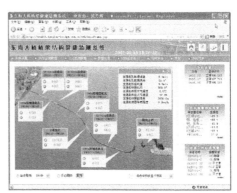

d) B/S架构的系统软件界面

图 17-6　东海大桥健康监测系统的实施情况

■ 17.3　东海大桥健康监测系统的运行实践

自东海大桥健康监测系统运行以来，同济大学利用该系统进行了大量的科研工作，主要的工作如下：

1）利用加速度传感网络，研究了适于桥梁结构的超低频特点的环境激励下的末态参数识别算法，包括功率谱峰值拾取法、特征系统实现法、随机子空间法、频域奇异值分解法、小波法等，并在此基础上初步给出这些算法的实时算法，初步实现了运营条件下大跨斜拉桥末态参数实时识别。

2）通过处理了近一年的模态参数数据，研究了斜拉桥模态参数随温度、边界条件的长期变化规律，为了解复杂桥梁结构的行为和动力特性规律积累了宝贵数据。

3）研究了一些关键性能指标的实时抽取算法并初步予以实现，包括实时索力识别、结构动力指纹识别、基于动应变监测数据的疲劳荷载谱的抽取算法等。

4）研究了大量实测数据的统计规律，为结构的在线可靠性评估和寿命预测积累了宝贵数据。

5）研究并实现了基于监测数据的在线评估系统和在线预警系统，实现了基于层次分析法和模糊推理系统方法的在线评估体系，给出了基于一年基准期监测数据的评估系统进化修正算法。

6）研究了船撞事件后基于健康监测数据的桥梁评估方法，并用于指导大桥管理部门的事故后的管养决策。

由于篇幅的关系，本节只给出作者参与的船撞事故后的基于健康监测数据的桥梁评估案例和"5·12"汶川大地震中东海大桥健康监测系统的报警和事后评估案例。

17.3.1　船撞事件

2007 年 1 月 2 日凌晨 1∶00—2∶00，东海大桥的颗珠山斜拉桥 PM473 墩遭到一艘大约 2000t 级的运砂船的撞击，东海大桥健康监测系统对此次撞击事故给予了记录，图 17-7 为该事件的位置及事后照片。本书作者应管理部门的要求，对数据进行了分析，并据此提出了船撞事故的预警及事后结构评估方案。

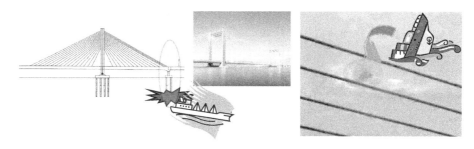

图 17-7 颗珠山斜拉桥船撞事件的位置及事后照片

1）通过对布置在桥上的所有加速度传感器记录进行检查，得到了准确的撞击时间（2007 年 1 月 2 日 01∶21∶28—01∶27∶15）和撞击后结构的振动强度（图 17-8）。并据此得出撞击对桥的正常运营影响不大的初步结论，桥在当日正常使用。

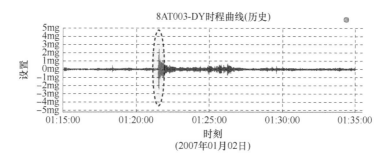

图 17-8 东海大桥健康监测系统对船撞事件的记录

2）对船撞前后的结构模态参数及动力指纹（可作为结构性能指标）进行连续分析，对结构的模态频率、阻尼、振型等进行概率意义上的比较（图 17-9）表明，上述模态参数在船撞前后无明显变化，这反映了结构的安全性。

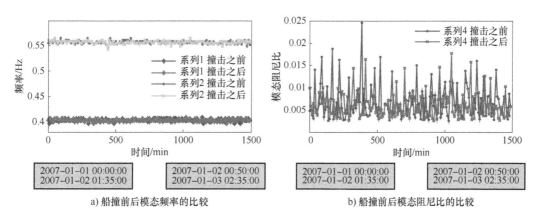

图 17-9 模态参数在船撞前后的比较

3）研究了基于动力指纹的结构性能指标的前后变化情况。模态保证因子在船撞前后的比较如图 17-10 所示。在识别得到的模态参数中的模态振型基础上，利用式（17-1）计算了反映两个振动状态相关关系的模态保证因子（MAC）

$$\text{MAC}(i,j) = \frac{[(\boldsymbol{\varphi}_i^u)^\text{T}\boldsymbol{\varphi}_i^d]^2}{[(\boldsymbol{\varphi}_i^u)^\text{T}\boldsymbol{\varphi}_i^u][(\boldsymbol{\varphi}_i^d)^\text{T}\boldsymbol{\varphi}_i^d]} \tag{17-1}$$

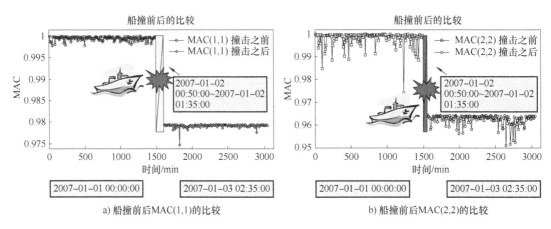

图 17-10　模态保证因子在船撞前后的比较

模态保证因子值在 0 到 1 之间，越靠近 1，说明两个模态越接近同一模态。通过对这个指标进行比较发现，船撞后的模态保证因子依然很接近 1，这说明模态相关性依然很高，但在船撞后的模态保证因子有明显的下降，这说明船撞事件对结构的振动特性还是造成了一定的影响。其原因是撞击对梁和墩间的支座有少许影响，从而使结构的边界条件有所改变。

上述结果还表明，动力指纹可以作为反映结构性能状态的可靠性能指标。只要建立起包括模态保证因子在内的动力指纹的连续甚至是实时的计算，完全可以实现对桥梁结构的实时智能化监测、预警和评估诊断的目标。

17.3.2　"5·12"汶川大地震的桥梁报警与事后评估

2008 年 5 月 12 日 14:40，东海大桥主航道桥地震监测组及颗珠山桥地震监测组均出现报警信息，如图 17-11 所示。该报警是根据主航道桥和颗珠山桥两塔承台处的强震仪加速度响应值进行的。本次报警的异常时间为 14:36—14:39，持续时间为 3min，警报级别为一般，经分析并结合当天下午四川省汶川发生的 7.8 级地震，本次报警为汶川地震影响上海时的结构响应，针对的是强震类突发事件，异常时间为 2008 年 5 月 12 日 14:36—14:39。

利用 EMD 和希-黄变换（HHT）方法，对颗珠山桥的主塔承台上的地震前后的信号记录进行分析，可以发现汶川地震远场地震波传播到东海大桥主塔承台处的能量大小、时间，以及不同频率成分的能量大小、不同频段成分到达的先后顺序等基础资料。同时，也可以结合结构有限元分析，评估地震对桥梁的整体性能影响、地震波在结构内传播的规律、不同频段地震能量对结构的影响。

图 17-12 和图 17-13 所示为振动信号的 EMD 分解和 HHT 分析。可以得出基本结论，具体如下：

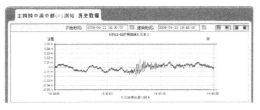

a) GPS 信号异常

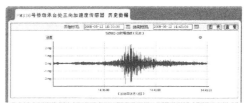

b) 强震仪(加速度计)信号异常

c) 东海大桥地震监测报警界面

图 17-11 "5·12" 汶川大地震的桥梁报警

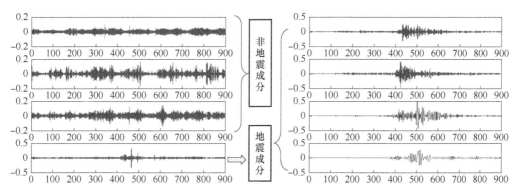

图 17-12 "5·12" 汶川大地震时的颗珠山桥振动信号的 EMD 分解

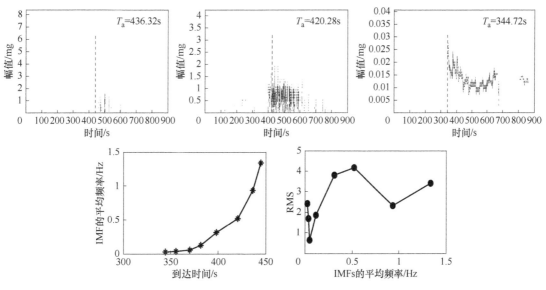

图 17-13 颗珠山桥地震振动信号的 HHT 分析

1）汶川大地震对数千千米外的上海东海大桥产生了明显的震动影响。

2）不同频率成分的地震波传播速度存在明显差异。

3）由于地震能量经过长距离传播和衰减，本次地震对东海大桥结构安全和正常使用不构成任何威胁，大桥可以继续使用。

本次预警事件表明，人类对重大灾变事件后的重大基础设施安全预警的梦想是非常有可能实现的。东海大桥健康监测系统是世界上首次实现对地震进行预警的桥梁健康监测系统，这反映了我国在此领域已经走在了世界前列。

■ 17.4　本章小结

纵览国内外已有的桥梁健康监测系统，可以将它们大致划分为三代。第一代为早期单项监测系统，传感器种类有限，采集设备不安装，间歇性监测。第二代为集成监测系统，传感器种类大大丰富，采集系统完善，可连续采集，有数据库管理软件对数据进行管理。第三代为集成监测诊断系统，在第二代的基础上强调对数据的处理，并利用数据进行结构健康状态的在线评估、在线预警，并为深入地离线评估提供便利；功能更加丰富，无线、Internet 等技术被用于系统之中；结合检测和监测，综合系统。东海大桥健康监测系统是第三代的代表。

第四代的健康监测系统尚处于概念之中，可以称为智能化桥梁健康监测及诊断系统，其主要的特征将是开始采用具有特征抽取计算能力和身份辨识的智能型系统或传感器和主动型传感器构成信息源，采用有线和无线混合型组网技术；系统实现模块化和智能化；中央处理中心将免于负担底层例行性的数据处理计算负荷，只需专注于逻辑层次推理计算、力学层次的分析计算，实现智能化的在线的健康状态评估及安全预警功能。这些概念的实现，需要投入大量的前期研究。

目前，在大桥健康监测取得宝贵经验的基础上，我国将有机会在未来的几座跨海、跨江大桥中部分实现第四代桥梁健康监测系统，这些著名工程包括青岛海湾大桥、港珠澳连接工程、上海几座复杂的双层斜拉桥闵浦大桥和闵浦二桥等。

附　　录

公式推导

$$Q_j^{CC} = Q_j^{CC,S} Q_j^{CC,A} \tag{1}$$

对称模态

$$Q_j^{CC,S} = p(1 - \varepsilon_j) \cos \frac{1}{2} q\mu_j + q(1 + \varepsilon_j) \sin \frac{1}{2} q\mu_j \tag{2}$$

反对称模态

$$Q_j^{CC,A} = p(1 + \varepsilon_j) \sin \frac{1}{2} q\mu_j - q(1 - \varepsilon_j) \cos \frac{1}{2} q\mu_j \tag{3}$$

展开得到

$$Q_j^{CC} = \frac{p^2 - q^2}{2}(1 - \varepsilon_j^2) \sin q\mu_j - pq(1 + \varepsilon_j^2) \cos q\mu_j + 2pq\varepsilon_j \tag{4}$$

而将两端都除以仍令其为 Q_j^{CC}

$$Q_j^{CC} = \frac{p^2 - q^2}{2pq}(1 - \varepsilon_j^2) \sin q\mu_j - (1 + \varepsilon_j^2) \cos q\mu_j + 2\varepsilon_j \tag{5}$$

由

$$Q_j^{CP} = p(1 + \varepsilon_j^2) \sin q\mu_j - q(1 - \varepsilon_j^2) \cos q\mu_j \tag{6}$$

将 Q_1^{CC} 与 Q_2^{CP} 相乘得到

$$\begin{aligned}
Q_1^{CC} Q_2^{CP} = &\frac{p^2 - q^2}{2q}(1 - \varepsilon_1^2)(1 + \varepsilon_2^2) \sin q\mu_1 \sin q\mu_2 - \\
&\frac{p^2 - q^2}{2p}(1 - \varepsilon_1^2)(1 - \varepsilon_2^2) \sin q\mu_1 \cos q\mu_2 - \\
&p(1 + \varepsilon_1^2)(1 + \varepsilon_2^2) \cos q\mu_1 \sin q\mu_2 + \\
&q(1 + \varepsilon_1^2)(1 - \varepsilon_2^2) \cos q\mu_1 \cos q\mu_2 + \\
&2p\varepsilon_1(1 + \varepsilon_2^2) \sin q\mu_2 - 2q\varepsilon_1(1 - \varepsilon_2^2) \cos q\mu_2
\end{aligned} \tag{7}$$

将 Q_2^{CC} 与 Q_1^{CP} 相乘得到

$$Q_2^{CC} Q_1^{CP} = \frac{p^2 - q^2}{2q} (1 - \varepsilon_2^2)(1 + \varepsilon_1^2) \sin q\mu_2 \sin q\mu_1 -$$

$$\frac{p^2 - q^2}{2p} (1 - \varepsilon_2^2)(1 - \varepsilon_1^2) \sin q\mu_2 \cos q\mu_1 -$$

$$p(1 + \varepsilon_2^2)(1 + \varepsilon_1^2) \cos q\mu_2 \sin q\mu_1 + \tag{8}$$

$$q(1 + \varepsilon_2^2)(1 - \varepsilon_1^2) \cos q\mu_2 \cos q\mu_1 +$$

$$2p\varepsilon_2 (1 + \varepsilon_1^2) \sin q\mu_1 - 2q\varepsilon_2 (1 - \varepsilon_1^2) \cos q\mu_1$$

由 $\mu_1 + \mu_2 = 1$，并采用三角函数关系可得

$$\sin q\mu_2 = \sin q(1 - \mu_1) = \sin q\cos q\mu_1 - \cos q\sin q\mu_1 \tag{9}$$

$$\cos q\mu_2 = \cos q(1 - \mu_1) = \cos q\cos q\mu_1 + \sin q\sin q\mu_1 \tag{10}$$

简化得

$$Q_1^{CC} Q_2^{CP} + Q_1^{CP} Q_2^{CC} = \sin q \left[(1 + \varepsilon_1^2 \varepsilon_2^2) \frac{q^2 - 3p^2}{2p} - (\varepsilon_1^2 + \varepsilon_2^2) \frac{p^2 + q^2}{2p} + \right.$$

$$(1 - \varepsilon_1^2 \varepsilon_2^2) \frac{p^2 + q^2}{q} \sin q\mu_1 \cos q\mu_1 +$$

$$\left. 2p(\varepsilon_1 + \varepsilon_1 \varepsilon_2^2) \cos q\mu_1 - 2q(\varepsilon_1 - \varepsilon_1 \varepsilon_2^2) \sin q\mu_1 \right] + \tag{11}$$

$$\cos q \left[(1 - \varepsilon_1^2 \varepsilon_2^2) \left(q - \frac{p^2}{q} \sin^2 q\mu_1 + q\cos^2 q\mu_1 \right) - \right.$$

$$\left. 2p(\varepsilon_1 + \varepsilon_1 \varepsilon_2^2) \sin q\mu_1 - 2q(\varepsilon_1 - \varepsilon_1 \varepsilon_2^2) \cos q\mu_1 \right] +$$

$$2p(\varepsilon_2 + \varepsilon_1^2 \varepsilon_2) \sin q\mu_1 - 2q(\varepsilon_2 - \varepsilon_1^2 \varepsilon_2) \cos q\mu_1 = 0$$

其中

$$A = (1 + \varepsilon_1^2 \varepsilon_2^2) \frac{q^2 - 3p^2}{2p} - (\varepsilon_1^2 + \varepsilon_2^2) \frac{p^2 + q^2}{2p} +$$

$$(1 - \varepsilon_1^2 \varepsilon_2^2) \frac{p^2 + q^2}{q} \sin q\mu_1 \cos q\mu_1 +$$

$$2p(\varepsilon_1 + \varepsilon_1 \varepsilon_2^2) \cos q\mu_1 - 2q(\varepsilon_1 - \varepsilon_1 \varepsilon_2^2) \sin q\mu_1$$

$$B = (1 - \varepsilon_1^2 \varepsilon_2^2) \left(q - \frac{p^2}{q} \sin^2 q\mu_1 + q\cos^2 q\mu_1 \right) -$$

$$2p(\varepsilon_1 + \varepsilon_1 \varepsilon_2^2) \sin q\mu_1 - 2q(\varepsilon_1 - \varepsilon_1 \varepsilon_2^2) \cos q\mu_1$$

$$C = 2p(\varepsilon_2 + \varepsilon_1^2 \varepsilon_2) \sin q\mu_1 - 2q(\varepsilon_2 - \varepsilon_1^2 \varepsilon_2) \cos q\mu_1$$

参 考 文 献

［1］ BARR P, HSIEH K, HALLING M. Overview of vibrational structural health monitoring with representative case studies ［J］. Journal of bridge engineering, 2006, 11 (6)：707-715.

［2］ OU J. Research and practice of intelligent sensing technologies in civil structural health monitoring in the mainland of China ［C］// International Society for Optics and Photonics. Nondestructive Evaluation and Health Monitoring of Aerospace Materials Composites and Civil Infrastructure：V. ［S. l.；s. n.］, 2006：6176-61761D.

［3］ 项海帆. 高等桥梁结构理论 ［M］. 北京：人民交通出版社, 2001.

［4］ 项海帆, 沈祖炎, 范立础. 土木工程概论 ［M］. 北京：人民交通出版社, 2007.

［5］ 曹树谦, 张文德, 萧龙翔. 振动结构模态分析：理论、实验与应用 ［M］. 天津：天津大学出版社, 2001.

［6］ FARHANGDOUST S, MEHRABI A. Health monitoring of closure joints in accelerated bridge construction：a review of non-destructive testing application ［J］. Journal of advanced concrete technology, 2019, 17 (7)：381-404.

［7］ SOHN H, FARRAR C, CZARNECKI J, et al. A review of structural health monitoring literature 1996-2001 ［C］. Proceedings of the third world conference on structural control. Como, Italy：Melkumyan, 2002.

［8］ HELMUT W. Health Monitoring of Bridges ［M］. Hoboken：Wiley, 2009.

［9］ DEL G, INAUDI D, PARDI L. Overview of European activities in the health monitoring of bridges ［C］// IABMAS. First International conference on Bridge Maintenance Safety and Management. ［s. l.］, 2002.

［10］ 傅志方, 华宏星. 模态分析理论与应用 ［M］. 上海：上海交通大学出版社, 2000.

［11］ 范立础, 袁万城, 张启伟. 悬索桥结构基于敏感性分析的动力有限元模型修正 ［J］. 土木工程学报, 2000 (1)：9-14.

［12］ 上海市住房和城乡建设管理委员会. 桥梁结构监测系统技术规程：DG/TJ 08—2194—2016 ［S］. 上海：同济大学出版社, 2016.

［13］ 淡丹辉. 智能土木（桥梁）结构理论及其核心算法研究 ［D］. 成都：西南交通大学, 2002.

［14］ 张鹏. 基于粒子群算法的拉索智能模型修正及索力识别 ［D］. 上海：同济大学, 2010.

［15］ 杨通. 面向健康监测系统的智能模型修正平台研究 ［D］. 上海：同济大学, 2012.

［16］ 陈艳阳. 基于 PSO 的索-阻尼器体系智能模型修正与参数识别 ［D］. 上海：同济大学, 2012.

［17］ 赵一鸣. 基于 JavaEE 与科学计算类库的桥梁健康监督 web 智能计算平台研究 ［D］. 上海：同济大学, 2012.

［18］ 温学磊. 基于动应变监测的装配式梁桥横向协同工作性能在线监测与评估 ［D］. 上海：同济大学, 2017.

［19］ 贾鹏飞. 中小型桥梁的云监测系统的设计与研究 ［D］. 上海：同济大学, 2019.

［20］ 郑文昊. 基于冲击系统谱的装配式梁桥横向联系状态在线监测与评估 ［D］. 上海：同济大学, 2018.

［21］ 王向杰. 基于新型动力指标的装配式梁桥损伤诊断 ［D］. 上海：同济大学, 2018.

［22］ WANG X, DAN D, XIAO R, et al. Numerical investigation and optimal design of fiber bragg grating based wind pressure sensor ［J］. Frontiers of structural and civil engineering, 2017, 11 (3)：286-292.

［23］ 李宏男, 高东伟, 伊廷华. 土木工程结构健康监测系统的研究状况与进展 ［J］. 力学进展, 2008, 38 (2)：151-166.

［24］ 李惠, 欧进萍. 斜拉桥结构健康监测系统的设计与实现（Ⅱ）：系统实现 ［J］. 土木工程学报, 2006, 39 (4)：45-53.

［25］ 李惠, 欧进萍. 斜拉桥结构健康监测系统的设计与实现（I）：系统设计［J］. 土木工程学报, 2006, 39（4）：39-44.

［26］ 吴晓菊. 结构有限元模型修正综述［J］. 特种结构, 2009, 26（1）：39-45.

［27］ 杨智春, 王乐, 李斌, 等. 结构动力学有限元模型修正的目标函数及算法［J］. 应用力学学报, 2009, 26（2）：288-296.

［28］ LINK M, GOEGE D. Assessment of computational model updating procedures with regard to model validation［J］. Aerospace science and technology, 2003, 7（1）：47-61.

［29］ 邓苗毅, 任伟新, 王复明. 基于静力响应面的结构有限元模型修正方法［J］. 实验力学, 2008（2）：103-109.

［30］ 李辉, 丁桦. 结构动力模型修正方法研究进展［J］. 力学进展, 2005（2）：170-180.

［31］ 朱安文, 曲广吉, 高耀南, 等. 结构动力模型修正技术的发展［J］. 力学进展, 2002（3）：337-348.

［32］ MOTTERSHEAD J E, FRISWELL M I. Model updating in structural dynamics：A survey［J］. Journal of sound and vibration, 1993, 167（2）：347-375.

［33］ 李效法. 基于灵敏度分析的模型修正研究及其实现［D］. 南京：南京航空航天大学, 2007.

［34］ 何勇, 夏利娟. 一种基于 MATLAB 和 Nastran 的船体结构优化程序研究［J］. 船舶工程, 2011（S2）：132-134.

［35］ 张勇德. 智能多目标优化方法及其应用研究［D］. 沈阳：中国科学院沈阳自动化研究所, 2005.

［36］ 淡丹辉, 孙利民. 结构动力有限元的模态阻尼比单元阻尼建模法［J］. 振动、测试与诊断, 2008, 28（2）：100-103.

［37］ 淡丹辉, 孙利民. 结构损伤有限元建模中的阻尼问题研究［J］. 工程力学, 2006, 23（9）：48-54.

［38］ DAN D H, SUN L M, YANG Z F, et al. The application of a fuzzy inference system and analytical hierarchy process based online evaluation framework to the Donghai bridge health monitoring system［J］. Smart structures & systems, 2014, 14（2）：129-144.

［39］ DAN D H, ZHAO Y M, WEN X L, et al. Evaluation of lateral cooperative working performance of assembled beam bridge based on the index of strain correlation coefficient［J］. Advances in structural engineering, 2019, 22（5）：1062-1072.

［40］ DAN D H, CHEN Y Y, XU B. A PSO driven intelligent model updating and parameter identification scheme for cable-damper system［J］. Shock and vibration, 2015.

［41］ DAN D H, XIAO R, BAI W L, et al. Study and design optimization of fiber bragg grating based wind pressure sensor［J］. International journal of distributed sensor networks, 2015.

［42］ DAN D H, CHEN Y Y, YAN X F. Determination of Cable Force Based on Corrected Numerical Resolution of Cable Frequency Functions［J］. Structural Engineering and Mechanics, 2014, 50（1）：45-46.

［43］ DAN D H, ZHAO Y M, YANG T, et al. Health condition evaluation of cable-stayed bridge driven by dissimilarity measures of grouped cable forces［J］. International journal of distributed sensor networks, 2013（9）：1212-1215.

［44］ DAN D H, YANG T, GONG J X. Intelligent Platform for Model Updating in a Structural Health Monitoring System［J］. Mathematical Problems in Engineering, 2014（28）：1-11.

［45］ BARBOSA F, CURY A, CARDOSO R. A robust methodology for modal parameters estimation applied to SHM［J］. Mechanical systems and signal processing, 2017, 95：24-41.

［46］ UBERTINI F, GENTILE C, MATERAZZI A L. Automated modal identification in operational conditions and its application to bridges［J］. Engineering structures, 2013（46）：264-278.

［47］ MAGALHAES F, CUNHA A, CAETANO E. Online automatic identification of the modal parameters of a

long span arch bridge [J]. Mechanical systems and signal processing, 2009, 23 (2): 316-329.

[48] 岳青, 朱利明. 基于健康监测系统的东海大桥桥梁结构养护管理体系的构建 [J]. 桥梁建设, 2006 (S2): 171-181.

[49] 淡丹辉, 孙利民. Mamdani 型模糊推理系统在桥梁状态在线评估中的应用 [J]. 同济大学学报 (自然科学版), 2004 (9): 1131-1135.

[50] 淡丹辉, 孙利民. 一种推广的互功率谱模态识别法及其在 SHM 问题中的应用 [J]. 地震工程与工程振动, 2004 (4): 56-61.

[51] 淡丹辉, 孙利民. 在线监测环境下土木结构的模态识别研究 [J]. 地震工程与工程振动, 2004, 24 (3): 82-88.

[52] 郑文昊, 淡丹辉, 程纬. $0.1\mu\varepsilon$ 级高分辨率 FBG 应变传感器的等强度梁标定方法 [J]. 光电子激光, 2017 (4): 365-370.

[53] TOME E S, PIMENTEL M, FIGUEIRAS J. Damage detection under environmental and operational effects using cointegration analysis: Application to experimental data from a cable-stayed bridge [J]. Mechanical systems and signal processing, 2020 (135): 10386—.

[54] HU W, TANG D, TENG J, et al. Structural health monitoring of a prestressed concrete bridge based on statistical pattern recognition of continuous dynamic measurements over 14 years [J]. Sensors, 2018, 18 (12): 4117.

[55] 淡丹辉, 何广汉. 智能土木/桥梁结构的测控硬件解决技术 [C]// 中国土木工程学会. 土木工程与高新技术: 中国土木工程学会第十届年会论文集. 北京: 中国建筑工业出版社, 2002: 173-177.

[56] 淡丹辉, 孙利民, 何广汉. 嵌入式智能桥梁结构系统研究 [C]// 中国土木工程学会. 中国土木工程学会桥梁及结构工程分会第十五次年会论文集. 上海: 同济大学出版社, 2002: 524-529.

[57] 淡丹辉, 孙利民. 大型桥梁健康监测系统的实践与展望 [C]//中国公路学会. 第四届全国公路科技创新高层论坛论文集: 下卷. 北京: 人民交通出版社, 2008: 254-260.

[58] DAN D, SUN L, MENG X, et al. The statistical investigation on one year GPS monitoring data from Dong-hai bridge health monitoring system (DHBHMS) [C]//IABMAS. Proceedings of the Fourth International IABMAS Conference: 2008. Boca Raton: CRC Press, 2008: 410.

[59] Schaffer J D. Multiple objective optimization with vector evaluated genetic algorithms [C]// [s. l.]. Proceedings of the first international conference on genetic algorithms and their applications. London: Lawrence Erlbaum Associates. Inc., Publishers, 1985.

[60] 张勇德, 黄莎白. 多目标优化问题的蚁群算法研究 [J]. 控制与决策, 2005 (2): 170-173.

[61] 王运涛, 姚砺, 毛力. 基于混合行为的自适应蚁群算法 [J]. 计算机仿真, 2009, 26 (12): 151-153.

[62] 罗桂兰, 赵海, 葛新, 等. 动态离散粒子群优化算法 [J]. 计算机工程与设计, 2009, 30 (24): 5708-5711.

[63] 李志洁, 刘向东, 段晓东. 改进粒子群算法在网格资源分配中的优化 [J]. 计算机集成制造系统, 2009, 15 (12): 2375-2382.

[64] 孙勇, 章卫国, 章萌, 等. 基于混沌思想模糊自适应参数策略的粒子群优化算法 [J]. 计算机应用研究, 2010, 27 (1): 39-41.

[65] 陈福祥, 朱家万. 线性系统控制理论 [M]. 武汉: 武汉工业大学出版社, 1990.

[66] 罗志玉. 人工神经网络法在桥梁荷载识别中的应用 [D]. 上海: 同济大学, 2004.

[67] 常军. 随机子空间方法在桥梁模态参数识别中的应用研究 [D]. 上海: 同济大学, 2006.

[68] 李蕾红, 陆秋海, 任革学. 特征系统实现算法的识别特性研究及算法的推广 [J]. 工程力学, 2002 (1): 109-114.

[69] 林贵斌，陆秋海，郭铁能. 特征系统实现算法的小波去噪方法研究 [J]. 工程力学，2004 (6)：91-96.

[70] OVERSCHEE P V, MOOR B D. SubsPace identification for linear systems：theroy, implementation, applications [M]. [s. l.]：Kluwer Academic Publishers, 1996.

[71] DAN D H, GE L F, YAN X F. Identification of moving loads based on the information fusion of weigh-in-motion system and multiple camera machine vision [J]. Measurement, 2019 (144)：155-166.

[72] 李宗凯. 基于实测振动特性识别拉索索力的研究 [D]. 北京：北京工业大学，2009.

[73] 赵跃宇，周海兵，金波，等. 弯曲刚度对斜拉索非线性固有频率的影响 [J]. 工程力学，2008，25 (1)：196-202.

[74] CLOUGH R W, PENZIEN J. Dynamics of structures [M]. New York：McGraw-Hill, 1993.

[75] Berman A, Nagy E Y. Impovement of a large analytical model using test data [J]. AIAA Journal, 1983 (21)：1168-1173.

[76] 唐明裴，阎贵平. 结构灵敏度分析及计算方法概述 [J]. 中国铁道科学，2003，24 (1)：76-81.

[77] 郭彤，李爱群，韩大章. 基于灵敏度分析与优化设计原理的大跨桥梁动力模型修正 [J]. 桥梁建设，2004 (6)：20-23.

[78] 李海生. 多梁式混凝土梁桥的有限元模型修正技术研究 [D]. 南京：东南大学，2009.

[79] 杜青，蔡美峰，张献民，等. 钢筋混凝土桥梁结构动力有限元模型修正 [J]. 公路交通科技，2006，23 (1)：60-62.

[80] 姚昌荣，李亚东. 基于静动力测试数据的斜拉桥模型修正 [J]. 铁道学报，2008，30 (3)：65-70.

[81] 钟军军，董聪，夏开全. 基于结构模态参数的损伤识别方法研究 [C]//中国力学学会结构工程专业委员会. 第17届全国结构工程学术会议论文集：第3册. 武汉：《工程力学》杂志社，2008：486-490.

[82] 沈小伟，万桂所，王一云. 现代智能优化算法研究综述 [J]. 山西建筑，2009 (35)：30-31.

[83] 吴坛辉. 基于免疫粒子群优化算法的结构动力模型修正 [D]. 南京：南京理工大学，2009.

[84] 石国春. 关于序列二次规划（SQP）算法求解非线性规划问题的研究 [D]. 兰州：兰州大学，2009.

[85] Shi Y, Eberhart R. A modified particle swarm optimizer [C]// IEEE. IEEE world congress on computational intelligence. Piscataway：IEEE Press, 1998：69-73.

[86] TRELEA C I. The particle swarm optimization algorithm：convergence analysis and parameter selection [J]. Information processing letters, 2003, 85 (6)：317-325.

[87] 纪震，廖惠连，吴青华. 粒子群算法及应用 [M]. 北京：科学出版社，2009.

[88] 孔宪仁，秦玉灵，罗文波. 遗传-粒子群算法模型修正 [J]. 力学与实践，2009，31 (5)：56-60.

[89] 陈伟，何飞，温卫东. 基于结构参数化的有限元分析方法 [J]. 机械科学与技术，2003，22 (6)：948-950.

[90] 夏瑞武. APDL参数化有限元分析技术及其应用 [J]. 机电产品开发与创新，2008，21 (2)：103-104.

[91] 李志荣. 基于APDL的逆向参数化建模和参数化分析方法研究 [J]. 现代制造技术与装备，2007 (6)：49-51.

[92] 王元清，姚南，张天申，等. 基于最优化理论的多阶段模型修正及其在桥梁安全评估中的应用 [J]. 工程力学，2010，27 (1)：91-97.

[93] 任伟新，陈刚. 由基频计算拉索拉力的实用公式 [J]. 土木工程学报，2005，38 (11)：26-31.

[94] 吴晓，黎大志，罗佑新. 斜拉索非线性固有振动特性分析 [J]. 振动与冲击，2003，22 (3)：37-39.

［95］　ZARATE B，CAICEDO J M. Finite element model updating：Multiple alternatives［J］. Engineering struc-
　　　　tures，2008，30（12）：3724-3730.

［96］　KIM G H，PARK Y S. An improved updating parameter selection method and finite element model update
　　　　using multiobjective optimisation technique［J］. Mechanical systems and signal processing，2004，18
　　　　（1）：59-78.

［97］　HUSAIN N A，KHODAPARAST H H，OUYANG H. Parameter selection and stochastic model updating u-
　　　　sing perturbation methods with parameter weighting matrix assignment［J］. Mechanical systems and signal
　　　　processing，2012（32）：135-152.

［98］　DERAEMAEKER A，LADEVEZE P，LECONTE P. Reduced bases for model updating in structural dynam-
　　　　ics based on constitutive relation error［J］. Computer methods in applied mechanics and engineering，
　　　　2002，191（21）：2427-2444.

［99］　CARVALHO J，DATTA B N，GUPTA A. A direct method for model updating with incomplete measured
　　　　data and without spurious modes［J］. Mechanical Systems and Signal Processing，2007，21（7）：
　　　　2715-2731.

［100］　LI W M，HONG J Z. New iterative method for model updating based on model reduction［J］. Mechanical
　　　　systems and signal processing，2010，25（1）：180-192.

［101］　REN W X，CHEN H B. Finite element model updating in structural dynamics by using the response sur-
　　　　face method［J］. Engineering Structures，2010，32（8）：2455-2465.